湖南考古辑刊

Journal of Hunan Archaeology

湖南省文物考古研究所 编

第12集

科学出版社 · 北京

内 容 简 介

《湖南考古辑刊》是湖南省文物考古研究所编著的以湖南地区考古学发掘与研究成果为主，兼顾国内外考古学研究的一套集资料性与学术性于一体的系列学术文集。

本书为丛书的第12集，收录10篇考古发掘简报和11篇研究论文。简报内容涵盖袁家山旧石器遗址、天子坪遗址、大畈遗址、青山崖墓、网岭东周墓、竹子园战国西汉墓、兔子山遗址九号井、文桥汽车站北宋合葬墓、娄底明代壁画墓、澧县元代瓷器窖藏等考古新资料。研究论文涉及湖南地区史前和历史时期考古学文化研究、楚文化研究、金石研究、陶瓷考古研究以及中国考古学史、科技考古等方面的研究和探讨。

本书可供考古学、历史学等学科研究者及大专院校相关专业师生阅读、参考。

图书在版编目（CIP）数据

湖南考古辑刊. 第12集 / 湖南省文物考古研究所编. —北京：科学出版社，2016. 12

ISBN 978-7-03-051095-2

Ⅰ. ①湖…　Ⅱ. ①湖…　Ⅲ. ①考古–湖南–丛刊　Ⅳ. ①K872. 64-55

中国版本图书馆CIP数据核字（2016）第294866号

责任编辑：王光明 / 责任校对：彭　涛

责任印制：肖　兴 / 封面设计：张　放

科学出版社 出版

北京东黄城根北街16号

邮政编码：100717

http：//www.sciencep.com

中国科学院印刷厂 印刷

科学出版社发行　各地新华书店经销

*

2016年12月第 一 版　开本：787×1092　1/16

2016年12月第一次印刷　印张：21 3/4　插页：26

字数：516 000

定价：158.00元

（如有印装质量问题，我社负责调换）

《湖南考古辑刊》编辑委员会

目　录

考古新发现

探索与研究

科技考古

文物杂谈

金石锥指

CONTENTS

Exploration and Research

Scientific and Technological Archaeology

考古新发现

湖南澧县袁家山旧石器遗址黄土层发现的石制品及意义

湖南省文物考古研究所
澧　县　文　物　局

［摘　要］　本文是对袁家山旧石器遗址黄土层中出土石制品的研究报告。遗址共出土石制品292件，类型包括砾石、石锤、石核、石片、工具、废品和赤铁矿，以废品和石片数量居多。原料以石英砂岩和石英岩为主，尺寸主要为小、中型，工具组合包括较多刮削器、雕刻器和少量重型刮削器，锤击法为主要剥片和加工方法，砸击法偶有使用。其石制品特征可归属为早期石片石器工业。根据近年对第四纪剖面堆积序列和晚更新世相关环境的研究，该遗址时代为旧石器时代晚期。袁家山遗址黄土层中石制品的发现填补了澧水流域旧石器地层序列中的缺环，为我们了解其石器技术及人类行为提供了重要的实物资料。

［关键词］　澧县；袁家山遗址；黄土层；石制品；晚更新世

历年来，在湖南澧县澧水支流的涔水流域，考古工作者调查发现了不少旧石器时代遗址[1]，袁家山遗址是近年经过正式考古发掘的第一处重要遗址。该遗址发现于2010年在此处进行的烧碱项目厂址建设工程的文物调查中。2012年12月至2013年2月，湖南省文物考古研究所联合常德市文物局、澧县文物局、临澧县文物局等单位，对该遗址进行了抢救性考古发掘，揭露出有多个层位叠压关系的地层堆积剖面，出土了较为丰富的石制品，为我们解析澧水流域旧石器技术的发展和生存适应方式提供了实物资料。其中，遗址堆积中的黄土文化层的辨识尤为关键，对我们构建区域内晚更新世地层堆积序列具有重要意义，因此本文拟将该遗址黄土层内出土的石制品单独予以整理报道，其他文化层的遗物待今后进一步研究和报告。

一、地理与地貌

袁家山遗址位于澧县梦溪镇八根松村一组，南距澧县约20千米，涔水河从遗址南部流过，发掘区域就位于高出河床20～30米的河床三级阶地前缘，海拔67米，地理坐标为北纬29°47′42.9″，东经111°50′04.3″（图一）。

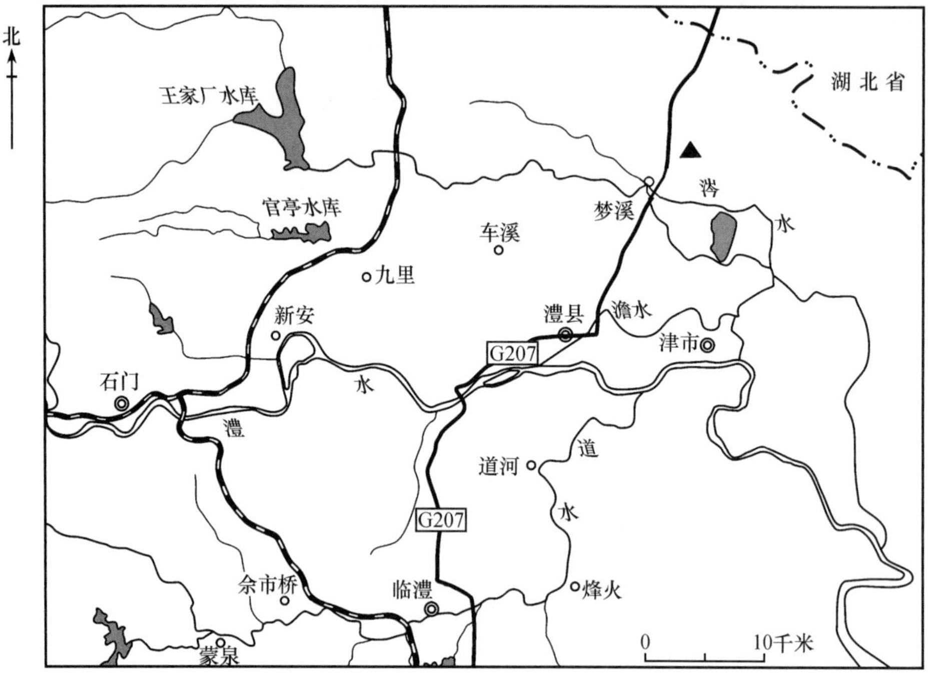

图一　袁家山遗址位置图

第四纪洞庭盆地是在中、新生代洞庭凹陷的基础上发育而成的断陷盆地，内部由多个凹陷和次级隆起的构造单元构成。其中澧县凹陷为一个由南边界、北西边界和北东边界围成的边长各约50千米的三角形地带。它受控于三条边界正断裂，即北东边界的南县—黄山头断裂、北西边界的复兴厂断裂和南部边界的澧县断裂。据地质学者的研究，早期断陷期经历过大幅度沉降并形成厚200米左右的沉积，但在中更新世晚期由于构造反转而抬升，使得凹陷北部地区成为丘岗地貌，同时中更新世中期洞庭湖组顶部的湖相黏土因湿热化作用而成网纹红土。遗址正处于洞庭盆地的澧县凹陷构造区北部的丘岗地貌（岗状平原），在雷公塔至杨家湖构造掀斜线以北区域，地势总体自西向东降低，水系自北西流向南东，地表主要分布中更新世洞庭湖组的上部黏土，局部出露下部沙砾层[2]。

二、发掘与地层

遗址发掘按正南北向5米×5米规格初期布方40个，揭露面积640平方米，但因属抢救性发掘，受时间、人力影响，后期仅对部分探方作了重点发掘，其中T14、T15、T18、T19和T23五个探方的黄土层内出土遗物较为集中，其他探方该层或未继续向下发掘或发现数量稀少，因此本文重点对这五个探方内的石制品进行研究。发掘中采用水平层和自然层相结合的方法，以土质土色划分地层，在自然层中以10厘米为一个水平层逐层发掘。所有出土遗物按探方依次编号，测量其三维坐标、绘图、照相，并填写相应的器物登记表。

遗址地层堆积自上而下可分为六层，以T14、T15东壁剖面为例（图二）。

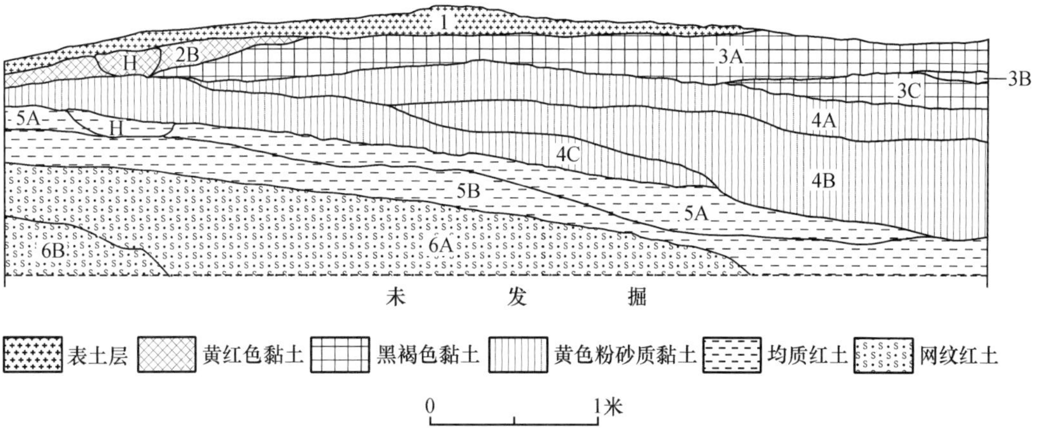

图二　T14、T15东壁剖面图

第1层：灰褐色亚黏土，结构疏松，厚0.1～0.15米。包含有植物根系和现代垃圾。

第2层：黄、红杂色黏土，分为A、B二亚层。

第2A层：灰黄色黏土，结构疏松，遗址中局部分布，不见于本探方内。

第2B层：黄红色黏土，疏松，遗址中局部分布，扰乱层，厚0～0.12米。含少量石制品。

第3层：黑褐色黏土，结构较疏松。据黑褐斑块的含量多少和土色的深浅，可将该层细分为三个亚层。厚0～0.4米。含较丰富的白色脉石英和少量黑色燧石石制品。

第3A层：浅黑褐色，含较多呈竖状褐色斑状土块，厚0～0.3米。出土石制品较多。

第3B层：深黑褐色，褐色斑状土块增多，土色变深，该层在整个遗址中分布较多，在该剖面仅厚0～0.1米。出土较多石制品。

第3C层：浅黑褐色土，含少量褐色斑状土块，土色变浅，在遗址中局部分布，厚0～0.2米。

第4层：黄色粉砂质黏土，夹杂有铁锰结核褐色斑点，土质较紧密。北部薄，南部厚，由北向南呈坡状堆积。据土色的深浅和夹褐色斑点的含量可细分为三个亚层。厚0.2～0.8米。含较丰富的石制品。

第4A层：黄褐色黏土，含少量褐色斑点，土质较紧密，厚0～0.25米。出土较多石制品。

第4B层：浅黄色黏土，含较多褐色斑状，土质紧密，厚0～0.6米。出土较多石制品。

第4C层：黄色黏土，含有较多褐色斑点，土质较紧密，厚0～0.25米。出土少量石制品。

第5层：均质红色粉砂质黏土，自上至下土色具有从浅红色向褐红色渐变的过程，土质较紧密。可分为二亚层。厚0.35～0.5米。出土少量石制品。

第5A层：浅红色黏土，土质较疏松，厚0～0.24米。出土少量石制品。

第5B层：褐红色黏土，土质较紧密，厚0.35～0.4米。出土少量石制品。

第6层：网纹红土，土质紧密，未至底。据土色深浅的细微变化，可分二亚层。

第6A层：棕红色网纹红土，网纹较粗，土质坚硬，厚0～0.7米。含少量石制品，采集原手斧1件。

第6B层：深绛红色网纹红土，网纹较粗，土质坚硬，厚0～0.4米。无石制品出土。

本文所研究的黄土层即指该剖面的第4层文化堆积。

三、遗　　物

出土遗物全为石制品，共计标本292件，另有8件尺寸在30毫米以下、重量在10克以下的小型石粒，未见任何人工痕迹，应为遗址形成过程中自然因素混入，因此本文不将其列入研究内容。出土遗物的平、剖面分布图显示（图三），石制品在平面上相对集中分布于T19内，纵向分布由东北向西南呈缓坡状，可能与遗址所处的原始地貌有关。

据现场对石制品倾角、倾向和长轴方向的观察统计，长轴方向没有出现优势方向的分布；倾斜状态以水平居多，其次为倾斜和垂直；倾角以水平和倾斜为主，垂直标本比例最小。标本经过磨蚀者很少，风化以无风化和轻微风化为主，少量中度和重度风化。结合下面将叙述的遗物尺寸和重量统计显示无严格分选的情况，文化层总体上

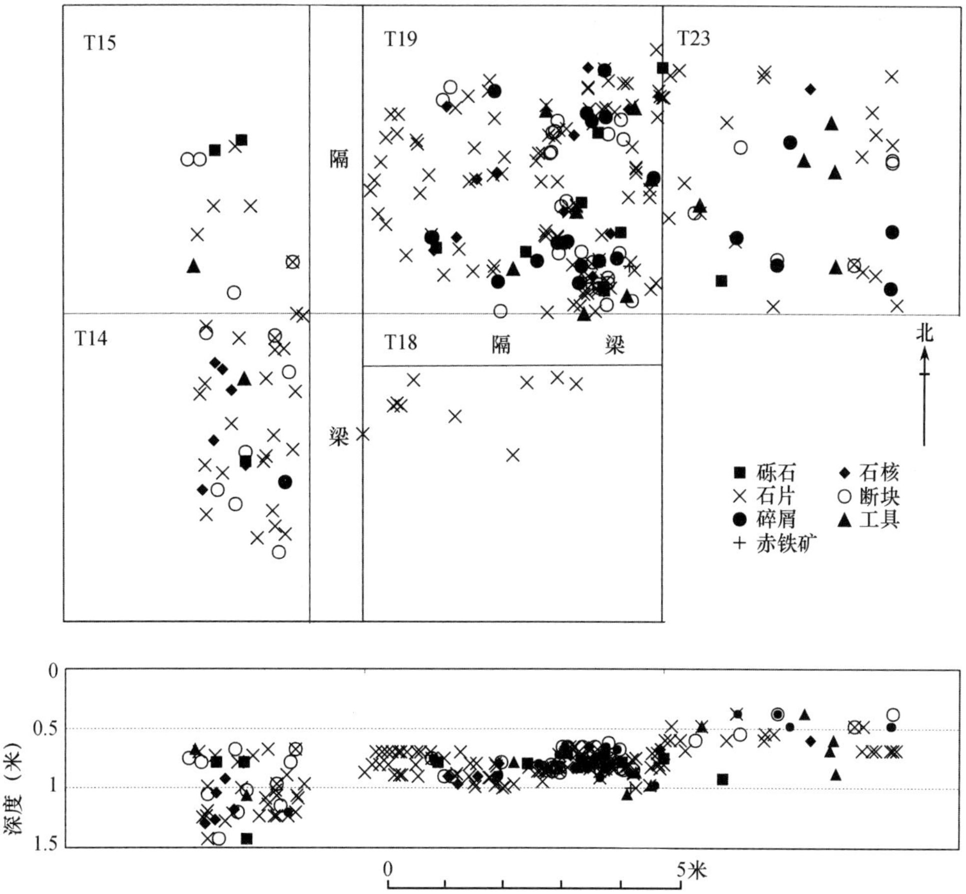

图三　袁家山遗址黄土层出土遗物平、剖面图

应为原地快速埋藏，推测遗物未经流水远距离搬运。

石制品的分类统计显示（表一），遗址中出土石制品的类型包括砾石、石锤、石核、完整石片、工具、废品和赤铁矿，以废品和完整石片两者数量最多，其他类型比例均较低。

石制品的尺寸测量统计（表二）可以看出，总体以小型居多（N=150，51.37%），其次为中型（N=99，33.90%），微型标本数量不多，大型和巨型标本数量少，但遗址石制品在个体上仍呈现出大小混杂的特征。值得注意的是，大型标本不仅包括石核、石锤和砾石，也包括完整石片和工具，在石核和工具中还各有1件巨型标本。

表一　袁家山遗址石制品分类统计

类型→	砾石	石核	完整石片	工具	废品				石锤	赤铁矿	合计
					断裂片	残片	断块	碎屑			
N	13	21	117	13	53	6	42	24	1	2	292
%	4.45	7.19	40.07	4.45	42.81				0.34	0.68	100

表二　袁家山遗址石制品尺寸大小（毫米）的分类统计

尺寸大小→	微型（<20）		小型（20～50）		中型（50～100）		大型（100～200）		巨型（≥200）	
类型↓	N	%	N	%	N	%	N	%	N	%
石核			2	0.68	15	5.14	3	1.04	1	0.34
石锤							1	0.34		
完整石片	7	2.40	61	20.89	48	16.44	1	0.34		
工具	1	0.34	5	1.71	5	1.71	1	0.34	1	0.34
废品	26	8.90	75	25.69	24	8.22				
砾石			5	1.71	7	2.40	1	0.34		
赤铁矿			2	0.68						
合计	34	11.64	150	51.37	99	33.91	7	2.40	2	0.68

石制品重量的测量（表三）同样表明，1～20克的标本数量是最多的，其次为20～50克的标本，20～50克和小于1克的标本也都有一定数量，其余标本较少分布在100克以上的区间，大于1千克以上的标本共有3件。

表三　袁家山遗址石制品重量（克）的测量统计

重量→	<1		1～20		20～50		50～100		100～200		200～500		500～1000		≥1000	
类型↓	N	%	N	%	N	%	N	%	N	%	N	%	N	%	N	%
石核					2	0.68	3	1.03	6	2.05	6	2.05	2	0.68	2	0.68
石锤													1	0.34		
完整石片	7	2.40	65	22.26	27	9.25	13	4.45	4	1.37			1	0.34		
工具	1	0.34	3	1.03	2	0.68	3	1.03	2	0.68			1	0.34	1	0.34
废品	18	6.16	85	29.11	15	5.14	3	1.03	4	1.37						
砾石			2	0.68	6	2.05	2	0.68	2	0.68	1	0.34				
赤铁矿			1	0.34	1	0.34										
合计	26	8.90	156	53.43	53	18.15	24	8.22	18	6.16	7	2.40	5	1.71	3	1.03

（一）石核

共21件，占石制品总数的7.19%。全部为锤击石核，可分为普通石核（N=20，95.24%）和盘状石核（N=1，4.76%）两类，以前者为主。根据台面和剥片疤数量又可将普通石核进一步分为单台面（Ⅰ1型、Ⅰ2型、Ⅰ3型）、双台面（Ⅱ2型）和多台面（Ⅲ型）三种类型（表四），以双台面石核数量较多。

表四　袁家山遗址石核分类统计

类型	普通石核						盘状石核	合计
	单台面（Ⅰ型）			双台面（Ⅱ型）		多台面（Ⅲ型）		
	Ⅰ1型	Ⅰ2型	Ⅰ3型	Ⅱ1型	Ⅱ2型	Ⅲ型		
数量	2	1	3	0	9	5	1	21
百分比（%）	28.57			42.86		23.81	4.76	100

1. 原料

石核原料较为集中，以石英砂岩（N=17，80.95%）占绝大多数，石英岩（N=2）、燧石（N=1）和脉石英（N=1）数量均相当少。盘状石核原料全为石英砂岩。

2. 大小

石核个体尺寸总体以中型者较多（N=15），大型（N=3）、小型（N=2）和巨型（N=1）各有一定数量。对这些石核大小和重量的测量（表五）显示它们之间的个体差异相当大，最大者和最小者相差悬殊。以往的一些发现也表明这样的特征几乎是本地区晚更新世阶段旧石器遗址中的普遍情况。另一方面，遗址中搬入一些巨型砾石，但剥片数量却很少，似乎也不能排除其另有用途（如歇息或作为居住的构造材料）。

表五　袁家山遗址石核大小（毫米）、重量（克）的测量统计

测量统计项目	长度	宽度	厚度	重量
最小值	26.03	40.95	18.29	34.2
最大值	123.83	184.45	236.48	4890
平均值	58.61	78.6	56.98	544.65
标准偏差值	26.06	32.76	48.61	1077

3. 类型

袁家山遗址石核包括普通石核和盘状石核，分别为20件和1件。

普通石核　20件，占该层石核总数的95.24%。石核的台面或剥片面在剥片前没有预制行为，剥片技术策略不以生产特殊石片为目标，主要寻找合适的台面角度和剥片面生产普通石片。普通石核又可细分为单台面、双台面和多台面三种类型石核。

单台面石核　固定台面石核，共6件，占石核总数的28.57%。石核形态多为不规则，大部分剥片简单、随意，个别呈不规则漏斗状，显示有一定的计划性和较高的打片技术。2个以上剥片面者共3件，表明有一半的石核在剥片过程中旋转过剥片面。

标本LMBT19④A：463，原型为砾石，灰青色石英砂岩，略呈船形或不规则漏斗形。长38.5、宽63、厚46.4毫米，重144.8克。片疤台面，由3个先前的剥片疤组成，台面形状不规则，大小为63.6毫米×42.1毫米，台面角83°~93°。与“双面打法”相似，在一面打片后，反转90°在相邻两侧垂直打片，部分片疤具有交互打击特征，因原始自然砾面完全破坏，仅剩剥片面台面，因此归为单台面石核。2个剥片面，共8个片疤，剥片方向为单向，片疤形状为普通型，最大片疤长32.3、宽26.6毫米。自然面比40%（图四，1）。

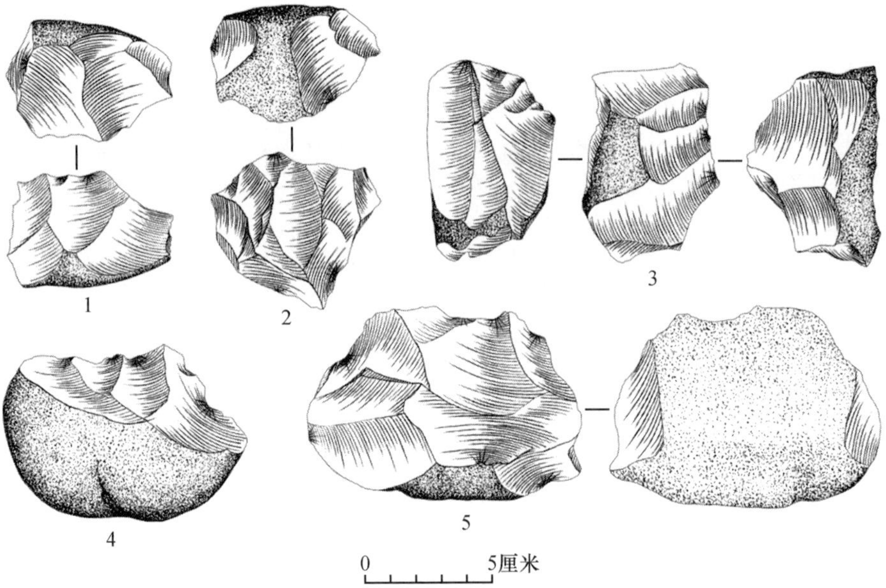

图四　袁家山遗址出土石核

1. LMBT19④A：463　2. LMBT15④B：524　3. LMBT19④A：492　4. LMBT19④B：820　5. LMBT19④A：375

双台面石核　转向台面石核，共9件，占石核总数的42.86%。主台面为自然面者5件；4件主台面为人工台面者中1件为素台面，其余的为片疤台面或“片疤+石皮”台面。石核以2~3个剥片面为主（N=5），单个剥片面者较少（N=3），表明剥片过程中台面和剥片面均发生转向的石核较多，石核的利用率相对较高。从石核的旋转剥片方式观察，以转动相邻或相对的自然砾面打片较为常见，以后期剥片面为台面转体打片也有一定数量，且多见于人工台面石核中。

标本LMBT19④B：820，原型为砾石，棕褐色石英砂岩，形状不规则。长46.3、宽93.3、厚64.7毫米，重328.3克。双自然台面，台面相连，主台面形状不规则，台面大小为70.4毫米×52.1毫米，台面角80°~93°。1个剥片面，共5个片疤，剥片方向为双向，片疤形状为普通型，最大片疤长44.2、宽35.9毫米。自然面比70%（图四，4）。

标本LMBT23④：511，原型为大型砾石，灰褐色石英砂岩，形状略呈圆柱状。长

104.7、宽123.2、厚122.5毫米，重1786.2克。先将砾石的一端截断形成平坦的宽大素台面，在两侧连续性剥片，再旋转90°，以相邻的1个“石皮+片疤”为台面在另一侧连续性剥片。主台面为素台面，略呈圆形，台面大小为121毫米×115.6毫米，台面角89°~100°。3个剥片面，共17个片疤，剥片方向为双向，片疤形状为普通型，最大片疤长76.8、宽57.8毫米。自然面比30%。

多台面石核　转向台面石核，台面转向2次及以上，共5件，占石核总数的23.81%。台面数量均为3个，主台面为自然面者2件，人工台面者3件。多数为3个剥片面（N=4），仅个别只有1个剥片面。

标本LMBT15④B：524，原型为砾石，浅色石英岩，形状不规则。长54.2、宽62.5、厚35.3毫米，重127.2克。先以两个自然砾面对向剥片，并以新形成的片疤面旋转90°垂直打片，并破坏了部分原自然台面。主台面为自然台面，台面形状不规则，大小为63毫米×35.4毫米，台面角65°~107°。3个剥片面，共13个片疤，剥片方向为多向，片疤形状为普通型，最大片疤长32.8、宽27.9毫米。自然面比20%（图四，2）。

标本LMBT19④A：492，原型为砾石，青褐色石英砂岩，形状不规则。长50、宽68.2、厚46.9毫米，重233.5克。3个台面，其中1个为人工台面，2个为自然台面。在“双面打法”石核的基础上再次旋转2个相连自然砾面简单打片。主台面为由3个相同方向的片疤组成，台面形状不规则，台面大小为63毫米×41.4毫米，台面角86°~106°。3个剥片面，共14个片疤，疤向为多向，最大片疤长49.6、宽26.8毫米。自然面比20%（图四，3）。

盘状石核　1件，占石核总数的4.76%。与普通石核一样也没有对石核台面或剥片面进行预制修理，但盘状石核比大部分普通石核具有更为固定的剥片程序。

标本LMBT19④A：375，两面盘状石核。原型为砾石，黄褐色石英砂岩，略呈椭圆形。长104.77、宽59.21、厚54.07毫米，重498.7克。在一面向心式剥片，片疤在中部呈凸起状，剥片疤约9个；另一面剥片疤较少，仅2个，大部分为自然砾面。剖面略呈透镜形。台面角85°~97°，最大片疤长41.26、宽42.92毫米，自然面比60%（图四，5）。

4. 其他属性

石核原型除个别为断块（N=1）外，均为砾石（N=20）。台面角分布于64°~100°，平均值82°，标准偏差值9.2°。石核通体保留石皮相对较多，最小为10%，最大80%，平均值47%，标准偏差值22.2%。

石核片疤数最少为1个，最多为17个，平均片疤数7.4个。主片疤尺寸的统计显示（表六），石核遗留的主要片疤尺寸平均值为小型，但最小值与最大值的极差值较大，标准偏差值也相对较大。长宽比位于0.61～1.86，平均值为1.09，标准偏差0.33，石核上不见长石片的片疤阴痕。

表六　袁家山遗址石核主要片疤尺寸统计

测量统计项目	主片疤长（毫米）	主片疤宽（毫米）	长宽比
最小值	19.12	24.3	0.61
最大值	112.77	93.57	1.86
平均值	42.45	39.6	1.09
标准偏差	20.91	15.47	0.33

石核剥片方向包括单向（N=6）、多向（N=5）、双向（N=3）、对向（N=4）、垂直（N=2）和向心（N=1），显示石核剥片策略具有较明显的随机性，具备一定计划性的剥片行为在石核中占有的比例较小。

（二）石片

完整石片共117件，占石制品总数的40.07%。类型包括锤击石片和砸击石片两类，砸击石片仅2件，仅占完整石片总数的1.71%。以石片台面和背面的不同特征，将锤击石片分为Ⅰ型（台面、背面均为自然面）、Ⅱ型（自然台面，背面为自然面和片疤面）、Ⅲ型（自然台面，背面为片疤面）、Ⅳ型（片疤台面，自然背面）、Ⅴ型（片疤台面，背面为自然面和片疤面）、Ⅵ型（台面和背面均为疤面）六种类型[3]。分类统计（图五）显示，锤击石片中自然台面者略多（N=60，52.17%），其中以Ⅲ型（N=28，24.35%）和Ⅱ型（N=24，20.87%）为主。人工台面（N=55，47.83%）相对

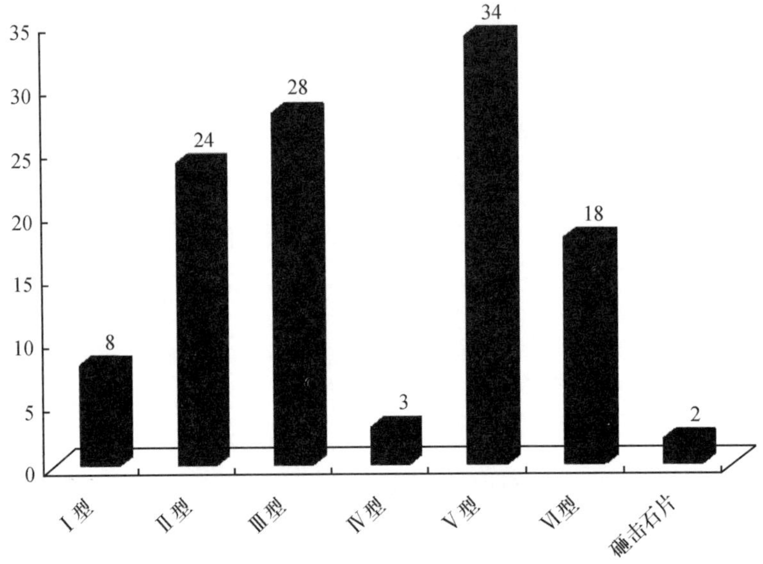

图五　袁家山遗址完整石片各类型数量统计图

较少，其中又以Ⅴ型（N=34，29.57%）和Ⅵ型（N=18，15.65%）为主。完整石片类型中均为石片疤背面（Ⅲ型和Ⅵ型）的石片数量较少，表明袁家山遗址中以初级剥片产品为主，古人类对原料和石核的利用率较低。

1. 原料

石片原料以石英砂岩（N=86）为主，另有脉石英（N=13）、燧石（N=10）和石英岩（N=8）。与石核的原料构成相比，脉石英石片的数量多于同种石料石核上的可辨片疤数，一些色泽的燧石石片也不见与之匹配的石核。砸击石片的原料均为脉石英。

2. 大小

完整石片总体以小型和中型为主，微型和大型者少，存在有一定变异（表七）。石片形态多不规则，极少数呈长石片（似石叶）和三角形等较规则形态，长宽比和宽厚比显示多数石片应为宽薄型。

表七　袁家山遗址完整石片大小（毫米）和重量（克）测量统计

测量统计项目	长	宽	厚	重	长宽比	宽厚比
最小值	16.33	10.31	2.98	0.46	0.57	1.23
最大值	145.06	91.01	51.71	580.6	2.86	6.48
平均值	44.67	39.54	15.11	29.17	1.21	2.81
标准偏差值	20.32	16.82	7.65	58.24	0.44	0.91

3. 其他属性

除少量因台面过小或缺失无法测量外，石片角分布于60°～128°（N=108），以80°～120°较多，平均值102°，标准偏差14.7°。背缘角在55°～125°，集中分布于70°～110°，平均值92°，标准偏差值15.2°。远端形态呈羽状者为主（N=99），平底（N=8）、内卷（N=7）和外翻（N=3）较少。

石片背面片疤数分布于0～10个，平均片疤数3个，其中背部无片疤的石片共11件，背面片疤数主要集中分布于1～4个，1个片疤者占17.09%（N=20），2个片疤者占26.50%（N=31），3个片疤者占23.08%（N=27），4个片疤者占15.38%（N=18），5个及以上者占8.55%。背脊形态多样，以无背脊居多（N=30），单偏纵（N=23）次之，斜脊（N=11）、复杂（N=16）和正纵（N=14）数量也较多，其他还有少量如双纵、横脊、Y形、倒Y、C形、反C形、人字形、八字形、L形等。纵向背脊的存在表明古人类在一定程度上已利用石片疤相交形成的背脊来进行打片。

背面片疤打击方向以单向为主（N=60，56.60%），另有双向（N=20，18.87%）、对向（N=16，15.09%）、多向（N=9，8.49%）和发散型（N=1，0.94%），无汇聚型片疤。其中脊向外疤石片共6件，包括1件从背脊向相反两个方向打片所形成的背部片疤呈交互状分布的石片。

4. 标本描述

标本LMBT23④A：308，Ⅱ型石片。原料为红褐色石英砂岩，略呈椭圆形。自然台面，形状不规则，台面长37.5、宽12.8毫米，石片角95°。背面共有2个片疤，疤向为对向，反C背脊，背缘角100°，自然面比为51%～75%。两侧边汇聚且薄锐，远端羽状。打击点深，打击泡平坦，放射线模糊，半锥体、锥疤、同心纹等缺失。器体轻微风化，无磨蚀。长62.9、宽61.2、厚16.6毫米，重39.8克。

标本LMBT19④A：455，Ⅲ型石片。原料为灰白色石英岩，形状不规则。自然台面，透镜形，台面长13.5、宽7毫米，石片角106°。背面全为片疤面，共有4个片疤，疤向为对向，复杂背脊，背缘角82°。两侧边平行且薄锐，远端羽状。打击点浅，打击泡微凸，半锥体、锥疤、同心纹和放射线等均缺失。器体轻微风化，无磨蚀。长42.2、宽32、厚7.3毫米，重6.45克。

标本LMBT19④A：497，Ⅴ型石片。原料为灰色燧石，形状不规则。节理台面，形状不规则，台面长25.1、宽9.1毫米，石片角116°。背面共有2个石片疤，疤向为单向，倒T形背脊，背缘角76°，自然面比例为1%～25%。两侧边平行且薄锐，远端羽状。打击点无，打击泡凸显，半锥体、锥疤、同心纹和放射线等均缺失。轻微风化，无磨蚀。长56.9、宽52.8、厚8.2毫米，重17.6克。

标本LMBT15④B：534，Ⅵ型石片。原料为深灰色石英砂岩，梯形。素台面，形状不规则，台面长24.1、宽10.1毫米，石片角109°。背面共有7个石片疤，疤向为多向，双Y形背脊，背缘角105°，自然面比为0。两侧边扩展且薄锐，远端内卷。打击点浅，半锥体明显，打击泡微凸。长63.2、宽52.8、厚28.7毫米，重47.7克。

（三）工具

袁家山遗址出土修理类产品（工具）13件，占石制品总数的4.45%。工具类型包括刮削器（N=10）、雕刻器（N=1）和重型刮削器（N=2），以刮削器数量居多。

1. 原料

各类型工具原料以石英砂岩（N=7）居多，其次为燧石（N=4），石英岩和脉石英各1件。其中重型刮削器的原料包括石英砂岩和石英岩，雕刻器原料仅见燧石，刮削器包括石英砂岩、燧石和脉石英三种原料。

2. 大小

工具个体以小型（N=5）和中型（N=5）较多，大型、巨型和微型标本各有1件。全部标本的长度在19.29～203.6毫米，平均值69.31毫米，标准偏差值50.18毫米；宽度在13.07～116.9毫米，平均值49.03毫米，标准偏差值30.05毫米；厚度在4.02～64.61毫米，平均值25.55毫米，标准偏差值18.24毫米；重量在0.7～1547.6克，平均值214.2克，标准偏差值431.97克。

对不同工具类型的大小和重量统计可以看出（表八），重型刮削器不仅尺寸均大，而且个体变异也非常明显；刮削器平均值为中型尺寸，也存在有一定变异；雕刻器仅有1件，尺寸为微型。

表八　袁家山遗址不同工具类型长、宽（毫米）和重量（克）的测量统计

类型→	刮削器（N=10）			重型刮削器（N=2）			雕刻器（N=1）		
项目↓	长度	宽度	重量	长度	宽度	重量	长度	宽度	重量
最小值	24.47	18.26	2	114.3	99.12	613.6	19.29	13.07	0.7
最大值	95.91	62.14	151.9	203.6	116.9	1547.6			
平均值	55.09	40.83	62.28	158.95	108.01	1080.6			
标准偏差值	25.04	13.95	52.99	63.14	12.57	660.44			

3. 修理技术

工具毛坯类型以片状毛坯为主，其中主要为完整石片（N=8），另有残片（N=1）；块状毛坯较少，包括石核（N=1）和断块（N=3）。对比工具类型与毛坯，不存在特意挑选毛坯的行为。

大多数工具的修疤深凹，形态不规则，片疤尺寸以大型居多，少量为小型或微型，多数刃缘不甚规整且打击点明显，显示其修理技术为硬锤锤击法。一些刮削器的修疤因尺寸较大而不能排除其可能被用作石核进行剥片，而相反也有少量刮削器的边刃修疤不明显或分布零散，修理片疤微弱，修理意图不甚明确，并不能排除是使用甚至磕碰所形成。因而，袁家山遗址中的工具修理，尤其是刮削器修理没有显示出很强的规范性，基本没有精制品，体现了权宜性的修理策略。

修理刃缘占整个毛坯边刃的比例较高，且刃缘修理绝大多数呈连续分布。从修理刃缘的数量看，以单刃为主（N=11），双刃（N=1）和多刃（N=1）数量极少，表明修理强度不高，倾向于开发单个刃口。

对工具修理部位的统计显示，片状毛坯集中于左侧和右侧等侧缘，也有少量侧缘+远端，近端修理仅个别；块状毛坯的修理部位集中于侧边，个别为单端。以单个刃缘为基础，对所有工具的刃缘修理方向的观测统计表明，袁家山遗址工具的修理方向总体以单向为主，其中又以反向修理者稍多于正向修理者；双向修理中包括转向修理标本2件和交互修理标本1件。

4. 分类描述

刮削器　10件，占修理类产品总数的76.92%。按刃缘数量多少可分为单刃（N=8）、双刃（N=1）和复刃（N=1），根据刃部形态又可将单刃分为单直刃（N=2）、单凸刃（N=3）、不规则刃（N=3），双刃和复刃刮削器刃缘呈锯齿刃、凹刃或不规则形态。

标本LMBT23④A：219，单不规则刃。原料为灰黄色燧石，形状不规则，毛坯为Ⅲ型石片，长37.5、宽20.6、厚13.5毫米，重4.7克。锤击法正向修理，修理部位为右侧。刃长18.5毫米，刃角41°。单层连续分布的鱼鳞形修疤，共计9个，修疤为微型，最大修疤长1.2、宽2.5毫米，修疤比小于5%，自然面比为20%（图六，1）。

标本LMBT23④A：302，单凸刃。原料为青色石英砂岩，形状不规则，毛坯为片

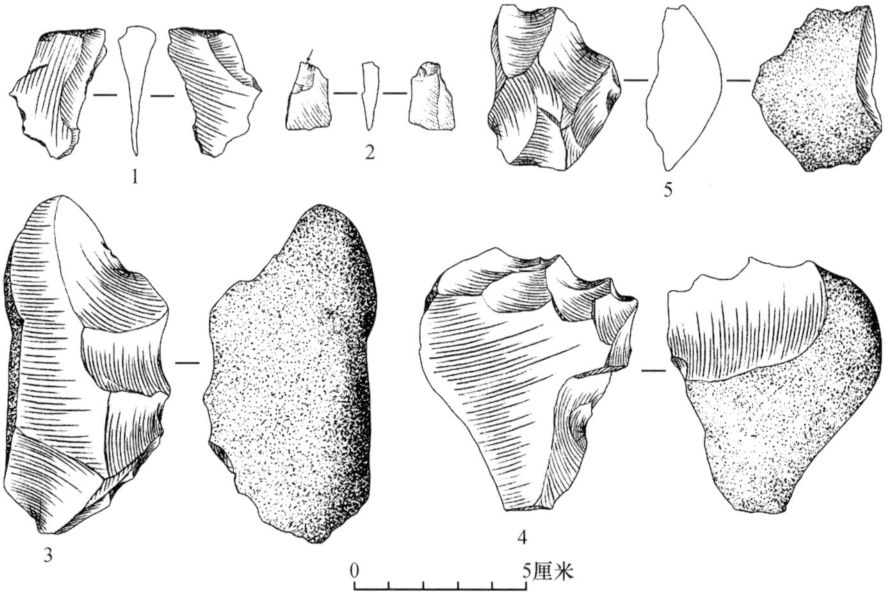

图六　袁家山遗址出土刮削器和雕刻器

1、3～5. 刮削器（LMBT23④A：219、LMBT23④A：302、LMBT23④B：829、LMBT19④A：401）

2. 雕刻器（LMBT23④A：215）

状断块，长95.9、宽47.8、厚25.9毫米，重151.9克。锤击法单向修理，修理部位为长轴一侧。刃长95.9毫米，刃角66°~83°。单层连续分布的不规则形修疤，共计7个，修疤深、大，最大修疤长27.1、宽42.1毫米。修疤比30%，自然面比50%（图六，3）。

标本LMBT23④B：829，双刃刮削器。原料为浅红褐色石英砂岩，形状为不规则三角形，毛坯为石片，长72、宽62.1、厚24.8毫米，重98克。近端和右侧均反向锤击修理，修理较为典型。近端刃部呈锯齿状，刃长41.4毫米，刃角73°~82°，双层连续分布的阶梯状修疤，共8个，最大修疤长22.1、宽21.1毫米。右侧为凹刃，刃长60.8毫米，刃角69°，单层连续分布的不规则形修疤，共计4个，最大修疤长16.8、宽24.7毫米。远端略残损，修疤比15%，自然面比30%（图六，4）。

标本LMBT19④A：401，复刃刮削器。原料为青色石英砂岩，形状不规则，毛坯为断块，长44.4、宽41.6、厚18.4毫米，重31.7克。单面向心式锤击修理，片疤在中部交汇略呈凸起状，刃缘均不甚规则，刃角60°~85°。单层连续分布的不规则形修疤，共计7个，最大修疤长19.5、宽20.2毫米。部分残损，修疤比50%，自然面比50%（图六，5）。

雕刻器 1件，占修理类产品的7.69%。

标本LMBT23④A：215，原料为浅青色燧石，形状略呈梯形，毛坯为残片，长19.3、宽13.07、厚4毫米，重0.7克。利用残片一端的原有断面，可能有略作修理，后以此为台面向残片的左侧斜击，打出雕刻器小面，与原有侧断面形成凿形刃口，削片长10.2、宽4.6毫米，刃角50°（图六，2）。

重型刮削器 2件，占修理类产品的15.38%。均以厚重大型完整石片为毛坯。

标本LMBT19④A：431，原料为浅色石英岩，形状略呈不规则三角形，毛坯为Ⅰ型厚重大石片，长203.6、宽116.9、厚64.61毫米，重1547.6克。毛坯打击点浅，腹面石片特征不甚明显，未修理边缘显示轻度至中度磨蚀，但修理处锋利、未见磨蚀，同时因遗址中没有发现与生产这样巨型石片匹配的石核，因此推测该毛坯应从遗址外打片后直接输入或利用更早期的剥坯产品。修理时，在石片右侧交互锤击修理成直刃，侧视呈之字形；刃长176.2毫米，刃角70°~78°；单层连续分布鱼鳞形修疤，共计8个，背部片疤3个，腹部片疤5个，修疤深而大，最大修疤长39.7、宽68.9毫米。修疤比10%，自然面比40%（图七，1）。

标本LMBT19④B：815，原料为灰褐色石英砂岩，形状不规则，毛坯为Ⅱ型石片，长114.3、宽99.1、厚57.9毫米，重613.6克。在石片的远端和右侧锤击法转向修理成凸刃，刃缘锋利，刃长114.7毫米，刃角63°~70°。单层连续分布的鱼鳞形修疤，共计11个，修理厚度25毫米，修疤深、大，最大修疤长23.6、宽33.1毫米。修疤比为5%，自然面比30%（图七，2）。

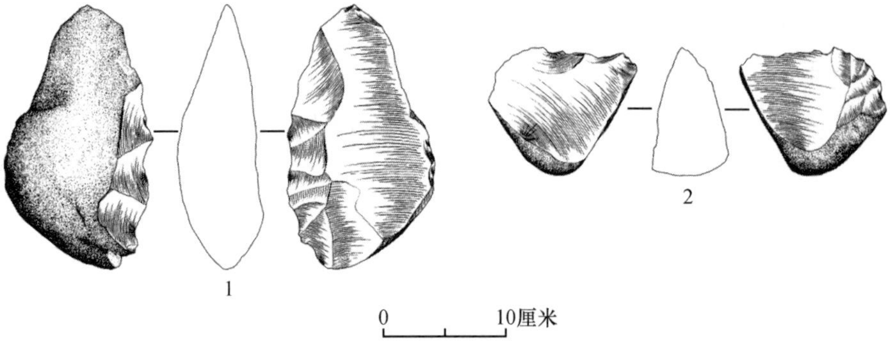

图七　袁家山遗址重型刮削器
1. LMBT19④A：431　2. LMBT19④B：815

（四）石锤

仅发现1件，占石制品总数的0.34%。

标本LMBT19④B：817，原料为黄色石英砂岩，椭圆形，毛坯为砾石，长106.5、宽89.8、厚51.1毫米，重711.7克。在长轴两端可见密集分布有坑疤，而周围其他区域则保存有光滑石皮，两个集中分布区域长、宽分别为77.5、31.8毫米和72.7、29.7毫米。石锤表面自然面比约为80%。

（五）废品

遗址中共出土各类型废品125件，占石制品总数的42.81%，包括断裂片（N=53，42.40%）、残片（N=6，4.80%）、断块（N=42，33.60%）和碎屑（N=24，19.20%）。

原料总体以石英砂岩（N=82，65.60%）为主，脉石英（N=34，27.20%）次之，石英岩（N=4，3.20%）和燧石（N=5，4.00%）数量极少。脉石英原料的废片较之相应的石核数量不协调，或许表明有一部分石核或工具在遗址里修理后被带走。

废品尺寸总体以小型（N=75，6.00%）居多，其次为微型（N=26，20.80%）和中型（N=24，19.20%）。对废品各类型的长度和重量统计显示（表九），废品和断裂片有相对较大的变异，残片和碎屑两者的变异程度均很小。

表九　袁家山遗址废品各类型的长度与重量统计

统计项目→	长度（毫米）				重量（克）			
类型↓	最小值	最大值	平均值	标准偏差	最小值	最大值	平均值	标准偏差
断裂片	16.39	63.85	34.4	12.59	0.51	95.08	10.34	14.6
残片	20.31	35.84	25.58	5.94	0.56	3.62	1.92	1.22
断块	20.67	79.8	45.04	15.68	1.17	150.62	28.89	33.91
碎屑	5.88	19.84	14.62	3.49	0.05	2.34	0.79	0.64

（六）赤铁矿

共2件，呈红色团块或长方体状，均有轻度或中度风化和磨蚀。标本LMBT19④：813，长37.88、宽35.21、厚28.42毫米，重39.2 克。标本LMBT19④：442，长35.92、宽22.07、厚19.17毫米，重14.3克。

四、讨论与结语

（一）文化特征和遗址性质

综合上述对石制品的分析，该遗址的石器技术和文化特征可以归纳为以下几个方面：

（1）原料以磨圆度较高的石英砂岩、石英岩砾石为主，推测古人类应是就地取材于古代河滩的卵石作为原料，基本继承了更早期的原料开发种类和方式。

（2）石制品类型显示是一套完整的打制石器组合，以废品和石片数量居多，工具毛坯绝大多数为片状，反映一种以剥坯为主的石制品生产模式。

（3）尺寸以小型为主，占一半以上，其次为中型，而大型和巨型标本数量很少，与以往发掘的早期旧石器遗址石制品相比个体有明显的减小。

（4）工具组合中以刮削器、雕刻器等轻型工具为主，重型刮削器比例低，不见石核砍砸器、手镐、手斧、石球等旧石器早、中期较为常见的一些器类。

（5）除砸击技术在石片上偶有体现外，剥片技术和修理技术仅见硬锤锤击法；石核在剥片前均没有进行预制修理，个别石核表现出一定的计划性，但绝大多数均为随机性剥片策略。

（6）工具中不见精制品，大部分修理不规范，修理强度不高，显示出明显的权宜性加工策略。

根据学者的研究，中国旧石器工艺技术类型包括石片石器、砾石石器、石叶和细石器四种类型，从中更新世末至晚更新世初开始出现的一种新的趋势是更多地采用片状坯材加工刮削器等轻型工具，从而使得砾石石器工业的生产逐渐与石片石器的程序趋同，晚更新世早期以后大型尖状工具趋于消失，因而非典型砾石石器工业出现，继而再发展成保留着砾石工业传统的石片工业[4]。袁家山遗址石器工业的上述特点与这种旧石器技术的发展具有一致性，石器组合中以剥坯为主，不见直接修型的产品，接近于不典型的砾石石器工业，本文称之为“早期石片石器工业”。

从操作链理念的角度观察，袁家山遗址石制品包括从打击工具、原材料、剥坯到成品和废品的几乎所有阶段的产品，表明古人类曾在此进行过石器的打制和工具的修理甚至使用行为，不过遗址总体石制品数量仍偏少，文化层堆积厚度较薄，显示其规模相对较小，因此推测古人类在此活动的时间并不长，该遗址可能为一处短暂停留的临时营地。

（二）地层、时代及意义

网纹红土在华南地区分布广泛，是中国南方旧石器遗址埋藏的主要层位，对它的研究也较为深入。不少学者认为网纹红土主要形成于中更新世早期（距今73万～40万年），但一些学者认为在更早的早更新世末期也有网纹红土形成[5]，另一些研究表明在局部区域中更新世晚期和晚更新世早期也形成网纹红土，距今约17.3万年[6]。尽管如此，目前网纹红土的主要发育时期在中更新世在学界已基本达成一致意见[7]。在网纹红土之后的上部堆积均质红土也有一些相关讨论。杨浩、乔彦松等一些研究者认为均质红土形成于中更新世晚期（距今40万～10万年）[8]。席承藩据第四纪地层学和风化壳发育过程，认为均质红土为晚更新世[9]。毛龙江等通过磁化率、粒度、微量元素等分析，认为均质红土一般发育于晚更新世的风成堆积[10]。特别值得注意的是，近年一些研究者对南方黄土层位的分布进行了探讨。来红州等对比了长江中下游不同地区的网纹红土地层剖面，指出红土地层具有统一的地层发育模式，即剖面由下至上依次堆积着砾石层、网纹红土层、均质红土层和黄土层[11]。毛龙江通过对洞庭盆地红土的野外考察得出同样的结论，不仅进一步论证了在末次冰期时在我国长江中下游地区堆积形成黄土的可能性，也指出在有的红土剖面中在均质红土层与网纹红土层之间还存在一套弱网纹红土层[12]。尤为重要的是一些学者在对位于长江中下游江西、安徽地区的4个第四纪红土剖面的系统考察后认为，这些剖面均具有黄棕色土—红土二元结构的地层堆积，网纹红土、均质红土和黄土不仅是这一区域普遍发育的情况，且光释光（OSL）年代显示均质红土和黄土属于晚更新世MIS4～MIS2阶段[13]。长江流域的黄土堆积如下蜀黄土历来受到学者的关注，杨怀仁很早就曾指出，在末次冰期时长江中下游气候因严寒、干燥而在长江两岸沉积黄土堆积[14]。一些学者研究指出长江中下游约北纬28°～31°属于黄、红土交接地带，该区域既是中国黄土周期性“南侵”地带，也是南方红土分布的北缘区[15]。

上述近年来第四纪地质学者有关晚更新世地层的认识对我们探讨澧水流域晚更新世旧石器遗址的地层序列无疑有着重要意义。通过对澧水流域区域内的多个遗址和自然剖面堆积的分析，表明这一区域内第四纪堆积具有较为明显一致的发育模式，自上而下主要地层堆积具有的普遍规律为：表土—黑褐色土—黄土—均质红土—网纹红土，当然由于埋藏部位和过程等影响，在不同剖面上相同地层的色泽或结构可能有细微差别，均质红土层也因含有铁锰结核颗粒数量的多少而存在差异。均质红土、黄土和黑褐色土是晚更新世时期不同阶段遗址重要的埋藏地层[16]。本文研究的袁家山遗址第4层的埋藏层位属于上述晚更新世的黄土地层，结合晚更新世环境气候特征及遗址中出土石制品的特征，推测该遗址年代约处于MIS2阶段早期，时代为旧石器时代晚期。过去一直以来对澧水流域埋藏于黄土层中的旧石器遗址的发现和认识有限，没有引起足够的重视，而袁家山遗址的晚更新世地层发育是目前为止本区域最为完整的，它的发现不仅为我们对比认识野外调查和发掘中不同遗址的堆积和地层叠压关系找到了直接证据，而且黄土层中石制品的发现为我们了解这个序列中的“缺失”环节的石器技术和人类行为提供了重要的实物资料。

附记：参加袁家山遗址此次发掘的人员有湖南省文物考古研究所李意愿、徐佳林，常德市文物局隆昭辉，澧县文物局曹毅、任爱平、封剑平，临澧县文物局黎春林。石器线图由王轩和陆翼捷绘制。在此一并致谢。

执笔：李意愿

注 释

［1］ A. 袁家荣：《湖南旧石器文化的区域类型及其地位》，《长江中游史前文化暨第二届亚洲文明学术讨论会论文集》，岳麓书社，1996年。

B. 向安强：《湖南澧县北部旧石器遗址调查》，《南方文物》1992年第3期。

［2］ 柏道远、高峰、马铁球等：《洞庭盆地澧县凹陷第四纪沉积特征与古地理演化》，《沉积与特提斯地质》2009年第4期。

［3］ 王幼平：《石器研究：旧石器时代考古方法初探》，北京大学出版社，2006年。

［4］ 王幼平：《关于中国旧石器的工艺类型》，《人类学学报》2004年第23卷增刊。

［5］ A. 杨浩、赵其国、李小平等：《安徽宣城风成沉积——红土系列剖面ESR年代学研究》，《土壤学报》1996年第3期。

B. 乔彦松、郭正堂、郝青振等：《皖南风尘堆积——土壤序列的磁性地层学研究及其古环境意义》，《科学通报》2003年第13期。

C. 袁宝印、夏正楷、李保生等：《中国南方红土年代地层学与地层划分问题》，《第四纪研究》2008年第1期。

［6］ 毛龙江、莫多闻、蒋乐平等：《浙江上山遗址剖面记录中更新世以来的环境演变》，《地理

学报》2008年第3期。

[7] A. 来红州、莫多闻、李新坡：《洞庭盆地第四纪红土地层及古气候研究》，《沉积学报》2005年第1期。

B. 席承藩：《论华南红色风化壳》，《第四纪研究》1991年第1期。

[8] A. 杨浩、赵其国、李小平等：《安徽宣城风成沉积——红土系列剖面ESR年代学研究》，《土壤学报》1996年第3期。

B. 乔彦松、郭正堂、郝青振等：《皖南风尘堆积——土壤序列的磁性地层学研究及其古环境意义》，《科学通报》2003年第13期。

C. 袁宝印、夏正楷、李保生等：《中国南方红土年代地层学与地层划分问题》，《第四纪研究》2008年第1期。

[9] 席承藩：《论华南红色风化壳》，《第四纪研究》1991年第1期。

[10] 毛龙江、莫多闻、杨競红等：《环洞庭湖区两种典型红土理化特征比较研究》，《土壤通报》2008年第6期。

[11] 来红州、莫多闻、李新坡：《洞庭盆地第四纪红土地层及古气候研究》，《沉积学报》2005年第1期。

[12] 毛龙江：《长江中下游地区第四纪以来的环境变迁及其对人类活动的影响》，北京大学博士后出站报告，2008年。

[13] A. 蔡方平、胡雪峰、杜艳等：《安徽郎溪黄棕色土—红土二元结构土壤剖面的成因与长江流域第四纪晚期古气候演变》，《土壤学报》2012年第2期。

B. 杜艳：《中国长江流域第四纪红土年代学研究及末次间冰期以来古气候演变》，上海大学博士学位论文，2013年。

[14] 杨怀仁：《末次冰期以来的长江》，《叶良辅与中国地貌学》，浙江大学出版社，1989年。

[15] A. 胡雪峰、沈铭能：《南方网纹红土多元成因的粒度证据》，《科学通报》2005年第9期。

B. Hu X F, Wei J, Du Y, et al. *Regional distribution of the Quaternary Red clay with Aeolian dust characteristics in subtropical China and its paleoclimatic implications*. Geoderma, 2010, 159: 317 ~ 334.

[16] 李意愿：《澧水流域晚更新世石器工业与人类生存适应行为》，北京大学博士学位论文，2015年。

The Stone Artifacts from Yellowish Soil Layer Discovered in Yuanjiashan Paleolithic site, Lixian County and their Significance

Hunan Provincial Institute of Cultural Relics and Archaeology
Cultural Relics Bureau of Lixian County

Abstract: This paper is the research report on the stone artifacts from yellowish soil layer discovered in Yuanjiashan Paleolithic site. In total 292 lithic artifacts were uncovered from the site, which included cobbles, hammerstone, cores, flakes, tools, debris and hematite. Lithic raw materials of the industry were mainly quartz sandstone and quartzite, while the size was mainly small and medium. The tool assemblage included more light-duty tools such as side scrapers and burins and less heavy-duty scrapers. The direct hammer percussion is the primary percussion and retouch technique, with bipolar technique was used by chance. The characteristics of these stone artifacts showed their attribution to the industry of early flake tool tradition. According to the research of the stratum sequence of the Quaternary deposit in South China and relative environmental study in late Pleistocene, the age of this site belongs to upper Paleolithic. The discovered stone artifacts from yellowish soil layer in Yuanjiashan site fills the missing link of Paleolithic stratigraphic sequence in Lishui river basin, and provides an important data on the study of lithic technology and human behavior in this area.

Keywords: Lixian County; Yuanjiashan Site; Yellowish Soil Layer; Stone Artifacts; Late Pleistocene

湖南邵东天子坪遗址发掘简报

湖南省文物考古研究所
邵阳市文物管理处
邵东县文物局

［摘　要］　湖南邵东天子坪遗址在2011年夏季发现了一批新石器末期遗存。遗迹主要有柱洞和灰坑。文化遗物以石器为主，多为磨制；陶器数量较少，以釜、罐残片为主。遗存总体特征与西岩文化类型相似。

［关键词］　邵东；天子坪遗址；新石器时代

天子坪遗址位于湖南省邵阳市邵东县牛马司镇桐木村，东南距县城约8千米，地理坐标为东经111°40′41″，北纬27°17′15″，最高海拔250米（图一）。遗址北侧为乡村公路，公路以北为焦油厂，南与杨家院子、李家祠堂相望，东临桐木塘，西近唐家院子。整个遗址坐落在丘陵地貌的前缘台地上，面向较开阔的山间盆地，西南约50米有桐江流经。

天子坪遗址发现于1984年，第二次全国文物普查时采集有石镞、石斧等磨制石器，以及夹砂陶片等。据当地村民介绍，20世纪六七十年代时，遗址范围内曾进行过大规模的烧窑活动，出土大量磨制石器，因此遭到严重破坏，遗址表面至今仍残留数座废弃的近现代窑址。2011年7月，湖南省文物考古研究所联合邵阳市文物管理处、邵东县文物局对该遗址进行了小规模的试掘。

正式发掘之前，对遗址所在台地进行了详细的调查钻探，确认遗址面积约2000平方米，平均文化层厚度仅0.15米，且分布不均匀、不连续。遗址南部地表散布近现代墓葬，有很薄的零星文化层堆积，东部被烧窑活动破坏，仅见零星文化层堆积。此次发掘，选择文化堆积保存较好、面积较大的遗址西部，依据地形地势开设3个探方，规格5米×5米，方向北偏西45°，编号2011STT01～2011STT03（以下简称T01～T03）（图二）。

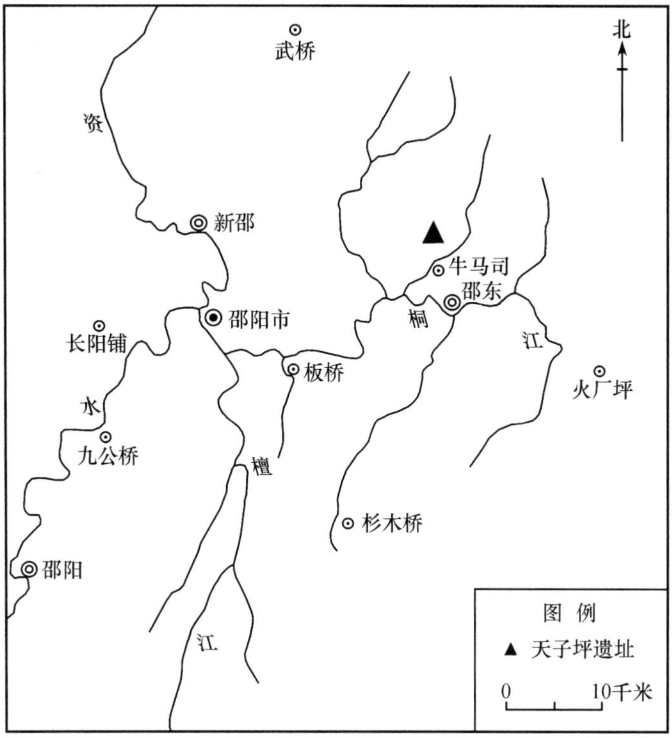

图一　天子坪遗址位置图

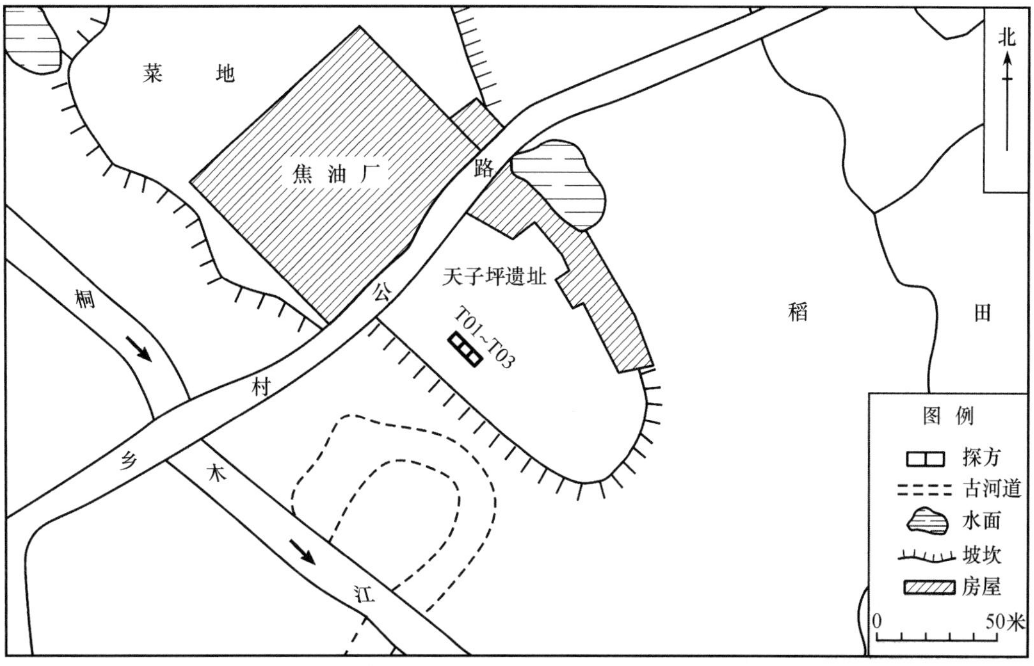

图二　发掘探方位置图

一、文化堆积

此次发掘的三个探方文化堆积一致，以发掘区东壁为例，文化堆积可分为四层（图三）。

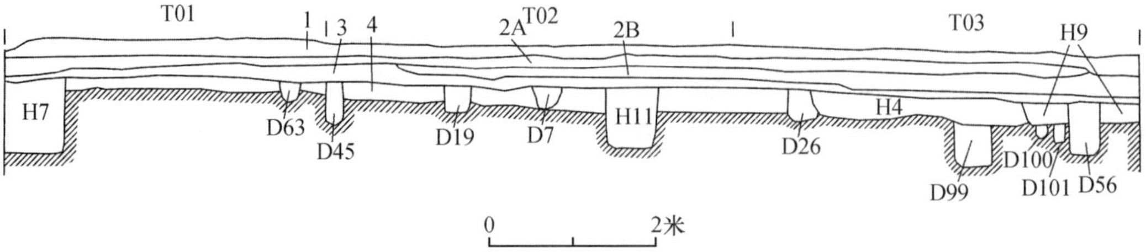

图三　T01～T03东壁剖面图

第1层：耕土层。浅灰色粉沙土，质地疏松。厚0.1～0.25米。包含物有陶片、瓷片等。全方分布。

第2层：近现代扰乱层。颜色由浅渐深，细沙土。

第2A层：浅灰色细沙土，结构较紧密。厚0～0.2米。包含物有瓷片、红烧土块、瓦片等。T03南部缺失该层。

第2B层：灰褐色细沙土，结构疏松。厚0～0.28米。包含物较杂，既有近现代的电池棒、铝条等，也有明清时期的青花瓷片、瓦片，更出土有各种磨制及打制石器。分布于T02、T03大部，T01缺失该层。

第3层：浅黄色细沙土，结构较紧密。厚0.05～0.26米。出土文化遗物有夹砂灰陶、夹砂褐陶、泥质硬陶及石锛、石镞等。全方分布。该层下开口遗迹有H1～H12、G1和大量柱洞。

第4层：浅棕色细沙土，结构较紧密。厚0.16～0.37米。包含物只有少量夹砂陶片。全方分布。该层下开口遗迹有少量柱洞。

第4层之下即为生土，生土为深棕色细沙土，结构紧密，无文化遗物。生土面由北往南倾斜。

二、文化遗迹

通过发掘共揭露柱洞118个、灰坑12个、灰沟1条（图四、图五）。由于柱洞分布散乱无规律，且未发现居住面、灶坑等其他与房址有关的遗迹现象，故难以确定房址数量。

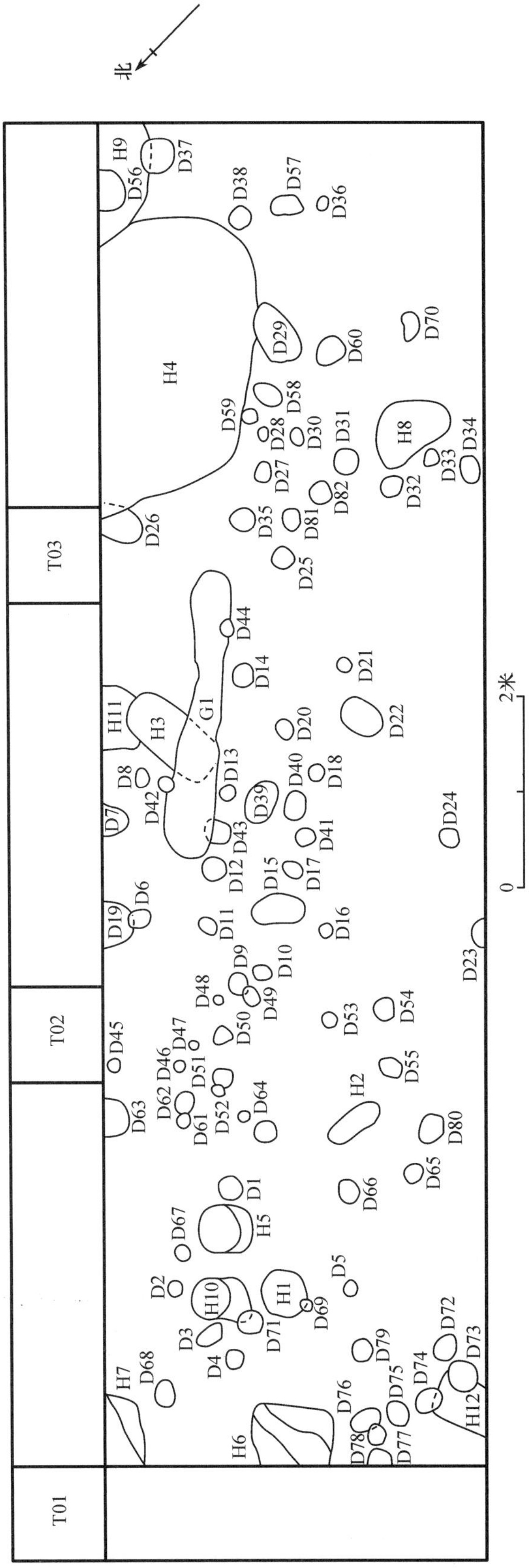

图四　第3层下遗迹平面图

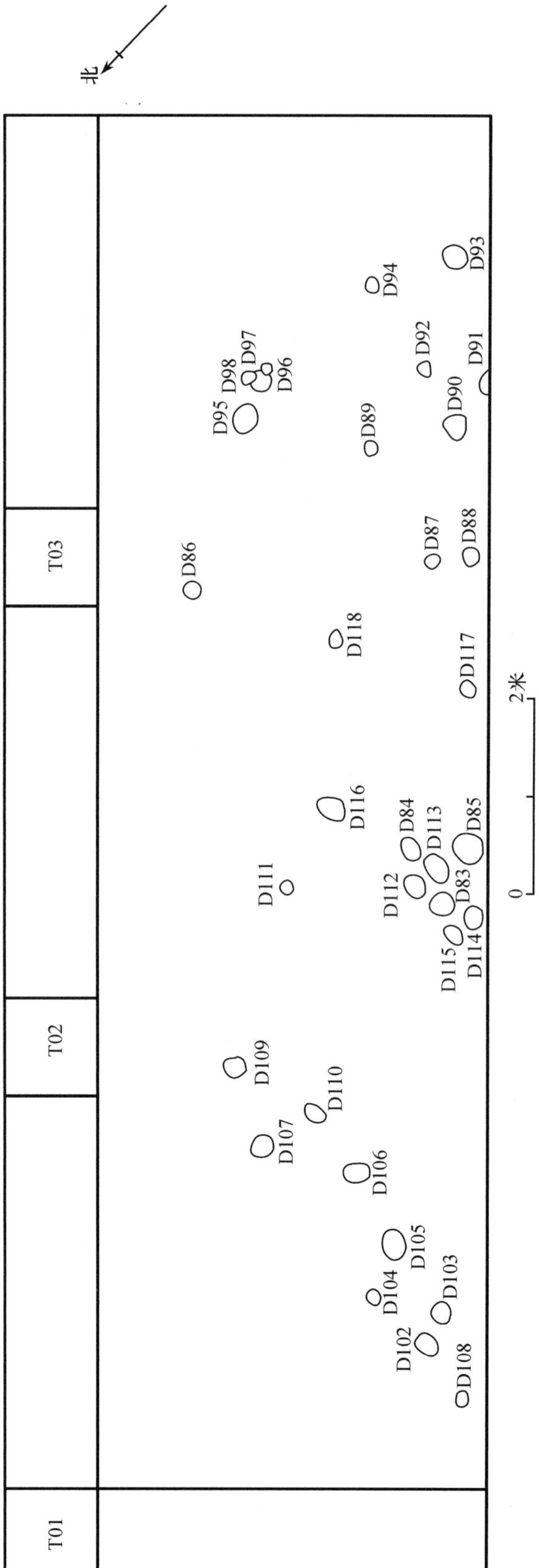

图五　第4层下遗迹平面图

H3 位于T02东南部，开口于第3层下，被G1打破，打破H11。平面近长方形，斜壁，底近平。长1.13、宽0.53、深0.41米。填土为灰黑色细沙土，结构致密，坑状堆积，包含物有陶片、碎石块、红烧土、炭屑等。陶片以夹砂灰陶为主，少量夹砂黑陶、泥质陶；器形有釜、罐、碗等（图六）。

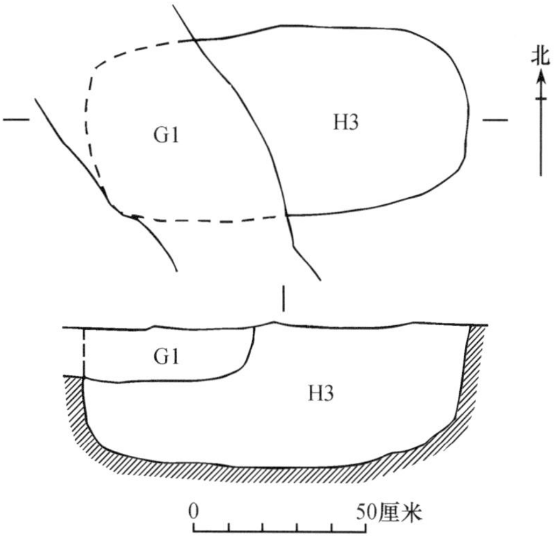

图六 H3平、剖面图

H4 位于T03东北部，部分压在发掘区外，开口于第3层下，被H9、D29打破，打破生土及D26、D99等。平面近圆角方形，斜壁，底不平。残长2.96、残宽1.68、深0.34米。填土为深灰黑色细沙土，结构致密，包含物有陶片、石块、红烧土块、炭屑等。陶片以夹砂灰陶为主，褐陶次之，少量夹砂红陶、黑陶及泥质灰陶、褐陶；纹饰以素面为主，少量绳纹、方格纹、弦纹（图七）。

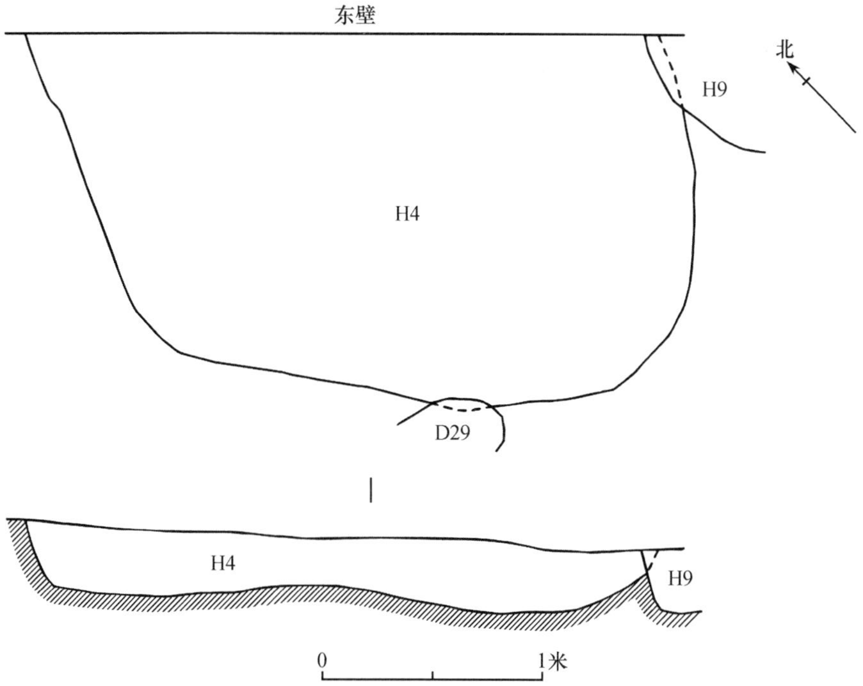

图七 H4平、剖面图

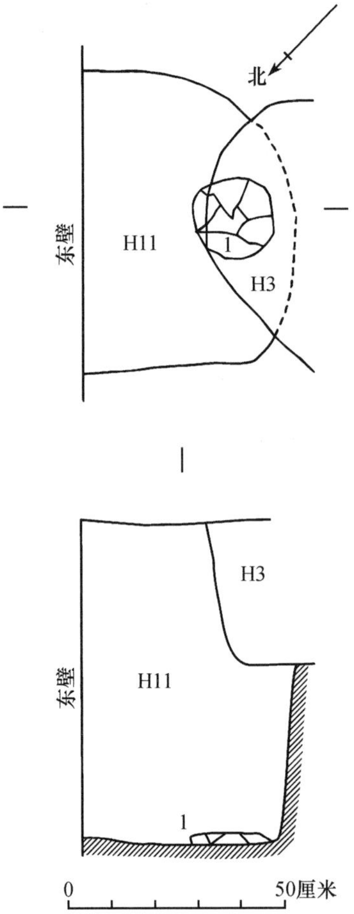

图八　H11平、剖面图
1. 陶釜

H11　位于T02东南部，部分压在发掘区外，开口于第3层下，打破生土，被H3打破。平面近方形，近直壁，平底，较规整。残长0.65、残宽0.47、深0.71米。填土为灰色细沙土夹杂浅黄色斑土，结构较紧密，包含物有陶片、炭屑等。陶片绝大多数为夹砂陶，有红陶、灰陶、褐陶、黑陶等；素面为主，少量绳纹。出土侈口圜底釜1件（图八）。

柱洞　此次发掘的三个探方共清理118个柱洞，其中开口于第3层下82个，开口于第4层下36个。平面形状圆形或椭圆形，直壁，平底，分布无规律，直径大小不一，洞内填土以灰色或浅灰色为主，包含较多的红烧土颗粒。由于此次发掘未发现明显的居住面和灶坑，所有柱洞均未归置于房址内，单独顺次编号。

三、文化遗物

天子坪遗址出土文化遗物仅见陶器和石器两大类。陶器数量较少，且较为破碎，多为器物口沿残片，完整及可复原器物少。石器数量较多，但大多为石器残块。石器加工多打磨结合，磨制粗糙。

（一）陶器

陶器整体风格粗犷，多为泥片贴筑。烧制火候不高，质地疏松，制作粗糙，易碎。以夹砂灰陶为主，少量泥质磨光陶器。纹饰有绳纹、方格纹、弦纹、菱形纹、波浪纹等（图九）。器类单调，以釜、罐类为主，另有1件圆柱状鼎足。

釜　10件。仅有1件可复原，余者均为口沿或腹部残片。据口沿特征可分为三型。

A型　4件。宽仰折沿。标本T02④：5，夹粗砂灰陶。肩部饰细绳纹。口径24、残高6.8厘米（图一〇，1）。标本H1：1，夹砂灰陶。肩部饰细绳纹。残高4.2厘米（图一〇，2）。

B型　5件。窄折沿，折沿较甚。标本H3：1，夹砂灰黄陶。素面。口径31、残高3.4厘米（图一〇，5）。标本H3：3，夹砂灰黄陶。素面。口径22.8、残高2.8厘米（图一〇，6）。

图九 天子坪遗址出土陶器纹饰拓本

1. 绳纹与弦纹组合（H4：2） 2、3、6、7、9、13. 方格纹（G1：4、采：1、T03③：7、H4：7、H11：3、T03③：8） 4、5、8. 绳纹（D63：1、H6：1、H3：7） 10. 波浪纹（H12：1） 11. 弦纹（H4：6） 12. 菱形纹（H4：5）

C型 1件。盘口，尖圆唇，凹沿。标本H11：1，夹砂褐陶。圆鼓腹较浅，圜底。颈部以下饰细绳纹，口沿内侧有一道凹弦纹。口径20、残高7厘米（图一一，1）。

罐 8件。据口沿特征可分为二型。

A型 5件。敞口，折沿，沿面微内凹。标本H5：1，夹砂灰陶。素面。残高5厘米（图一〇，3）。标本G1：4，夹砂褐陶。素面。口径25、残高3.4厘米（图一〇，4）。标本G1：5，夹砂灰陶。素面。口径20、残高3.6厘米（图一〇，7）。标本

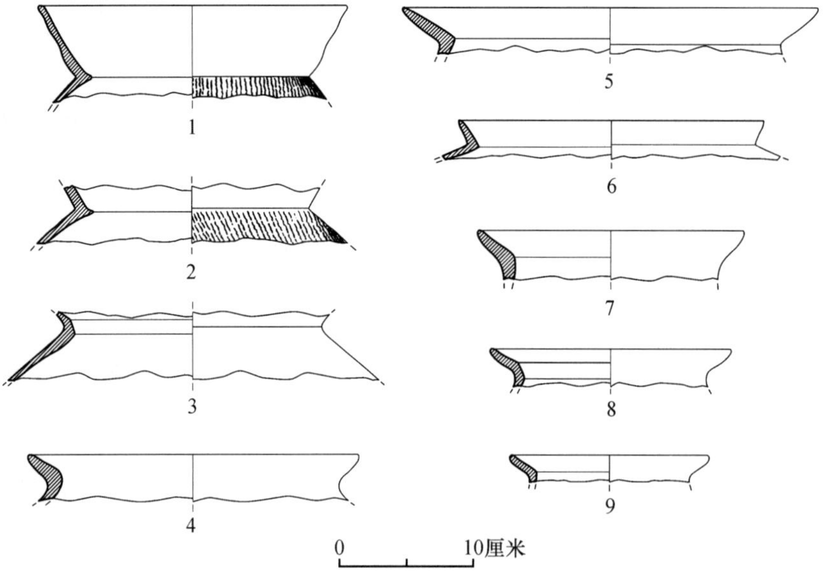

图一〇　天子坪遗址出土陶器

1、2. A型釜（T02④：5、H1：1）　3、4、7～9. A型罐（H5：1、G1：4、G1：5、T02③：8、H4：8）
5、6. B型釜（H3：1、H3：3）

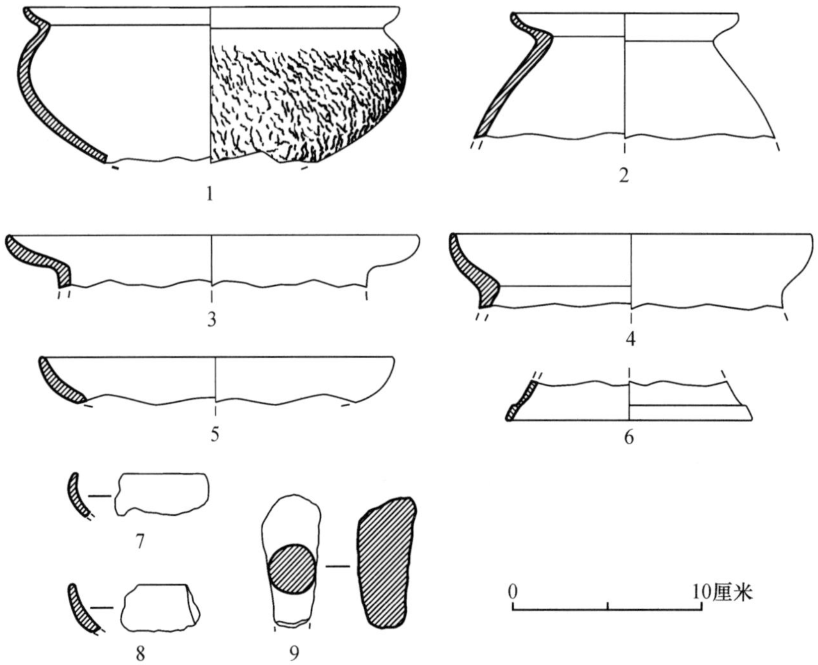

图一一　天子坪遗址出土陶器

1. C型釜（H11：1）　2～4. B型罐（T02③：9、H3：2、T02③：10）　5、7、8. 钵（H3：4、H3：6、H5：2）
6. 圈足（H4：3）　9. 鼎足（T02④：1）

T02③：8，夹砂灰白陶。素面。口径18、残高2.8厘米（图一〇，8）。标本H4：8，夹砂黑陶。素面。口径15、残高2厘米（图一〇，9）。

B型 3件。盘口，沿面内凹。标本T02③：9，夹砂灰褐陶。束颈，溜肩，斜腹。素面。口径12、残高6.4厘米（图一一，2）。标本H3：2，夹粗砂灰陶。宽沿内凹。素面。口径22、残高2.6厘米（图一一，3）。标本T02③：10，夹粗砂灰黄陶。素面。口径19、残高3.8厘米（图一一，4）。

钵 3件。标本H3：4，夹粗砂灰白陶。敞口，圆唇，浅腹。素面。口径19、残高2.2厘米（图一一，5）。标本H3：6，夹砂灰陶。直口微敛，圆唇。素面。残高2.1厘米（图一一，7）。标本H5：2，夹砂灰陶。素面。残高2.4厘米（图一一，8）。

圈足 1件。标本H4：3，夹砂灰陶。足底外撇。素面。底径13、残高2厘米（图一一，6）。

鼎足 1件。标本T02④：1，夹砂灰白陶。圆柱形。残高6.8厘米（图一一，9）。

（二）石器

石器原料大多采自河床砾石，岩性以砂岩为主，少量燧石。多为小型石器，以锛、镞为主，次为斧、砺石、球，另有石坯、石核及石器残块等。

锛 8件。打制痕迹明显，局部磨制。标本T02④：2，梯形，平顶，两侧可见打制片疤，双面刃，刃缘平直。长5.3、宽2.3、厚0.9厘米（图一二，1）。标本T03②B：16，周身可见打击片疤，刃部磨制，单面刃，刃缘弧形。长5.4、宽3.6、厚0.9厘米（图一二，2）。标本采：2，器身多处可见打制片疤，平面梯形，平顶，刃部磨制，单面刃，刃缘较平。长6.2、宽3.6、厚1.3厘米（图一二，3）。标本T01③：4，平面梯形，平顶，周身可见打制片疤，器身一面微拱，刃部两面磨制，一面短而陡直，一面较平缓，刃缘平直，有崩损。长6、宽3.5、厚1.5厘米（图一二，4）。标本T03②B：7，梯形，平顶，双面刃，刃缘平直。长3.8、宽2.6、厚0.6厘米（图一二，5）。标本T03②B：6，顶端残，平面梯形，两侧有打制片疤，双面刃，刃缘平直。长4.4、宽、厚1厘米（图一二，6）。标本T03②B：14，残，两面磨制，较平直，单面刃，较陡直，刃缘微弧。残长4.2、宽5.2、厚1厘米（图一二，7）。标本T02④：3，平面梯形，平顶，器身多处可见打击片疤，一面微拱，一面平直，刃部两面磨制，一面较陡直，一面平缓，刃缘平直，有轻微崩缺。长5.7、宽4.5、厚1.8厘米（图一二，8）。

斧 3件。均残断。制作粗糙，保留较多自然砾石面及打制疤痕。标本T02④：4，残留刃部一段，磨制精细，双面刃，刃缘平直，刃部有轻微崩损。残长4.1、残宽2.6、厚1.6厘米（图一二，9）。标本H11：2，残，局部磨制，可见打制片疤，双面刃，刃

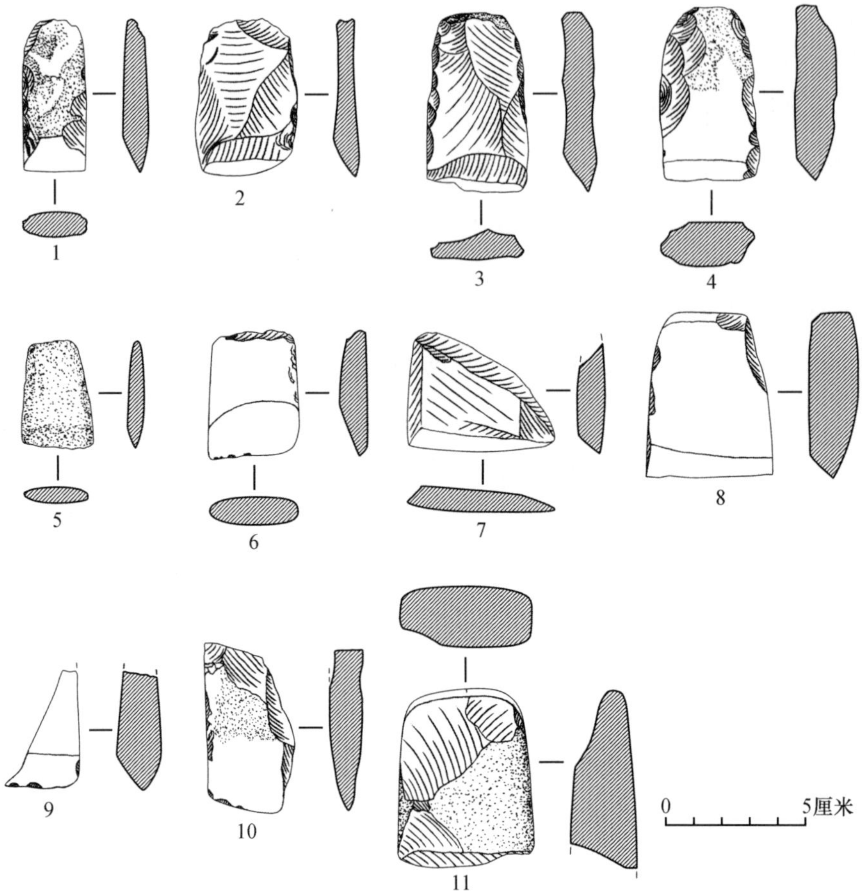

图一二　天子坪遗址出土石器

1～8. 锛（T02④：2、T03②B：16、采：2、T01③：4、T03②B：7、T03②B：6、T03②B：14、T02④：3）
9～11. 斧（T02④：4、H11：2、T02③：3）

缘弧形。残长5.9、残宽3.2、厚1.2厘米（图一二，10）。标本T02③：3，残留柄部，平面梯形，体身多打制片疤。残长6.2、宽4.8、厚2.4厘米（图一二，11）。

镞　5件。据器身及铤部特征可分二型。

A型　4件。菱形，锥形铤。标本G1：1，镞端残，截面菱形，短锥形铤。残长3.6、宽1.6、厚0.4厘米（图一三，1）。标本H6：1，残，磨制精细，截面菱形，锥形铤。残长3.9、宽1.6、厚0.45厘米（图一三，2）。标本T02②B：1，残，截面菱形，铤部残，棱脊明显，崩损严重。残长6、宽2.3、厚0.5厘米（图一三，3）。标本G1：3，截面菱形，棱脊明显，短铤。长7.9、宽1.4、厚0.5厘米（图一三，4）。

B型　1件。柳叶形，无铤。标本采：3，残，截面近椭圆形，器身薄。残长4.4、宽2、厚0.2厘米（图一三，5）。

砺石　3件。标本T02③：2，残，磨砺面内凹。长6.9、宽3.4、厚3.4厘米（图

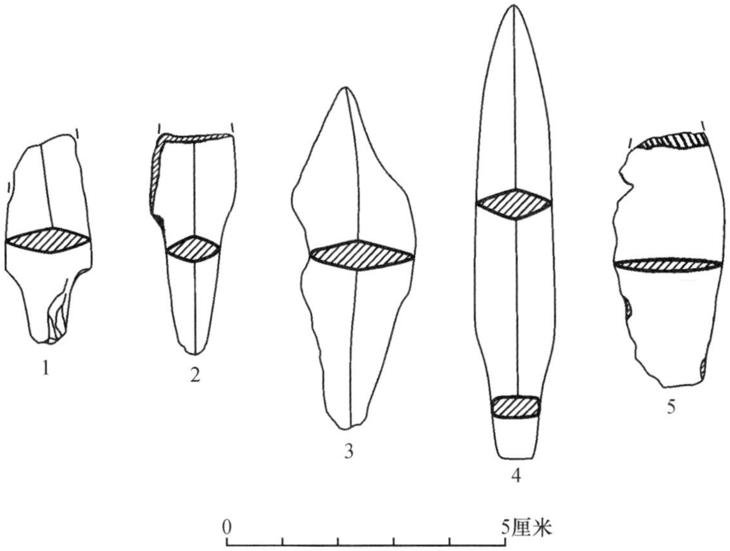

图一三　天子坪遗址出土石镞
1～4. A型（G1：1、H6：1、T02②B：1、G1：3）　5. B型（采：3）

一四，1）。标本T01③：1，残，形状不规则，有两个磨砺面。长15.8、宽13.2、厚8.5厘米（图一四，2）。标本D60：1，一个磨砺面，较平整。长9.9、宽7.5、厚3.8厘米（图一四，3）。

石坯　5件。标本T03②B：4，石镞坯，打制成型，未磨制。长5.2、宽3、厚1.8厘米（图一四，4）。标本T02③：7，石镞坯，局部打制。长7.5、宽1.8、厚1.3厘米（图一四，5）。标本采：4，石锛坯，打制成型，未磨制。长7、宽4.2、厚1.6厘米（图一四，6）。标本T01③：2，石斧坯，打制成型，未磨制。长8.1、宽4、厚1.8厘米（图一四，7）。标本T02③：5，石镞或石锥坯，局部打制，余为自然砾石面。长11.8、宽2.1、厚1.8厘米（图一四，8）。

石球　3件。标本T03③：4，石质细腻，体形较小，应为小孩玩具。直径1.5厘米（图一四，9）。标本D6：1，椭圆形。长3.6、宽3、厚2.5厘米（图一四，10）。标本T03②B：3，石质细腻，一面较平，一面微拱。长4.7、宽2.7、厚3.5厘米（图一四，11）。

石削　1件。标本T03③：3，残，磨制精细，双面刃，刃缘稍弧。残长3.4、宽2、厚0.4厘米（图一四，12）。

石锥　1件。标本T03②B：2，器身一面磨制，另两面为自然面，截面三角形。残长4.6、宽1、厚0.6厘米（图一四，13）。

不明器　19件。均残断。

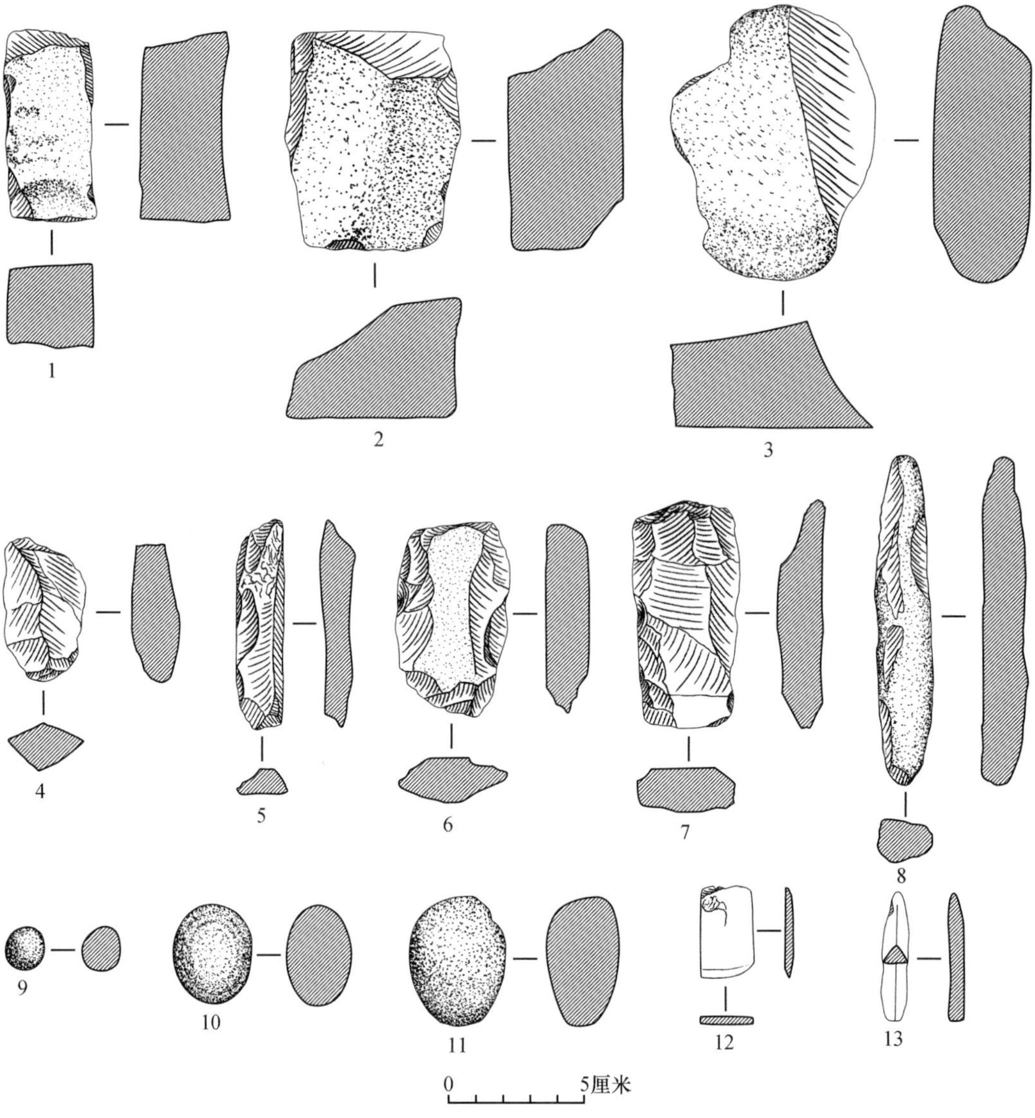

图一四 天子坪遗址出土石器

1～3. 砺石（T02③：2、T01③：1、D60：1） 4～8. 石坯（T03②B：4、T02③：7、采：4、T01③：2、T02③：5） 9～11. 球（T03③：4、D6：1、T03②B：3） 12. 削（T03③：3） 13. 锥（T03②B：2）

四、结 语

（一）文化特征

天子坪遗址破坏严重，残留的文化堆积较薄，揭露的遗迹现象以柱洞为主。柱洞分布密集且没有规律，同一层位下开口的柱洞存在打破关系，形成这种现象的原因可能是，当时的房屋立柱很容易毁坏，需要经常更换，或者是整个建筑毁坏后，又在原址进行多次重建。这反映了当时的房屋建造技术落后，居住条件简陋、原始。

陶器整体风格较为粗犷，烧制火候不高，质地疏松，制作粗糙，易碎。陶器以夹砂灰陶为主，次为夹砂红陶或褐陶，另有少量泥质灰陶和黑陶。制法以泥片贴筑为主，少量轮制。纹饰有少量绳纹、方格纹、弦纹等。形制简单，以釜、罐类为主，少量三足器、圈足器。出土标本多为口沿部分，口沿沿面多有内凹现象。

石器较多。石器原料大多采自河床砾石，岩性以砂岩为主，少量燧石。石器加工以磨制为主，也见有打制形成的石片、石坯和石核。器形以小型石器为主，器类不多，以锛、镞为主，次为斧、砺石、石球。

生业经济方面，通过浮选，发现有炭化水稻种子等植物遗存，未发现动物遗存，结合遗址出土的石斧、石锛、石镞等生产工具，并考虑到该地区以丘陵平原为主的地貌特征，推测当时的生计方式除水稻种植外，狩猎采集可能仍是其重要的获食方式。

（二）年代推断

天子坪遗址文化堆积单一，第3层下开口遗迹虽有打破关系，但由于发掘出土文化遗物较少，且遗物特征基本一致，所以暂时不对该遗址进行年代分期。

从遗址出土的唯一一件较完整器物标本H11：1陶釜看，与望子岗[1]一期A型陶罐（M1：2）、西岩遗址[2]D型Ⅰ式釜极为近似，陶器、石器的总体特征也与“西岩文化类型”基本一致。天子坪遗址与西岩遗址同处资水流域，可将其划归“西岩文化类型”。遗址年代为距今4000～3500年，大致处于新石器时代末期至商时期这一范畴。

附记：参加本次发掘的工作人员有谌农、胥卫华、徐佳林、唐彬彬、杨建军、肖飞云、刘建军，器物绘图、拓片由胡重、谌农完成。

执笔：王良智

注释

［1］ 湖南省文物考古研究所：《坐果山与望子岗》，科学出版社，2010年。

［2］ 湖南省文物考古研究所、邵阳市文物处、城步苗族自治县文物局：《湖南城步西岩遗址发掘报告》，《湖南考古辑刊》第9集，岳麓书社，2011年。

Excavation of the Tianziping Site in Shaodong County, Hunan

Hunan Provincial Institute of Cultural Relics and Archaeology
Shaoyang Municipal Administration of Cultural Relics
Cultural Relics Bureau of Shaodong County

Abstract: Tianziping site is located in Shaodong county, Hunan province. In the summer of 2011, Hunan Provincial Institute of cultural relics and Archaeology discovered a number of late Neolithic cultural relics in this site. The remains included post-holes and ash pits. Stone artifacts are the main cultural artifacts, most of which are made of sand stone. Besides, there are a small amount of potteries, most of which are broken pieces of cauldrons and pots. The general characteristic of this site is similar to Xiyan Culture.

Keywords: Shaodong County; Tianziping Site; Neolithic Period

附表　天子坪遗址柱洞统计表　　　　（长度单位：厘米）

编号	位置	层位关系	形状	直径	深度	填土
D1	T01东南部	第3层下	圆形	28	12	浅灰色
D2	T01东部	第3层下	圆形	17	12	灰色
D3	T01北部	第3层下	椭圆形	33	13	灰色
D4	T01北部	第3层下	圆形	18	16	浅灰色
D5	T01中部	第3层下	圆形	14	12	浅灰色
D6	T02东部	第3层下	圆形	26	42	浅灰色
D7	T02东部	第3层下	圆形	34	10	灰色
D8	T02东部	第3层下	圆形	17	23	浅灰色
D9	T02中部偏西北	第3层下	近圆形	22	14	浅灰色
D10	T02中部偏西北	第3层下	圆形	22	42	灰色
D11	T02中部偏北	第3层下	圆形	23	13	灰色
D12	T02中部	第3层下	圆形	27	33	灰色
D13	T02中部	第3层下	圆形	16	10	浅灰色
D14	T02东南部	第3层下	圆形	28	48	浅灰色
D15	T02中部	第3层下	椭圆形	56	59	浅灰色
D16	T02中部偏西	第3层下	圆形	13	5	灰色

续表

编号	位置	层位关系	形状	直径	深度	填土
D17	T02中部	第3层下	圆形	23	16	浅灰色
D18	T02中部	第3层下	圆形	20	15	灰色
D19	T02东部	第3层下	圆形	50	6	浅灰色
D20	T02中部偏南	第3层下	圆形	21	13	浅灰色
D21	T02南部	第3层下	圆形	16	10	灰色
D22	T02南部	第3层下	圆形	48	66	灰色
D23	T02西部	第3层下	圆形	33	20	灰色
D24	T02西南部	第3层下	圆形	23	16	灰色
D25	T03西北部	第3层下	圆形	25	26	浅灰色
D26	T03北部	第3层下	圆形	44	21	浅灰色
D27	T03中部偏西北	第3层下	圆形	18	14	灰色
D28	T03中部	第3层下	圆形	13	10	浅灰色
D29	T03中部	第3层下	椭圆形	58	40	浅灰色
D30	T03中部偏西	第3层下	圆形	21	8	浅灰色
D31	T03中部偏西	第3层下	圆形	26	16	浅灰色
D32	T03西部	第3层下	圆形	25	74	浅灰色
D33	T03西部	第3层下	圆形	18	12	灰色
D34	T03西部	第3层下	椭圆形	28	16	灰色
D35	T03西北部	第3层下	圆形	24	16	浅灰色
D36	T03南部	第3层下	圆形	14	10	浅灰色
D37	T03东部	第3层下	圆形	40	34	浅灰色
D38	T03东部	第3层下	圆形	25	32	浅灰色
D39	T02中部	第3层下	椭圆形	45	46	浅灰色
D40	T02中部	第3层下	椭圆形	28	22	浅灰色
D41	T02中部	第3层下	圆形	23	35	灰色
D42	T02东部	第3层下	圆形	16	9	浅灰色
D43	T02中部	第3层下	圆形	24	13	浅灰色
D44	T02东南部	第3层下	圆形	14	19	浅灰色
D45	T02北部	第3层下	圆形	18	9	浅灰色
D46	T02北部	第3层下	圆形	14	14	浅灰色
D47	T02北部偏西	第3层下	圆形	10	9	浅灰色
D48	T02北部偏西	第3层下	圆形	12	7	灰色
D49	T02中部偏西北	第3层下	圆形	22	16	灰色
D50	T02北部偏西	第3层下	不规则	18	25	灰色

续表

编号	位置	层位关系	形状	直径	深度	填土
D51	T02北部偏西	第3层下	椭圆形	23	20	灰色
D52	T01东南部	第3层下	圆形	13	26	浅灰色
D53	T02西北部	第3层下	圆形	16	28	浅灰色
D54	T02西部	第3层下	圆形	23	43	浅灰色
D55	T02西部	第3层下	圆形	23	23	浅灰色
D56	T03东部	第3层下	椭圆形	38	64	灰色
D57	T03南部	第3层下	椭圆形	34	20	浅灰色
D58	T03中部	第3层下	圆形	32	8	浅灰色
D59	T03中部	第3层下	圆形	26	12	浅灰色
D60	T03中部	第3层下	圆形	32	24	浅灰色
D61	T01东部	第3层下	圆形	14	11	灰色
D62	T01东部	第3层下	圆形	22	17	灰色
D63	T01东部	第3层下	圆形	40	22	浅灰色
D64	T01东南部	第3层下	圆形	12	11	浅灰色
D65	T01南部	第3层下	圆形	18	18	浅灰色
D66	T01南部	第3层下	椭圆形	22	16	浅灰色
D67	T01中部偏东	第3层下	圆形	17	12	浅灰色
D68	T01北部	第3层下	圆形	28	25	浅灰色
D69	T01中部	第3层下	圆形	12	29	浅灰色
D70	T03西南部	第3层下	椭圆形	30	16	浅灰色
D71	T01中部	第3层下	圆形	28	47	灰色
D72	T01西部	第3层下	椭圆形	28	11	浅灰色
D73	T01西部	第3层下	圆形	18	30	浅灰色
D74	T01西部	第3层下	椭圆形	27	20	浅灰色
D75	T01西部	第3层下	圆形	28	12	浅灰色
D76	T01西部	第3层下	椭圆形	32	15	浅灰色
D77	T01西部	第3层下	圆形	20	12	浅灰色
D78	T01西部	第3层下	圆形	26	9	浅灰色
D79	T01西部	第3层下	圆形	20	12	浅灰色
D80	T01南部	第3层下	椭圆形	33	12	浅灰色
D81	T03中部偏西北	第3层下	圆形	20	8	浅灰色
D82	T03中部偏西北	第3层下	圆形	22	12	灰色
D83	T02西南部	第4层下	圆形	28	35	灰色
D84	T02西部偏南	第4层下	圆形	22	22	灰色

续表

编号	位置	层位关系	形状	直径	深度	填土
D85	T02西南部	第4层下	圆形	30	13	浅灰色
D86	T03北部	第4层下	圆形	16	14	浅灰色
D87	T03西部	第4层下	圆形	16	20	浅灰色
D88	T03西部	第4层下	圆形	18	12	浅灰色
D89	T03中部偏西	第4层下	圆形	17	14	浅灰色
D90	T03西部偏南	第4层下	椭圆形	25	20	浅灰色
D91	T03西南部	第4层下	椭圆形	22	14	浅灰色
D92	T03西南部	第4层下	圆形	14	12	浅灰色
D93	T03南部	第4层下	圆形	24	18	浅灰色
D94	T03南部	第4层下	圆形	16	14	浅灰色
D95	T03中部	第4层下	圆形	16	12	浅灰色
D96	T03中部	第4层下	圆形	18	40	灰色
D97	T03中部	第4层下	圆形	12	40	灰色
D98	T03中部	第4层下	圆形	14	40	灰色
D99	T03东部	H4下	圆形	42	58	浅灰色
D100	T03东部	H9下	圆形	16	14	浅灰色
D101	T03东部	H9下	圆形	24	31	浅灰色
D102	T01西部	第4层下	椭圆形	25	54	浅灰色
D103	T01西部	第4层下	圆形	24	10	浅灰色
D104	T01中部偏西南	第4层下	圆形	16	12	浅灰色
D105	T01南部	第4层下	椭圆形	28	25	浅灰色
D106	T01南部	第4层下	椭圆形	26	16	浅灰色
D107	T01东南部	第4层下	圆形	22	30	浅灰色
D108	T01西部	第4层下	圆形	33	40	浅灰色
D109	T02西北部	第4层下	圆形	23	12	浅灰色
D110	T01东南部	第4层下	椭圆形	18	17	灰色
D111	T02中部	第4层下	圆形	14	5	灰色
D112	T02西南部	第4层下	圆形	22	14	浅灰色
D113	T02西南部	第4层下	圆形	28	30	浅灰色
D114	T02西南部	第4层下	圆形	22	9	浅灰色
D115	T02西南部	第4层下	圆形	18	13	浅灰色
D116	T02中部	第4层下	椭圆形	30	50	浅灰色
D117	T02南部	第4层下	圆形	14	9	浅灰色
D118	T02东南部	第4层下	圆形	12	8	浅灰色

湖南临湘大畈遗址试掘简报

湖南省文物考古研究所
临　湘　市　博　物　馆

［摘　要］　大畈遗址2013年度的试掘发现了一批东周时期的灰坑、沟、灶等遗迹，出土了数量较多的陶、铁器等遗物。这批遗存的年代大致从春秋中晚期延续至战国中期前后，各类陶器中鬲、盆、豆、罐等楚文化因素的器物始终占主要地位，但同时也有以鼎为主的一批器物表现出浓厚的地方特征。这批资料对于我们探讨楚文化进入湘江流域的时间、路线以及与本地文化之间的关系等问题提供了有价值的线索。

［关键词］　临湘；大畈遗址；东周；楚文化

大畈遗址位于湖南省临湘市大畈村大畈组东头的一处菜地中。遗址周边属盆地地形，四面环山，桃林河从遗址的南侧向西注入下游的游港河和新墙河，最终汇入洞庭湖（图一）。遗址西面约2千米处即是现在的临湘市桃林镇集市，规划建设的大岳高速公路则从遗址的东面穿过。2013年5月，湖南省文物考古研究所和临湘市博物馆为配合大岳高速公路的建设对沿线的文物点进行了考古调查，从而发现该遗址，并随即进行试掘。本次试掘共布5米×5米的探方3个，加上扩方部分，实际发掘面积接近90平方米（图二），共发现东周时期的灰坑、沟、灶等各类遗迹单位21个，出土陶、铁器等文物100余件。现将这次试掘的收获简报如下。

一、地层堆积

大畈遗址所在的台地现为一片菜地，保存状况相对较好，但地层堆积较浅。现以T1的东壁和南壁为例对遗址的地层堆积状况加以介绍（图三、图四）。

第1层：灰色沙土，结构疏松。耕土层。厚0.1～0.2米。包含物为植物根茎和近现代瓷片、瓦片以及少量战国时期的碎陶片。

第2层：褐色沙土，结构疏松。近现代扰乱层。厚0～0.2米。包含物有近现代瓷

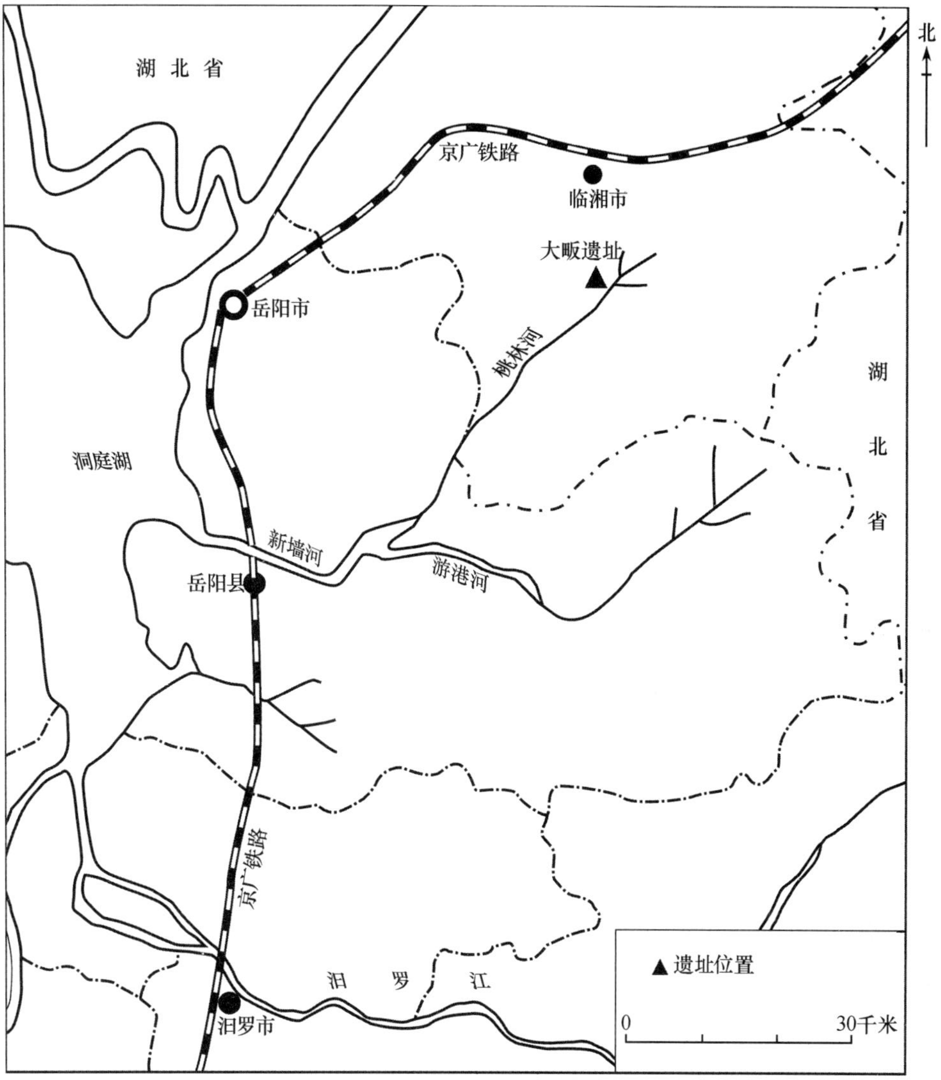

图一 遗址位置图

片、砖块等。

第3层：灰黄色沙土，结构疏松。东周时期文化层。厚0～0.15米。包含物为陶片、铁器等。H1开口于此层之下。

第4层：浅黄色沙土，结构疏松。东周时期文化层。厚0～0.25米。包含物有鬲、豆、罐、鼎等陶器及铁器。H3、H6、H8、Z1、Z2等单位开口于此层之下。

第5层：深灰黄色沙土，结构较疏松。东周时期文化层。厚0～0.3米。包含物有鬲、豆、拍等陶器及铁器。H9、H11等开口于此层之下。

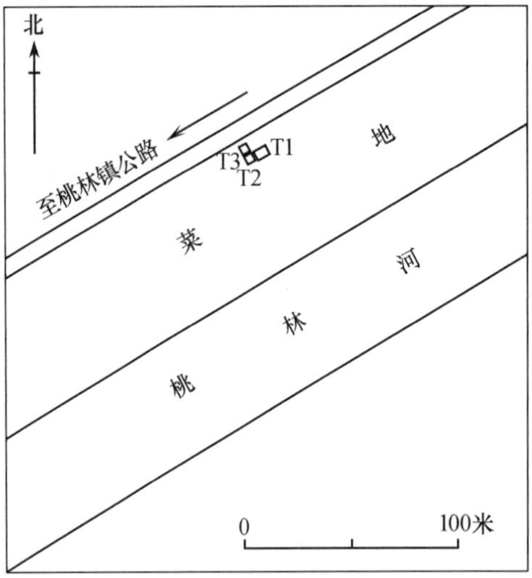

图二　探方位置图

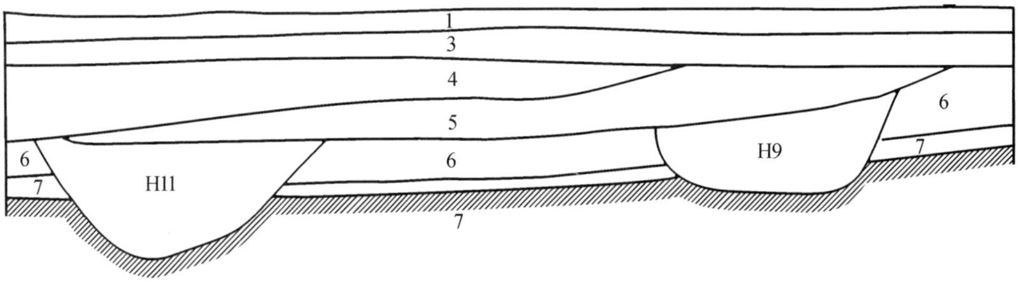

图三　T1东壁剖面图

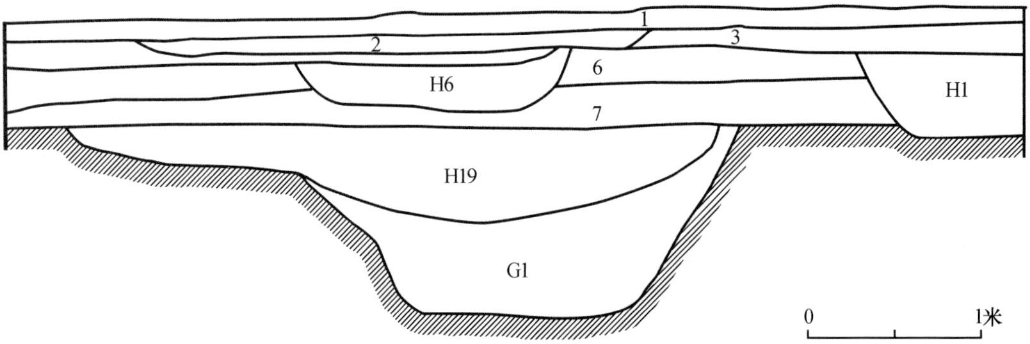

图四　T1南壁剖面图

第6层：灰色沙土，结构疏松。东周时期文化层。厚0.1～0.3米。包含物有鬲、豆、罐等陶器以及少量的铁器。H10开口于此层之下。

第7层：褐灰色沙土，结构较疏松。东周时期文化层。厚0.1～0.3米。包含物有鬲、豆等陶器。H19、G1开口于此层之下。

第7层之下为黄色生土。

二、遗　　迹

主要包括灰坑、灶和沟三类。

（一）灰坑

共18座。分为长方形和不规则形两种。

H8　位于T1内，开口于第4层下，打破第5层。灰坑平面形状为长方形，四壁较为规整，底部较平。东西长约1.9、南北宽约0.5、厚约0.2米。坑内填灰色沙土，并杂有较多的炭屑。包含陶片颇丰富，可辨器形有鬲、豆、罐等（图五）。

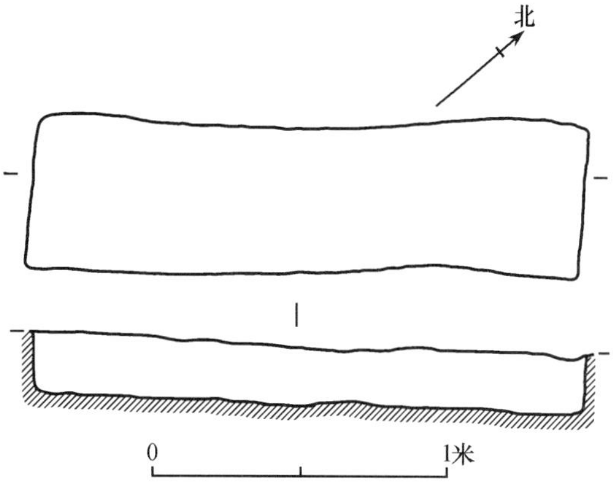

图五　H8平、剖面图

H10　主体位于T2内，部分延伸至T1，开口于第6层下，打破第7层。灰坑的平面形状为不规则形，近平底。最长处约2.5、最宽处约1.4、厚0～0.36米。坑内填灰色沙土，包含陶片颇丰富，可辨器形有鬲、罐等（图六）。

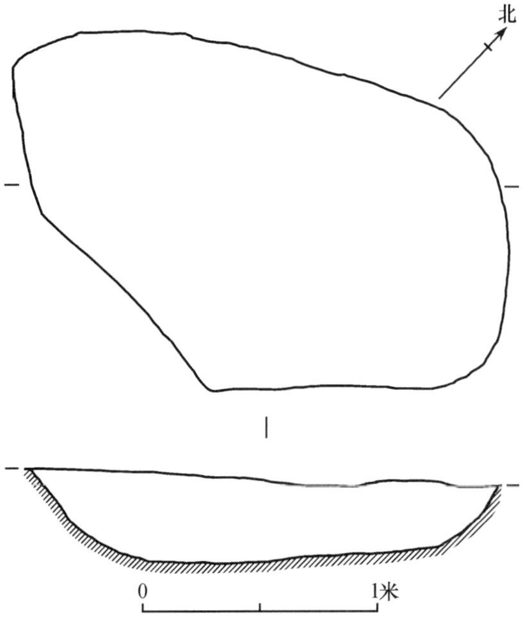

图六　H10平、剖面图

（二）灶

共2座。

Z1　位于T2北壁中部附近，开口于第4层下，打破第6层。灶坑平面呈椭圆形，斜壁，圜底。最长处约1.5、最宽处约1.4、底部最深处距开口约0.36米。坑

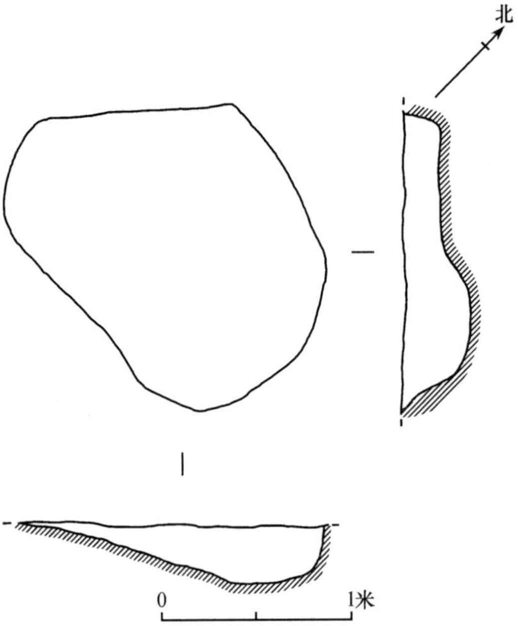

图七　Z1平、剖面图

内填灰黑色沙土，中部夹有大量的红烧土，底部填有大量的草木灰，包含物有陶鬲、盆等（图七）。

Z2　位于T1的南壁附近，开口于第4层下，打破第6层。灶坑外围由大小不一的卵石摆放成较为规则的椭圆形，其中一端留有缺口，或为灶门。平面最长处约1.56、最宽处约0.9、厚0～0.2米。坑内填灰色沙土，并夹有较密集的炭屑，结构疏松，包含物有陶鬲、陶豆、铁器等。坑壁和坑底均未形成明显的烧结面，表明灶坑的使用时间不长（图八）。

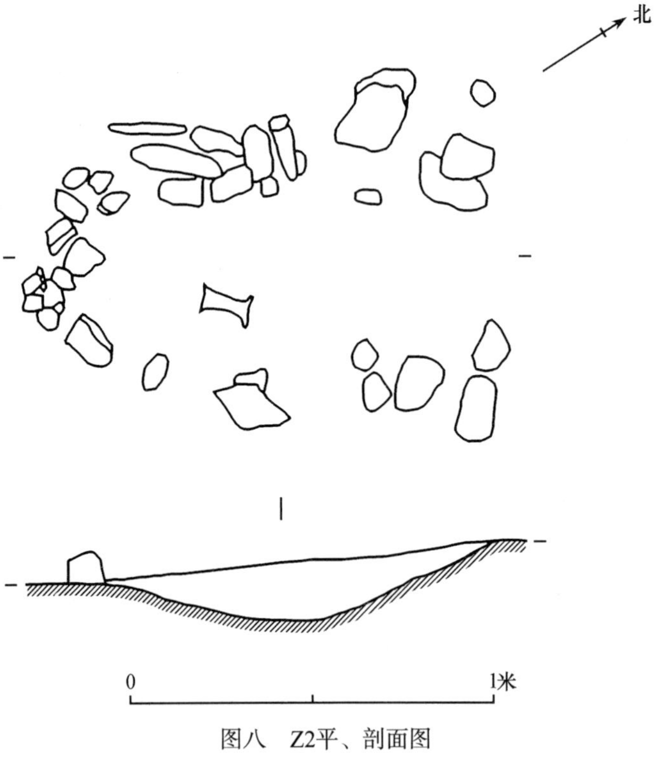

图八　Z2平、剖面图

（三）沟

共1条。

G1　位于T1、T3内，开口于第7层下，打破生土，并被H18、H19打破。G1的长度不明，宽约2、深0.9～1米。沟内堆积可分三层（图九）。

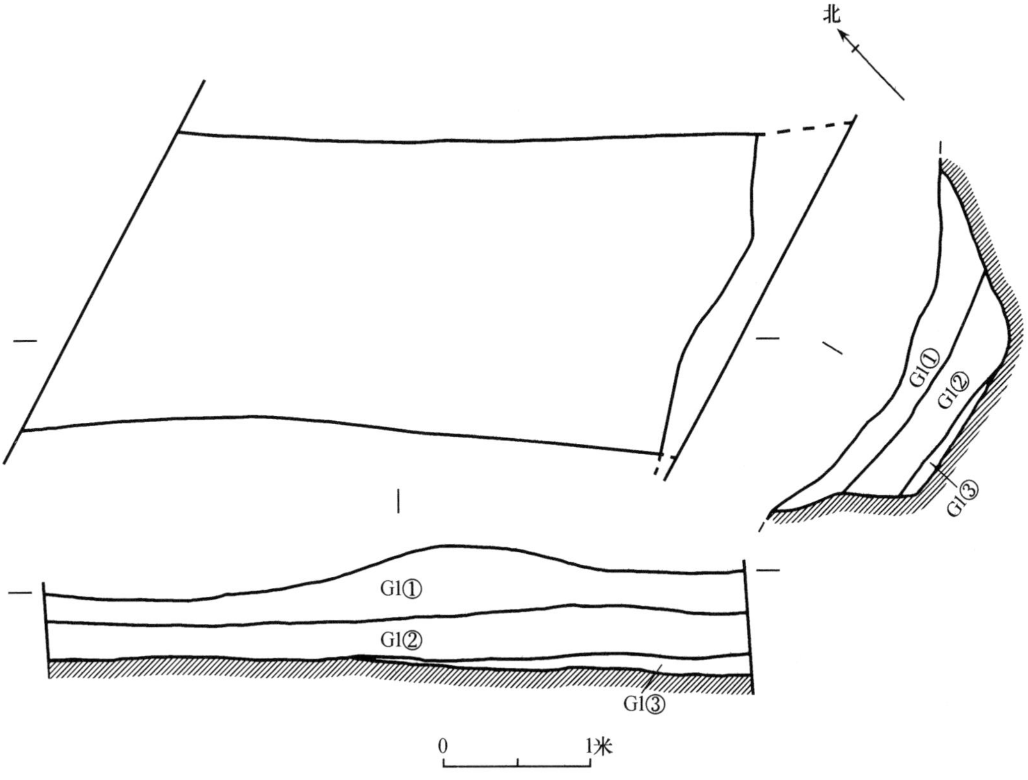

图九　G1平、剖面图

第1层：褐色沙土并夹有少量炭屑，结构较致密。厚0.4～0.6米。包含物有鬲、豆、罐等。

第2层：黄褐色沙土并夹杂较多炭屑，结构较致密。厚0.2～0.3米。包含物有鬲、豆、罐、盆等。

第3层：黑灰色黏土，结构致密。厚0.05～0.15米。填土较纯净，包含物极少。

三、遗　　物

分为陶器和铁器两类。

（一）陶器

基本为日用器，生产工具有陶拍。从对一些典型单位的陶片统计结果来看，夹砂陶的数量在早期与泥质陶相当，晚期则明显多于泥质陶。陶色以红陶（含黑衣红陶）的数量最多，其次为灰陶，另有少量的磨光黑陶、褐陶等。纹饰方面，绳纹最为普遍，另有少量的弦纹、附加堆纹、暗纹等，素面陶也占较大比例。器类主要有鬲、豆、罐、盂、盆、鼎六类，其中鬲和豆最为丰富。下面主要介绍其中比较完整或基本可复原的器物以及部分比较典型的口沿、鬲足、鼎足等。

鬲　按照口径与腹径之间的大小关系，分为三型。

A型　小口鬲。口径明显小于腹径。按照口沿差异，分为二亚型。

Aa型　侈口。按照口沿、唇部及颈部的差异，分为四式。

Ⅰ式　卷沿，圆唇，斜颈。标本G1②：7，夹砂黑衣红陶。颈部较长，弧腹。颈部饰弦断细绳纹，腹部饰一圈附加堆纹和竖线细绳纹。口径31.2、腹径36.6、残高8.8厘米（图一〇，1）。

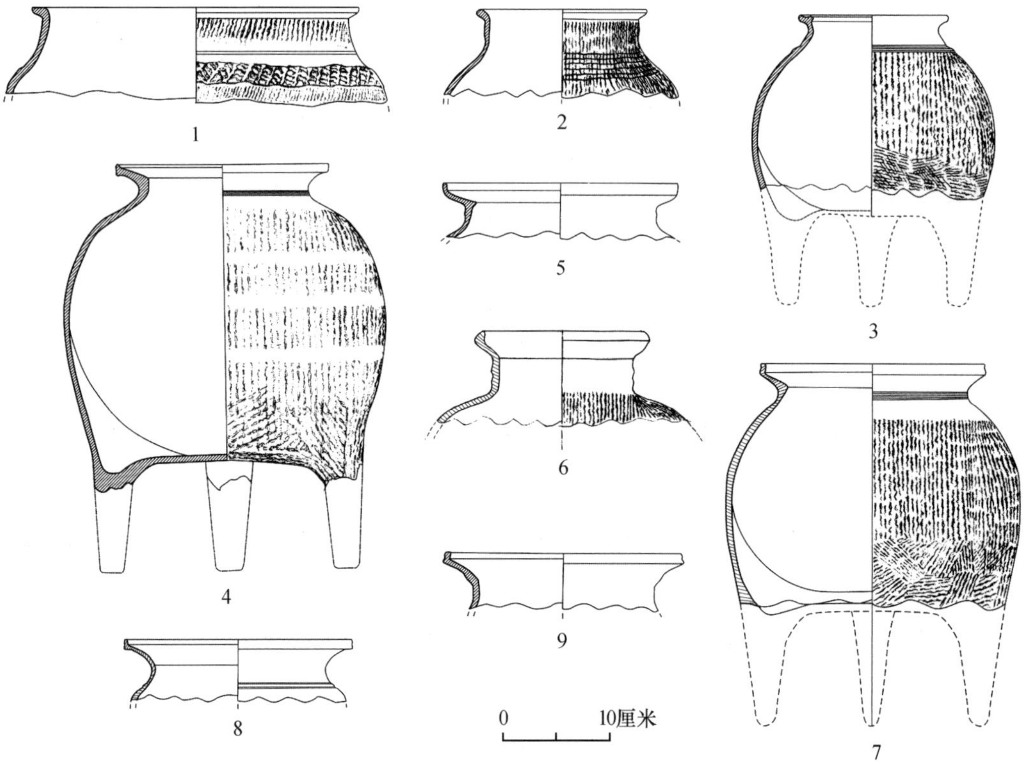

图一〇　A型陶鬲

1. Aa型Ⅰ式（G1②：7）　2. Aa型Ⅱ式（Z2：1）　3. Aa型Ⅲ式（H10：1）　4. Aa型Ⅳ式（H8：5）　5、6. Ab型Ⅰ式（H10：2、H10：8）　7. Ab型Ⅱ式（H8：1）　8、9. Ab型Ⅲ式（T1④：23、T2④：2）

Ⅱ式　折沿，方唇，束颈，颈部较高。标本Z2：1，夹砂黑衣红陶。沿面较窄有凹槽，弧腹，颈肩交界处转折不明显。口沿以下饰竖线细绳纹。口径16、腹径22、残高8.2厘米（图一〇，2）。

Ⅲ式　折沿，束颈，颈部较矮。标本H10：1，夹砂灰陶。平折沿，圆唇，沿面有凹槽，鼓腹，最大腹径在器体中部，裆部及足跟已残。颈腹交界处饰多道细腻弦纹，腹部饰粗绳纹。口径14、腹径22.8、残高16厘米（图一〇，3；彩版一，1）。

Ⅳ式　折沿，沿面加宽，束颈较甚。标本H8：5，泥质灰陶。弧腹，最大腹径靠近肩部，平裆，柱足，足跟已残。颈腹交界处饰多道弦纹，腹部饰绳纹。口径20.4、腹径30.8、残高30.2厘米（图一〇，4；彩版一，2）。

Ab型　盘口。按照颈部的变化，分为三式。

Ⅰ式　颈部稍高，微内束。标本H10：2，夹细砂灰陶。折沿，方唇，盘口弧折。口径22、残高5.2厘米（图一〇，5）。标本H10：8，泥质黄褐陶。口径15、残高8.8厘米（图一〇，6）。

Ⅱ式　颈部较低，内束较甚。标本H8：1，泥质灰褐陶。折沿，方唇，盘口近折，鼓腹，近平裆，足跟已残。腹部饰绳纹。口径21、腹径28、残高22.2厘米（图一〇，7；彩版一，3）。

Ⅲ式　颈部较低，内束更甚。标本T1④：23，夹砂灰黄陶。折沿，方唇，盘口近直，颈肩交界处起棱。颈部饰多道弦纹，肩部饰绳纹。口径22、残高5.8厘米（图一〇，8）。标本T2④：2，夹砂黑衣红褐陶。口径22.4、残高6厘米（图一〇，9）。

B型　中口鬲。口径大体等于腹径。按照颈部差异，分为二亚型。

Ba型　颈部稍长，微束颈。按照口沿及唇部的差异，分为四式。

Ⅰ式　卷沿，侈口。标本G1①：3，夹砂黑衣红陶。圆唇。饰细绳纹。口径35.4、残高11.4厘米（图一一，1）。标本G1①：26，泥质黑衣褐陶。折沿，方唇，颈部较长。颈、腹部饰细绳纹。口径20、残高6.2厘米（图一一，2）。

Ⅱ式　平卷沿，唇部加厚。标本H10：14，夹砂灰陶。束颈，弧腹，裆部及足部已残。颈腹部饰细绳纹。口径37.6、残高15.4厘米（图一一，3）。

Ⅲ式　平卷沿，厚圆唇，沿面有凹槽。标本H1③：2，夹细砂灰陶。肩部饰间断绳纹。口径32、残高7.2厘米（图一一，4）。

Ⅳ式　平折沿，厚方唇。标本T1③：3，夹砂灰黄陶。颈部以下饰粗绳纹。口径26、残高4.5厘米（图一一，5）。标本T1③：2，夹砂灰陶。沿面有凹槽。口沿以下饰绳纹。口径42.8、残高6.8厘米（图一一，6）。标本T1③：4，夹砂灰褐陶。沿面较宽较厚。口沿以下饰绳纹。口径42.8、残高5.6厘米（图一一，7）。

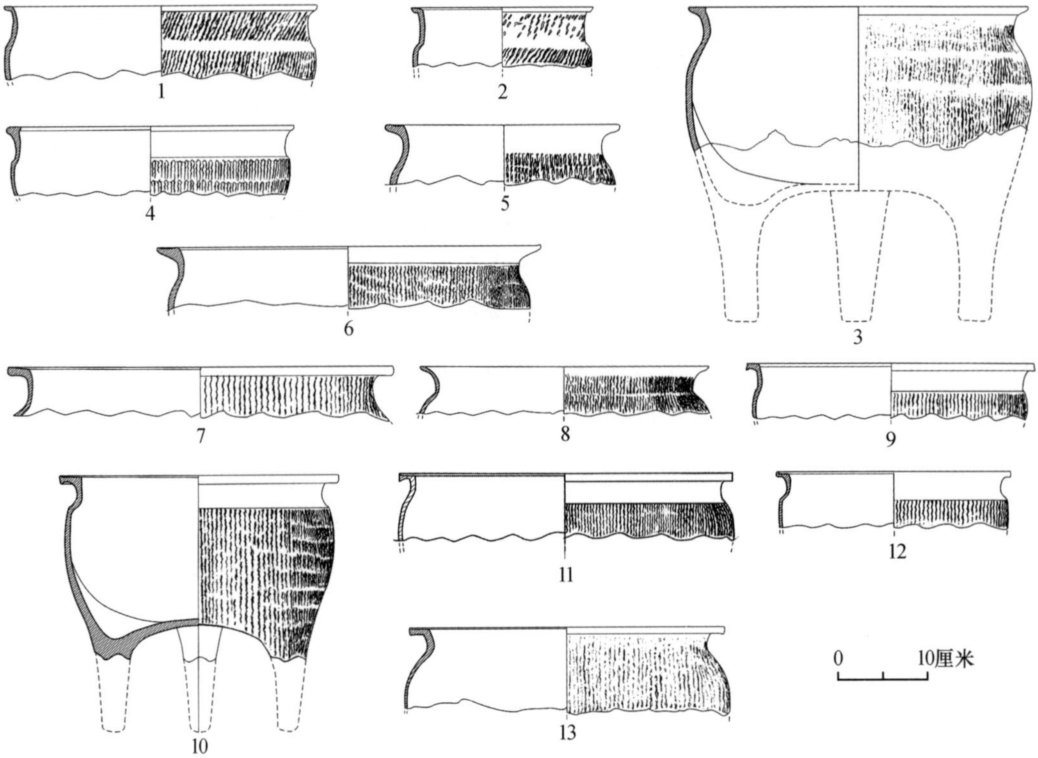

图一一　B型陶鬲

1、2. Ba型Ⅰ式（G1①：3、G1①：26）　3. Ba型Ⅱ式（H10：14）　4. Ba型Ⅲ式（H1③：2）　5～7. Ba型Ⅳ式（T1③：3、T1③：2、T1③：4）　8. Bb型Ⅰ式（G1②：13）　9、10. Bb型Ⅱ式（H10：10、H10：11）　11. Bb型Ⅲ式（H1③：1）　12. Bb型Ⅳ式（T1④：25）　13. Bb型Ⅴ式（T1③：1）

Bb型　颈部较短，内束明显。按口沿和腹部差异，分为五式。

Ⅰ式　卷沿，侈口，微弧腹。标本G1②：13，夹粗砂红陶。薄方唇。饰细绳纹。口径32、残高5.2厘米（图一一，8）。

Ⅱ式　平折沿，腹壁微弧。标本H10：10，夹砂灰陶。方唇，沿面外侧有一周凹槽，唇面微下翻，腹部以下已残。口径31.8、残高6厘米（图一一，9）。标本H10：11，泥质红褐陶。方唇，唇面下翻，裆部微内弧，柱足，足跟已残。腹部饰粗绳纹。口径31.2、残高19.8厘米（图一一，10；彩版一，4）。

Ⅲ式　平折沿，弧腹。标本H1③：1，夹粗砂灰黄陶，表面有烟熏痕迹。薄方唇，唇面下翻。腹部饰粗绳纹。口径37、残高7厘米（图一一，11）。

Ⅳ式　平折沿，沿面外缘起棱，腹部较直。标本T1④：25，夹砂灰陶。方唇。腹部饰粗绳纹。口径25.8、残高6厘米（图一一，12）。

Ⅴ式　平折沿，沿面外缘起棱，鼓腹。标本T1③：1，夹砂灰陶。方唇。腹部饰粗绳纹。口径35.3、残高9.3厘米（图一一，13）。

C型　大口鬲。口径大于腹径。按照腹部的差异，分为三式。

Ⅰ式　弧腹。标本H10：3，泥质灰陶。平折沿，方唇，沿面较宽，外缘起棱，唇面有凹槽，束颈，颈肩交界处转折起棱。腹部饰间断粗绳纹。口径28、腹径26.7、残高3.3厘米（图一二，1）。

Ⅱ式　近直腹。标本T1④：19，夹砂灰陶。平折沿，方唇，短直颈，颈肩部交界处起棱。口沿以下饰绳纹。口径38.2、腹径35.4、残高6.6厘米（图一二，2）。标本T1④：20，夹砂灰陶。平折沿，方唇，沿面较宽，短颈，直腹。腹部饰竖线粗绳纹。口径22.2、腹径18、残高6.6厘米（图一二，3）。

Ⅲ式　斜腹，内收较甚。标本T1③：8，夹砂红褐陶。平折沿，方唇，矮束颈。素面。口径32.2、残高4.2厘米（图一二，4）。

鬲足　数量较多，形制变化不大。按足跟形态的差异，分为二型。

A型　截锥状柱足，足跟横截面呈圆形。按足跟的长短和纹饰的差异，分为二式。

Ⅰ式　足跟较短。饰细绳纹或素面。标本G1①：12，泥质红陶。足跟饰细绳纹，足底素面。残高7.6厘米（图一二，5）。标本G1②：16，泥质红陶。足跟饰细绳纹，足底素面。残高5.2厘米（图一二，6）。标本H12：3，泥质红褐陶。残高6.2厘米（图

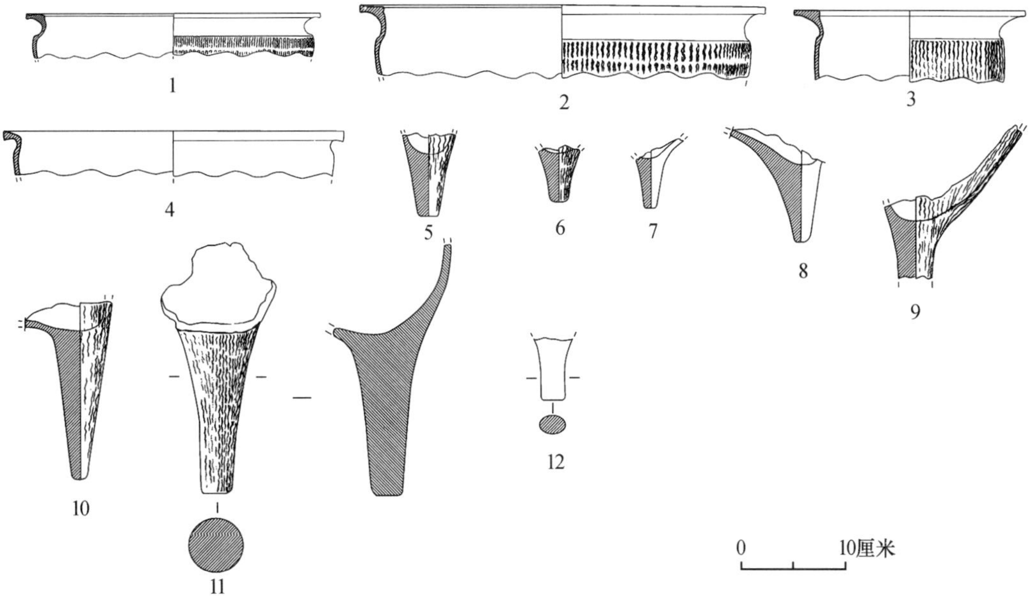

图一二　C型陶鬲和A型、B型陶鬲足

1. C型Ⅰ式鬲（H10：3）　2、3. C型Ⅱ式鬲（T1④：19、T1④：20）　4. C型Ⅲ式鬲（T1③：8）
5～8. A型Ⅰ式鬲足（G1①：12、G1②：16、H12：3、T3⑦：4）　9～11. A型Ⅱ式鬲足（H10：20、T1④：14、T1⑤：3）　12. B型鬲足（G1②：9）

一二，7）。标本T3⑦：4，夹砂红陶。素面。残高10.4厘米（图一二，8）。

Ⅱ式　足跟较长。饰粗绳纹。标本H10：20，夹砂灰褐陶。残高14.2厘米（图一二，9）。标本T1④：14，夹砂灰黄陶。残高16.2厘米（图一二，10）。标本T1⑤：3，夹砂红陶。残高23.2厘米（图一二，11）。

B型　扁状柱足。足跟横截面呈椭圆形。数量较少，不分式。标本G1②：9，夹粗砂红陶。足跟稍外撇。素面。残高5.8厘米（图一二，12）。

鼎　按器形差异，分为三型。

A型　盆形鼎。折沿，方唇，器身呈盆形。按颈部差异，分为二式。

Ⅰ式　颈部较矮。标本H3：1，夹砂灰陶。弧腹，圜底，圆柱足，足跟残。腹部饰细绳纹。口径32.8、残高20.8厘米（图一三，1；彩版一，5）。

Ⅱ式　颈部稍高。标本H1③：2，夹细砂灰陶。肩部饰粗绳纹。口径32.2、残高7.6厘米（图一三，2）。标本T2④：3，夹砂红褐陶。弧腹，底和足跟已残。腹部饰粗绳纹。口径30、残高8.2厘米（图一三，3）。

B型　罐形鼎。敛口，束颈，沿面较宽，器身整体呈罐形。按口沿及颈部的变化，分为四式。

Ⅰ式　沿面近直。标本T1⑦：10，泥质灰黄陶。宽沿下翻。饰绳纹。口径17.4、残高6.2厘米（图一三，4）。

Ⅱ式　沿面内收，宽沿，微束颈。按沿面的差异，分为二亚式。

Ⅱa式　沿面饰多道凹弦纹。标本T3⑦：1，夹砂黑衣灰褐陶。口径35.8、残高10.8厘米（图一三，5）。

Ⅱb式　沿面光滑。标本H16：8，夹砂灰陶。口径15.8、残高6厘米（图一三，6）。

Ⅲ式　沿面内收较甚，短颈内束。标本H10：16，夹砂黑衣灰褐陶。球形腹，圜底，柱足，足跟残。腹部饰细绳纹。口径22、残高24厘米（图一三，7；彩版一，6）。标本H15：4，夹砂褐陶。素面。口径38、残高8.2厘米（图一三，8）。

Ⅳ式　沿面内束更甚。标本H1③：4，夹砂灰褐陶。沿面较宽起棱，颈部以下已残。口径20、残高4.6厘米（图一三，9）。

C型　仿铜陶鼎。数量较少，不分式。标本T1③：9，夹砂灰黄陶。直口，方唇，折腹，口沿下留榫口接一环耳，环耳一端已残。素面。残高7.4、残宽8.8厘米（图一三，10）。

鼎足　分为实心足和空心足二型。

A型　实心足。按足跟形态差异，分为三亚型。

Aa型　柱足，足跟较细。标本H1③：8，夹砂红陶。高柱足，足底截面为圆形。

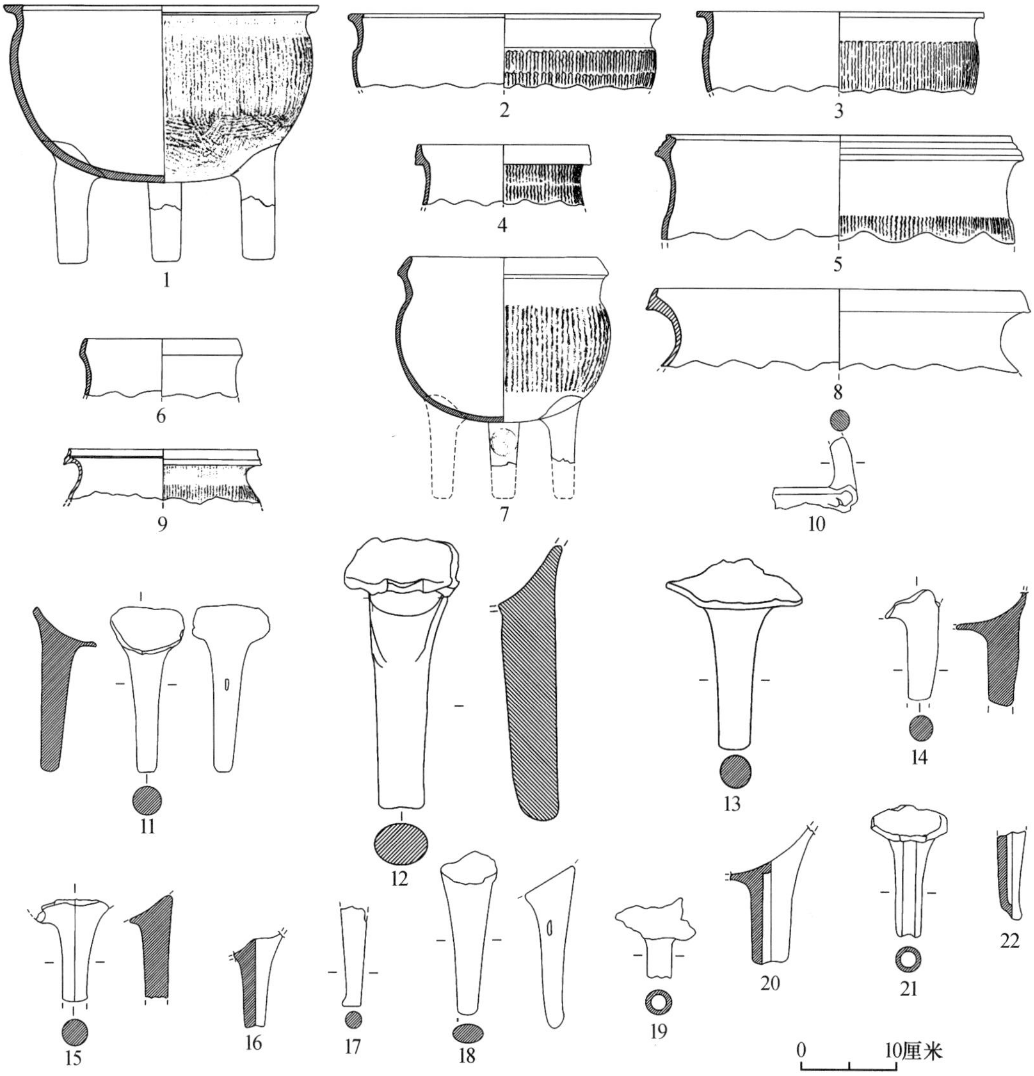

图一三 陶鼎和陶鼎足

1. A型Ⅰ式鼎（H3∶1） 2、3. A型Ⅱ式鼎（H1③∶2、T2④∶3） 4. B型Ⅰ式鼎（T1⑦∶10） 5. B型Ⅱa式鼎（T3⑦∶1） 6. B型Ⅱb式鼎（H16∶8） 7、8. B型Ⅲ式鼎（H10∶16、H15∶4） 9. B型Ⅳ式鼎（H1③∶4） 10. C型鼎（T1③∶9） 11、12. Aa型鼎足（H1③∶8、T1⑤∶1） 13～16. Ab型鼎足（H11∶1、T1③∶13、T1④∶9、T3⑦∶4） 17、18. Ac型鼎足（H1③∶7、Z2∶2） 19、20. Ba型鼎足（T1⑦∶4、T3⑦∶1） 21. Bb型鼎足（T1⑤∶9） 22. Bc型鼎足（T1③∶12）

足跟外侧饰刻槽，足跟与器身交界处饰有绳纹。高16.4厘米（图一三，11）。标本T1⑤∶1，夹砂红陶。包制。高柱足，圆形底。素面。高19厘米（图一三，12）。

Ab型 柱足，足跟较粗。标本H11∶1，夹砂红陶。足与器身交界面微凸起。素面。残高19.4厘米（图一三，13）。标本T1③∶13，夹砂黑衣红陶。素面。残高11.2厘米（图一三，14）。标本T1④：9，夹砂红陶。包制。柱足，足跟与腹部交界面凸起。素面。残高10.2厘米（图一三，15）。标本T3⑦：4，夹砂灰陶。素面。残高9.4厘米（图一三，16）。

Ac型　蹄足，足跟外撇。标本H1③：7，夹粗砂红陶。包制。素面。残高10厘米（图一三，17）。标本Z2：2，夹砂灰陶。足底截面呈倾斜的椭圆形。足跟上部饰刻槽，余为素面。残高16.6厘米（图一三，18）。

B型　空心足。多为素面，少量亦饰有刻槽。按足跟形态差异，分为三亚型。

Ba型　柱足，足跟较粗。标本T1⑦：4，夹砂灰陶。残高7.4厘米（图一三，19）。标本T3⑦：1，夹砂灰陶。残高13.4厘米（图一三，20）。

Bb型　柱足，足跟较细。标本T1⑤：9，夹砂红陶。足底已残。残高13厘米（图一三，21）。

Bc型　蹄足，足跟外撇。标本T1③：12，泥质黑衣红陶。残高9厘米（图一三，22）。

甗　数量较少，无复原器物。按腰部的差异，分为二型。

A型　细腰。标本G1①：25，泥质黑衣红陶。仅存甗腰。饰绳纹。腰径12.8、残高9.2厘米（图一四，1）。标本Z1：3，泥质黄褐陶。仅存甗腰。饰绳纹。腰径13.2、残高10.1厘米（图一四，2）。

B型　粗腰。标本H11：7，夹砂黑陶。粗腰，内束不明显。饰间断绳纹。残高16.6厘米（图一四，3）。

罐　数量较少。据有无附耳，分为二型。

A型　无附耳。按照器体高矮的差异，分为二亚型。

Aa型　器体瘦高。按口沿和肩部的差异，分为二式。

Ⅰ式　直口，溜肩。标本G1①：2，夹砂黑衣灰陶。方唇，直颈，腹及底已残。颈部饰绳纹，肩部饰弦断绳纹。口径13.6、最大腹径29.2、残高11.6厘米（图一四，4）。

Ⅱ式　侈口，鼓肩。标本T3⑥：1，夹砂红褐陶。方唇，束颈，鼓腹，凹圜底。通体饰绳纹。口径16、最大腹径31.8、高34.4厘米（图一四，5；彩版二，1）。标本H12：8，泥质灰衣黄褐陶。侈口，方唇，束颈，溜肩。肩部饰附加堆纹和绳纹。口径20、残高12厘米（图一四，6）。

Ab型　器体矮胖。按沿部的差异，分为二式。

Ⅰ式　平折沿。标本H10：18，泥质灰陶。平折沿，方唇，斜直领，圆腹，小凹圜底。颈部以下饰绳纹。口径13.2、腹径19、通高19厘米（图一四，7；彩版二，2）。

Ⅱ式　侈口，沿面内凹。标本H8：7，泥质黄褐陶。侈口，圆唇，束颈，颈部以下

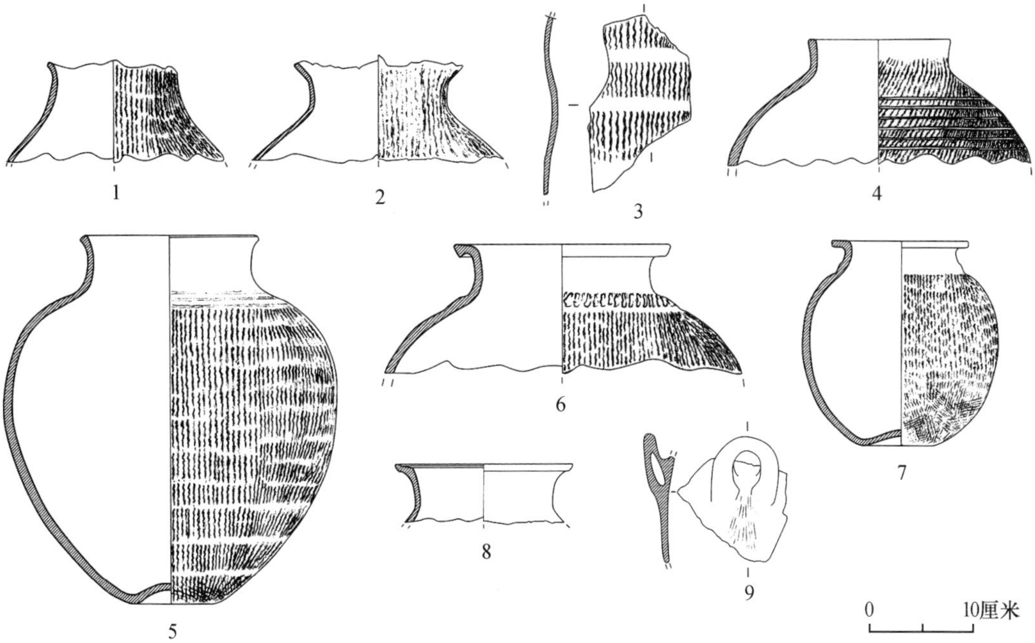

图一四 陶甗和陶罐

1、2. A型甗（G1①：25、Z1：3） 3. B型甗（H11：7） 4. Aa型Ⅰ式罐（G1①：2）
5、6. Aa型Ⅱ式罐（T3⑥：1、H12：8） 7. Ab型Ⅰ式罐（H10：18） 8. Ab型Ⅱ式罐（H8：7）
9. B型罐（T1③：10）

残。口径16.8、残高5.2厘米（图一四，8）。

B型 附耳罐。数量较少，且大多较残碎而不辨器形，不分式。标本T1③：10，夹砂黑陶。饰绳纹。残高12厘米（图一四，9）。

盆 形态与盂接近，口径一般在30厘米以上，数量较多。按腹部差异，分为二型。

A型 上腹外鼓近折。按口沿的差异，分为二亚型。

Aa型 卷沿，侈口。标本G1①：1，泥质红陶。圆唇，束颈较甚，上腹部外鼓，下腹斜收。饰细绳纹。口径36.4、残高12.8厘米（图一五，1）。标本G1①：4，泥质红陶。束颈较甚，底残。颈部饰竖线绳纹，上腹饰附加堆纹，下腹部饰交错绳纹。口径32.2、残高22.8厘米（图一五，2；彩版二，3）。

Ab型 平卷沿，颈部饰暗纹。标本G1①：13，泥质红陶。卷沿，侈口，方唇，束颈，下腹及底已残。颈部饰交错暗纹，上腹饰两道凹弦纹。口径35.4、残高11.2厘米（图一五，3）。

B型 弧腹。按口沿差异，分为二亚型。

Ba型 侈口。按颈部差异，分为二式。

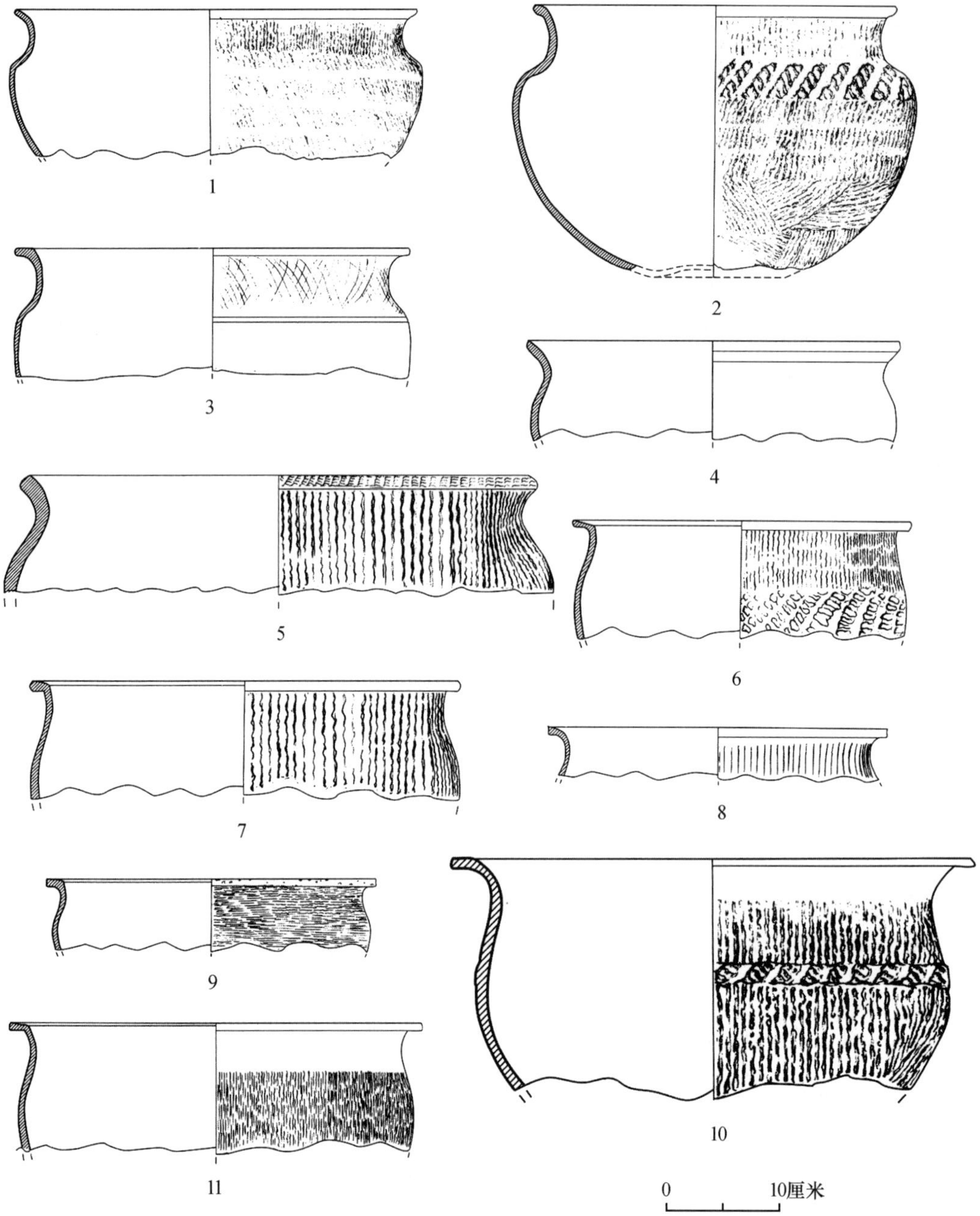

图一五　陶盆

1、2. Aa型（G1①：1、G1①：4）　3. Ab型（G1①：13）　4. Ba型Ⅰ式（G1①：23）　5. Ba型Ⅱ式（H7：1）　6～8. Bb型Ⅰ式（G1①：5、G1①：9、G1①：22）　9、10. Bb型Ⅱ式（T2⑥：12、Z1：1）　11. Bb型Ⅲ式（T1④：18）

Ⅰ式　颈部稍长，内束。标本G1①：23，泥质灰陶。下腹及底已残。素面。口径32.8、残高8.4厘米（图一五，4）。

Ⅱ式　颈部较短，内束较甚。标本H7：1，泥质黑衣褐陶。下腹及底已残。唇面饰斜线绳纹，颈部及腹部饰竖线绳纹。口径44.6、残高10厘米（图一五，5）。

Bb型　敞口。按口沿、唇部和颈部的差异，分为三式。

Ⅰ式　平折沿，圆唇，束颈。标本G1①：5，泥质红陶。颈部饰竖线细绳纹，腹部饰斜线粗绳纹。口径30.2、残高11.2厘米（图一五，6）。标本G1①：9，夹粗砂灰黄陶。颈部及以下饰细绳纹。口径38.2、残高10厘米（图一五，7）。标本G1①：22，泥质褐陶。颈部饰有竖线暗纹。口径30、残高4.4厘米（图一五，8）。

Ⅱ式　平卷沿，方唇，束颈较甚。标本T2⑥：12，夹砂红褐陶。颈部以下饰细腻弦纹。口径29.6、残高6.2厘米（图一五，9）。标本Z1：1，泥质橙黄陶。上腹部饰一圈附加堆纹，颈部和下腹部饰绳纹。口径46.4、残高20.4厘米（图一五，10）。

Ⅲ式　平卷沿，方唇，微束颈。标本T1④：18，夹砂灰黄陶。口径36.6、残高11厘米（图一五，11）。

盂　形态与盆相类似，口径一般在30厘米以下。按腹部差异，分为二型。

A型　鼓腹。按照口沿及颈部的差异，分为四式。

Ⅰ式　平卷沿，束颈。标本G1②：8，泥质黑衣黄褐陶。口微侈，圆唇，底残。上腹饰两条凹弦纹，两条弦纹中间饰有斜线暗纹。口径21.2、残高11.7厘米（图一六，1；彩版二，4）。

Ⅱ式　侈口，卷沿。标本G1①：24，泥质灰褐陶。素面。口径23、残高3.6厘米（图一六，2）。标本G1②：1，泥质黄褐陶。侈口，方唇，凹圜底。素面。口径22、高14厘米（图一六，3；彩版二，5）。

Ⅲ式　平折沿，直颈。标本T2⑥：2，夹砂灰褐陶。敞口，厚圆唇，凹圜底。腹部及底部饰绳纹。口径21.4、高11厘米（图一六，4；彩版二，6）。

Ⅳ式　平折沿，直颈，沿面有凹槽。标本T1④：24，泥质黄陶。口径30、残高8.2厘米（图一六，5）。标本T2④：14，夹砂黑衣红褐陶。薄圆唇，底残。素面。口径21.6、残高5.6厘米（图一六，6）。标本T2④：1，泥质红陶。腹部饰两道凹弦纹。口径22.2、残高6厘米（图一六，7）。

B型　弧腹。按唇部差异，分为二式。

Ⅰ式　方唇。标本H16：1，夹砂红陶。折沿，侈口，颈微束，底残。素面。口径26.4、残高9厘米（图一六，8）。

Ⅱ式　圆唇。标本H10：13，夹砂黄褐陶。平折沿，微束颈，底残。饰细密绳纹。

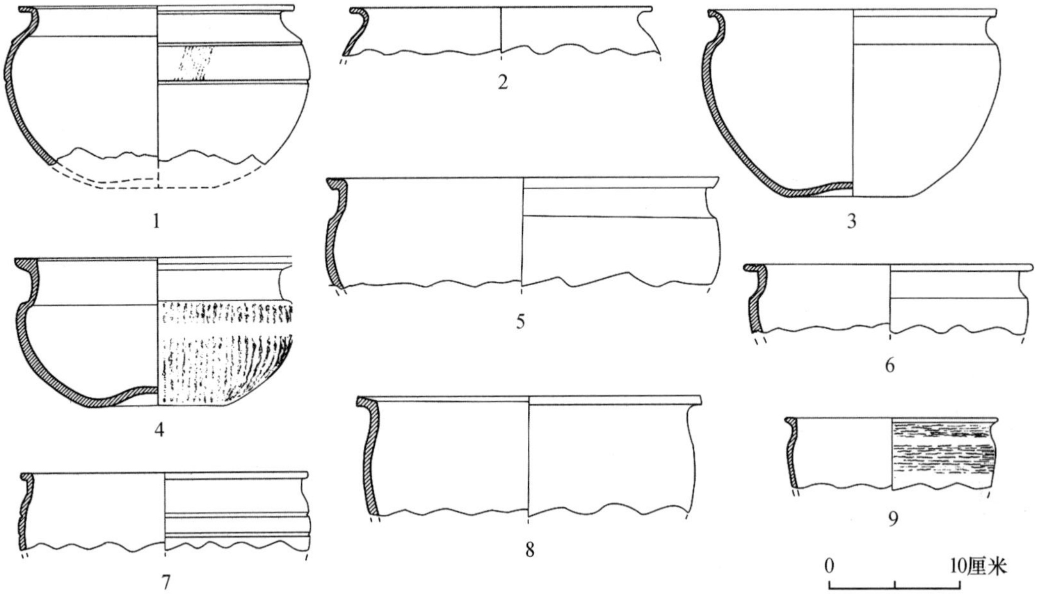

图一六　陶盂

1. A型Ⅰ式（G1②：8）　2、3. A型Ⅱ式（G1①：24、G1②：1）　4. A型Ⅲ式（T2⑥：2）
5～7. A型Ⅳ式（T1④：24、T2④：14、T2④：1）　8. B型Ⅰ式（H16：1）　9. B型Ⅱ式（H10：13）

口径16.2、残高5.4厘米（图一六，9）。

豆　数量较多。按柄部的差异，分为三型。

A型　柄部光滑无棱。按盘部口沿及柄部的差异，分为五式。

Ⅰ式　直口，弧盘，粗柄，底座呈大喇叭口状。标本G1①：21，泥质红陶。浅盘，方唇，底座残。盘外侧素面，盘内侧饰有波折形暗纹。口径17、残高4厘米（图一七，1）。标本G1②：11，泥质红褐陶。盘较深。柄部饰一个“×”字形刻划纹。口径17、高16.6厘米（图一七，2；彩版三，1）。

Ⅱ式　口微敛，柄稍细，底座呈大喇叭口状。标本G1①：8，泥质灰陶。盘部较浅，方唇，弧腹近折，柄部已残。素面。口径17.8、残高5.8厘米（图一七，3）。标本H19：1，泥质黑衣红陶。柄身上端至盘部已残。素面。底座直径12、残高9.6厘米（图一七，4）。

Ⅲ式　细柄，底座喇叭口变小。标本Z2：3，泥质灰黄陶。盘部已残。素面。残高10.2厘米（图一七，5）。

Ⅳ式　敛口，细柄，底座呈弧形较高。标本H8：4，泥质红陶。浅盘，方唇。素面。口径11.4、高12.6厘米（图一七，6；彩版三，2）。

Ⅴ式　浅盘，微敞口，底座较矮。标本T1④：1，泥质红陶。素面。口径12.8、高

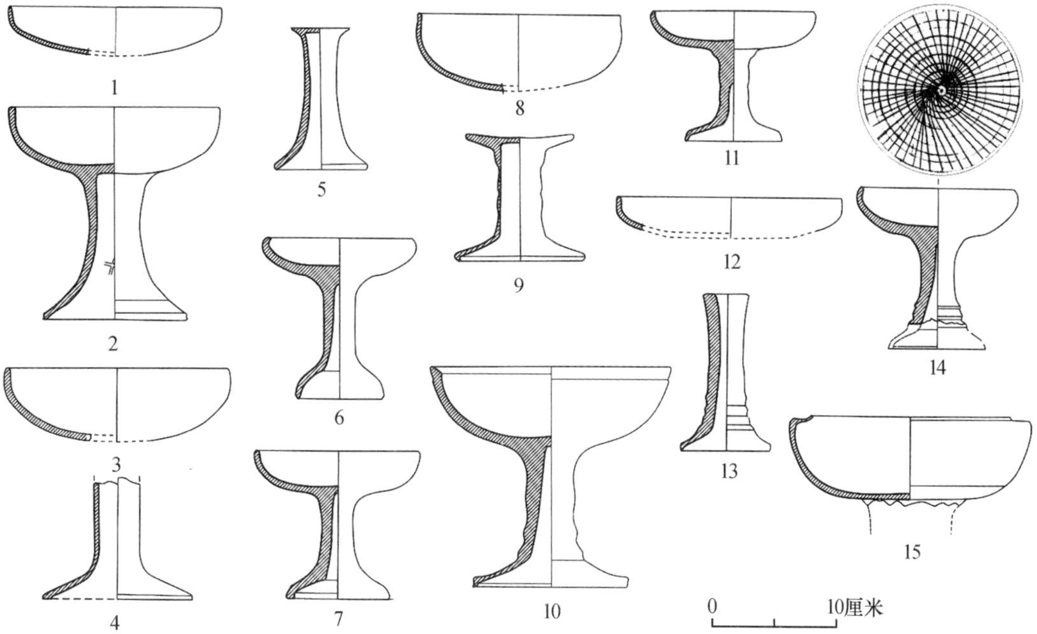

图一七 陶豆和陶盖豆

1、2. A型Ⅰ式豆（G1①：21、G1②：11） 3、4. A型Ⅱ式豆（G1①：8、H19：1） 5. A型Ⅲ式豆（Z2：3） 6. A型Ⅳ式豆（H8：4） 7. A型Ⅴ式豆（T1④：1） 8、9. B型Ⅰ式豆（H17：5、H17：1） 10. B型Ⅱ式豆（H8：3） 11. B型Ⅲ式豆（T1④：2） 12、13. C型Ⅰ式豆（T1⑥：7、T1⑥：4） 14. C型Ⅱ式豆（T1④：7） 15. 盖豆（H8：6）

12.6厘米（图一七，7；彩版三，3）。

B型 柄部不光滑有凸棱。按盘部差异，分为三式。

Ⅰ式 直口，盘部较深。标本H17：5，泥质灰黄陶。仅存盘部。素面。口径16、残高6厘米（图一七，8）。标本H17：1，盘部已残，柄较粗，底座呈大喇叭口状。素面。残高10厘米（图一七，9）。

Ⅱ式 侈口，盘部较深。标本H8：3，泥质灰陶。尖圆唇。盘口沿外侧饰一周凹弦纹。口径19、高17.2厘米（图一七，10；彩版三，4）。

Ⅲ式 敞口，浅盘。标本T1④：2，泥质灰陶。素面。口径12.8、高10.2厘米（图一七，11）。

C型 柄部光滑，底座起台棱。按盘部口沿的差异，分为二式。

Ⅰ式 直口。标本T1⑥：7，夹砂灰黄陶。仅存盘部。素面。口径17.8、残高2.6厘米（图一七，12）。标本T1⑥：4，夹砂灰黄陶。仅存柄部，与T1⑥：7可能为同一个体，细柄，底座呈喇叭口状。素面。残高12厘米（图一七，13）。

Ⅱ式 敛口。标本T1④：7，泥质褐衣红陶。底座残。盘内饰由同心圆和放射状线条组成的暗纹。口径12.4、残高10.6厘米（图一七，14）。

盖豆　数量较少，不分式。标本H8：6，泥质灰黄陶。子口内敛，弧壁，近平底。素面。口径16、残高6.4厘米（图一七，15）。

陶拍　2件。形制大体相同，器体均呈馒头状，上部接一桥形鋬，两侧鋬孔相通，孔径可容手指伸入。按底部平面形状的差异，分为二式。

Ⅰ式　器底平面呈圆形。标本T1⑥：1，夹粗砂红陶。鋬部两端各饰三个内凹的圆圈纹及席纹。底面直径10.8、器高7.6厘米（图一八，1；彩版三，5）。

Ⅱ式　器底平面呈椭圆形。标本T1④：3，夹粗砂灰陶。素面。底面直径7.8、器高4.2厘米（图一八，2；彩版三，6）。

（二）铁器

出土于遗址T1第6、5、4、3层和T2第6、4层，数量较少，且多因锈蚀严重而难辨器形，但基本可以确定为装柄的工具。按器体的宽窄，分为二式。

Ⅰ式　器体较宽。标本T2⑥：1，平面呈长方形，一端较厚，另一端较薄，较厚的一端设有长方形凹槽。长6.9、宽5.7、厚2.4厘米（图一八，3）。

Ⅱ式　器体稍窄。标本T1③：19，形制与T2⑥：1基本类似。长7、宽5、厚2.2厘米（图一八，4）。

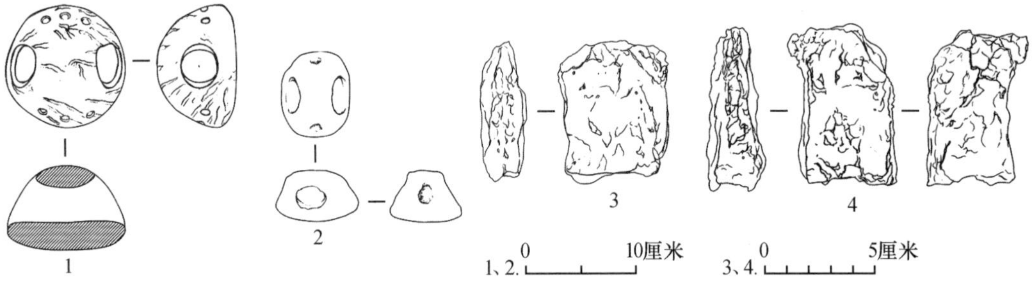

图一八　陶拍和铁器

1. Ⅰ式陶拍（T1⑥：1）　2. Ⅱ式陶拍（T1④：3）　3. Ⅰ式铁器（T2⑥：1）　4. Ⅱ式铁器（T1③：19）

四、结　　语

（一）分期和年代

通过上述对大畈遗址出土器物的类型划分，结合遗迹及地层之间的相互关系，可将这批遗存分为三期。

第一期：以G1等单位为代表。这一阶段陶器的陶系以夹砂黑衣红陶为主，纹饰多为细绳纹，器类多见鬲、豆、盂、盆等，少见鼎，也未发现铁器。器形方面，鬲、盆、盂的口沿一般为侈口、卷沿，鬲足较短作截锥状，豆柄较粗且底座多呈大喇叭口。经与周边地区年代明确的单位中出土器物进行比较，可以发现G1②：8盂与宜城郭家岗H21：3[1]、当阳赵家湖JM7：10类似[2]；G1②：1盂与宜城郭家岗H173：1[3]、荆州枣林岗JZM183：2[4]类似；G1②：11豆与当阳赵家湖JM7：9[5]、江陵九店M201：2[6]、襄樊真武山H34：11[7]等类似；G1①：5、G1①：9盆与宜城郭家岗H189：5[8]、T22⑥：22[9]的口沿和腹部特征也基本一致。上述单位的年代均在春秋中期或稍晚，因此我们大体可将该期的年代推定在春秋中期偏晚至春秋晚期偏早。

第二期：以H10和第5、6、7层为代表。这一阶段陶器的陶系以灰陶为主，纹饰仍常见绳纹，但整体变粗，器类上鼎明显增多，并发现了铁器。陶器的作风较第一期也有较大的变化，鬲一般束颈比较明显，口沿演变为平折沿、方唇的风格，鬲足也变高，豆的柄部变细。其中H10：11鬲与汉阳熊家岭M11：2[10]、宜城郭家岗T16③：2[11]类似，与张昌平先生所分的甲C5段鬲也非常接近[12]；H10：1鬲与荆州枣林岗JZM84：4较类似[13]，但H10：1鬲沿面有凹槽，年代或许稍晚；H10：18绳纹罐与纪南城龙桥河西段遗址J111：1类似[14]；T2⑥：2盂与荆州枣林岗JZM38：1[15]类似。上述单位的年代集中在春秋晚期偏晚至战国早期，因此第二期的年代大体与此相当。

第三期：以H8和第3、4层为代表。这一阶段的陶系仍以灰陶为主，夹砂陶的比重明显多于泥质陶，主要器类仍以鬲、豆、盆、鼎为主，但鼎足较多见中空的管状足，实心的鼎足一般外撇较甚，鬲足则普遍为饰粗绳纹的粗高柱足，此外见有子口的陶盖豆。铁器的数量也有明显增加。如与其他地区年代明确的单位加以比较，可以发现H8：1、H8：5小口鬲宽折沿、腹壁较直、裆部较平的特征介于张昌平先生所分乙A5段和A6段鬲之间，前者年代在战国早期，后者在战国中期偏晚[16]，因此H8的两件陶鬲的年代可定为战国中期。T1④：19、T1④：20大口鬲平折沿、短直径的特征与张昌平先生所分甲C6、C7段鬲的口沿非常接近，年代相当于战国中期[17]。H8、T1第4层出土的陶豆盘部歪斜、柄部制作粗糙，在江陵九店等墓葬中亦多见于战国中期[18]。因此我们将第三期的年代推定在战国中期前后。

（二）相关讨论

大畈遗址所处的洞庭湖东岸地区东周时期的考古学材料多见墓葬资料，且年代多集中在战国时期，春秋时期的材料（特别是居址材料）发现较少[19]。通过本次试掘，大畈遗址的文化遗存从春秋中晚期至战国中期的发展序列已大体清晰，这为我们初步构建洞庭湖东岸地区东周时期居址材料的年代序列提供了非常宝贵的研究资料。

从文化因素的构成上看，大畈遗址的这批遗存大体上可分为两组。第一组以鬲、盂、盆、罐、豆为主，是比较典型的楚文化器物。第二组以B型陶鼎以及带镂孔或空心的鼎足等器物为主。这批器物基本不见于江陵及周边地区典型的楚文化遗存中，应属本地文化因素。第一组遗存贯穿大畈遗址的各个发展阶段，并始终占据绝对优势的地位。因此大畈遗址的遗存从性质上显然应当归入楚文化之中。

大畈遗址所处的洞庭湖东岸地区年代相对较早的楚文化资料还见于岳阳毛家堰—阎家山遗址[20]、凤形嘴山M1[21]、湘阴晒网场遗址[22]、高泉山M1[23]等。其中，凤形嘴山M1、高泉山M1为春秋中期或稍晚的楚墓当比较明确。毛家堰—阎家山遗址、晒网场遗址的年代过去被认为可早至西周时期，但通过近些年宜城郭家岗、襄樊真武山的发掘，可知这两处遗址的年代上限大体应定为春秋中期[24]。本次发掘的大畈遗址中相对较早的G1等单位的年代也大体相当于这一时期。因此，从目前的资料来看，楚文化向南进入洞庭湖东岸地区的年代或许超不出春秋中期。

从地理位置上看，大畈遗址地处新墙河—游港河的上游，与鄂东的赤壁、通城等地相毗邻，且两地之间并无地理屏障，路径交通非常便利。从过去的调查和发掘情况来看，鄂东地区尽管春秋时期的楚文化材料发表较少，但在赤壁土城[25]、汉阳熊家岭[26]、黄陂鲁台山[27]、麻城李家湾[28]等地点也均发现年代可早至春秋中期前后的楚文化遗存。因此，大畈遗址的发掘为我们进一步思考楚文化也有可能从鄂东一带进入洞庭湖东岸地区的线路问题提供了新的线索。

附记：参加本次试掘的人员有盛伟、谌农、易跃进、张曲。器物修复由杜林慧、朱元姝等人完成，线图由段欣、谌农绘制，照片由杨町拍摄。整理工作还得到本所高成林、张春龙老师的大力支持。关于楚文化进入路线的认识曾受到高成林老师的启发，关于部分单位年代的判断曾得到武汉大学历史学院张昌平老师、何晓琳老师的指教，在此一并致谢。

执笔：盛　伟

注　释

［1］ 武汉大学历史系考古教研室：《湖北宜城郭家岗遗址发掘》，《考古学报》1997年第4期。

［2］ 湖北省宜昌地区博物馆、北京大学考古系：《当阳赵家湖楚墓》，文物出版社，1992年。

［3］ 武汉大学历史系考古教研室：《湖北宜城郭家岗遗址发掘》，《考古学报》1997年第4期。

［4］ 湖北省荆州博物馆：《枣林岗与堆金台——荆江大堤荆州马山段考古发掘报告》，科学出版社，1999年。

［5］ 湖北省宜昌地区博物馆、北京大学考古系：《当阳赵家湖楚墓》，文物出版社，1992年。

［6］ 湖北省文物考古研究所：《江陵九店东周墓》，科学出版社，1995年。

［7］ 湖北省文物考古研究所、襄樊市博物馆：《湖北襄樊真武山周代遗址》，《考古学集刊》第9集，科学出版社，1995年。

［8］ 武汉大学历史系考古教研室：《湖北宜城郭家岗遗址发掘》，《考古学报》1997年第4期。

［9］ 武汉大学历史系考古教研室：《湖北宜城郭家岗遗址发掘》，《考古学报》1997年第4期。

［10］ 武汉市考古队、汉阳县博物馆：《武汉市汉阳县熊家岭东周墓发掘》，《文物》1993年第6期。

［11］ 武汉大学历史系考古教研室：《湖北宜城郭家岗遗址发掘》，《考古学报》1997年第4期。

［12］ 张昌平：《楚鬲研究》，《方国的青铜与文化——张昌平自选集》，上海人民出版社，2012年。

［13］ 湖北省荆州博物馆：《枣林岗与堆金台——荆江大堤荆州马山段考古发掘报告》，科学出版社，1999年。

［14］ 王光镐：《楚文化源流新证》，武汉大学出版社，1988年，第397页。

［15］ 湖北省荆州博物馆：《枣林岗与堆金台——荆江大堤荆州马山段考古发掘报告》，科学出版社，1999年。

［16］ 张昌平：《楚鬲研究》，《方国的青铜与文化——张昌平自选集》，上海人民出版社，2012年。

［17］ 张昌平：《楚鬲研究》，《方国的青铜与文化——张昌平自选集》，上海人民出版社，2012年。

［18］ 湖北省文物考古研究所：《江陵九店东周墓》，科学出版社，1995年。

［19］ 关于本地区东周时期遗址和墓葬的发现概况，可参见郭胜斌、黎定、翁熊胜：《岳阳楚文化考古简说》，《楚文化研究论集》第九集，上海古籍出版社，2011年。

［20］ 岳阳市文物工作队：《湖南省岳阳市郊毛家堰—阎家山周代遗址发掘简报》，《文物》1993年第1期。

［21］ 岳阳市文物工作队：《湖南省岳阳县凤形嘴山一号墓发掘简报》，《文物》1993年第1期。

［22］ A. 何介钧：《湖南商周时期古文化的分区探索》，《湖南考古辑刊》第2集，岳麓书社，1984年。

B. 彭适凡：《中国南方古代印纹陶》，文物出版社，1987年，第299页。

［23］ 岳阳市文物考古研究所、汨罗市文物管理所：《湖南省汨罗市高泉山一号墓发掘简报》，

《湖南省博物馆馆刊》第五辑，岳麓书社，2009年。
[24] 李海勇：《湖南早期楚文化的历史地理分析》，《中国历史地理论丛》2001年第6期。
[25] 湖北省文物考古研究所、咸宁市博物馆、赤壁市博物馆：《赤壁土城——战国西汉城址墓地调查勘探发掘报告》，科学出版社，2004年。该发掘报告曾将墓葬年代都定为战国时期，王乐文先生后对这批墓葬进行了重新分期，并认为其中部分墓葬的年代可早至春秋中期甚至更早。参见王乐文：《江北地区楚墓研究》，吉林大学博士学位论文，2010年。
[26] A. 武汉市考古队、汉阳县文化馆：《武汉市汉阳县熊家岭楚墓》，《考古》1988年第2期。
B. 武汉市考古队、汉阳县博物馆：《武汉市汉阳县熊家岭东周墓发掘》，《文物》1993年第6期。
[27] 黄陂县文化馆、孝感地区博物馆、湖北省博物馆：《湖北黄陂鲁台山两周遗址和墓葬》，《江汉考古》1982年第2期。
[28] 湖北省文物考古研究所：《湖北麻城市李家湾春秋楚墓》，《考古》2000年第5期。

The Exploratory Excavation of the Dafan Site in Linxiang County-level City, Hunan

Hunan Provincial Institute of Cultural Relics and Archaeology
Linxiang County-level City Museum

Abstract: In May 2013, the exploratory excavation of the Dafan Site in Linxiang County-level City, Hunan Province recovered pits, ditches stoves and excavated many artifacts including potteries and iron wares, which were the remains of the Eastern Zhou Dynasty(770 ~ 256BC). There were two kinds of cultural features which could be recognized at least. The one that came from outside and had the preponderant influence was *Chu* culture, and the other was native culture. This site was important for understanding the time and routes that *Chu* culture spreaded to the south and the relations between *Chu* and native culture.

Keywords: Linxiang County-level City; Dafan Site; Eastern Zhou Dynasty (770 ~ 256BC); *Chu* Culture

湖南临澧青山崖墓考古调查及试掘报告

湖南省文物考古研究所

临　澧　县　文　物　局

［摘　要］　2014年9月，为了编制保护规划的需要，湖南省文物考古研究所会同临澧县文物局对青山崖墓进行了考古调查和勘探，并试掘了崖墓下方山麓底的遗址100平方米。研究表明遗址年代为春秋战国时期，崖墓年代上限为汉晋时期，遗址与崖墓没有直接关系。

［关键词］　青山崖墓；遗址；调查；试掘

青山崖墓位于澧水南岸。清同治《安福县志》记载：“洞子眼在新安南石壁。上有眼如棂，大者可布一席，小者可容数人，共八十四眼。”1984年临澧县第二次全国文物普查时被定名为悬棺墓群。2005年临澧县文物管理所对青山崖墓群进行考古调查和清理，出土布泉、五铢钱、瓶形玻璃珠饰、人骨等，但未能确定崖墓的年代。2006年，青山崖墓被公布为湖南省文物保护单位，2013年被公布为全国重点文物保护单位。长期以来，崖墓受人为和自然因素影响较大，破坏严重。为了加强青山崖墓的保护，国家文物局批准同意对《青山崖墓保护规划》进行立项，根据要求，需先弄清文化内涵及年代。2014年9月，湖南省文物考古研究所报请国家文物局同意，对青山崖墓进行了考古调查、勘探，同时对山麓底部的河岸台地进行了考古试掘，试掘面积为100平方米。现就青山崖墓考古调查、勘探及台地考古试掘情况予以说明。

一、地理位置

临澧县位于湖南省西北部澧水中下游、武陵山地和澧阳平原的过渡地带，东邻津市，南接鼎城、桃源，西临石门，北抵澧县，境内有澧、道两水横贯，支系、堰塘呈网状分布。县域地势西高东低，由西部山丘向洞庭湖区倾斜，地形以微丘、平原为主，间有山岳。

青山崖墓（图一）位于临澧县城西北约35千米处的澧水南岸红砂岩断崖上，东距

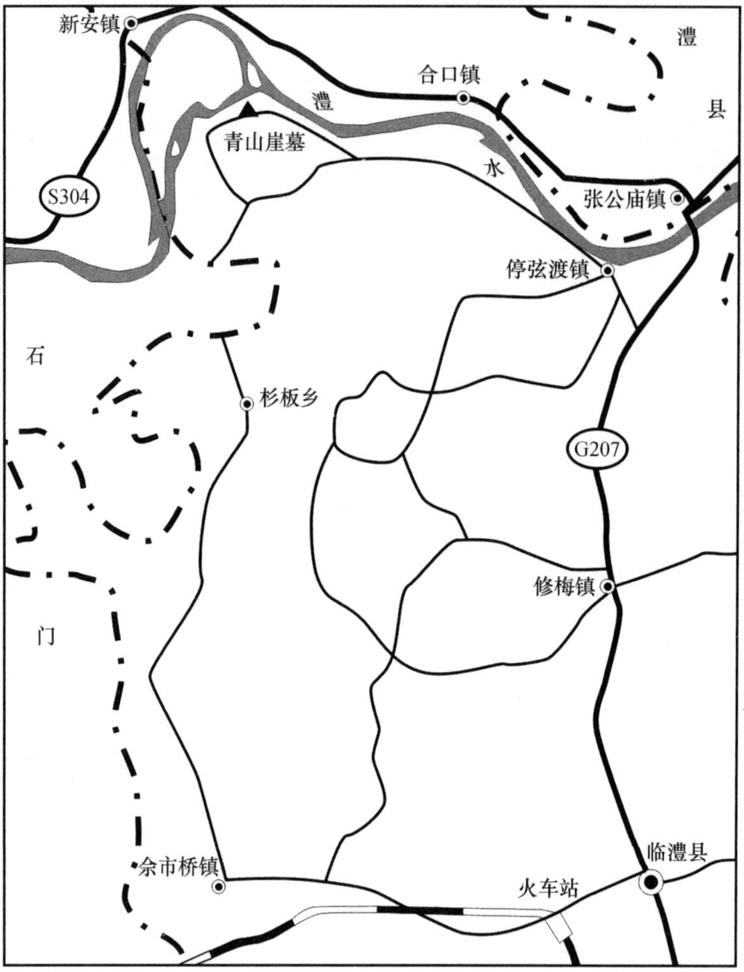

图一 青山崖墓地理位置示意图

青山管理局下水隧道出口约10米，西距青山水轮泵站船闸100米，南抵青山管理局宿舍，北邻澧水。墓地中心位置山顶坐标为北纬29°37′16.2″，东经111°31′24″，海拔 83米。此处是澧水进入平原之前的最后一段山丘，当地人称“洞子眼”。崖墓所在地原属临澧县杉板乡青山村，1971年因新建青山水轮泵工程，将杉板乡青山村附近的几个村（含青山村）合并更名为临澧县青山管理局，现无变更。

二、考古调查

1984年临澧县第二次全国文物普查时发现青山崖墓，并定名为悬棺墓群。2005年临澧县文物管理所对部分被破坏的崖墓进行清理，出土布泉、五铢钱、瓶形玻璃珠

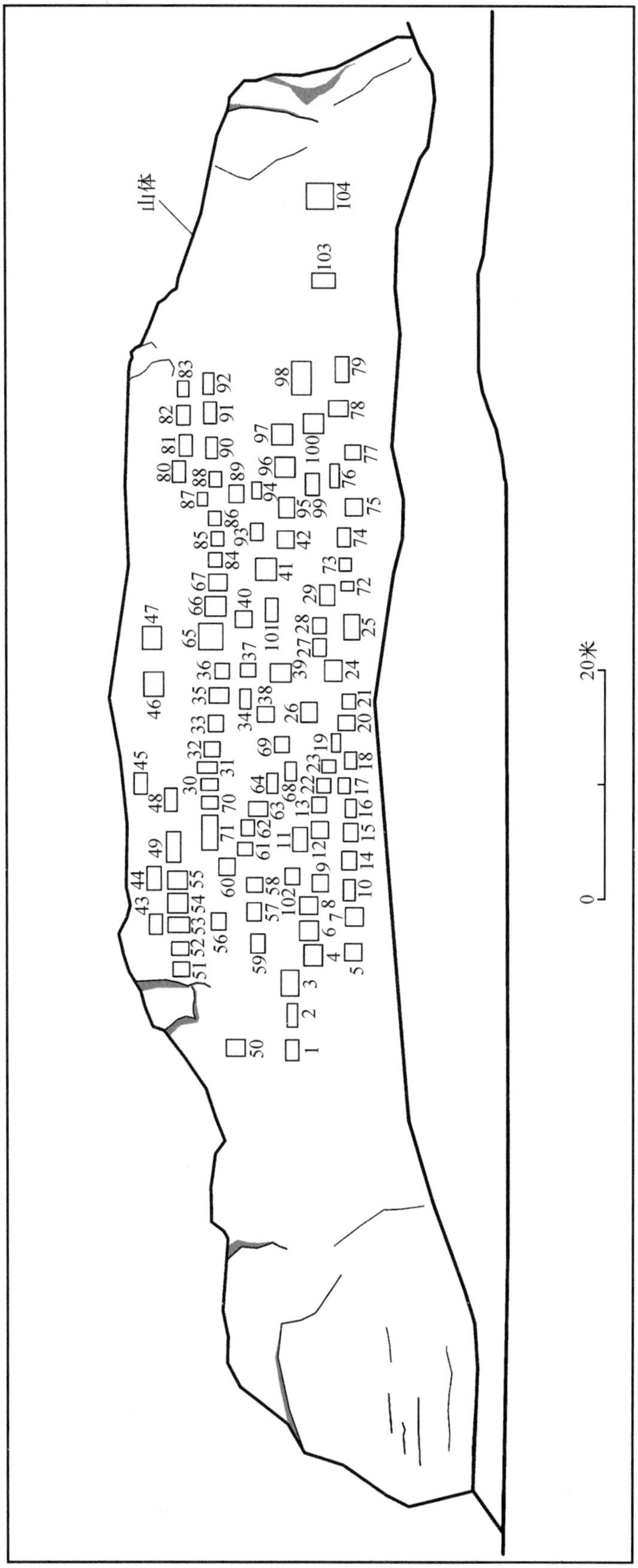

图二 迎河面墓葬分布立面图

饰、人骨等，但遗物散乱，资料没有发表，其年代无法确定。

长期以来，因岩体风化、水土流失、青山水轮泵站建设、违章建房等诸多人为和自然因素影响，崖墓遭受严重破坏。为保护青山崖墓的真实性、完整性和延续性，需确定崖墓的数量多少、形制特点、文化内涵等，以此作为编制保护规划的依据。因此，依法实施考古调查勘探势在必行。

本次调查主要有以下内容：①对原清理的崖墓资料进行整理；②进行全面调查、勘探、测绘；③对被破坏的崖墓下方的斜坡堆积进行试掘，了解是否有遗物留存，对判断墓葬年代提供相关的依据。

（一）形制

青山崖墓有序分布在一个高约50、宽200米的质地较松散的红砂岩峭壁上，悬崖顶端长满密集的乔灌木。崖壁人工凿痕明显，崖面有少量圆形凿洞。墓室为人工开凿，构造基本一致，为长方形和正方形，大小不等，共108座（附表），其中迎河面104座（图二；彩版四），方向333°～335°，背面4座，方向170°～175°，均为横穴墓室。受岩石风化影响，崖墓外侧石壁多有受损、脱落、坍塌现象，部分仅存墓壁内室痕迹。同时，因修建青山管理局下水隧道出口、青山水轮泵站以及部分民房，部分墓葬已经完全破坏。

依据墓室平面状况将墓葬形制大体分为三型。

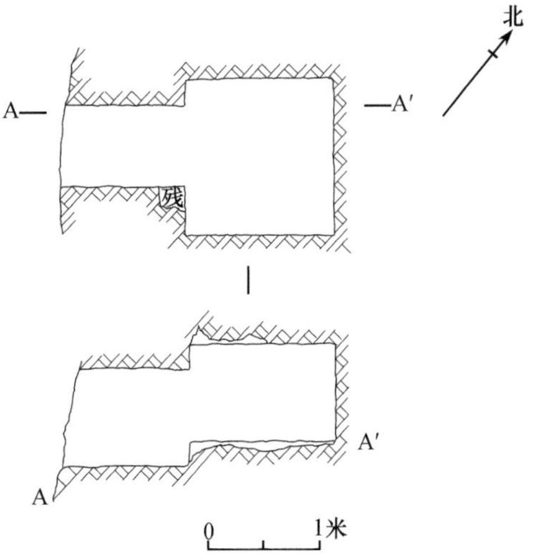

图三　M12平、剖面图

A型　平面呈凸字形，有甬道和墓室，甬道低于墓室，该类型数量较少。M12，总长2.32米，甬道长0.96、宽0.6、高0.72米，墓室长1.36、宽1.16、高0.74米（图三）。M18，长2.2、宽1.4、高1.4米，甬道长0.53、宽0.77米，墓室后壁阴刻人形图案（图四；彩版五，3）。

B型　平面呈长方形，单室，数量最多。M93，墓室长3.55、宽4.1、高2.3米，出土有铜钱、料珠，并有少量残骨（图五）。M84墓室后壁有阴刻人面像（彩版六，1）。

C型　平面呈长方形，双室或多室，从外到内每一室高出一级，部分带耳室，有M25、M28、M36、M38、M43、M44、M53、M65、M66、M67、M77、M86，其中M66和M67较特殊。M66，有四个成台阶形的墓

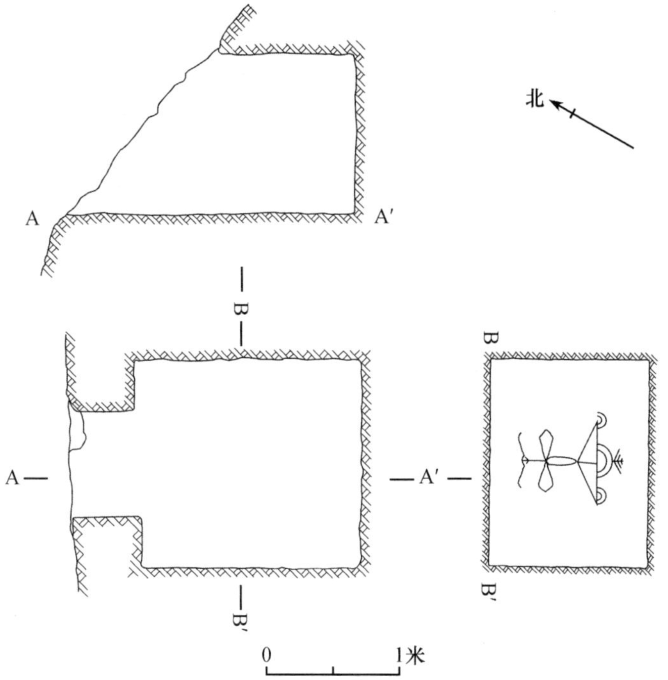

图四 M18平、剖面图

室，总进深10.4米；第一室残长4、宽2、高1.9米；第二室长1.75、宽3、高1.77米；第三室长1.7、宽3、高1.8米；第四室长2.4、宽3、高1.87米；左耳室长3.55、宽3.5、高2米；右耳室分前、中、后三室，残长5米，前室残长1.25、宽2.85、高2米，中室长1.5、宽2.85、高1.85米，后室长2.7、宽2.7、高1.85米（图六；彩版五，1、2）。

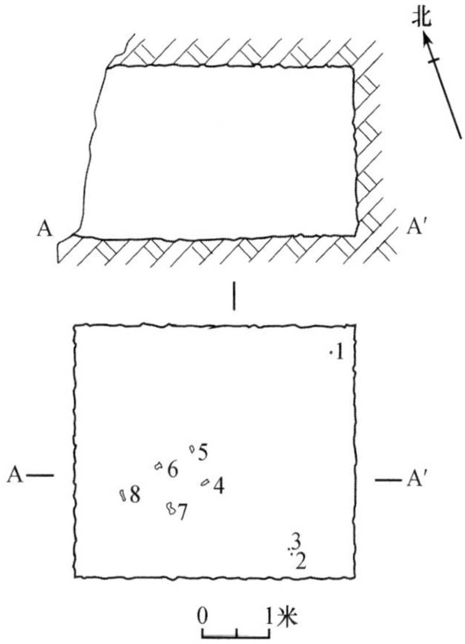

图五 M93平、剖面图
1. 铜钱 2、3. 料珠 4～8. 残骨

（二）遗物

本次调查，考虑到2005年清理的数座崖墓资料尚在，故未发掘其他崖墓。原出土遗物包括布泉、五铢、瓶形玻璃珠饰、铜指环、玻璃珠、水晶珠等。由于遗物散乱，无具体编号，现统一以2005QYM编号。

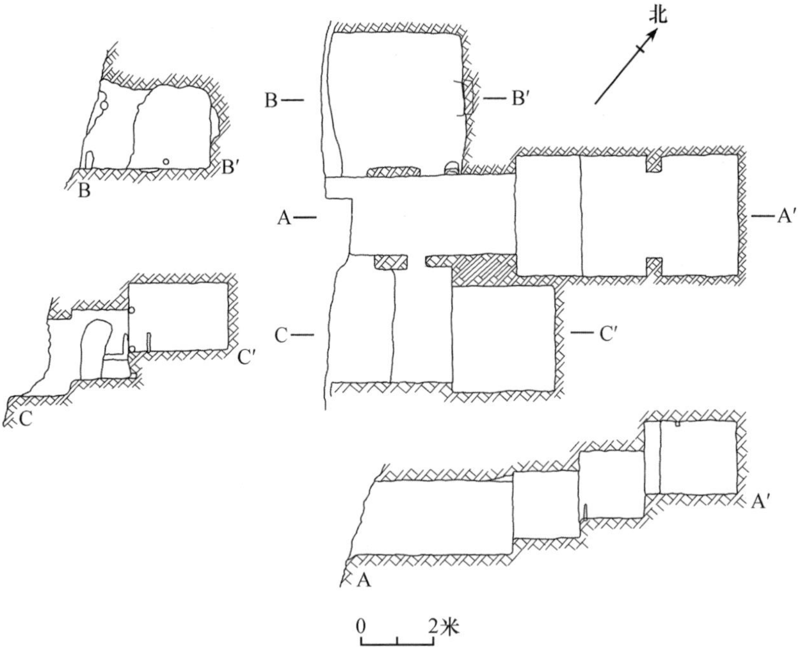

图六 M66平、剖面图

布泉 1枚。标本2005QYM：1，方孔钱，篆体。直径2.5、内孔0.7、厚0.2厘米（图七，5）。

五铢 1枚。标本2005QYM：2，方孔钱，篆体。直径2.6、内孔1.1、厚0.1厘米（图七，6）。

直百五铢 1枚。标本2005QYM：3，方孔钱，篆体。直径2.4、内孔1、厚0.1厘米（图七，7）。

铜指环 1件。标本2005QYM：6，横截面为椭圆形。直径1.8、厚0.3厘米（图七，1）。

水晶珠 1颗。标本2005QYM：17，圆形，中间有孔。直径0.8、厚0.7厘米（图七，2）。

玻璃珠 9颗。标本2005QYM：7，蓝色，形制相同，圆形，中间有孔。直径0.4～0.5、厚0.3～0.6厘米（图七，3）。

瓶形玻璃珠饰 2颗。标本2005QYM：4，黄色，形制相同，瓶形，口、底有孔贯通。高1.1、宽1厘米（图七，4）。

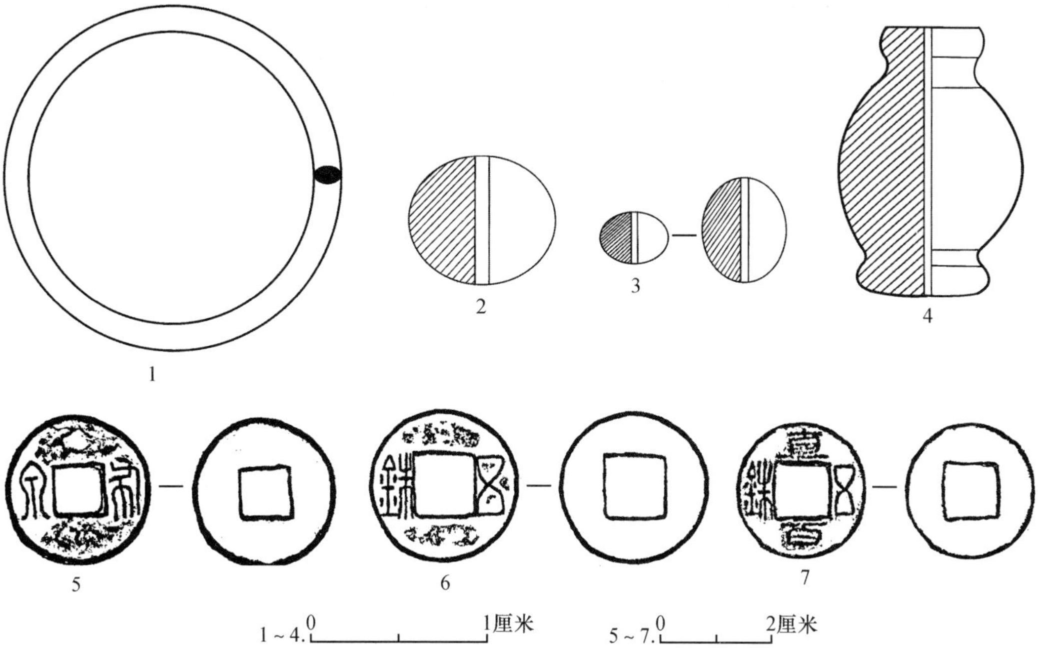

图七 墓葬出土器物

1. 铜指环（2005QYM：6） 2. 水晶珠（2005QYM：17） 3. 玻璃珠（2005QYM：7） 4. 瓶形玻璃珠饰（2005QYM：4） 5. 布泉（2005QYM：1） 6. 五铢（2005QYM：2） 7. 直百五铢（2005QYM：3）

三、考古试掘

（一）位置

青山崖墓面朝西北，山脚为一狭窄斜坡形台地，20世纪60年代，因建设水轮泵站，水位抬升，部分区域遭淹，现坡地仅剩15米左右的宽度。依地形布4米×4米探方共5个，方向315°，T1、T2、T3呈品字形分布，T3紧依崖壁，T4和T5一线排开（图八）。

（二）地层

由于崖壁塌方，斜坡形台地散落大小不同的红沙石块，T4、T5发掘30厘米左右即遇大型垮塌的岩石而被迫放弃。其他探方也有较多岩石错乱分布，难以发掘至底部。T2从上至下分为十四层，以探方南壁剖面为例（图九；彩版六，2）。

第1层：现代扰乱层。土质疏松，该层最大厚度1.75米，T2南壁厚0.2米。含有战国、汉代陶片，夹杂玻璃、塑料、薄膜之类的垃圾。

第2层：洪水蔓延淤积层。为河道淤积而成，纯净，色鲜泛绿，疏松，该层最大厚

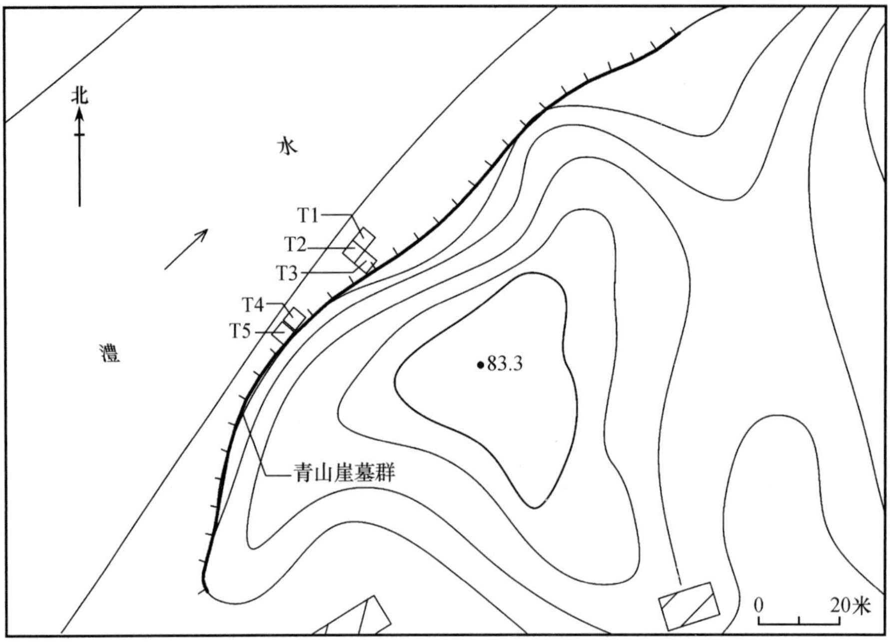

图八　探方位置图

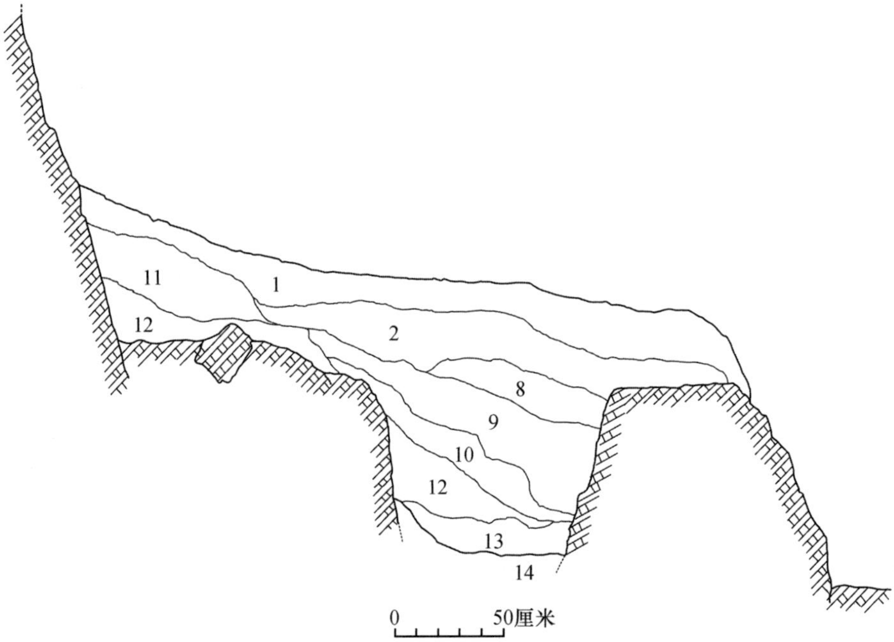

图九　T2南壁剖面图

度为0.75米，T2南壁厚0～0.22米。出土少量绳纹陶片、瓷片、人骨等。

第3层：夹沙土层。暗红色，较松散，包含较多与河沙混杂的直径3～8厘米的圆滚红砂岩块，最大厚度1.14米。出土少量陶片、人骨、青瓷片。不见于T2南壁。

第4层：洪水蔓延淤积层。T3西北部该层纯净，色泛绿较深，最大厚度0.55米，其他部位均被扰乱。扰乱层中有少量陶片、青花瓷片、人骨和3枚五铢。不见于T2南壁。

第5层：沙石层。褐色，较松散，大量直径5～10厘米的圆滚红砂岩块与河沙混杂，最大厚度分布在T3西北部，厚0.14米。出土少量陶片、陶网坠、青瓷碗、人骨碎片。不见于T2南壁。

第6层：洪水蔓延淤积层。灰绿色，致密，该层最大厚度0.3米。出土陶片、剪边五铢。不见于T2南壁。

第7层：崖壁垮塌堆积层。纯净，厚0～0.13米。遗物少。仅分布在T2东北部。

第8层：红砂岩颗粒与黑沙土、淤积河沙混杂层。色斑驳泛黑，较致密，最大厚度0.4米，T2南壁厚0～0.16米。出土大量陶片及少量青瓷、青花瓷片，夹杂人骨碎片。

第9层：红砂岩颗粒与黑沙土、淤积河沙混杂层。色斑驳泛黑，其土质、土色与板结度与第8层相同，最大厚度0.9米，T2南壁厚0～0.36米。出土陶片、道光通宝铜钱、人骨、陶网坠等。

第10层：红砂岩颗粒与黑沙土、少量淤积河沙混杂层。色斑驳泛黑，较致密，最大厚度0.5米，T2南壁厚0～0.2米。出土大量战国陶片。

第11层：红砂岩颗粒与黑沙土混杂层。泛黑，较致密，最大厚度0.67米，T2南壁厚0～0.28米。出土少量陶片和人骨碎片。

第12层：红砂岩颗粒与灰沙土混杂层。泛灰，较致密，最大厚度0.59米，T2南壁厚0～0.34米。含少量战国陶片。

第13层：纯红砂岩颗粒层。松散，分布于T3西北与西南，最大厚度0.32米，T2南壁厚0～0.16米。出土陶网坠、人骨碎片、人牙等。

第14层：崖壁坍塌层。巨石之间石块与粉质沙石块、浸透河沙混杂，夹少量陶片和骨片。此层因受工作面所限，未做发掘。

（三）遗物

1. 陶器

绝大部分为陶片，完整器很少。夹砂陶器居多，多为夹细砂陶，少量夹粗砂。以T2第9层为例，灰陶约占29.8%，黑陶约占38.3%，红陶约占31.8%。部分黑陶外施黑衣，陶胎有红、灰色，器形规整，火候较高，陶质坚硬。纹饰有绳纹、刻划纹、弦纹、戳印纹等，绳纹最多，以细绳纹为主，施纹方法为拍打、滚压。刻划纹陶片3件，有斜方格纹（图一〇，1）、“S”形纹和锯齿纹（图一〇，4）、波浪纹和弦纹（图一〇，3）。戳印纹陶片1件（图一〇，2）。陶器器形可分鬲、罐、盆、豆、盂、盘、网坠七种，除网坠外，均为残件。其中鬲最多，共84件（包括鬲沿和鬲足），豆75件，豆柄13件，盆78件，罐4件，盂2件，盘1件，网坠3件。鬲、罐多夹砂陶，盆、盘、豆为泥质陶，鬲、罐、盆皆饰绳纹。

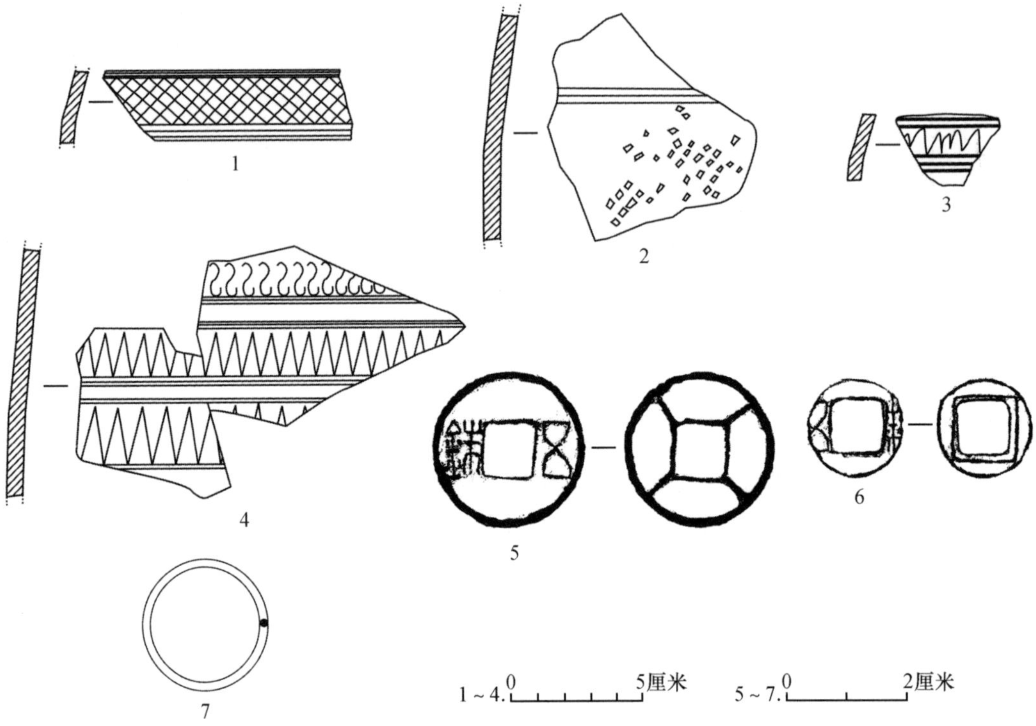

图一〇　纹饰和铜钱

1. 斜方格纹（2014QYT2⑩：1）　2. 戳印纹（2014QYT2⑩：9）　3. 波浪纹和弦纹（2014QYT2①：2）
4. “S”形纹和锯齿纹（2014QYT2①：3）　5. 四出五铢（2014QYT2⑤：2）　6. 剪轮五铢（2014QYT2⑥：1）
7. 银指环（2014QYT2⑤：1）

鬲沿　64件。侈口，束颈。依据沿、唇不同，可分为四式。

Ⅰ式　方唇，弧形沿，颈部绳纹抹平或无绳纹。多为夹砂红陶，部分饰绳纹。标本2014QYT2④：1，夹砂灰陶。颈部绳纹抹平。口径26厘米（图一一，8）。

Ⅱ式　卷沿微折，方唇呈钩状。标本2014QYT2⑧：1，夹砂灰陶。饰绳纹。口径36厘米（图一一，13）。

Ⅲ式　方唇，窄折沿，肩部圆鼓，颈部缩短。标本2014QYT2⑨：2，夹砂灰陶。

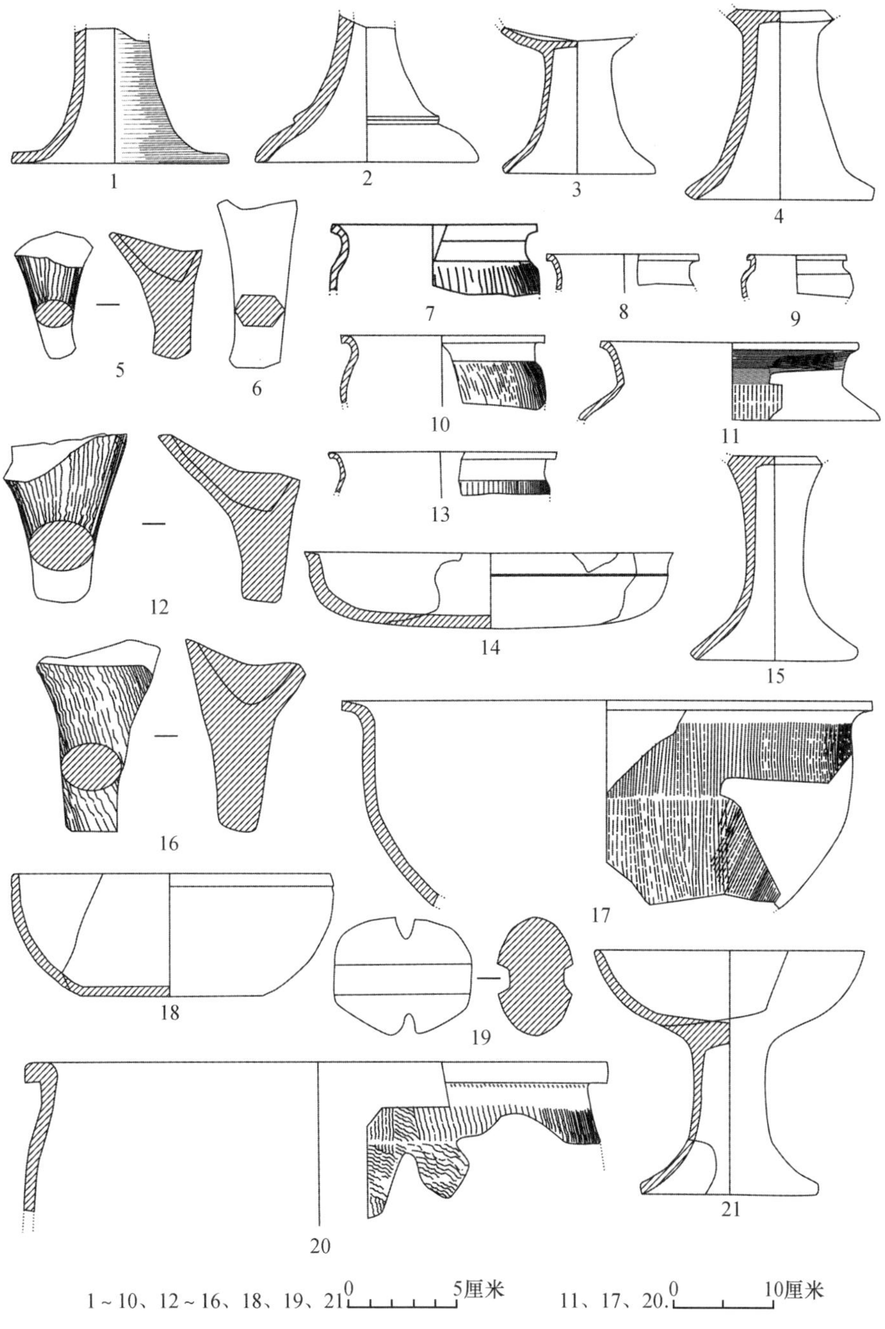

图一一　陶器、青瓷器

1. Ⅰ式陶豆柄（2014QYT2③：1）　2. Ⅱ式陶豆柄（2014QYT2⑥：1）　3、4. Ⅲ式陶豆柄（2014QYT2⑨：1、2014QYT3⑦：1）　5. Ⅰ式陶鬲足（2014QYT2⑩：1）　6. Ⅲ式陶鬲足（2014QYT2①：1）　7. Ⅲ式陶鬲沿（2014QYT2⑨：2）　8. Ⅰ式陶鬲沿（2014QYT2④：1）　9. 陶盂（2014QYT2⑩：2）　10. Ⅳ式陶鬲沿（2014QYT2⑩：3）　11. 陶罐（2014QYT2⑩：4）　12、16. Ⅱ式陶鬲足（2014QYT2⑩：5、2014QYT2⑩：7）　13. Ⅱ式陶鬲沿（2014QYT2⑧：1）　14. 陶盘（2014QYT2⑩：6）　15. Ⅳ式陶豆柄（2014QYT2④：2）　17. Ⅰ式陶盆（2014QYT2④：3）　18. 青瓷碗（2014QYT3⑤：1）　19. 陶网坠（2014QYT2⑤：1）　20. Ⅱ式陶盆（2014QYT2⑩：8）　21. 陶豆（2014QYT3③：1）

饰绳纹。口径24厘米（图一一，7）。

Ⅳ式　方唇略呈钩状，斜折沿。标本2014QYT2⑩：3，夹砂红陶。饰绳纹。口径24厘米（图一一，10）。

鬲足　20件。高足，多有烟炱。依据鬲足形状，分为三式。

Ⅰ式　截锥足，足底椭圆状。饰绳纹。标本2014QYT2⑩：1，夹砂红陶。上部饰绳纹（图一一，5）。

Ⅱ式　截锥足，较粗。饰绳纹。标本2014QYT2⑩：5，夹砂灰陶。上部饰绳纹（图一一，12）。2014QYT2⑩：7，夹砂灰陶。全部饰绳纹（图一一，16）。

Ⅲ式　柱状足。夹细砂红陶。无纹饰。标本2014QYT2①：1（图一一，6）。

罐　4件。泥质灰陶，外施黑衣。侈口，卷沿，方唇。饰绳纹。标本2014QYT2⑩：4，口径23厘米（图一一，11）。

盆　78件。敞口，束颈，圆腹或弧腹内收，口径较大。依沿口可分为二式。

Ⅰ式　卷沿微向上，方唇。夹砂灰陶。饰绳纹。标本2014QYT2④：3，口径47厘米（图一一，17）。

Ⅱ式　平沿，方唇。夹砂灰陶。饰绳纹。标本2014QYT2⑩：8，外施黑衣。口径55厘米（图一一，20）。

盂　2件。泥质灰陶，外施黑衣。卷平沿，束颈，圆肩，肩部出棱。标本2014QYT2⑩：2，口径20厘米（图一一，9）。

盘　1件。标本2014QYT2⑩：6，泥质灰陶，外施黑衣。敞口，平沿，束颈，腹下部斜收，平底。腹上部饰弦纹一道。口径17.8、底径15.6、高3.3厘米（图一一，14）。

豆　75件。泥质黄胎黑皮陶。侈口，弧腹，浅盘，细直高柄，足呈喇叭形外撇。标本2014QYT3③：1，口径13.6、足径8.6、通高11厘米（图一一，21）。

豆柄　13件。长柄，喇叭形足。依器形的不同，分为四式。

Ⅰ式　底宽平。柄饰弦纹。标本2014QYT2③：1，泥质灰陶。底径10.6厘米（图一一，1）。

Ⅱ式　底微敛。标本2014QYT2⑥：1，泥质红陶。足径10.6厘米（图一一，2）。

Ⅲ式　柄较粗。标本2014QYT2⑨：1，泥质红陶。底径7.2厘米（图一一，3）。2014QYT3⑦：1，泥质灰陶，外施黑衣。足径8.9厘米（图一一，4）。

Ⅳ式　柄较细。标本2014QYT2④：2，泥质灰陶。底径7.5厘米（图一一，15）。

网坠　3件。黑陶。形制相同，椭圆形。标本2014QYT2⑤：1，长5、宽3.5厘米（图一一，19）。

2. 瓷器

青瓷碗 1件。标本2014QYT3⑤：1，敛口，鼓腹，平底。施青釉。口径14.8、底径8.5、高5.3厘米（图一一，18）。

3. 其他

铜钱 有四出五铢、剪轮五铢、道光通宝。标本2014QYT2⑤：2，四出五铢。外径2.6、内孔0.8、厚0.2厘米（图一〇，5）。标本2014QYT2⑥：1，剪轮五铢。外径1.5、内孔0.8、厚0.1厘米（图一〇，6）。标本2014QYT2⑨：1，道光通宝。外径1.8、内孔0.6、厚0.1厘米。

银指环 2件。形制相同，横截面为圆形。标本2014QYT2⑤：1，直径2.1厘米（图一〇，7）。

四、结 语

（一）年代分析

1. 崖墓年代

崖墓中出土布泉、直百五铢、五铢铜钱，其中布泉为王莽天凤六年（公元19年）所铸；直百五铢是三国时期蜀汉钱币，刘备于汉献帝建安十九年（公元214年）在成都发行。还出土东汉墓中常见的蓝色玻璃珠。同时在崖墓山脚的遗址中也有东汉晚期的剪轮五铢、四出五铢出土，在T3第5层中出土六朝青瓷碗。清理的墓葬中，并未发现汉以前的其他器物，总的来看崖墓年代的上限应该在汉晋时期。

青山崖墓与同时代四川崖墓[1]对比，都位于面水背山的红砂岩峭壁上，二者均排列有序，都有甬道、墓室、耳室等，总体来看相对简单，单室墓较多。四川崖墓在墓室内有灶台、案龛、壁龛、排水沟、龛形石棺等附属设施，青山崖墓因破坏较大，墓穴多已空旷，暂未发现这类设施；四川崖墓有较多雕刻装饰，多数为屋面、梁架、斗拱、天花、藻井等建筑装饰之类，青山崖墓装饰较少，仅见少数墓壁上阴刻人面像和阴刻人形图案。

2. 遗址年代

从地层来看，第7层为崖壁垮塌的堆积层，第8层至第11层均为红砂岩颗粒与黑沙土、淤积河沙混杂，斑驳泛黑，是受崩塌的岩石影响，部分崖墓随之垮塌，一些随葬器物随着岩石垮塌与原土壤中的遗物相互混杂，第8、9层出土的青花瓷片与道光通宝便足可证明这一时期因岩石垮塌而扰乱的严重性，尽管伴随大量的前期陶器出土，仍可据此推断第7层至第11层当为清代中后期。第12层未见晚期遗物混入，因发掘面积太小，难以断定其是否遭受过岩体的扰乱。但人骨、人牙的发现，很难否定这不是墓葬崩塌所遗留，若如此，包括第13层都有可能是经过扰乱的地层。

地层中出土的大量陶器，许多陶鬲裆部存在较多烟炱，其他诸如豆、盘、盂、罐等都是实用器，非随葬之用，应是遗址所出。Ⅰ式、Ⅱ式、Ⅲ式和Ⅳ式鬲口沿分别与当阳赵家湖楚墓[2]B型Ⅰ式、D型Ⅲ式、B型Ⅱ式、D型Ⅴ式陶鬲口沿类似。Ⅰ式和Ⅱ式鬲足在当阳赵家湖楚墓[3]中也较多，Ⅲ式鬲足与当阳赵家湖楚墓异形鬲（ZM8：1）类似。盂与当阳赵家湖楚墓[4]B型Ⅸ式盂（JM210：2）相似。与当阳赵家湖楚墓对比看，春秋早、中、晚各期都有，甚至晚到战国中期。豆与湖北楚墓出土豆[5]相比，最晚应该是战国早期。盘与江陵九店东周墓[6]B型Ⅳa式盘（M264：19）类似，时间为战国中期。Ⅰ型盆与江陵九店东周墓[7]A型盆（M60：5）类似，时间是战国晚期。豆、鬲在澧县周家湾和坟山、黄泥岗遗址中都有类似的出土[8]，属于典型楚式器物，时代应为春秋早期。鬲沿、鬲足、豆、豆柄、盂在临澧古遗址调查[9]中都有类似楚文化遗存的器形，时代在西周晚期至春秋时期。与湖南楚墓出土情况整体对比，青山崖墓下的遗址出土最多的是鬲、盆、豆、罐，其时代应该是春秋至战国时期。

由此而知，遗址的年代当是在春秋至战国时期，而崖墓的年代应为汉晋时期。

（二）崖墓与遗址关系

通过本次试掘，青山崖墓的文化性质清晰，基本上可分出鬲、盆、罐、豆组合，圜底罐、矮柄豆、柱状足鬲等实用器都是楚文化中晚期习见的器物。

遗址为春秋战国时期楚人遗存，从地形看，河流在此原为“U”形，后因改道从悬崖下经过，已发掘的地方只是遗址一小部分，大部分因河流的改道被破坏。崖墓在汉晋时期才开始出现，二者无直接关系。

附记：调查与试掘中得到了湘西州文物局的大力支持，在此深表感谢。参加发掘人员有张涛、龙京沙、龙浩然、黎春林、董春林、刘建、朱辉。本文线图由罗胜强、龙浩然、王献水绘制。

执笔：张　涛　龙京沙　罗胜强

注　释

［1］罗二虎：《四川崖墓的初步研究》，《考古学报》1988年第2期。

［2］湖北省宜昌地区博物馆、北京大学考古系：《当阳赵家湖楚墓》，文物出版社，1992年，第75～77页。

［3］湖北省宜昌地区博物馆、北京大学考古系：《当阳赵家湖楚墓》，文物出版社，1992年，第75～77页。

［4］湖北省宜昌地区博物馆、北京大学考古系：《当阳赵家湖楚墓》，文物出版社，1992年，第83页。

［5］丁兰：《湖北地区楚墓分区研究》，北京民族出版社，2006年，第70页。

［6］湖北省文物考古研究所：《江陵九店东周墓》，科学出版社，1995年，第182页。

［7］湖北省文物考古研究所：《江陵九店东周墓》，科学出版社，1995年，第198页。

［8］湖南省文物考古研究所、澧县文物管理所：《湖南澧县商周时期古遗址调查与探掘》，《湖南考古辑刊》第4集，岳麓书社，1987年。

［9］湖南省文物普查办公室、湖南省文物考古研究所：《湖南临澧古遗址普查报告》，《考古》1988年第3期。

The Survey and Excavation of the Qingshan Cliff-tombs in Linli County, Hunan

Hunan Provincial Institute of Cultural Relics and Archaeology
Cultural Relics Bureau of Linli County

Abstract: For the need of conservation plan, an archaeological investigation and exploration was carried out at Qingshan cliff-tomb in September, 2014 by Hunan Provincial Institute of Cultural Relics and Archaeology as well as Cultural Relics bureau of Linli County. The team also conducted a trial excavation about $100m^2$ in the site at the foothill under the cliff-tomb. The research shows that the date of the site is Spring and Autumn and the Warring States Period, and the upper limit of the cliff-tomb is Han-Jin period. The cliff-tomb and the site have no direct relationship.

Keywords: Qingshan Cliff-tomb; Site; Archaeological Investigation; Trial Excavation

附表　崖墓统计表

编号	尺寸（长×宽×高：米）	类型	备注
M1	3.2×1.7×1.45	B	2005年调查
M2	3×2.7×1.7	B	同上
M3	3.3×1.8×1.7	B	同上
M4	2.8×4×1.7	B	同上
M5	2×1.5×1	B	同上
M6	2×7.05×1.6	B	同上
M7	2×1.6×1.9	B	同上
M8	1.3×1.8×1.8	B	同上
M9	0.8×1.8×0.35	B	同上
M10	2.4×3.3×1.6	B	同上
M11	1.8×2.3×1.5	B	同上
M12	2.32×1.16×0.74	A	2014年调查
M13	0.65×2.8×1.5	B	2005年调查
M14	3×2.4×1.5	B	同上
M15	2.5×1.6×1.5	B	同上
M16	1.8×2.45×1.5	B	同上
M17	2.3×3.1×1.7	B	同上
M18	2.2×1.4×1.4	A	同上
M19	2.5×2×1.5	B	同上
M20	2.5×2.2×1.5	B	同上
M21	1.7×2.9×1.6	B	同上
M22	2.3×1.8×1.5	B	同上
M23	1.6×1×1.5	B	同上
M24	1.6×2.9×1.6	B	同上
M25	前2.9×3×2 后2.5×1.8×1.5	C	同上
M26	1.3×3×1.6	B	同上

续表

编号	尺寸（长×宽×高：米）	类型	备注
M27	2.4×1.7×1.7	B	同上
M28	5.5×2.95×1.9	C	同上
M29	2.8×1.9×1.3	B	同上
M30	2.2×2×1.5	B	同上
M31	1.8×2.4×1.8	B	同上
M32	1.7×2×1.5	B	同上
M33	1.2×1.5×1.5	B	同上
M34	2.7×3.7×1.7	B	同上
M35	2×3×1.7	B	同上
M36	前3×2.3×1.7 后2.7×2.9×1.7	C	同上
M37	0.7×1.5×1.7	B	同上
M38	前2.8×2.6×1.7 后3×2.7×1.7	C	2014年调查
M39	2.3×1.5×1.7	B	2005年调查
M40	1.5×1.45×1.5	B	同上
M41	1.7×1.2×1.7	B	同上
M42	1.5×2.7×1.7	B	同上
M43	前2×3.9×1.7 后2.7×2.5×1.7	C	同上
M44	前2.4×3.8×1.5 后3.6×2.8×1.7	C	同上
M45	2.4×2.1×1.5	B	同上
M46	0.7×2.5×1.7	B	同上
M47	2.7×3.1×1.9	B	同上
M48	2.3×2.4×1.8	B	同上
M49	2×1.5×1.7	B	同上
M50	0.7×1.7×1.2	B	同上
M51	2×2×1.7	B	同上
M52	1.4×1.6×1.3	B	同上
M53	前1.9×1.85×1.7 后0.6×1.9×1.7	C	同上
M54	2.1×1.8×1.4	B	同上
M55	2.2×2.2×1.4	B	同上

续表

编号	尺寸（长×宽×高：米）	类型	备注
M56	0.6×1.8×1.4	B	同上
M57	1.9×1.8×1.6	B	同上
M58	1.7×1.55×1.4	B	同上
M59	1.7×1.5×1.7	B	同上
M60	1.8×2.3×1.5	B	同上
M61	1.3×1.6×1.7	B	同上
M62	2.5×1.5×1.7	B	同上
M63	2.3×2.4×1.5	B	同上
M64	1×1.7×1.5	B	同上
M65	3.5×3.5×2	C	2014年调查
M66	10.4×3.5×2	C	同上
M67	前1.5×2.5×2 中1.6×3.05×1.8 后2.6×2.75×1.75	C	同上
M68	1×2.7×1.5	B	2005年调查
M69	0.6×1.5×1.4	B	同上
M70	2.3×2.2×1.45	B	同上
M71	0.7×1.5×1.45	B	同上
M72	2.5×2.25×1.5	B	同上
M73	1×2.4×1.5	B	同上
M74	2.6×2×1.5	B	同上
M75	2.4×2.4×1.3	B	同上
M76	2.2×1.9×1.4	B	同上
M77	前2×3.5×1.7 后2.2×2.3×1.6	C	同上
M78	0.9×2.5×1.5	B	同上
M79	1.7×2.5×1.7	B	同上
M80	1.2×1.5×1.45	B	同上
M81	1.2×1.5×1.7	B	同上
M82	2.1×1.4×1.5	B	同上
M83	2×1.6×1.5	B	同上
M84	2.6×2×1.5	B	同上
M85	1×1.6×1.5	B	同上

续表

编号	尺寸（长×宽×高：米）	类型	备注
M86	前1.8×2.4×2 后1.4×2.6×1.7	C	同上
M87	2.6×1.7×1.5	B	同上
M88	1.45×1.05×1.5	B	同上
M89	2.9×2.85×1.5	B	同上
M90	3.1×2×1.5	B	同上
M91	2.2×1.4×1.3	B	同上
M92	2.3×1.6×1.4	B	同上
M93	3.55×4.1×2.3	B	同上
M94	2.6×1.9×1.5	B	同上
M95	3.3×2.5×1.5	B	同上
M96	3.3×2.5×1.4	B	同上
M97	3.5×3.9×1.7	B	同上
M98	1.4×1.6×1.5	B	同上
M99	1.7×1.6×1.5	B	同上
M100	1.7×1.4×1.5	B	同上
M101	1.7×1.4×1.6	B	同上
M102	2.8×3.2×1.8	B	同上
M103	0.9×2×1.5	B	同上
M104	2×2.2×1.7	B	同上

注：山体背面崖墓因破坏严重，未调查。

湖南攸县网岭东周墓发掘简报

株洲市博物馆

[摘　要]　网岭古墓群地处湘东罗霄山脉西麓谷地，埋藏有众多东周至两汉时期墓葬。1985年，考古人员在攸县网岭镇抢救性发掘了一批东周至两汉时期墓葬，其中发掘清理东周墓葬32座，出土一批陶器、青铜器和滑石器。依据葬制和随葬品，这批东周墓葬属于楚文化遗存，较好地反映了战国时期攸水流域的文化面貌。

[关键词]　网岭；东周；古墓群

网岭古墓群位于湖南省株洲市攸县县城东北35千米的网岭镇，墓群中心位置坐标为北纬27°13′49″，东经113°27′49″，高程128.8米（图一）。该墓群所在的网岭镇地处罗

图一　网岭古墓群地理位置图

霄山脉西麓山间谷地之中，该谷地也称醴攸盆地。谷地东北与湘赣间醴萍通道相接，西南可通往衡阳盆地，地属交通咽喉之地。谷内流经河流为攸水，属湘江水系，由东南至西北流向。河流两侧的丘陵地带中埋藏着众多东周至两汉时期墓葬，网岭古墓群就位于山谷之中攸水西岸的山丘之上。1986年5月，在第二次全国文物普查中，通过调查确定网岭古墓群南北长5、东西宽4千米，分布范围约21平方千米。2013年，网岭镇境内的杨家洲汉墓群被公布为第七批全国重点文物保护单位。2010年，在网岭镇东北不远的皇图岭镇也曾发现大量的两汉时期墓葬[1]。

1985年，攸县黄丰桥林场在网岭镇购地建木材储存场时发现大量古墓葬，墓葬主要集中在网岭镇的八鸡岭（编号BM）、驼背岭（编号TM）和新网岭（编号XM）三地，同年7～11月，湖南省博物馆、株洲市博物馆组织考古队对网岭古墓群进行抢救性发掘，共清理墓葬52座。本报告对这次抢救性发掘中所出土的东周时期墓葬进行介绍分析，共发掘东周墓葬32座，其中驼背岭分布11座（图二），新网岭分布21座（图三）。这32座东周墓葬中有随葬品的26座，无随葬品的6座，出土随葬品共计70余件。

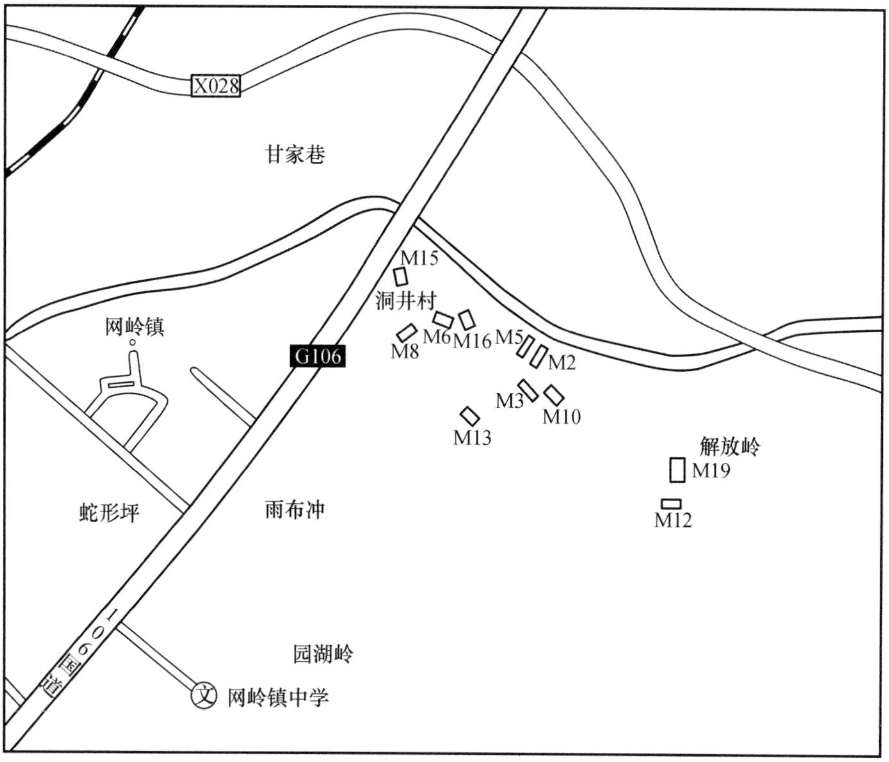

图二　驼背岭东周墓葬分布示意图

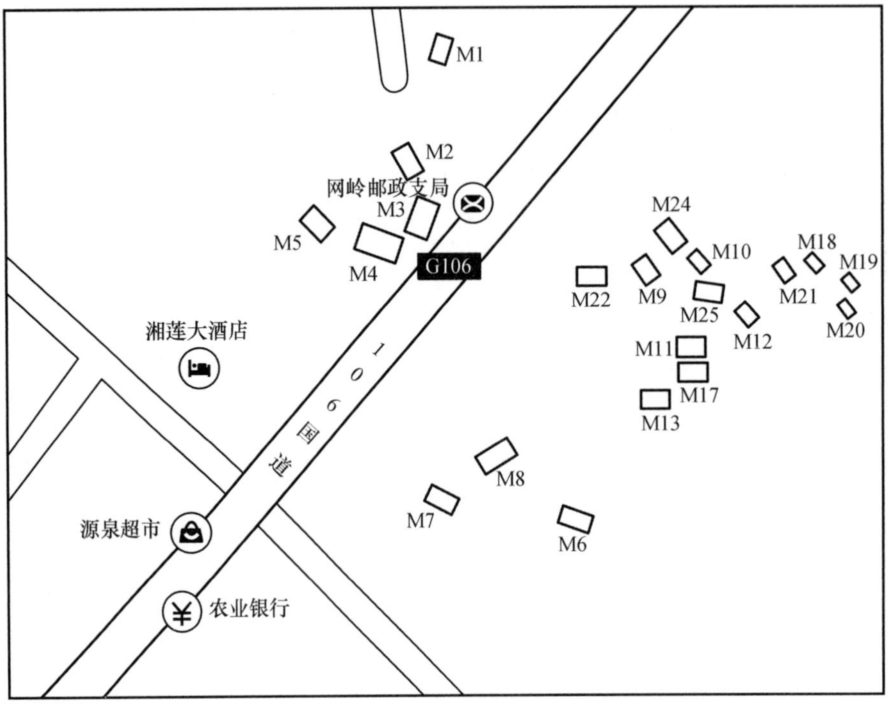

图三　新网岭东周墓葬分布示意图

一、墓葬形制

本次所发掘东周墓葬主要为中小型墓葬，墓距疏密不等，未见有封土堆。所有墓内填土多为黄色或红褐色为主的五花土，葬具和人骨全朽不存，葬式不明。墓葬形制多样，依其墓葬宽度可分为两类。

A类　15座。窄坑墓，为长方形竖穴土坑墓。其中无头龛、二层台墓葬4座；有二层台墓葬1座；有头龛墓葬5座；有二层台和头龛墓葬5座。典型墓葬介绍如下。

TM3　长方形竖穴土坑墓，墓口被破坏。方向175°，墓口长2.08、宽0.6、残深0.45米。墓内葬式不明。墓底南侧有一头龛，头龛与墓同宽，高0.3、进深0.24米。龛内放置有陶鬲1件、陶钵1件、陶罐1件，墓中随葬铜剑1件（图四）。

TM12　长方形竖穴土坑墓，墓口被破坏。方向348°，墓口长2.28、宽0.9、残深1.3、墓底宽0.6米。墓内葬式不明。墓底东西两侧有二层台，高60、宽15厘米。墓底北侧随葬有陶鼎1件、陶豆3件、陶罐1件（图五）。

XM7　墓口长方形，墓东壁竖直，西壁内斜。方向250°，墓口长3.77、宽0.87、深

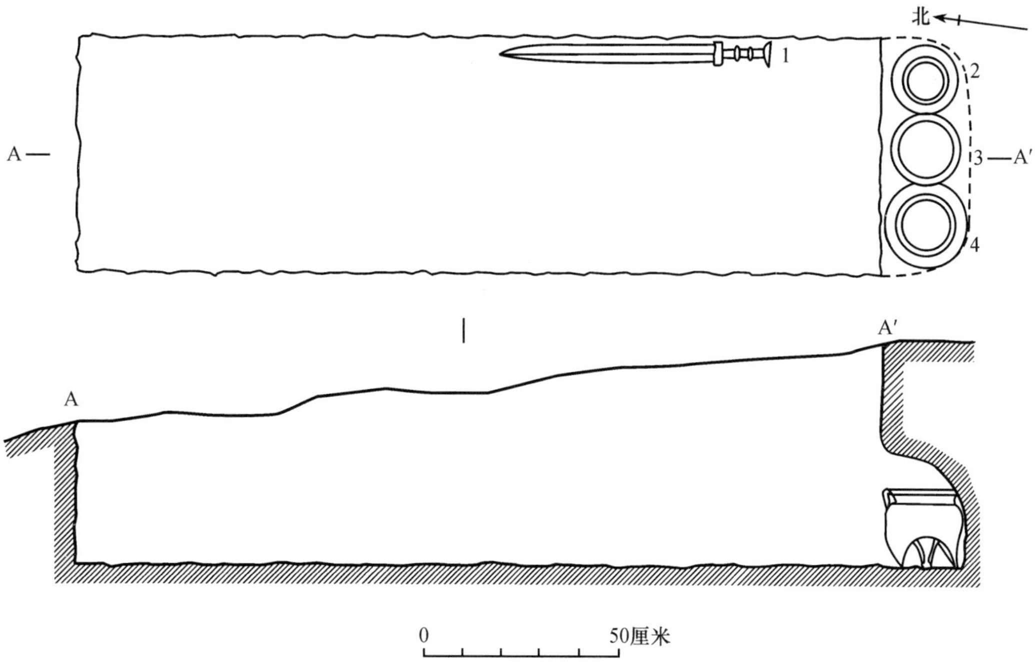

图四　TM3平、剖面图

1. 铜剑　2. 陶罐　3. 陶钵　4. 陶鬲

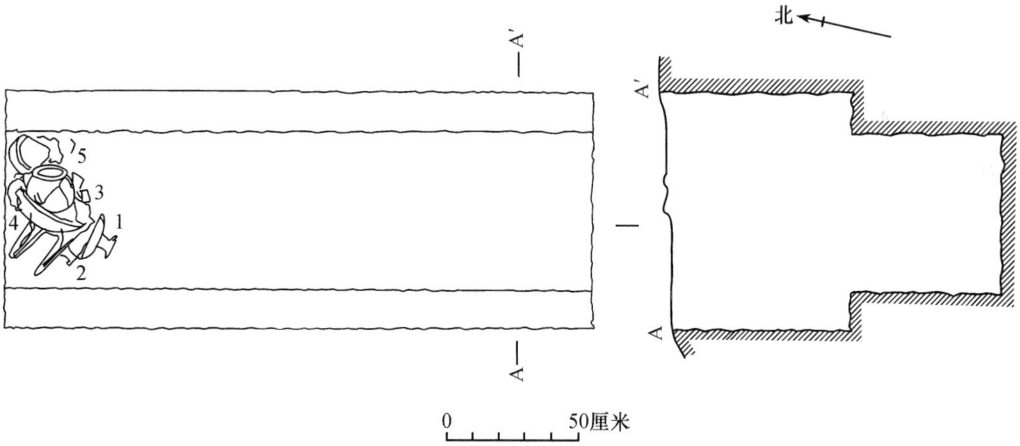

图五　TM12平、剖面图

1～3. 陶豆　4. 陶鼎　5. 陶罐

1.75、墓底长3.34、宽0.83米。墓内葬式不明。墓西壁含两个头龛，其中K1呈圆形，直径0.15米，内放铜削1件；K2呈长方形，长0.24、宽0.12、高0.2米。墓底中部突起，长1.22、宽0.83、高0.04米。墓底无器物出土（图六）。

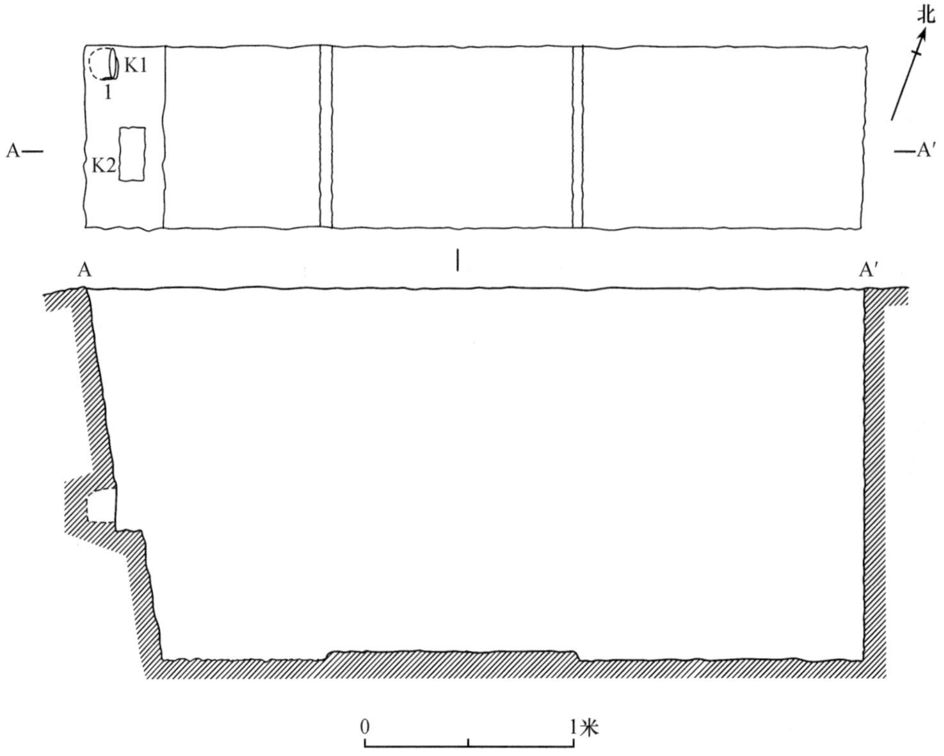

图六　XM7平、剖面图
1. 铜削

B类　17座。宽坑墓，且多为长方形斜壁土坑墓。其中无二层台、头龛和墓道的墓葬10座，有二层台的墓葬4座，有头龛的墓葬1座，有墓道的墓葬2座。典型墓葬介绍如下。

TM13　墓口呈长方形，墓四壁内斜。方向357°，墓口长2.9、宽1.9、深3.1、墓底长2.75、宽1.75米。随葬器物有陶鼎1件、陶敦1件、陶壶2件、铜戈1件、铜带钩1件（图七）。

XM4　墓口呈长方形，墓四壁内斜。方向98°，墓口长4.1、宽3.6、深6.1、墓底长2.9、宽2.2米。东侧有一斜坡墓道，坡度24°，墓道距墓底1.9米。墓已被盗，随葬有铜戈残片、滑石璧1件、碎陶片等（图八）。

XM24　墓口呈长方形，墓四壁内斜。方向85°，墓口长3.74、宽2.54、深2.1、墓底长2.4、宽0.8米。墓壁有铲平加工痕迹。保留有两层台阶，一级台阶距墓底0.8、宽0.14～0.4米，二级台阶距墓底0.7、宽0.16～0.22米。墓内随葬有铜削1件、陶纺轮1件（图九）。

图七 TM13平、剖面图

1. 铜戈 2. 陶敦 3、6. 陶壶 4. 铜带钩 5. 陶鼎

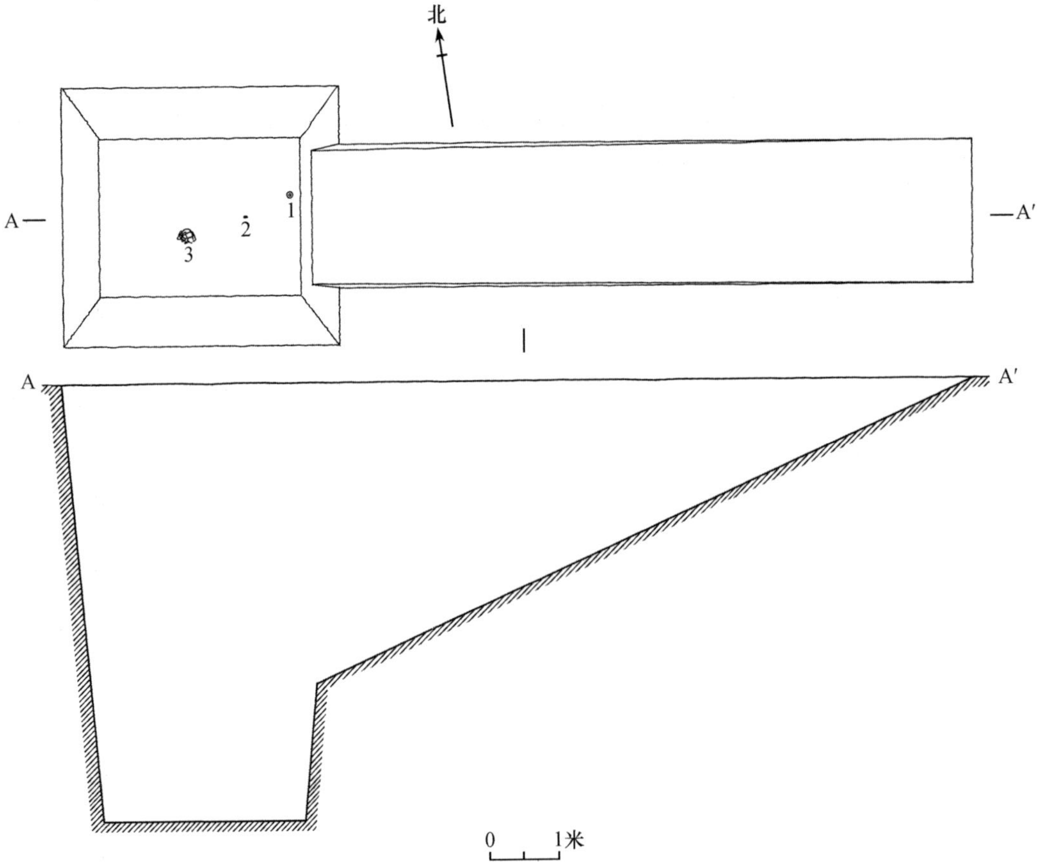

图八　XM4平、剖面图

1. 滑石璧　2. 铜戈残片　3. 陶片

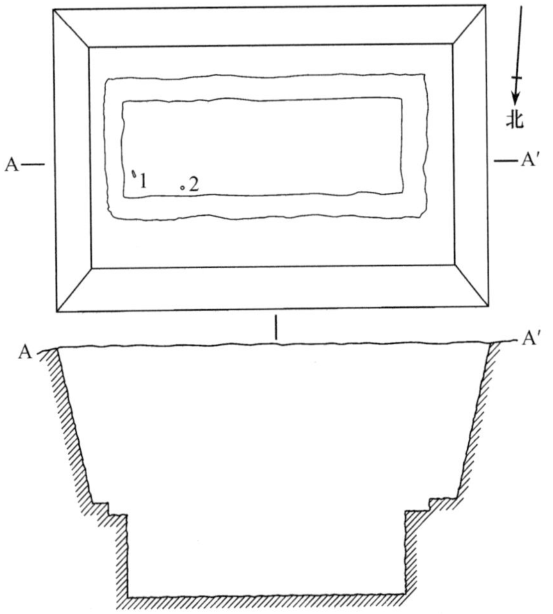

图九　XM24平、剖面图

1. 铜削　2. 陶纺轮

二、出土器物

出土器物有陶器、青铜器、滑石器。器物大多残损严重，可辨完整器较少。文中选取具有代表性器形以作说明。

（一）陶器

43件。多为软陶器，器形有鬲、钵、罐、鼎、敦、壶等。

鬲　5件。按口沿特征和腹部大小分为二型。

A型　3件。宽折沿，圆鼓腹。标本TM3：4，夹砂灰黄陶。沿面微弧，圆唇，颈微长，鼓肩，弧底，三柱圆足直立。通体饰竖粗绳纹。口径18.5、腹径23.2、高24.4厘米（图一〇，3）。

B型　2件。斜宽折沿，扁鼓腹。标本TM10：1，夹砂灰陶。斜宽折沿，沿面微弧，沿下起脊，圆唇，颈微长，弧肩，近平底，三柱圆足直立，档较宽。通体饰竖粗绳纹。口径24、腹径27.2、高22.8厘米（图一〇，4）。

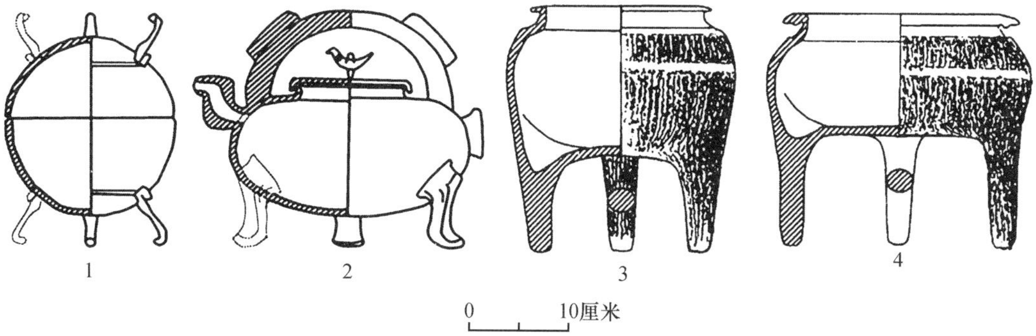

图一〇　出土陶器

1. A型敦（XM11：4）　2. 提梁盉（XM13：9）　3. A型鬲（TM3：4）　4. B型鬲（TM10：1）

钵　4件。依据口沿和器底可分二型。

A型　3件。平折沿，小平底。标本TM3：3，夹砂灰陶。沿面微弧，细圆唇，斜肩，鼓腹，平底。光素。口径18.5、底径8、高8.2厘米（图一一，4）。

B型　1件。弧折沿，平底稍大。标本TM10：2，泥质灰陶。敞口，圆唇，束颈，斜肩，圆鼓腹，平底。颈部饰细绳纹。口径17、底径13、高8.8厘米（图一一，3）。

罐　8件。依据口沿和腹形可分四型。

A型　3件。敞口，圆弧腹。标本TM3：2，夹砂灰陶。圆唇，外微卷沿，束颈，斜弧肩，底微凹。光素。口径10、底径6.5、高11厘米（图一一，5）。

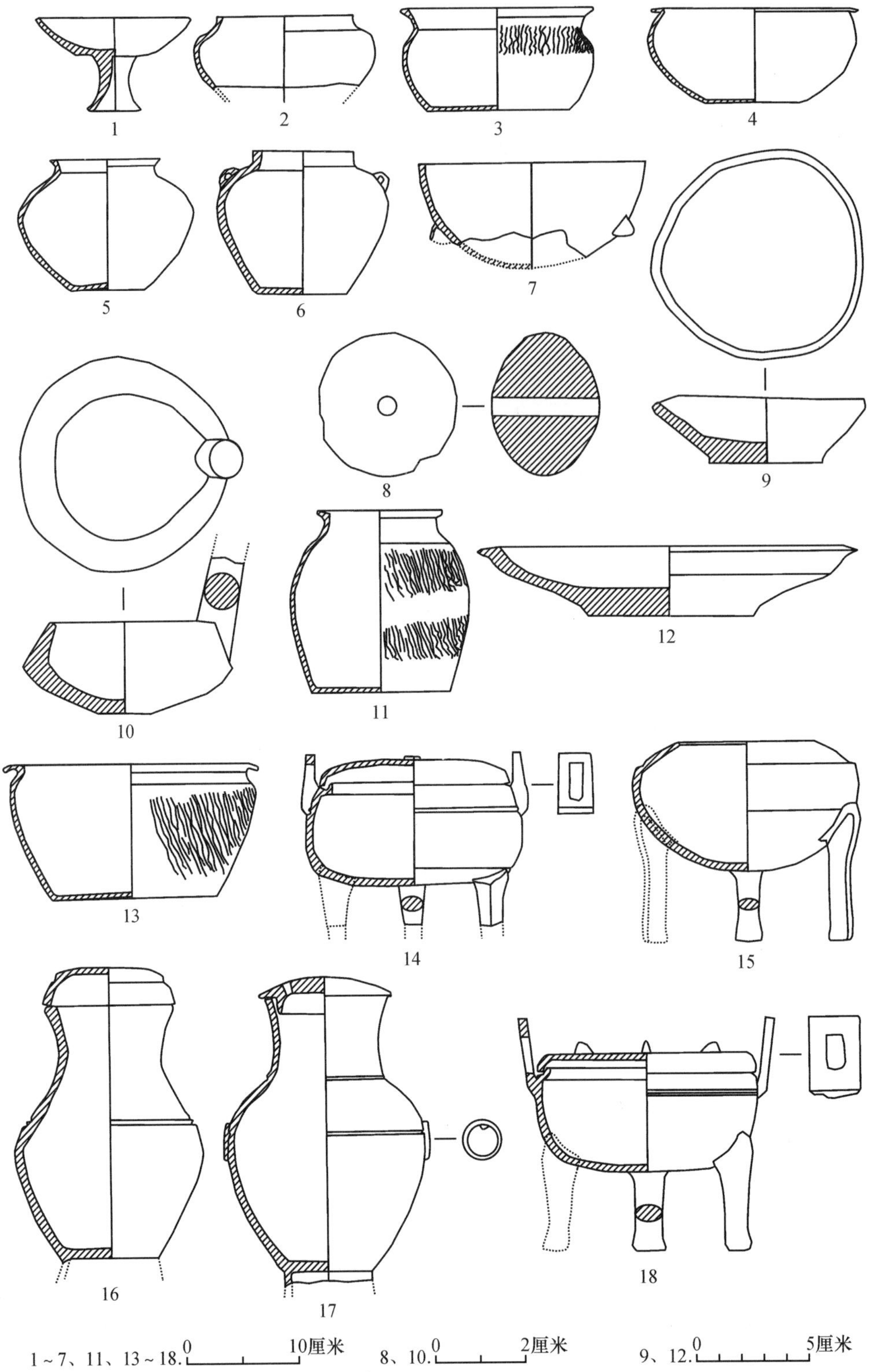

图一一　出土陶器

1. 豆（TM12：1）　2. B型罐（TM10：3）　3. B型钵（TM10：2）　4. A型钵（TM3：3）　5. A型罐（TM3：2）　6. D型罐（XM20：2）　7. B型敦（TM16：4）　8. 纺轮（XM24：2）　9. 匜（TM16：6）　10. 勺（TM16：7）　11. C型罐（TM5：3）　12. 盘（XM11：11）　13. 盆（TM5：2）　14. B型鼎（TM13：5）　15. C型鼎（TM16：3）　16. A型壶（XM11：2）　17. B型壶（TM16：5）　18. A型鼎（XM11：8）

B型 3件。直口微敞，扁圆腹。标本TM10：3，泥质灰陶。圆唇，内微弧肩，圆鼓腹，底残。光素。口径12、残高7厘米（图一一，2）。

C型 1件。敞口，弧腹。标本TM5：3，泥质黄陶。圆唇，束颈，斜肩，平底。腹部饰斜绳纹。口径11.2、底径12.4、高15.6厘米（图一一，11）。

D型 1件。直口，上鼓腹。标本XM20：2，泥质灰陶。圆唇，鼓肩，腹斜收，平底。光素，肩部两侧饰环耳。口径9、底径8.2、高12.4厘米（图一一，6）。

盆 2件。器形相同。标本TM5：2，泥质黄陶。宽折沿，沿面微弧，圆唇，束颈，微鼓肩，斜弧腹，平底。腹部饰斜绳纹。口径23.2、底径14.8、高11.6厘米（图一一，13）。

豆 6件。器形相近，为矮柄。标本TM12：1，泥质黄陶。豆盘敞口，圆唇，斜弧壁，弧形束腰柄，喇叭圈座。光素。口径14.2、底径5.1、高8厘米（图一一，1）。

鼎 5件。依盖和腹形可分三型。

A型 2件。平盖，腹最大径靠上。标本XM11：8，夹砂灰黄陶。矮子母口内敛承浅盖，扁弧腹，弧平底。两耳斜外撇，三柱蹄足，耳与足不对应；腹部饰两道弦纹。器盖面平；饰有三乳钉。口径16、腹径21.3、高20厘米（图一一，18）。

B型 1件。圆弧盖，腹最大径靠下。标本TM13：5，泥质黄陶。矮子母口内敛承浅盖，扁折腹，弧平底。两耳斜直，足残；腹部饰两道弦纹。器盖扁弧；顶部饰有乳钉。口径14.5、腹径20.5、残高12厘米（图一一，14）。

C型 2件。器盖圆弧形，圆弧腹。标本TM16：3，夹细砂红陶，施黑陶衣。斜长子母口内弧承盖，耳不见，圜底，三细蹄足内微撇；腹部饰一道弦纹。口径19.8、腹径19.2、高21.6厘米（图一一，15）。

敦 4件。依钮足形态分为二型。

A型 3件。卷尾勾首钮足。标本XM11：4，夹细砂黄陶。直口，圆弧腹，圜底。身、盖相合呈椭圆形，且都饰两道弦纹。腹径16.6、通高23.2厘米（图一〇，1）。

B型 1件。乳钉钮足。标本TM16：4，泥质灰黄陶。直口，圆弧腹，圜底。仅残一半。口径20、残高9.4厘米（图一一，7）。

壶 4件。依据盖形和腹形可分为二型。

A型 2件。圆弧盖与口不相扣，腹最大径偏下。标本XM11：2，夹细砂红陶，施黑陶衣。敞口，长颈，鼓腹，底残；腹部饰两道弦纹。弧盖无钮。口径12、腹径16.8、残高25.4厘米（图一一，16）。

B型 2件。盖与口相扣，腹最大径偏上。标本TM16：5，夹细砂红陶，施黑陶衣。敞口，长颈，鼓腹，底残；鼓腹部饰衔环，并饰弦纹两道。弧盖有孔。口径11.4、腹径18.4、残高25.2厘米（图一一，17）。

盘 1件。标本XM11：11，夹细砂红陶，施黑陶衣。斜平折沿，斜折腹，假圈足。光素。口径15、底径8、高3厘米（图一一，12）。

提梁盉 1件。标本XM13：9，泥质黑陶。直口，折沿，弧肩，圆腹，圜底，兽首形流饰有两眼睛，扁平盖，盖上饰一展翅飞鸟，三内撇蹄足，半圆形提梁饰有对称棱脊。通体光素。口径11、腹径28.3、高24厘米（图一〇，2）。

匜 1件。标本TM16：6，夹细砂红陶，施黑陶衣。口较直，圆弧流，平底。光素。口径8.6～9.5、高2.8厘米（图一一，9）。

勺 1件。标本TM16：7，夹细砂红陶，施黑陶衣。敛口斗，斜锥残柄，小平底。光素。口径3.5、残高3.4厘米（图一一，10）。

纺轮 1件。标本XM24：2，泥质黄陶。圆形，中有一小圆孔。光素。直径3.1、孔径0.4厘米（图一一，8）。

（二）青铜器

23件。主要为青铜兵器，有剑、戈、矛等。

剑 4件。依剑柄形态分为二型。

A型 2件。无箍剑柄。标本TM19：2，青黑色。菱形脊有从，一字格，喇叭形空茎无箍柄，剑前端已残缺。残长46.5厘米（图一二，3）。

B型 2件。双箍剑柄。标本TM16：1，青黑色。菱形脊有从，凹字形格，双箍圆柱状空茎柄，剑尖残。残长52.5厘米（图一二，4）。

戈 1件。标本TM13：1，青绿色。窄援上扬，菱形脊，胡三穿，下端栏外侧长出，内有一长方穿。通长17、胡高9.5厘米（图一二，9）。

矛 5件。依器形大小分为二型。

A型 3件。较短小，形制简单。标本TM19：1，绿色。菱形脊，两侧有血槽，鼻残，圆銎，銎中部残损。长16、宽2.2厘米（图一二，1）。

B型 2件。较长，形制相似。标本TM6：2，青黑色。骹、叶均较长，凸棱脊，两侧有血槽，狭长鼻，鼻上饰交叉纹，圆銎。长24.9、宽4.2厘米（图一二，5）。

鐏 1件。标本XM2：1，青绿色。下部束腰，截面呈菱形，平底，上部有宽凸箍，凸箍上有对穿圆孔，銎部残损。残长11.4、宽3厘米（图一二，2）。

刮刀 1件。标本TM16：1，浅绿色。弧状，菱形脊，刃部残损。残长9.5、宽2厘米（图一二，10）。

箭镞 5件。依刃形可分三型。

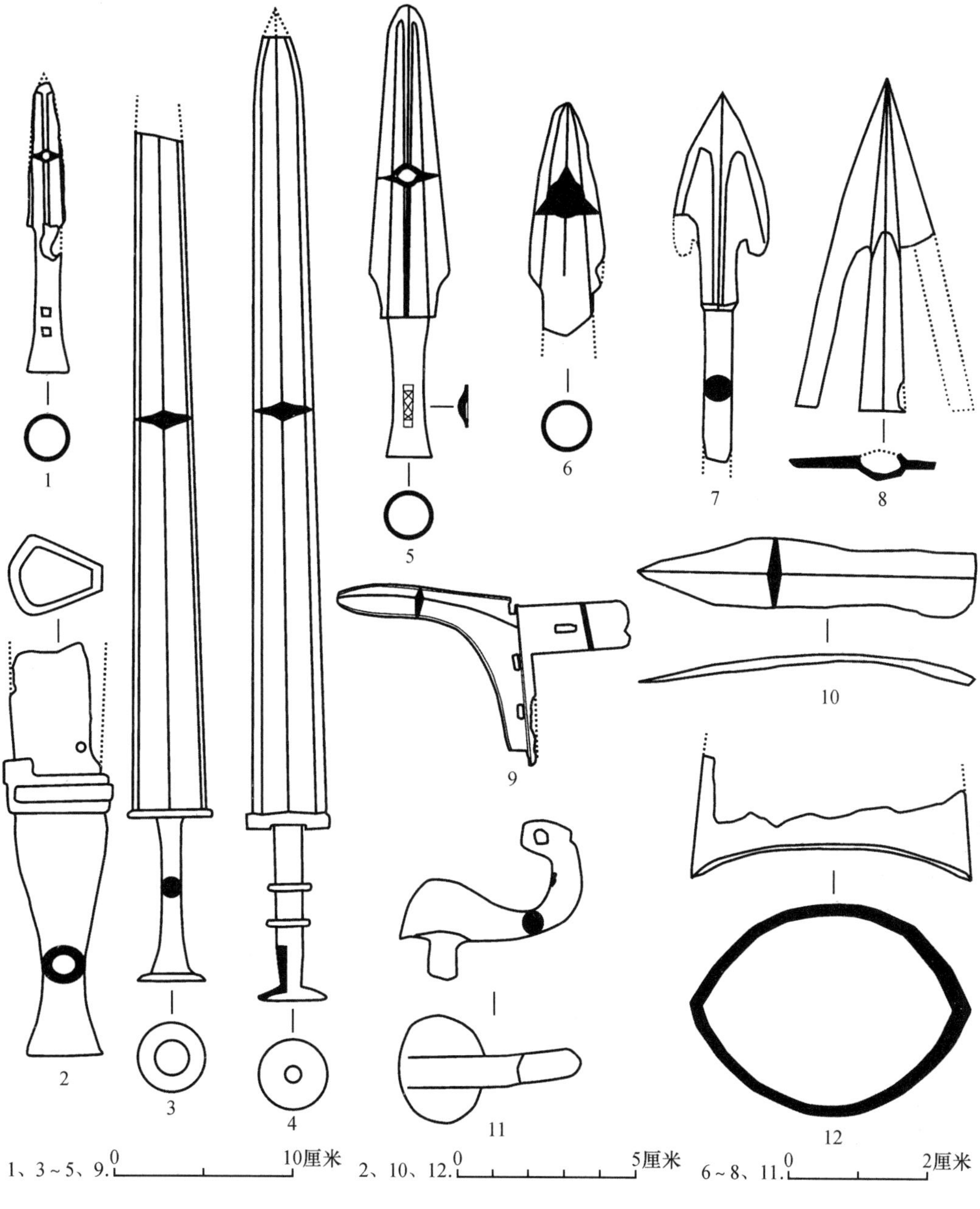

图一二　出土青铜器

1. A型矛（TM19：1）　2. 鐏（XM2：1）　3. A型剑（TM19：2）　4. B型剑（TM16：1）　5. B型矛（TM6：2）　6. A型箭镞（XM13：5-1）　7. B型箭镞（XM13：5-2）　8. C型箭镞（XM13：5-3）　9. 戈（TM13：1）　10. 刮刀（TM16：1）　11. 带钩（XM8：3）　12. 铎（XM13：6）

A型　2件。三棱镞。标本XM13：5-1，青绿色。三翼形镞头，圆铤。残长3、宽1厘米（图一二，6）。

B型　1件。双刃镞。标本XM13：5-2，绿色。两翼形镞头，中部起脊，椭圆形铤，两侧有血槽，一刃残损。长5、宽1.3厘米（图一二，7）。

C型　2件。双长刃镞。标本XM13：5-3，绿色。两飞翼形镞头，中部起脊，椭圆形铤，一翼残损。长4.6、宽2.4厘米（图一二，8）。

带钩　3件。形体相近。标本XM8：3，绿色。钩作禽首形，扣钮残。长2、高2.2厘米（图一二，11）。

铎　1件。标本XM13：6，墨绿色。甬残，钲身呈合瓦形，钲部残缺，顶部平面残片饰有勾连纹，于部内弧。长8、宽6、残高3.2厘米（图一二，12）。

削　2件。破损严重，残存铜片。

（三）滑石器

4件。均为璧。依据器形大小可分二型。

A型　2件。璧稍大。标本XM3：1，有窄缘，双面饰重圈纹，内外重圈纹略成一线。外径10、内径3.2、厚0.4厘米（图一三，1）。

B型　2件。璧较小。标本XM5：1，无窄缘，双面饰重圈纹，纹饰较浅。外径4.7、内径1.8、厚0.5厘米（图一三，2）。

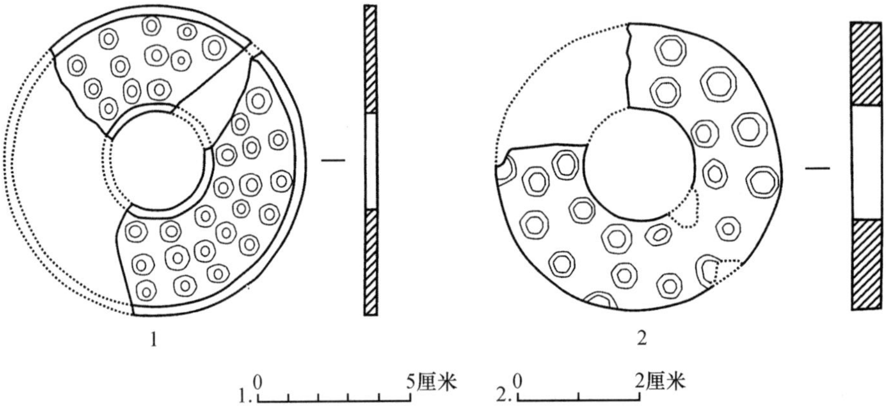

图一三　出土滑石璧

1. A型（XM3：1）　2. B型（XM5：1）

三、结　　语

从随葬品来看，攸县网岭这批东周墓出土的大多是楚式器物，并放置头龛。个别长方形竖穴窄坑墓无头龛无二层台，但出土器物为楚式兵器，可见该墓群为楚文化遗存。出土器物陶器为主，铜器较少，不见铜礼器，说明这批东周墓的墓主身份应是平民。古墓葬中未发现彼此存在打破关系的东周墓葬，所出土的陶器中存在着仿日用陶器和仿铜陶礼器两种陶器组合，组合较为齐全的如下。

（1）鬲、钵、罐：TM2、TM3、TM5、TM6、TM10。

（2）钵、罐、盒：XM19。

（3）钵、罐、盆：XM20。

（4）鼎、敦、壶：TM13。

（5）鼎、敦、壶、匜、勺：TM16。

（6）鼎、敦、壶、豆、盘、匜、勺：XM11。

其中出土鬲、钵、罐陶器组合一般在窄坑墓中，仅TM10为宽坑墓，其中TM3和TM6陶器与双箍柄铜剑同出。鬲都为圆柱足，且都为弧直颈，器形与长沙楚墓丙类二、三期鬲相似[2]；网岭A型陶钵与衡阳苗圃Ⅰ式陶钵相似；网岭陶盆与衡阳苗圃Ⅱ式陶钵相似[3]。因此推断该组合墓葬年代可早到战国中期。鼎、敦、壶陶器组合都出自宽坑墓中，网岭A型陶鼎与耒阳Ⅳ式陶鼎形制相近，且网岭A型陶壶也与耒阳Ⅳ式陶壶相似[4]，陶豆多为矮柄豆。陶盒、陶提梁盉的出现，陶敦的卷首钮足退化为乳钉状，都说明这类组合墓葬年代延至战国晚期。铜剑分无箍圆茎柄和双箍圆茎柄两种类型，部分有黑漆古，网岭B型铜矛与长沙楚墓丙类战国A型Ⅱ、Ⅲ式矛相近[5]。由此初步推断这批网岭东周墓葬所处年代为战国中晚期。部分无头龛无二层台的竖穴窄坑墓由于多无器物出土，无法判断墓葬年代是否更早。

张家山汉简《奏谳书》中记载有秦苍梧郡下“攸”县发生的反叛事件，秦攸县为汉攸县前身，故址在今攸县东北、攸溪（攸水）以南[6]，网岭一带正处于该范围内。东周楚时是否有“攸”尚不得知，但1985年发掘的这批墓葬为我们揭开了这一地区东周时期的文化面貌。网岭东周墓葬出土器物的文化属性说明至少在战国中晚期该区域是属于楚国的势力范围。另外，墓葬形制多样，随葬品中还包含有楚、越两种文化因素器物，如出土了具有越文化特征的铜刮刀、铜削等，都反映了楚、越文化在该地区的融合。网岭古墓群不远处的鹅公岭也曾出土一批具有越文化特征的青铜器，包括越式鼎、铜刮刀、动物铸像等可加以证明[7]。另外，该墓群出土器物与同处醴攸盆地南端的衡阳、耒阳等地同时期中小型墓葬出土器物相近，应是与地域相近有关。

附记：本次发掘领队为郑元日，参与发掘人员有李景业、饶泽民、王晚保、张文升、谢富良，修复为朱元妹、傅林英，绘图为郑元日、张涛、罗胜强、文国勋。

执笔：文国勋

注　释

[1] 株洲市文物局、株洲市博物馆：《湖南省株洲市攸县皇图岭镇鹅形岭东汉墓群》，《湖南省博物馆馆刊》第十一辑，岳麓书社，2015年。

[2] 湖南省博物馆、湖南省文物考古研究所、长沙市博物馆等：《长沙楚墓》，文物出版社，2000年，第130页。

[3] 衡阳市文物管理处：《湖南衡阳市苗圃涂家山战国墓》，《考古》1997年第12期。

[4] 湖南省博物馆、耒阳县文化局：《耒阳春秋、战国墓》，《文物》1985年第6期。

[5] 湖南省博物馆、湖南省文物考古研究所、长沙市博物馆等：《长沙楚墓》，文物出版社，2000年，第214页。

[6] 《水经注》卷三九《洣水篇》；《大清一统志》卷三五五，长沙府古迹"攸县故称"条，第18057页。

[7] 黄阳秋、陈韶辉：《攸县鹅公岭出土的一批东周时期青铜器》，《湖南省博物馆馆刊》第八辑，岳麓书社，2011年。

The Excavation of Wangling Cemetery of Eastern Zhou Dynasty in Youxian County, Hunan

Zhuzhou Municipal Museum

Abstract: Wangling cemetery, which buried many Eastern Zhou to Han dynasty tombs, is located in western valley of Luoxiao mountain in eastern Hunan province. In 1985, archaeologists conducted an excavation in this area. 32 tombs and a plenty of potteries, bronzes and stone tools were discovered here. The nature of these tombs is belong to the *Chu* cultural remains according to the unearthed burial objects, and it reflects the cultural features of Youshui river area in Warring states period.

Keywords: Wangling; Eastern Zhou Dynasty; Ancient Tombs

湖南中方竹子园战国西汉墓葬2013年度考古发掘简报

湖南省文物考古研究所
怀化市文物管理处
中方县文物管理所
厦门大学历史系

[摘　要]　2013年10月至11月，为配合怀化市职业教育城的建设，湖南省文物考古研究所、怀化市文物管理处、中方县文物管理所在中方县岩头园村竹子园发掘了11座古墓葬。依据墓葬形制和随葬品，这批墓葬的年代大体可确定为战国晚期至西汉早期。

[关键词]　中方；竹子园墓地；战国晚期；西汉早期

怀化市职业教育城位于湖南省怀化市中方县中方镇岩头园村、荆坪村、茶园坡村、顺福村一带，地处潕水西岸，周边为丘陵地貌，沿河两岸分布有众多大大小小的山包。据过去调查，这些山包上发现有大量战国至西汉时期的古墓葬。2013年10至11月，为配合职教城内怀化市工业中等专科学校新址的建设，湖南省文物考古研究所、怀化市文物管理处、中方县文物管理所组成联合考古队发掘战国至西汉时期的墓葬11座（编号M1～M11），出土了陶、铜、滑石等不同材质的珍贵文物近百件。现将这次发掘的收获简报如下。

一、墓地概况

本次所发掘的墓葬均位于一座名叫竹子园的小山包上，海拔约231米，行政区划隶属怀化市中方县中方镇岩头园村（图一）。竹子园的东、北方向为大批的农田，地势较低，平坦开阔，潕水即从这一开阔地带的东面自北向南注入沅水。墓地的西、南面

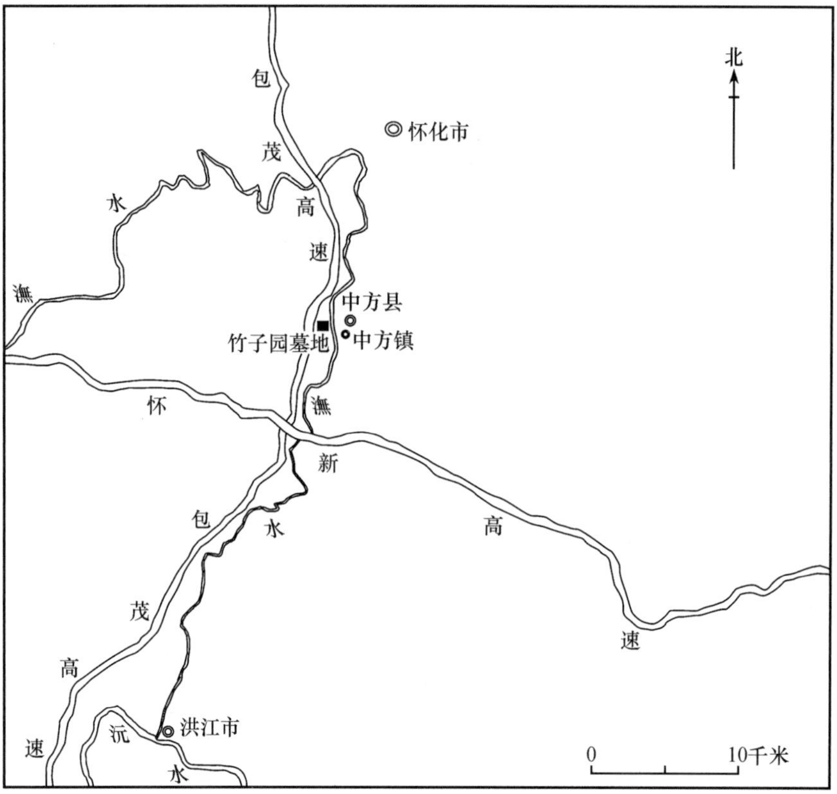

图一　墓地位置图

则地势相对较高，为连片分布的低矮山丘。墓地之上现覆盖0.3米左右的耕土，耕土层下为红色生土和岩石。经常年的人类活动，其原始地貌应当发生过较大的变化，特别是相较于墓地形成的年代，山体的高度至现今有明显的下降，因此部分墓葬的底部距地表显得较浅。本次发掘的11座墓葬均为土坑或岩坑竖穴墓，部分墓葬的墓壁保留有工具使用的痕迹。从墓地的布局上看，所有墓葬之间无叠压打破关系（图二），其中战国墓葬7座，西汉墓葬4座。战国墓内器物大多摆放比较集中，其中朝东的有4座，均随葬仿铜陶器和铜兵器；朝西和朝南的各有1座和2座，均不随葬仿铜陶器。西汉墓的器物摆放相对较分散，若以滑石璧所摆放的一侧为墓向，则朝东的墓葬有3座，朝西的墓葬仅1座。

二、墓葬的分类及随葬品

本次发掘的11座墓葬按随葬品的差异，可分为四类。

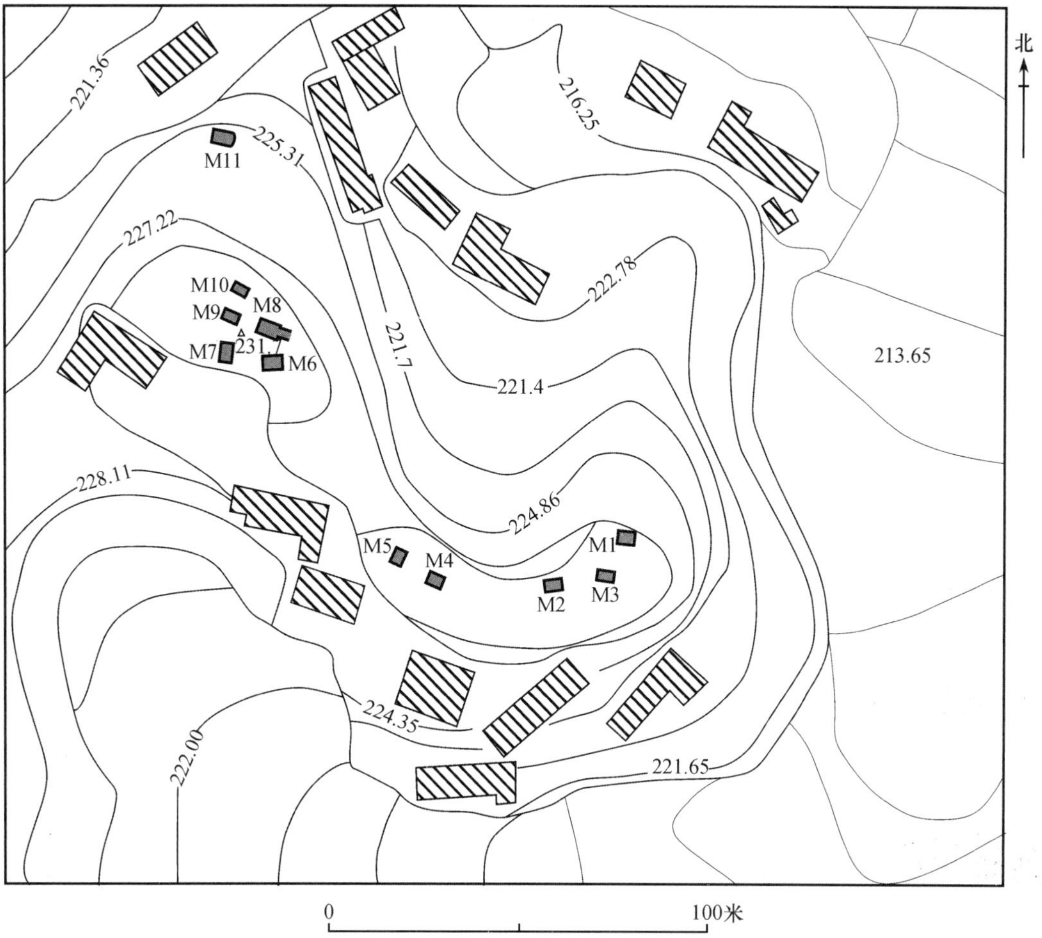

图二 墓葬分布图

（一）A类

A类墓葬随葬陶器以鼎、敦、壶为主，共4座，分别为M1、M2、M4、M6，均为长方形竖穴土坑或岩坑墓，原土回填，局部经过夯筑，葬具已朽，其中M1、M2、M4尚有人骨遗骸，但保存状况极差。随葬器物除1～2套仿铜陶器外，一般还出土2～3件青铜兵器，另有2座墓葬（M2、M4）还见有鹿角残骸。

1. M1

M1现存墓口长3.04、宽2.08～2.28、残存深度约0.6米。墓内有骨架一具，保存状况较差，呈仰身直肢状，头向为95°。墓底设一条枕木沟。随葬器物有陶鼎、陶敦、陶壶、陶豆各2件，铜剑、铜矛、铜带钩各1件，其中2件陶壶置于头部，铜带钩置于枕木沟内，其余器物均放于墓主左侧（图三）。

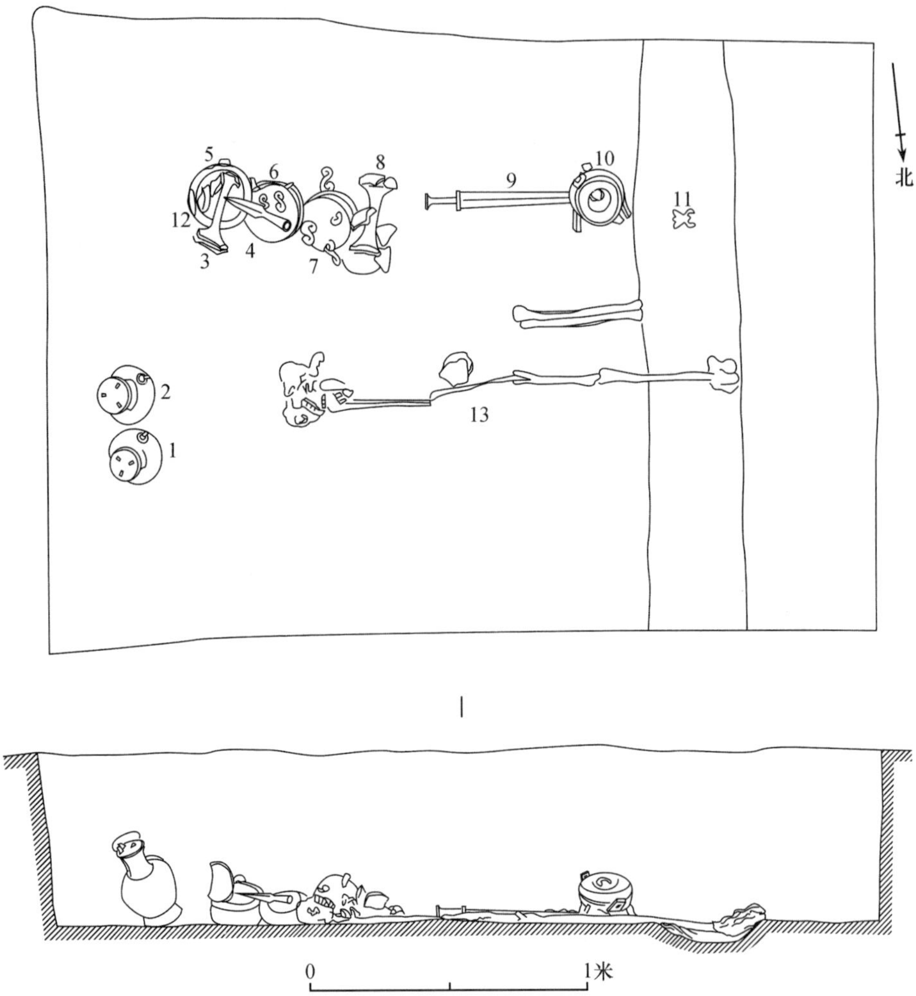

图三　M1平、剖面图

1、2. 陶壶　3、8. 陶豆　4. 铜矛　5、10. 陶鼎　6、7. 陶敦　9. 铜剑　11. 铜带钩　12. 陶器盖　13. 人骨

陶鼎　2件。均为夹砂灰陶，形制一致。盖面近平，盖沿弧收，子母口，窄肩承盖，弧腹，大平底微内凹，下腹接三细高蹄足，足跟四面经刀削修整呈多边形，足底截面呈半圆形，上腹附长方形器耳一对，耳身微外撇，耳孔呈方形。盖面饰两圈凸弦纹，内圈中心置固钮衔环，外圈附近设三个等距分布的泥凸，腹部饰一圈凸弦纹，足跟膝部饰阴刻的简化兽面纹，耳、足与器身设榫卯连接。标本M1：10，口径11.8、腹径16.4、通高20.5厘米（图四，1；彩版七，1）。标本M1：5，口径12.3、腹径17.5、通高21厘米（图四，2）。

陶敦　2件。均为夹砂灰陶，形制一致。分器盖和器身两部分，形制相同，扣合后器体呈椭圆形。直口，沿面宽平，弧腹，圜底。盖、身各饰三个等距分布的粗高“S”形钮，盖顶部和器身底部还各饰一圈凹弦纹，器身与钮、足用泥片粘接。标本

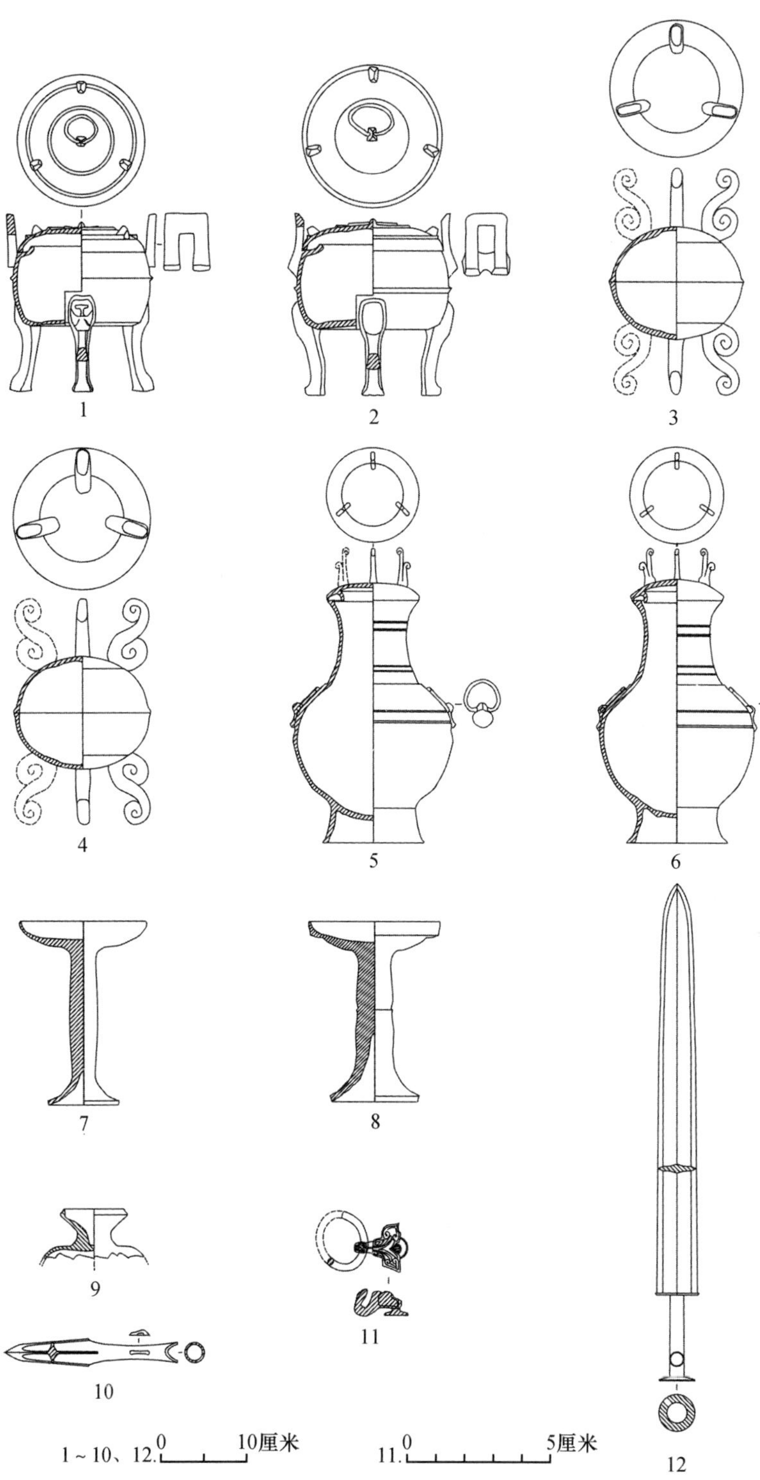

图四 M1随葬器物

1、2. 陶鼎（M1：10、M1：5） 3、4. 陶敦（M1：6、M1：7） 5、6. 陶壶（M1：1、M1：2） 7、8. 陶豆（M1：8、M1：3） 9. 陶器盖（M1：12） 10. 铜矛（M1：4） 11. 铜带钩（M1：11） 12. 铜剑（M1：9）

M1：6，口径16、钮高6.8、通高26.2厘米（图四，3）。标本M1：7，口径16.3、钮高6.6、通高26厘米（图四，4；彩版七，2）。

陶壶　2件。均为夹砂灰陶，形制一致。圆形盖，盖面微弧，盖沿微内收，盖沿内侧设子口与壶身扣合，器身口部微侈，平沿，尖唇，粗长颈微内束，中腹圆鼓，下腹内收，圜底，高圈足外撇。盖上直立三个等距分布的细小“S”形钮，盖面饰一圈凹弦纹，颈、腹部共饰有六圈凹弦纹，颈、腹部交界处起一凹棱，中腹部饰一对环钮，器钮与器身用泥片粘接。标本M1：1，口径10.6、腹径18.9、圈足底径12、钮高4、通高34厘米（图四，5）。标本M1：2，口径10.7、腹径18.3、圈足底径12、钮高4.1、通高34厘米（图四，6；彩版七，3）。

陶豆　2件。均为夹砂灰陶，形制有所差别。标本M1：8，微敛口，弧腹，浅平底，细高柄，柄内小空心，底座较低平，喇叭状外撇，边缘方折微上翘。素面。口径15、柄径3.4、底径8.3、通高21.3厘米（图四，7）。标本M1：3，直口，折腹，浅平底，细高柄，柄内小空心，豆座低平，喇叭状外撇，边缘方折微上翘。盘下腹起三圈凸棱，柄中部饰两圈凹弦纹。口径15.6、柄径4.2、底径10、通高20.8厘米（图四，8；彩版七，4）。

陶器盖　1件。标本M1：12，夹砂灰陶。盖缘已残，弧盖，盖面附圆形高捉手。素面。残宽12、残高5.7厘米（图四，9）。

铜剑　1件。标本M1：9，圆形首低平，圆茎中空无箍棱，近首端较粗，近格端稍细，菱形状窄格，剑身两面起脊，前端较宽，末端收窄，从面较宽，刃较窄，弧边长锋，茎部可见丝线捆绑的痕迹。通长57.4、从宽4.6、茎长10、首径4.3厘米（图四，12）。

铜矛　1件。标本M1：4，窄叶，圆骹，骹口呈马鞍形，叶两面隆起长条形脊，弧边窄锋，血槽浅长。素面。通长20.7、叶宽6、骹径2.4厘米（图四，10）。

铜带钩　1件。标本M1：11，器体呈“S”形，蛇头形钩首，钩颈稍扁较短，兽面形钩体宽扁外凸，椭圆形钩钮，钩柱较短，截面呈圆形，另置一铜环与钩颈相扣合。钩首饰阴刻兽纹，钩面满饰阴刻兽面纹，钩背、钮部及铜环均未饰纹饰。长6.3、宽5.6、圆环直径6.1厘米（图四，11）。

2. M2

M2现存墓口长约3.6、宽2.3、深1.6米。墓内有骨架一具，保存状况较差，仰身直肢，头向为95°。随葬器物有陶鼎、陶敦、陶壶、陶纺轮形器各2件，陶豆4件，陶盘、陶匜、陶勺、陶小罐以及铜剑、铜戈、铜矛各1件，鹿角1对。其中铜剑、铜戈、铜矛置于墓主左侧，其他器物置于墓主头部（图五）。

图五 M2平、剖面图

1. 铜戈 2. 铜矛 3、4. 铜剑 5. 鹿角 6～8、11. 陶豆 9. 陶勺 10. 陶匜 12、13. 陶敦 14. 陶盘 15、16. 陶壶 17、18. 陶鼎 19、20. 陶纺轮形器 21. 陶小罐 22. 人骨

陶鼎 2件。均为夹砂褐衣灰陶，形制基本一致。弧盖，盖面微隆起，盖沿微内敛，高子母口，窄肩承盖，弧腹，大平底，上腹附一对侧装长方形耳，耳内中空呈方形，下腹附三个等距分布的实心蹄足，足跟粗高，四面经刀削修整呈方形，足底截面呈圆形。盖面顶部饰两圈凹弦纹，上腹饰一圈凹弦纹，下腹饰粗绳纹，底部和足跟无纹饰，耳、足与器身以榫卯连接。标本M2：17，口径17.2、腹径21、通高19.1厘米（图六，1；彩版八，1）。标本M2：18，口径18.6、腹径21.4、通高20.3厘米（图六，2）。

陶敦 2件。均为夹砂褐衣灰陶，形制基本一致。器盖与器身形制一致，相扣合后器体呈椭圆形。口沿宽平，弧腹，圜底。盖、身上各饰三个直立微内收的细高“S”形钮、足，盖面、器底饰多圈细腻弦纹，器盖、身均置三个圆孔，钮、足一端设榫头插入预留的圆孔内以与盖、身连接。标本M2：12，口径17、钮高7、通高28厘米（图六，3；彩版八，2）。标本M2：13，口径17、钮高6、通高26.5厘米（图六，4）。

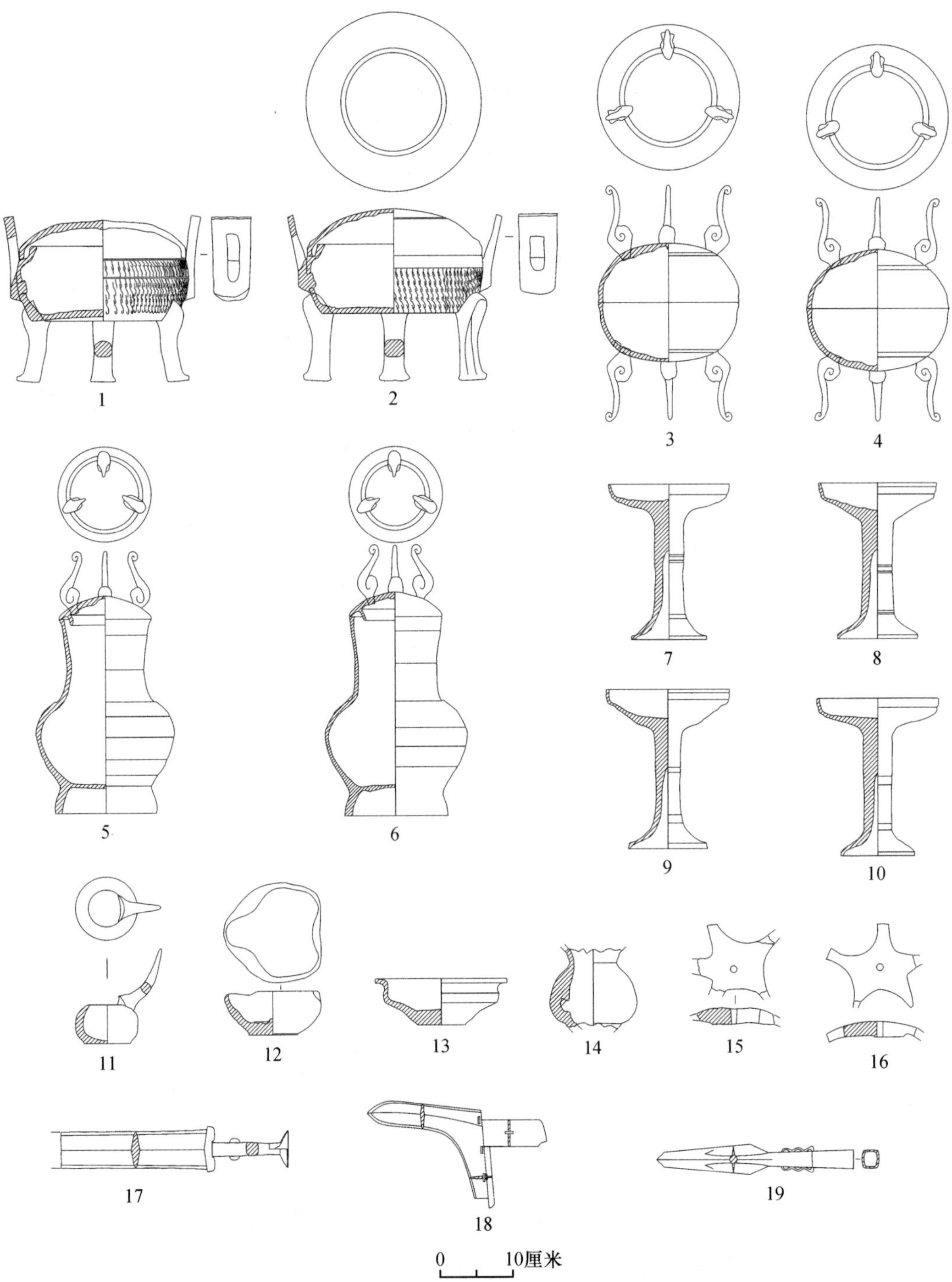

图六 M2随葬器物

1、2. 陶鼎（M2：17、M2：18） 3、4. 陶敦（M2：12、M2：13） 5、6. 陶壶（M2：15、M2：16） 7～10. 陶豆（M2：6、M2：7、M2：8、M2：11） 11. 陶勺（M2：9） 12. 陶匜（M2：10） 13. 陶盘（M2：14） 14. 陶小罐（M2：21） 15、16. 陶纺轮形器（M2：19、M2：20） 17. 铜剑（M2：3） 18. 铜戈（M2：1） 19. 铜矛（M2：2）

陶壶 2件。均为夹砂褐衣灰陶，形制基本一致。圆形盖，盖面隆起，盖沿微内敛，内设子口与壶口相扣合，器身口部微侈，粗长颈微内束，鼓腹，平底，附圆形矮圈足。盖上直立三个微内收的细长“S”形钮，盖面、颈部、腹部饰多圈凹弦纹。盖面留有圆形小孔，器钮一端设有榫头以插入器盖内。标本M2：15，口径11、腹径17、圈足底径12、钮高5.3、通高31厘米（图六，5）。标本M2：16，口径11.3、腹径17、圈足底径12.5、钮高5.5、通高32厘米（图六，6；彩版八，3）。

陶豆 4件。均为夹砂褐衣灰陶，形制基本一致。微敛口，折腹，浅平底，细高柄，柄内小空心，方唇口底座低平。盘部口沿附近饰两圈凹弦纹，柄上部微微起凸棱，中部和近底座处各饰两圈一组的凹弦纹。标本M2：6，口径14.6、底径9、通高18.4厘米（图六，7）。标本M2：7，口径14.2、底径9.6、通高18.4厘米（图六，8）。标本M2：8，口径14.9、底径9.6、通高18.8厘米（图六，9）。标本M2：11，口径14.4、底径9、通高18.6厘米（图六，10）。

陶勺 1件。标本M2：9，夹砂褐衣灰陶。小圆形口微内敛，弧腹，腹部微凸起浅棱，平底，口沿处接一长弧形细柄。素面。口径4.6、腹径7.6、底径5.6、器身高4.6、通高11厘米（图六，11）。

陶匜 1件。标本M2：10，夹砂褐衣灰陶。平面呈对半展开的瓢瓜形，一端设流口，浅弧腹，腹部微微有凸棱，小平底，底内侧中央有一小泥凸。素面。口径10.8、底径6.1、通高4.2厘米（图六，12）。

陶盘 1件。标本M2：14，夹砂褐衣灰陶。敞口，圆唇，平折沿，沿面较宽，浅圆折腹，下腹斜收，小平底。素面。口径16、底径6、通高5.5厘米（图六，13）。

陶小罐 1件。标本M2：21，夹砂褐衣灰陶。口、底已残，束颈，弧腹。腹径10、残高10厘米（图六，14）。

陶纺轮形器 2件。泥质褐陶。平面呈不规则的弧边内凹的五角形，角已残，中央有一小圆孔。标本M2：19，残径9、厚1.7厘米（图六，15）。标本M2：20，残径11、厚1.8厘米（图六，16；彩版八，4）。

铜剑 1件。标本M2：3，乌黑色，圆形首微弧呈喇叭口状，圆茎实心，茎部近首端较细，近格端较粗，菱形宽格，剑身较宽，仅存半截，两面起脊。残长28、宽4、茎长9.5、格宽5.5厘米（图六，17）。

铜戈 1件。标本M2：1，内两面隐约可见用丝线捆绑的痕迹，中长胡，胡内三穿，长援微上扬，援两面微隆起脊，弧边长锋。素面。通长22、胡高8厘米（图六，18）。

铜矛 1件。标本M2：2，窄叶，叶两面起方形脊，骹口部呈圆角方形，直刃，弧边三角形短锋，血槽较深，骹两侧附一对三连鼻钮。素面。通长24、叶长14、叶宽3.5、骹口径2厘米（图六，19）。

3. M4

M4墓口长3.1、宽2.5、深2.2米。墓内可见人骨架一具，仰身直肢，头向112°，头骨偏向右侧，双手相交置于盆骨附近。随葬器物有陶鼎、陶敦、陶壶、陶豆以及铜剑、铜戈各1件，鹿角1对，此外还见有少量铜残片。其中铜剑出土时呈剑锋朝下的直立状，铜戈置于墓主的左侧近肩部处，陶器和鹿角保存较差，均置于墓主的头部。鼎、豆、壶大体可复原，但敦保存极差，仅可辨其器钮呈“S”形。两件鹿角均呈粉末状，难以提取。铜残片因锈蚀严重已不辨器形（图七）。

陶鼎　1件。标本M4：8，泥质黑褐陶。盖残，子母口，口沿较高较直，方唇，弧腹，中腹及以下已残。腹部饰一圈凹弦纹。口径12.5、残高7厘米（图八，1）。

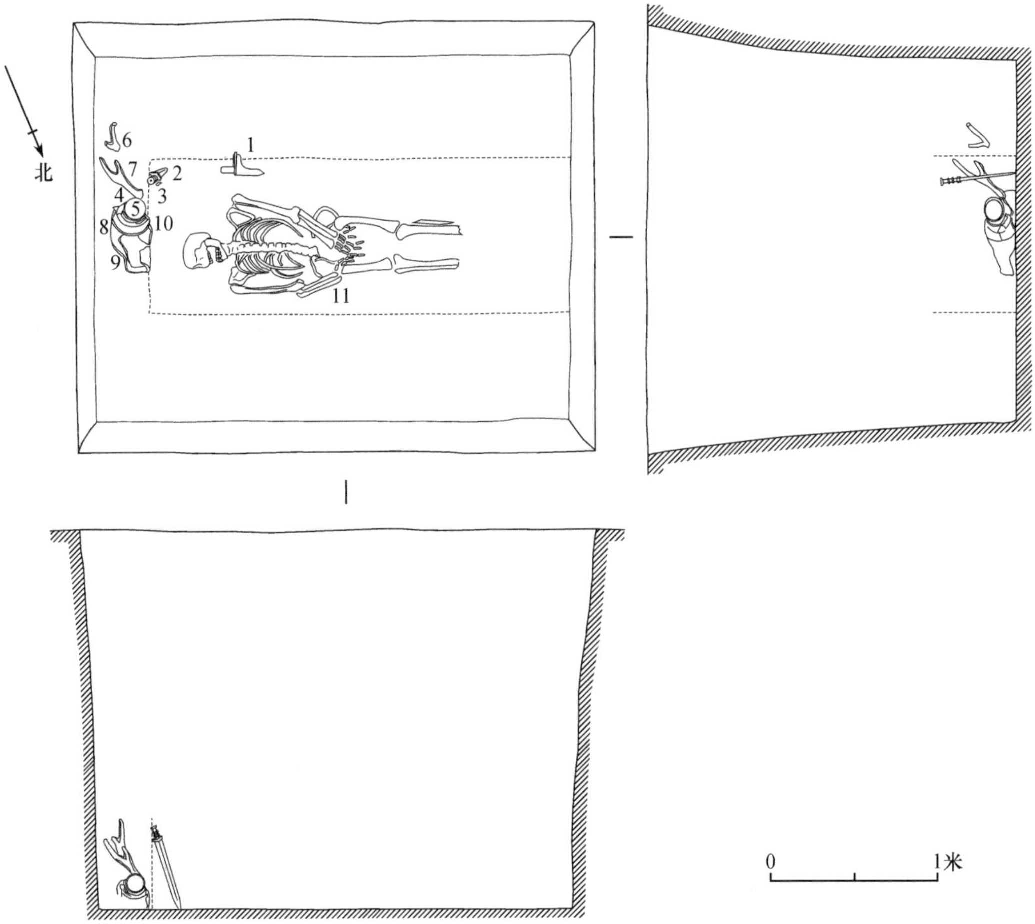

图七　M4平、剖面图

1. 铜戈　2. 铜剑　3. 铜残片　4. 陶豆　5. 兽骨　6、7. 鹿角　8. 陶鼎　9. 陶壶　10. 陶敦　11. 人骨

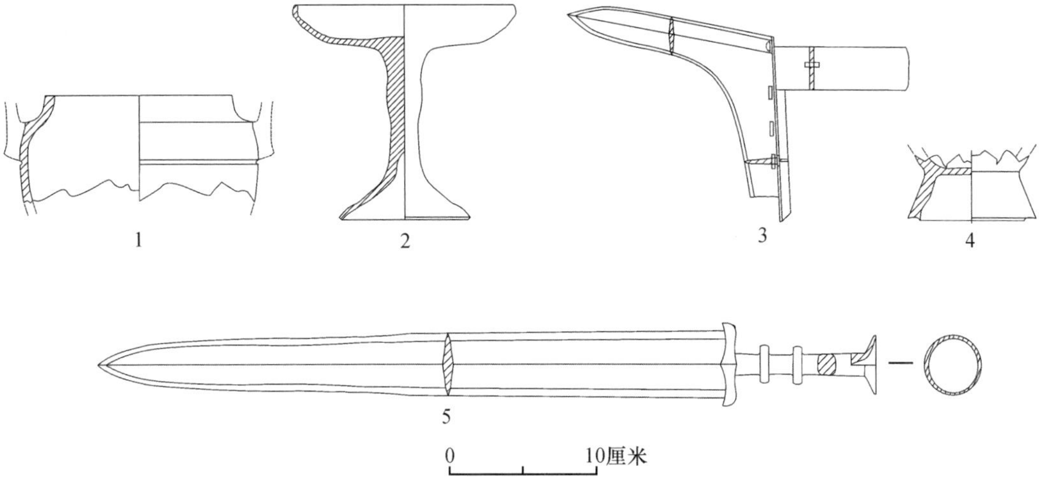

图八　M4随葬器物

1. 陶鼎（M4：8）　2. 陶豆（M4：4）　3. 铜戈（M4：1）　4. 陶壶（M4：9）　5. 铜剑（M4：2）

陶豆　1件。标本M4：4，夹砂灰褐陶。弧盘，口沿微内敛，尖圆唇，浅平底，细柄较高，柄内呈小空心，底座微弧，喇叭状口。素面。口径14.5、底径8.5、通高14厘米（图八，2）。该件陶豆的豆盘内还盛有兽骨。

陶壶　1件。标本M4：9，泥质黑褐陶。圈足较高外撇，圈足以上均残。圈足径8.5、圈足高3.5厘米（图八，4）。

铜剑　1件。标本M4：2，圆形首微弧呈喇叭口状，圆茎，近首端较细，近格端较粗，茎部有两道箍棱，剑身近格宽，近锋端收窄，两面微微隆起起脊，弧边短锋。通长52、剑身宽4、格宽5.5、茎长9.5、剑首直径4厘米（图八，5）。

铜戈　1件。标本M4：1，长援微上扬，弧边短锋，直内较长，内上一穿，中长胡，胡内三穿。通长23、胡高9厘米（图八，3）。

4. M6

M6墓口长3、宽2.25、深2米，方向86°。从残存的葬具痕迹推断，当有一棺一椁。墓室尸骨无存，随葬器物有陶鼎、陶敦、陶壶、陶盘、陶匜以及铜剑、铜戈、铜矛各1件（图九）。

陶鼎　1件。标本M6：7，泥质黑衣红褐陶。弧盖，盖面较平，顶部微隆起，边缘弧折，子母口，方唇，浅弧腹，近平底。上腹附一对长方形器耳，耳孔较大，下腹近底部处附三细高蹄足，足跟较直，多面经刀削，足底截面呈半圆形。盖面施彩绘图案

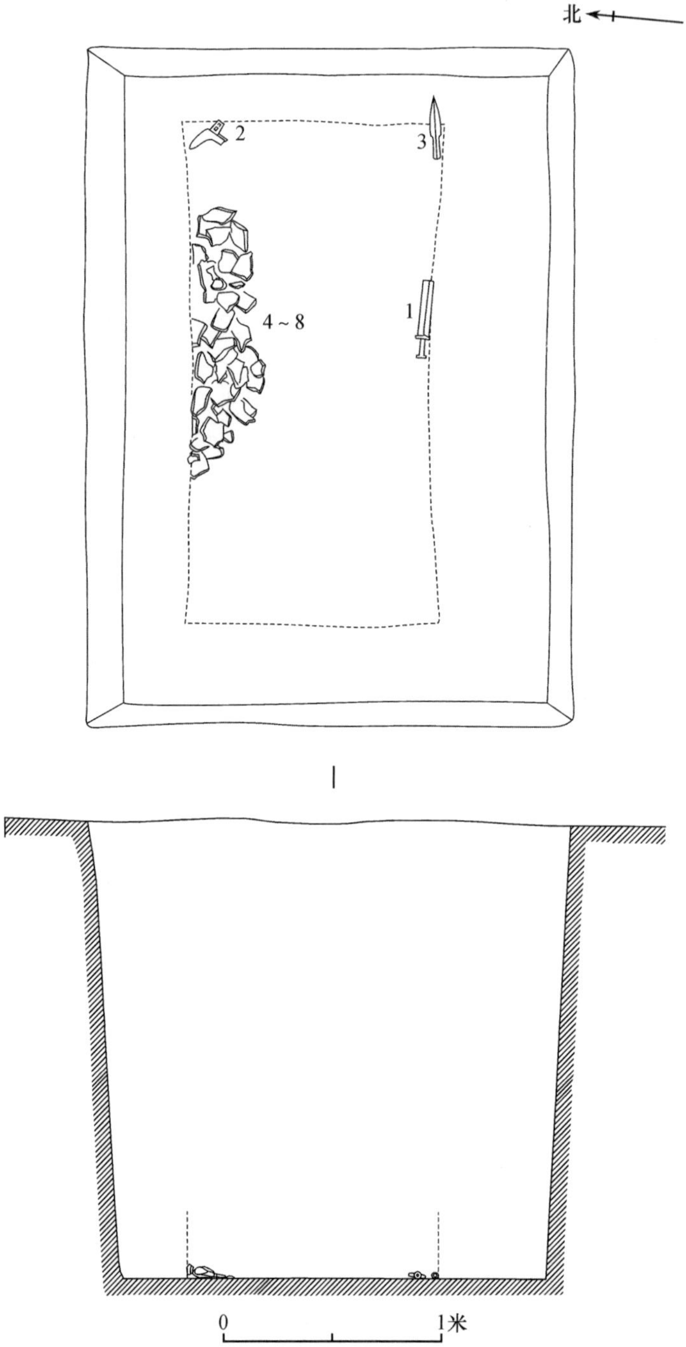

图九　M6平、剖面图

1. 铜剑　2. 铜戈　3. 铜矛　4. 陶敦　5. 陶壶　6. 陶盘　7. 陶鼎　8. 陶匜

并加饰两圈凸弦纹，顶部中央饰环钮，盖面边缘等距分布三实心小圆钮，下腹饰一圈凹弦纹。口径16.5、腹径19.5、通高21.5厘米（图一〇，1）。

陶敦　1件。标本M6：4，泥质黑衣红褐陶。平折沿，尖唇，沿面较宽，弧腹较深，圜底，细“S”形足已残。器盖近顶部处附环钮，钮已残，器表施彩绘并加饰凹弦纹，彩绘图案已不清晰。口径18.5、通高15厘米（图一〇，2）。

陶壶　1件。标本M6：5，泥质黑衣红褐陶。器体残破较甚已难复原。浅弧盖，盖面微微隆起，盖缘下折，盖内起棱形成子口，壶身口沿微侈，方唇，长颈微内束，腹微鼓，矮圈足稍外撇。盖面附三个等距分布的小泥凸，颈部可见彩绘图案。口径11、腹径20、圈足径10厘米（图一〇，3）。

陶盘　1件。标本M6：6，泥质黑衣红褐陶。平折沿，敞口，微束颈，浅弧腹，近平底。素面。口径14.5、通高2.5厘米（图一〇，6）。

陶匜　1件。标本M6：8，泥质黑衣红褐陶。仅残存口部，流部较短。素面。残宽9、残长3.5、残高2.8厘米（图一〇，5）。

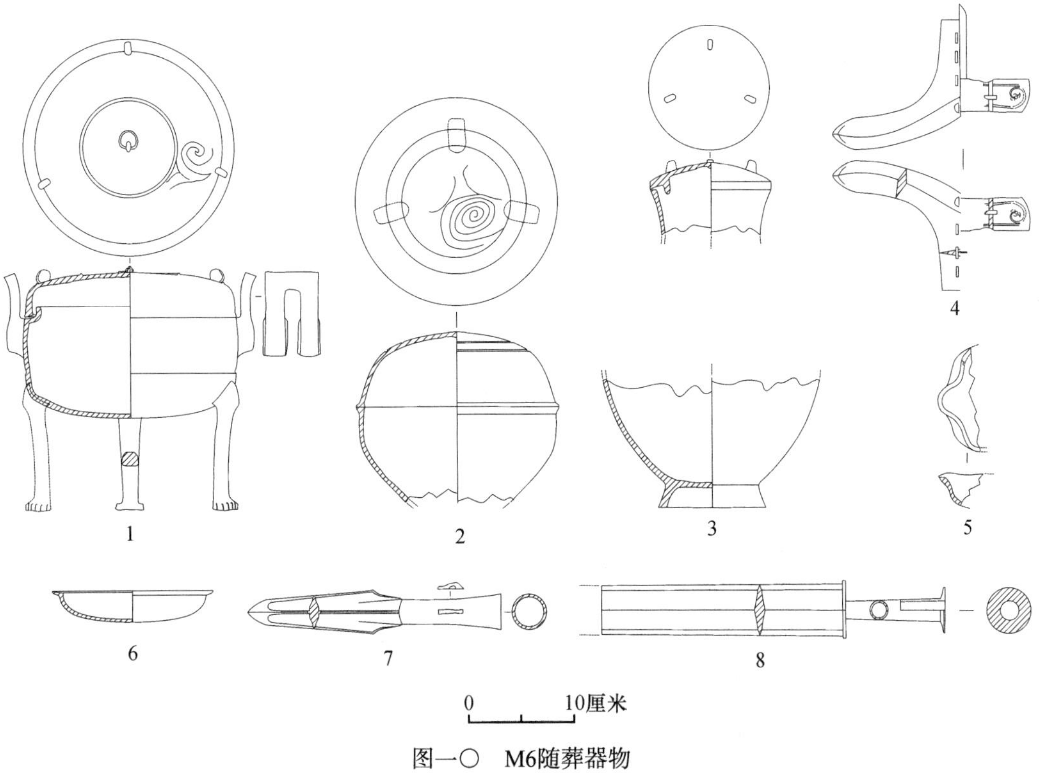

图一〇　M6随葬器物

1. 陶鼎（M6：7）　2. 陶敦（M6：4）　3. 陶壶（M6：5）　4. 铜戈（M6：2）　5. 陶匜（M6：8）
6. 陶盘（M6：6）　7. 铜矛（M6：3）　8. 铜剑（M6：1）

铜剑　1件。标本M6：1，剑首低平，圆茎，茎部无箍，近首端较粗，近格端稍细，窄菱形格，剑身两面隆起至中央各收为一条长条形脊，从面较宽，下端已残。残长31、宽4.5、茎长9、剑首径4厘米（图一〇，8）。

铜戈　1件。标本M6：2，中长援上扬，援面微隆起起脊，弧边短锋，长方形内，内面一穿，中长胡，胡内四穿（下方三个呈方形，上方一个呈圆形）。内上双面饰回首卷体的凤鸟图案。通长18、胡高9厘米（图一〇，4；彩版九，1）。

铜矛　1件。标本M6：3，窄叶，圆骹，近叶端较细，近柲端较粗，短直边三角形锋，叶两面隆起起拱形脊，脊面至顶部收窄成一条微凸的直线，血槽较长较浅，骹部正背两面各饰一个桥形钮。素面。通长23、叶长约14、叶部最宽处约39厘米（图一〇，7；彩版九，2）。

（二）B类

随葬陶器以盂、罐、豆为主，共2座，即M3、M7，均为长方形竖穴土坑墓，原土回填，葬具及人骨无存。随葬器物较少，基本为日用陶器。

1. M3

M3处于M1和M2的中间。墓口残长3、残宽2.1、残深0.3米，方向275°。墓底设有两条枕木沟，深度约0.08米。随葬器物为陶盂1件、陶罐1件、陶豆3件（图一一）。

陶盂　1件。标本M3：5，夹砂黑衣红褐陶。敞口，平折沿，沿面较宽，方唇，矮束颈，上腹圆弧，下腹斜收，平底微内凹。素面。口径19.5、底径7.5、通高9.5厘米（图一二，4）。

陶罐　1件。标本M3：1，夹砂黑衣红褐陶。微侈口，方唇，粗颈微束，圆鼓腹，下腹弧收，近平底，中腹部附一对横向粗环耳。颈部因饰粗凹弦纹而形成多道凸棱，上腹饰两组凹弦纹，下腹及底部无纹饰，环耳与器身分体成形后用榫卯连接。口径10.5、腹径16、通高21.5厘米（图一二，1；彩版九，6）。

陶豆　3件。标本M3：2，夹砂黑衣红褐陶，制作较粗糙。盘部歪斜不规整，浅弧盘，敛口，近平底，细矮柄，小空心，底座低平，喇叭状口，方形唇面。通体素面。口径12.5、底径7、通高10.5厘米（图一二，5）。标本M3：3，夹砂黑衣红褐陶。形制与M3：2一致。口径12.5、底径7.5、通高11厘米（图一二，3）。标本M3：4，夹砂褐衣灰陶。敞口，细高柄。口径12.5、底径7.5、通高16厘米（图一二，2）。

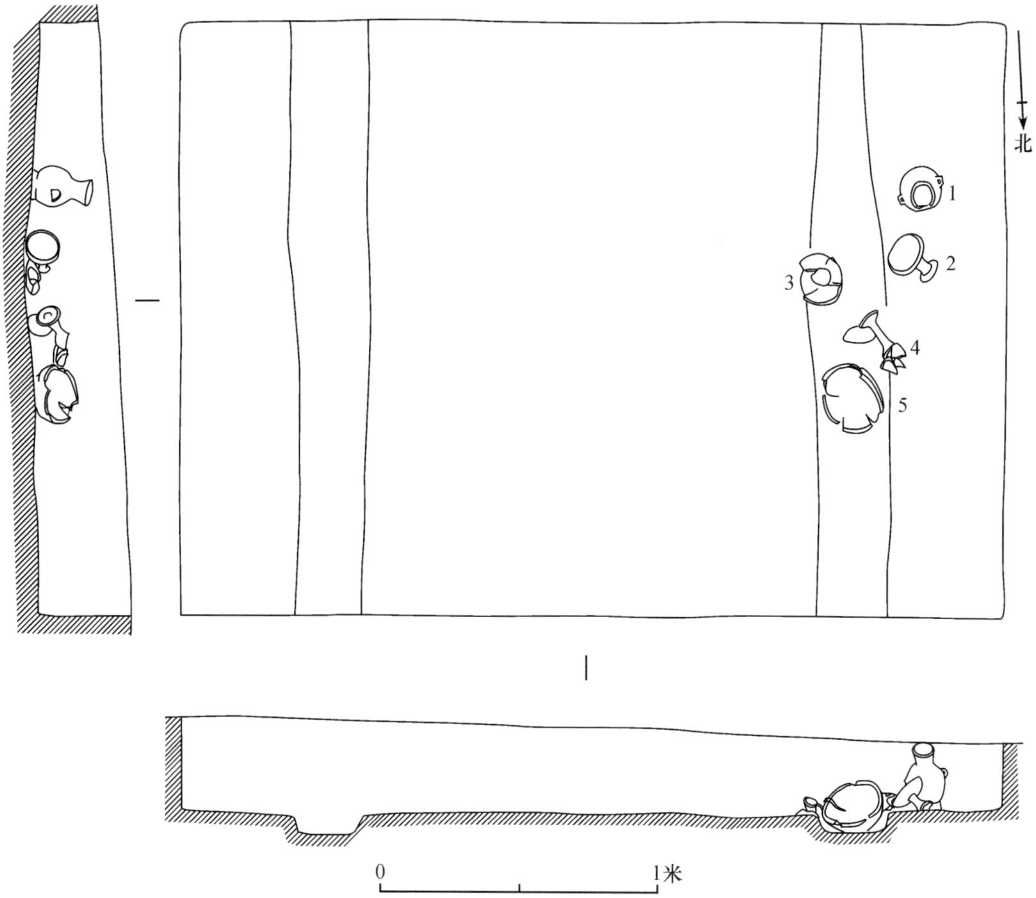

图一一　M3平、剖面图

1. 陶罐　2～4. 陶豆　5. 陶盂

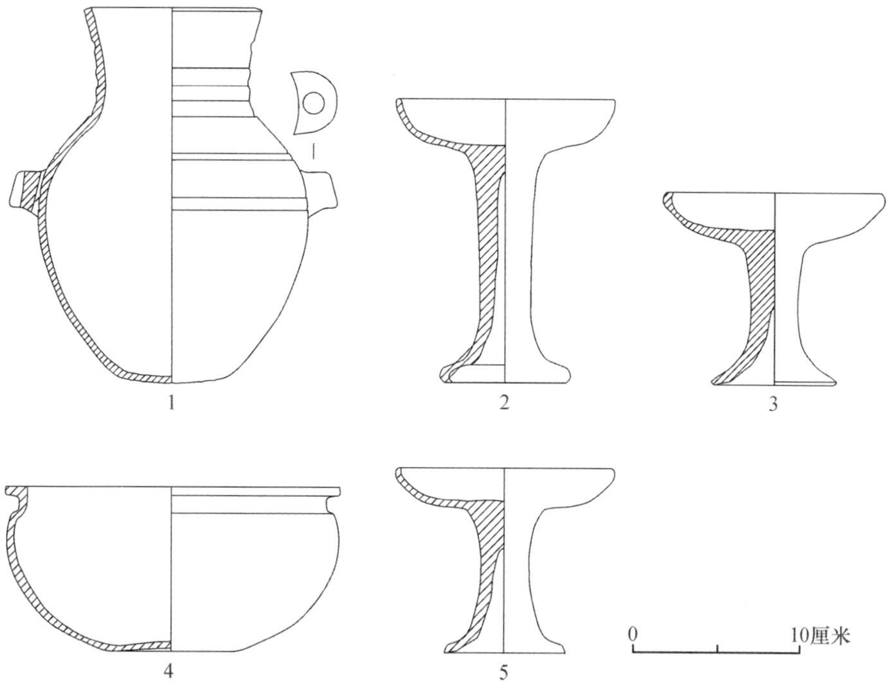

图一二　M3随葬器物

1. 陶罐（M3：1）　2、3、5. 陶豆（M3：4、M3：3、M3：2）　4. 陶盂（M3：5）

2. M7

M7墓口长3.25、宽1.9、深1.2米，方向190°。墓内尸骨无存，从棺灰痕迹判断，葬具为单棺，墓底设有两条枕木沟，深约0.1米。随葬器物有陶豆2件，另见有残铜片，不辨器形（图一三）。

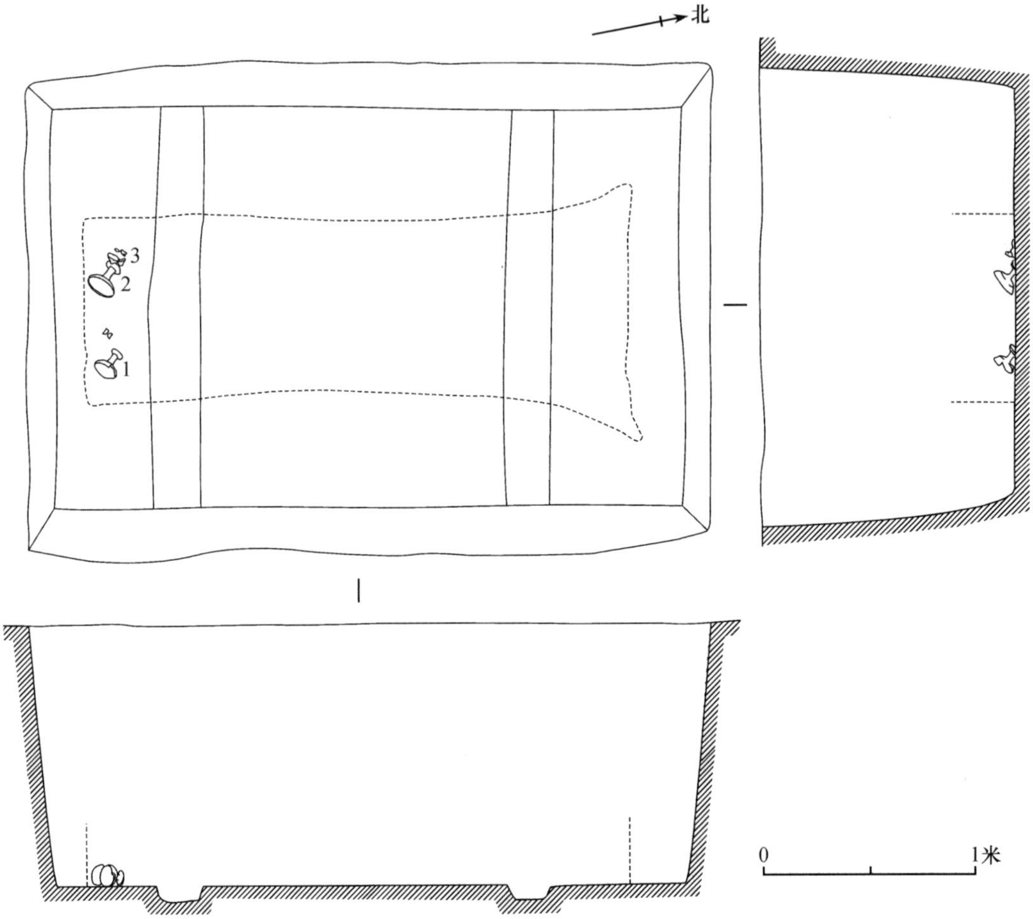

图一三　M7平、剖面图
1、2. 陶豆　3. 残铜片

陶豆　2件。均为夹细砂黑衣灰陶，形制特征一致。口沿歪斜不规整，浅弧盘，近平底，细柄较高，底座低弧。素面。标本M7：1，口径12.5、底径6、通高13.5厘米（图一四，1）。标本M7：2，口径13、底径6.5、通高14厘米（图一四，2）。

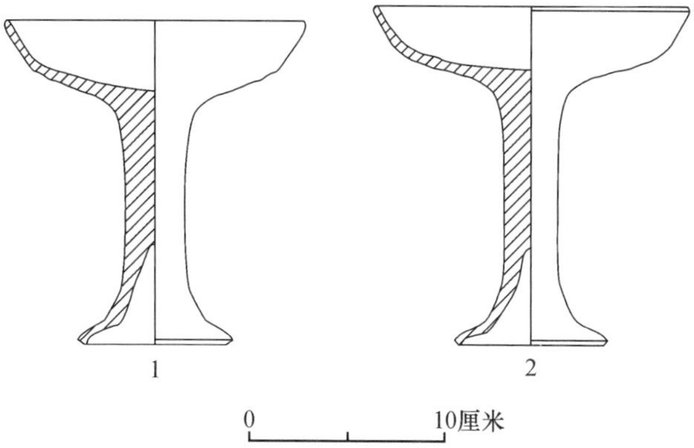

图一四　M7随葬器物

1、2. 陶豆（M7：1、M7：2）

（三）C类

随葬陶器以鼎、盒、壶、钫为主，共4座，分别为M8、M9、M10、M11，均位于墓地的西北部，墓葬形制比较复杂。其中长方形宽坑墓有3座，即M9、M10、M11。M9和M10为并穴合葬墓，M11的墓壁设有三级台阶，较为少见。此外，还有1座为凸字形宽坑墓，即M8。所有墓葬的填土基本一致，均为原土回填，四周经过夯筑。这批墓葬随葬的器物都比较丰富，包括陶器和滑石器两类，不见铜器。陶器除2～4件的鼎、盒、壶、钫外，一般还有罐、甑、熏炉等器物。滑石器在各墓的数量和种类不一，但均有1件滑石璧，部分墓葬还出土滑石梳、碟、耳杯等。

1. M8

M8为凸字形竖穴土坑墓，带有斜坡墓道。墓口长4.15、宽2.95、深3.2米，方向109°。墓道因后期取土而遭到较为严重的破坏，但可推测其平面应为长方形，底呈斜坡，下底与墓口相接处设有一级台阶，墓道残长2.25、宽1.8、下底距墓口深1.85、下底距墓底深1.35米。墓壁较光滑，墓室内尸骨无存，从板灰痕迹判断，葬具为一棺一椁，设有头箱、脚箱和边箱。随葬品即置于这些分箱内，其中陶器有鼎、盒、壶、钫、罐以及小壶、甑等，此外还有滑石璧、梳等（图一五）。

陶鼎　5件。按其形态差异可分为两种。

子母口鼎　2件。均残，形制一致。标本M8：14，泥质灰衣黄陶。弧盖，盖面隆起，子母口已残，弧腹，方形细耳微内凹，耳孔较小，底部已残，三矮蹄足外撇。口径17、腹径21.5、通高17厘米（图一六，2）。标本M8：15，口径15、腹径18、通高16.5厘米（图一六，3）。

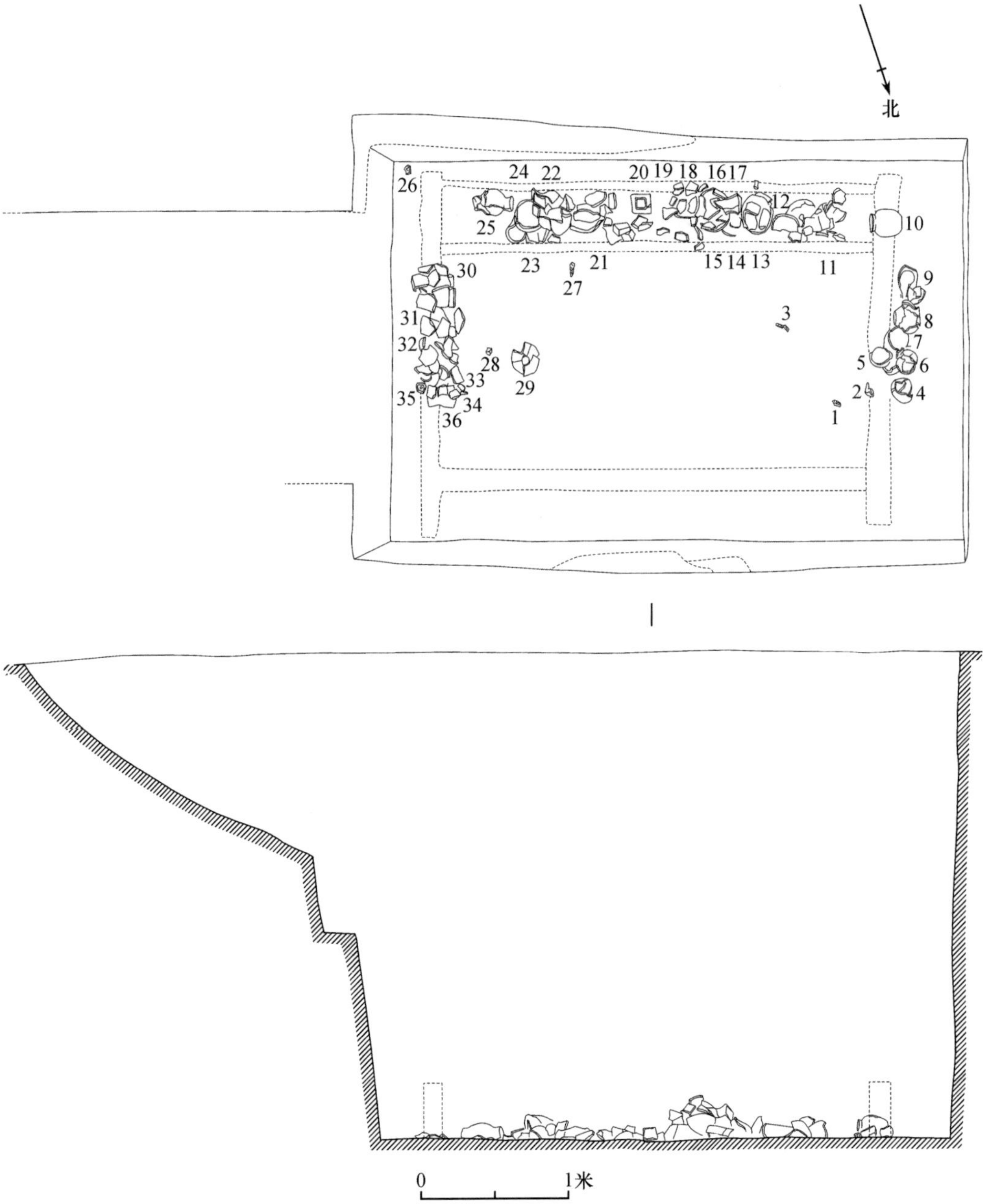

图一五　M8平、剖面图

1～3、26～28. 棺钉　4～10、32、33. 陶罐　11、13～15、17. 陶鼎　12、18、19、24. 陶盒　16、20～22. 陶钫　23、25. 陶壶　29. 滑石璧　30、35. 陶小壶　31. 陶甑　34、36. 滑石梳

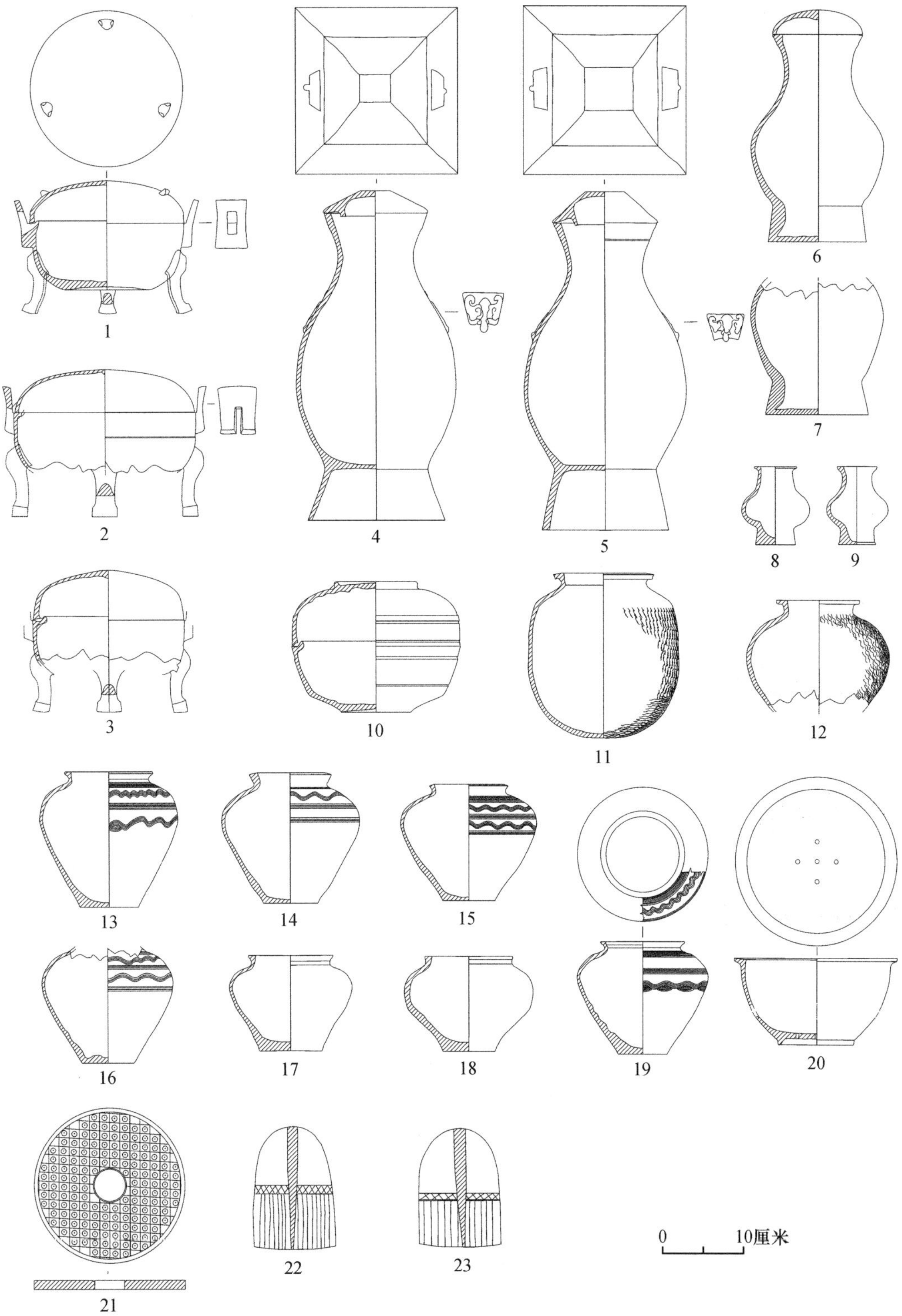

图一六　M8随葬器物

1～3. 陶鼎（M8：11、M8：14、M8：15）　4、5. 陶钫（M8：16、M8：22）　6、7. 陶壶（M8：23、M8：25）　8、9. 陶小壶（M8：30、M8：35）　10. 陶盒（M8：24）　11～19. 陶罐（M8：10、M8：32、M8：7、M8：8、M8：6、M8：4、M8：33、M8：5、M8：9）　20. 陶甑（M8：31）　21. 滑石璧（M8：29）　22、23. 滑石梳（M8：34、M8：36）

敛口鼎　3件，仅复原1件。标本M8：11，泥质灰陶。弧盖，盖面微隆起，敛口，斜方唇，弧腹，凹平底，上腹附一对长方形耳，耳上部外撇，耳内中空呈方形，下腹近底处接三外撇矮蹄足。盖面饰三等距分布的小泥凸，耳、足分体成形后与器身粘接。口径16、腹径18、通高15.5厘米（图一六，1；彩版一〇，1）。

陶罐　9件。均作矮颈、小敞口的造型。标本M8：6，泥质灰白陶。口径9、肩径16、底径6、通高13.5厘米（图一六，15；彩版一〇，2）。标本M8：7，泥质黑衣红褐陶。口径10、肩径16、底径7、通高15.5厘米（图一六，13）。标本M8：9，泥质黑衣红褐陶。口径10、肩径15.5、底径6、通高13厘米（图一六，19；彩版一〇，3）。标本M8：8，泥质褐衣灰白陶。口径9.5、肩径16、底径6、通高15厘米（图一六，14）。标本M8：4，泥质褐衣灰白陶。口沿已残。肩径15.5、底径6、残高13厘米（图一六，16）。标本M8：33，泥质灰褐陶，陶质坚硬。口径10、肩径14.5、底径7、通高10厘米（图一六，17）。标本M8：5，泥质黑衣灰陶，陶质坚硬。口径10、肩径15、底径6、通高11厘米（图一六，18）。这7件陶罐的肩部均饰细腻弦纹和波浪纹。标本M8：32，泥质黑衣灰陶。平折沿，方唇，矮直颈，底部已残。肩部及以下饰粗绳纹。口径10、腹径17、残高12厘米（图一六，12）。标本M8：10，泥质褐衣灰白陶。平折沿，方唇，矮颈内束较甚，弧折肩，小圜底。肩部以下饰斜向粗绳纹，下腹及底部饰交错粗绳纹。口径12、腹径17.5、通高19厘米（图一六，11；彩版一〇，4）。

陶壶　2件。形态特征基本一致。标本M8：23，泥质灰陶。弧盖，浅子母口，短颈内束较甚，弧腹,下腹斜收，假圈足较高微外撇。器身、器盖均为素面，假圈足底部饰细绳纹。口径10.5、腹径16、底径12、通高27厘米（图一六，6；彩版一一，1）。标本M8：25，泥质灰陶。盖及上腹已残。残高15厘米（图一六，7）。

陶盒　4件，仅复原1件。标本M8：24，泥质灰衣黄陶。碗形盖较高，盖面微弧，盖缘弧折，沿面起棱呈子母口，弧腹，矮假圈足，盖面附低矮的圆形捉首。盖缘及腹部饰多圈凹弦纹，器壁不光滑，起多道浅凸棱。口径17.5、底径8、通高15厘米（图一六，10；彩版一一，2）。

陶小壶　2件。形制一致。标本M8：30、M8：35，泥质灰陶。平折沿，尖圆唇，矮束颈，中腹弧折较甚，假圈足较高微外撇。素面。口径5、腹径7.5、底径4.5、通高9厘米（图一六，8、9）。

陶钫　2件。形制一致。标本M8：16，泥质灰陶。正四棱台盖，盖面隆起，盖沿低平，内面中空起凸棱，壶身口沿微敞，颈部内束，深弧腹，方形高圈足外撇。素面。口沿长12、腹宽19、通高38厘米（图一六，4）。标本M8：22，泥质灰陶。口沿边长12.5、腹宽约19、通高39厘米（图一六，5；彩版一一，3）。

陶甑　1件。标本M8：31，已残。泥质灰陶。折沿，侈口，方唇，弧腹，平底，器底有五个圆形小镂孔，矮圈足。素面。口径19.5、圈足径9、残高10厘米（图一六，20）。

滑石璧　1件。标本M8：29，两面均饰菱形网格纹，网格内均加饰圈点纹。直径18、孔径3.5、厚约1厘米（图一六，21；彩版一一，4）。

滑石梳　2件。形制一致。标本M8：34，横截面呈弧顶长方形，竖截面呈楔形，上端较厚，下端渐薄。两面饰有纹饰，梳体中部饰篱笆状的刻划纹为界，下端饰多条竖向刻划纹以代表梳齿。通长7、梳齿宽5厘米（图一六，22）。标本M8：36，通长6.8、梳齿宽4.8厘米（图一六，23）。

2. M9

M9为长方形竖穴土坑墓，墓口长3.2、宽1.95、深1.55米，方向113°。墓室口大底小，墓底设有两条枕木沟。骨架已完全腐朽，从板灰痕迹判断，葬具可能为一棺一椁，器物则置于头部及一侧，器类有陶鼎、陶盒、陶壶、陶钫、陶甑、泥币及滑石璧等（图一七）。

陶鼎　2件。标本M9：7，泥质灰褐陶。弧盖，口微敛，沿面较平，弧折腹，上腹附一对微外撇的方形耳，耳孔较小，平底内凹，下附三矮蹄足。盖面饰三个细泥凸，腹部弧折处饰一圈凹弦纹，器耳、足与器身用泥片粘接。口径17.5、腹径19.5、通高15厘米（图一八，1）。标本M9：4，泥质灰褐陶。弧盖，盖面隆起，子母口，弧腹，上腹附一对器耳，器耳已残，浅圜底，下附三矮蹄足，足跟已残。腹部弧折处饰一圈凸弦纹，其余为素面，器耳、足与器身用泥片粘接。口径15、腹径18、残高14.5厘米（图一八，2）。

陶小口鼎　1件。标本M9：9，泥质灰陶。无盖，矮颈微束，鼓腹，小平底，三矮蹄足外撇。腹部贴塑一对小环耳，器足、身分体成形后用泥片粘接。口径11、腹径18、通高11.5厘米（图一八，3）。

陶盒　3件。形制稍有差异。标本M9：6，泥质灰陶。弧盖，盖面微隆，侈口，弧腹，中腹近折，下腹内收，近平底，附矮圈足。中腹部饰一圈凹弦纹。口径19、通高12厘米（图一八，8）。标本M9：5，泥质黄陶。子母口盖，盖面隆起至顶部内收成圆形平面，侈口，弧腹，中腹近折，下腹内收，近平底，附矮圈足。盖缘饰两周凹弦纹，器身口沿附近饰一圈凹弦纹，中腹部饰一圈凸弦纹。口径20、通高14厘米（图

图一七　M9平、剖面图

1. 滑石璧　2、11. 陶钫　3. 陶壶　4、7. 陶鼎　5、6、8. 陶盒　9. 陶小口鼎　10. 泥币　12. 陶甑

一八，10）。标本M9：8，泥质灰陶。弧盖，盖面较平，敞口，弧腹，下腹近折内收，凹平底。盖面顶部饰一圈较粗的凸弦纹，中部饰一圈凹弦纹，下部近盖沿处饰三圈凹弦纹，器身上腹部饰三圈凹弦纹，下腹饰一圈凹弦纹。口径18.5、通高12.5厘米（图一八，9）。

陶壶　1件。标本M9：3，泥质黑衣黄褐陶。弧盖，盖面隆起，敞口，高颈微束，弧肩，鼓腹近折，下腹内收较甚，高假圈足底。口沿下方及肩、腹相接处各饰两圈凹

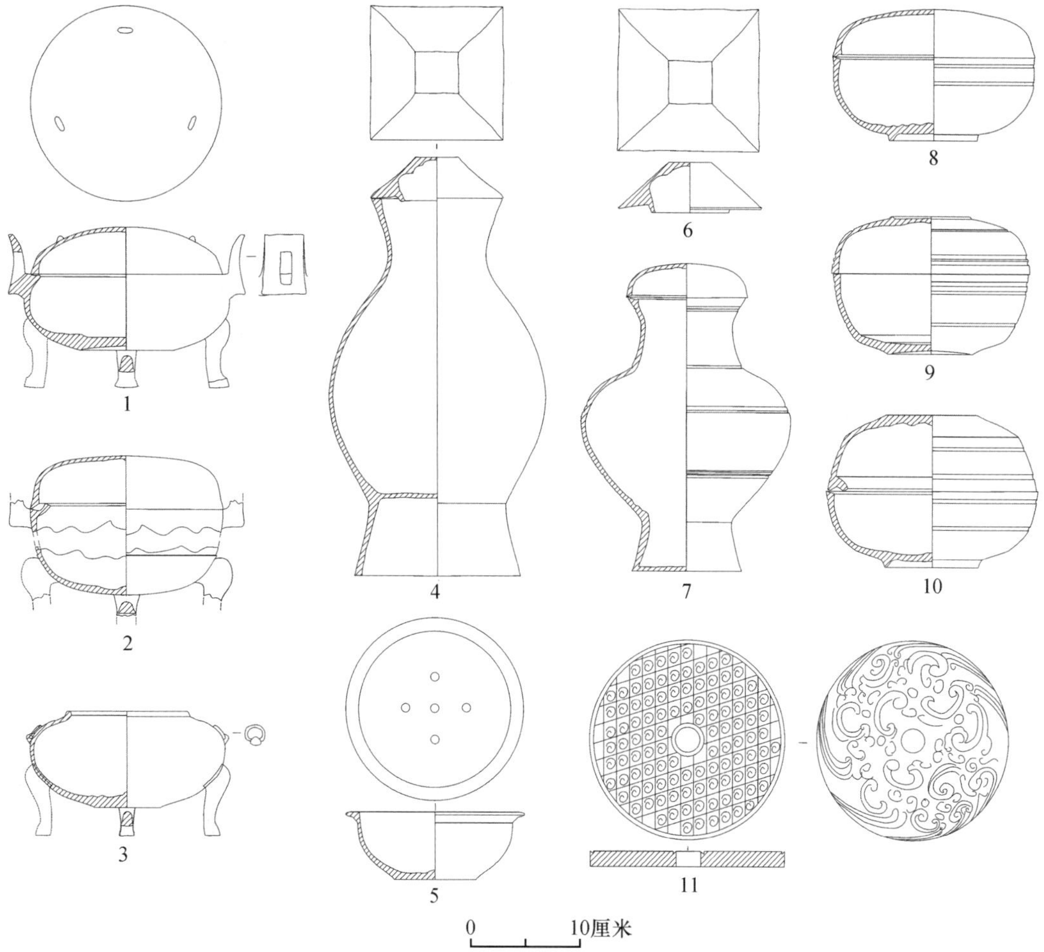

图一八 M9随葬器物

1、2. 陶鼎（M9：7、M9：4） 3. 陶小口鼎（M9：9） 4、6. 陶钫（M9：2、M9：11） 5. 陶甑（M9：12） 7. 陶壶（M9：3） 8～10. 陶盒（M9：6、M9：8、M9：5） 11. 滑石璧（M9：1）

弦纹。口径11、腹径19.5、通高28厘米（图一八，7）。

陶钫 2件。标本M9：11，仅残存器盖。泥质灰衣黄陶。正四棱台盖，盖面隆起，内面中空起凸棱。素面。盖顶边长4、盖缘边长13、高4.5厘米（图一八，6）。标本M9：2，泥质灰陶。正四棱台盖，盖面隆起，内面中空起凸棱，敞口，束颈较高，深弧腹，高圈足微外撇。素面。器身口沿边长12、腹宽20、通高38厘米（图一八，4）。

陶甑 1件。标本M9：12，泥质灰陶。敞口，平折沿，圆唇，无颈，弧腹，凹平底，底部有五个圆形镂孔。素面。口径17、通高6厘米（图一八，5）。

滑石璧　1件。标本M9：1，圆环形。两面饰有纹饰，正面饰阴刻菱形网格纹，网格内均加饰平地阴刻谷纹，背面饰阴刻卷云纹。直径18、孔径3、厚1.5厘米（图一八，11）。

泥币　数量较多，但保存状况极差，出土时周边可见红漆，推测其入葬时应是置于漆盒之内的。

3. M10

M10与M9并穴同向排列，二者相距约4米。墓室为长方形竖穴土坑墓，墓口长2.8、宽1.8、深1.85米，方向118°。墓主尸骨及葬具已朽，从板灰判断，应有一棺一椁。随葬器物置于头部和墓室的北侧，器类有陶鼎、陶盒、陶壶、陶罐、泥币、滑石璧等（图一九）。

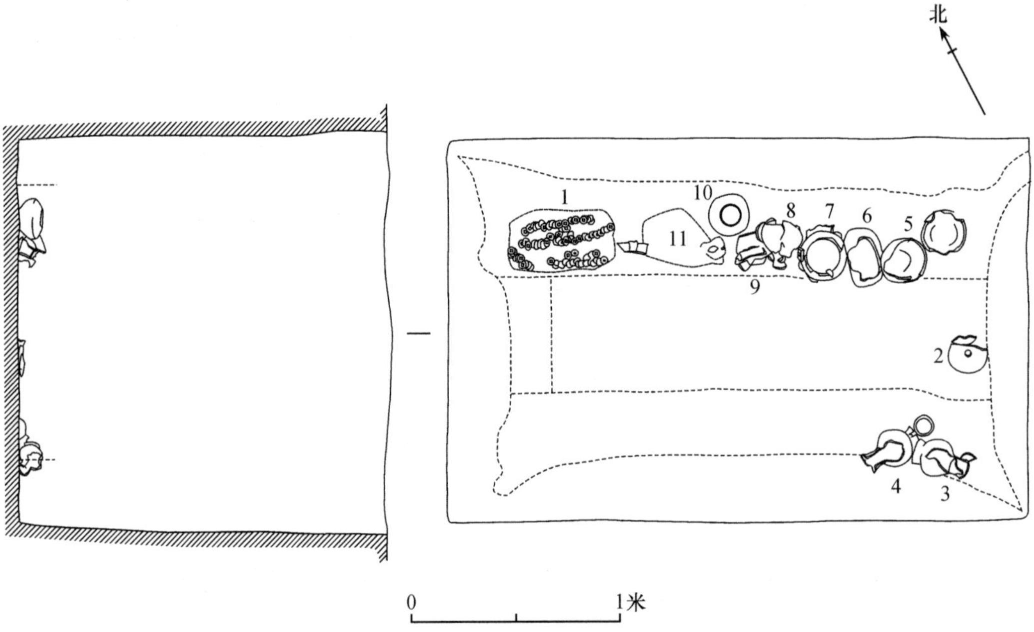

图一九　M10平、剖面图

1. 泥币　2. 滑石璧　3、4. 陶壶　5、6. 陶盒　7、8. 陶鼎　9、10. 陶罐　11. 漆皮

陶鼎　2件。形制一致。标本M10：7，泥质灰陶。鼎盖已残，子母口，沿面有浅凹槽，上腹近直，下腹弧收，附长方形耳，耳孔较小，平底，三矮蹄足外撇。素面。口径16、器身高12厘米（图二〇，1）。

陶盒　2件。均无法复原。

陶壶　2件。形制一致。标本M10：3，泥质灰陶。弧盖，敞口，高束颈，鼓腹

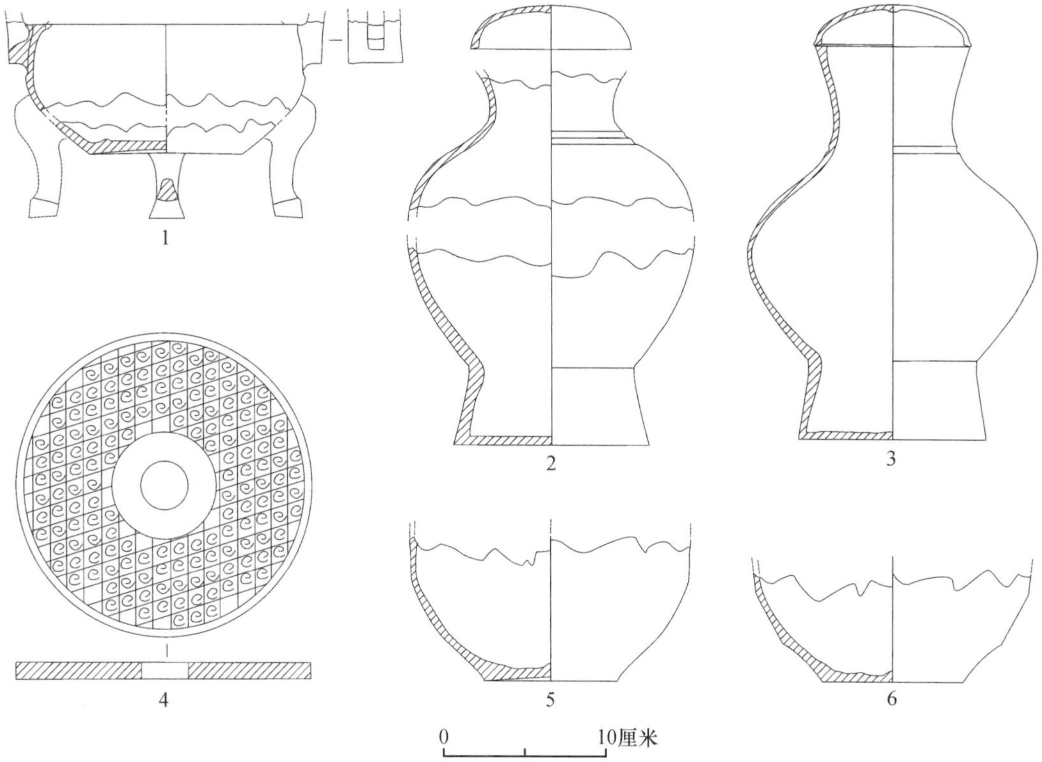

图二〇 M10随葬器物

1. 陶鼎（M10：7） 2、3. 陶壶（M10：4、M10：3） 4. 滑石璧（M10：2） 5、6. 陶罐（M10：10、M10：9）

近折，下腹内收，高假圈足外撇。素面。口径10、腹径18.5、通高27厘米（图二〇，3）。标本M10：4，泥质灰陶。腹部已残。腹径18、通高27厘米（图二〇，2）。

陶罐 2件。均残。标本M10：10，泥质灰褐陶。中腹以上已残，下腹弧收，近底部处微折，凹平底。腹部饰一圈凸弦纹。腹径17.5、残高8.5厘米（图二〇，5）。标本M10：9，泥质灰褐陶。仅存下腹及底部。残高6.5厘米（图二〇，6）。

滑石璧 1件。标本M10：2，圆环形。正面饰阴刻菱形网格纹，网格内均加饰阴刻的谷纹，背面无纹饰。直径19、孔径3、厚1厘米（图二〇，4）。

该墓还出土有泥币、漆皮，保存很差，难以提取。

4. M11

M11墓室为长方形竖穴土坑墓，东壁设有三级台阶，墓口长3.7、宽2.35、深1.9米，墓底长3.08、宽2.1米，台阶宽0.13～0.28、高约0.4米，方向281°。墓内尸骨无存，从残存板灰判断，葬具为一棺一椁，器物置于棺椁之间的空隙内，主要器类有陶鼎、

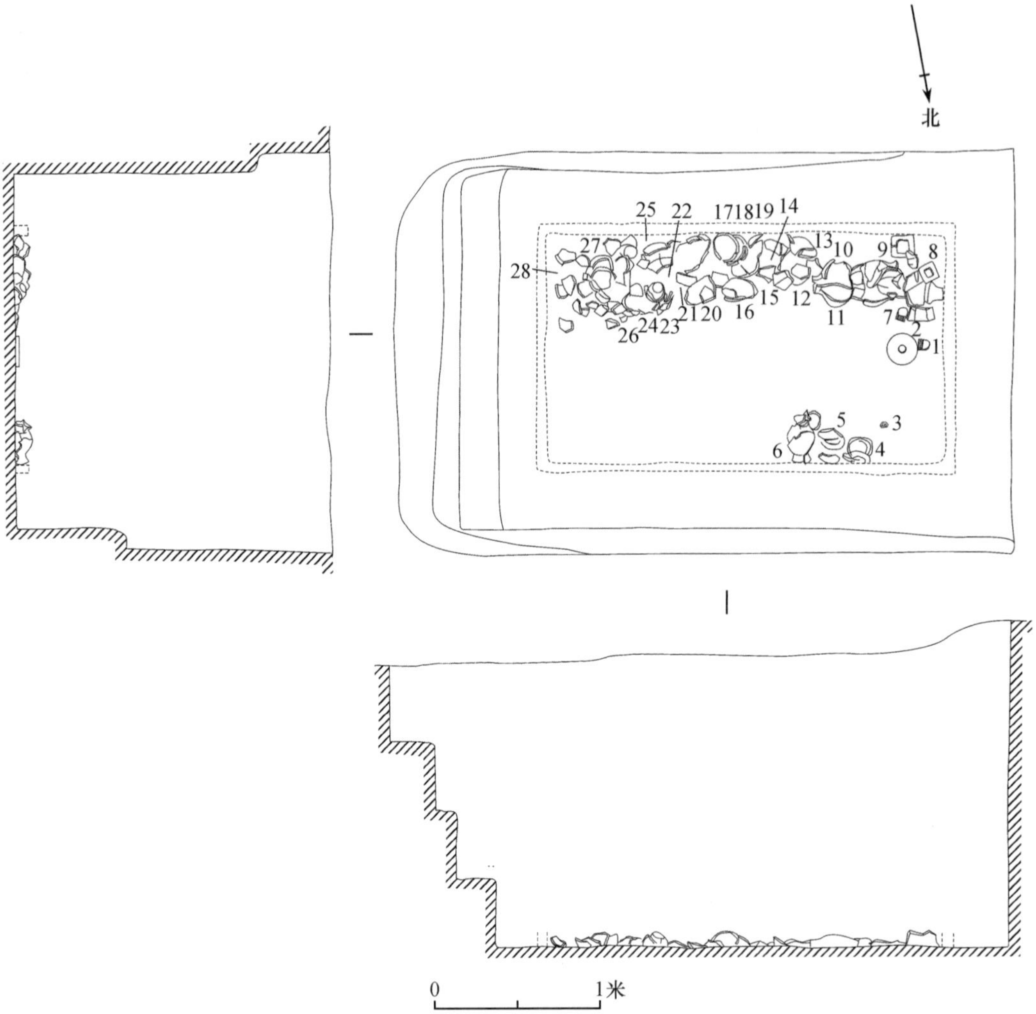

图二一　M11平、剖面图

1、7. 滑石梳　2. 滑石璧　3. 棺钉　4. 陶熏炉　5. 漆耳杯　6. 陶壶　8～10、12. 陶钫　11. 滑石耳杯
13、16、20、22、24、25、28. 陶罐　14、15、19、21、23. 陶鼎　17、18. 滑石碟　26、27. 陶盒

陶盒、陶壶、陶钫、陶罐、陶熏炉以及滑石璧、滑石耳杯、滑石梳、滑石碟等（图二一）。

陶鼎　依据鼎足判断，共有5件。分为子母口鼎和敞口鼎两类，其中前者无复原器物，后者复原1件。标本M11：15，夹粗砂褐衣灰白陶。弧盖，盖面隆起，平顶，平沿，敞口，上腹近直，下腹弧收，口沿下方附一对长方形器耳，平底微内凹，三矮蹄足外撇。盖面顶部饰一圈较粗的凸弦纹，中上部饰一圈凹弦纹，近盖沿处饰两圈凹弦纹。口径17、盖高4.5、通高15.5厘米（图二二，1）。标本M11：23，仅复原鼎盖。泥质黑衣灰黄陶。弧盖，盖面隆起，平顶。素面。口径19.5、高5厘米（图二二，5）。

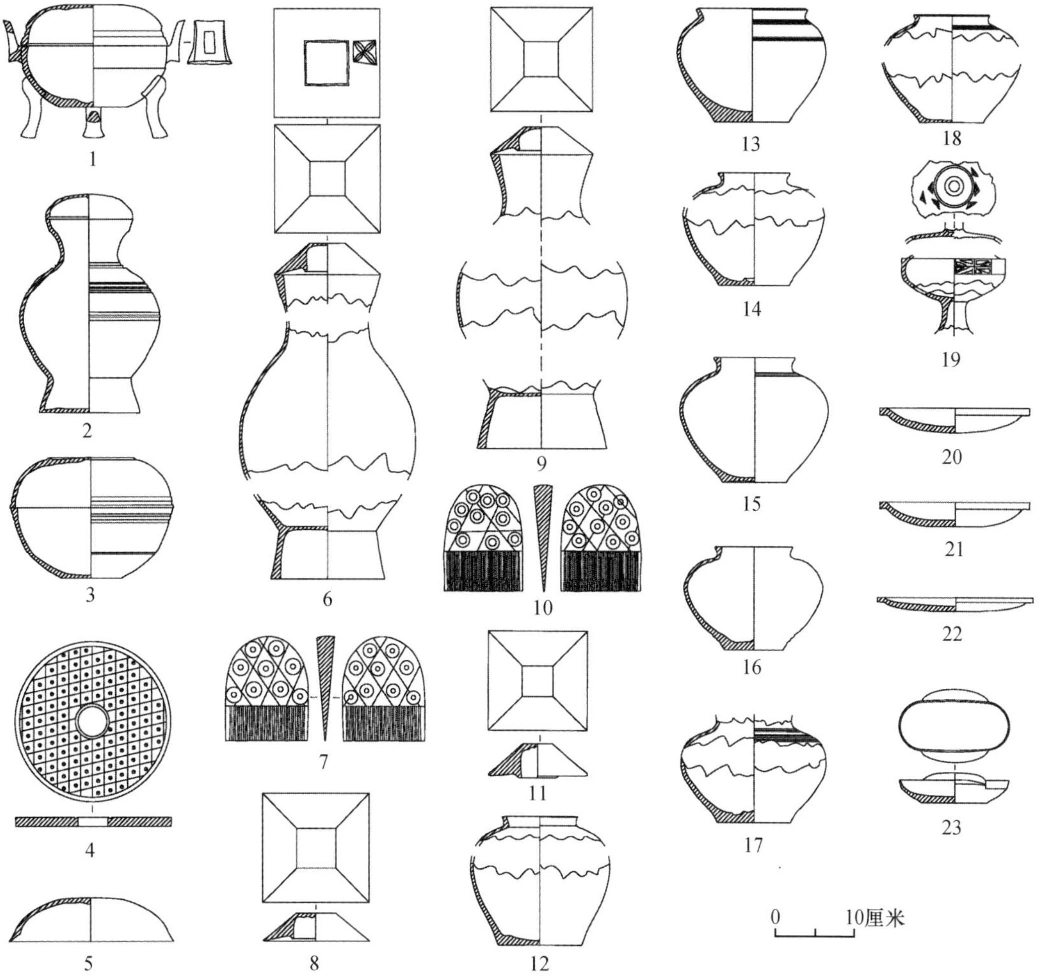

图二二　M11随葬器物

1、5. 陶鼎（M11：15、M11：23） 2. 陶壶（M11：6） 3. 陶盒（M11：27） 4. 滑石璧（M11：2） 6、8、9、11. 陶钫（M11：8、M11：9、M11：10、M11：12） 7、10. 滑石梳（M11：7、M11：1） 12～18. 陶罐（M11：20、M11：24、M11：13、M11：25、M11：22、M11：16、M11：28） 19. 陶熏炉（M11：4） 20～22. 滑石碟（M11：17、M11：18、M11：29） 23. 滑石耳杯（M11：11）

陶壶　1件。标本M11：6，夹粗砂褐衣灰白陶。弧盖，盖面隆起，敞口，高颈内束，圆鼓腹，下腹内收，高假圈足外撇。素面。口径10.5、腹径16.5、通高25厘米（图二二，2）。

陶罐　7件，其中修复完整者3件。形体一般较小，口底几乎等大，腹径大于通高，器形均作矮束颈、上腹弧折、下腹弧收、平底的特征。标本M11：22，泥质灰白陶。素面。口径9、腹径16.5、通高12厘米（图二二，16）。标本M11：25，泥质灰陶。底部微内凹。颈部饰两圈凹弦纹。口径9.5、腹径17.5、通高14.5厘米（图二二，

15）。标本M11：24，泥质灰陶。颈部和肩部饰凹弦纹。口径13、腹径17.5、通高13厘米（图二二，13）。标本M11：13，泥质灰陶。上腹已残。口径8.5、腹径17、底径8.5厘米（图二二，14）。标本M11：20，泥质灰陶。上腹已残。口径9、腹径16.5、底径10厘米（图二二，12）。标本M11：28，泥质灰陶。中腹已残。口径9、底径7.5厘米（图二二，18）。标本M11：16，泥质灰陶。口沿及上腹已残。底径9、残高12厘米（图二二，17）。

陶盒　2件，复原1件。标本M11：27，夹砂褐衣灰白陶。碗形深盖，平沿，敞口，弧腹，平底。盖顶饰一圈粗凸弦纹，近盖沿处及器身口沿处饰两圈粗凹弦纹，下腹饰一圈凹弦纹。口径19、盖深6、通高14厘米（图二二，3）。

陶钫　依据器盖判断共有4件，形制一致。标本M11：8，泥质黄陶。盖为正四棱台体，盖沿低平，内面中部空心起凸棱，口沿已残，弧腹，平底，高圈足微外撇。盖沿内面饰有阴刻方框和减地平浮雕“X”形花瓣构成的组合图案。盖顶边长4、盖沿边长12、盖高3.5、通高39厘米（图二二，6）。标本M11：10，器身已残。泥质灰陶。盖顶边长4、盖沿边长12、盖高3厘米（图二二，9）。标本M11：12，仅复原器盖。泥质灰陶。盖顶边长3.5、盖沿边长11.5、盖高4厘米（图二二，11）。标本M11：9，仅复原器盖。泥质黄陶。盖顶边长4.5、盖沿边长12、盖高3厘米（图二二，8）。

陶熏炉　1件。标本M11：4，泥质灰衣黄陶。弧盖，盖面顶部有圆形捉首，已残，敞口，沿面外缘微微起一圈细凸棱，上腹微弧，下腹下折内收，细柄中空，底座已残。盖面饰三角形镂孔，上腹饰三角形刻划纹。腹径12.5、残高8厘米（图二二，19）。

滑石碟　3件。形制一致。折沿，敞口，厚方唇，浅斜腹，平底。素面。标本M11：17、M11：18、M11：29（M1：29为修复后增添的器物编号，出土位置不明），其中M11：17、M11：18，口径18、通高3厘米；M11：29，口径17.8、通高1.8厘米（图二二，20~22；彩版九，3）。

滑石璧　1件。标本M11：2，平面呈圆形，中部设圆孔，内外缘均刻有廓线。正面饰多道斜向相交的细刻划纹构成的菱形网格，网格内加饰圆圈纹，背面无纹饰。直径18.5、孔径4、厚1厘米（图二二，4）。

滑石梳　2件。形制基本一致。标本M11：7，横截面呈弧顶长方形，纵截面呈楔形，上端较厚，下端渐薄，梳体较宽。两面纹饰大体一致，梳首饰菱形网格纹，网格内加饰圆圈纹，梳齿以竖向排列细密刻划纹表示，梳体与梳齿之间饰一道细刻划纹。通长12、梳齿宽10厘米（图二二，7）。标本M11：1，通长12、梳齿宽9厘米（图二二，10）。

滑石耳杯 1件。标本M11：11，敞口，口部平面呈长椭圆形，两侧附长弧耳，弧腹，平底。素面。长13、宽8、高3.5厘米（图二二，23；彩版九，4）。

该墓另有漆耳杯（彩版九，5）、棺钉等，均保存极差，难以提取。

（四）D类

仅发现1座，无随葬品。

M5位于M4的西侧约5米处，墓口长3.25、宽2.2、深1.8米，方向204°。口大底小。墓壁四周局部留有生土二层台。墓内可见骨架一具，但保存状况极差，从痕迹判断，葬式为仰身直肢，头骨偏向左侧，葬具为单棺，不见随葬品（图二三）。

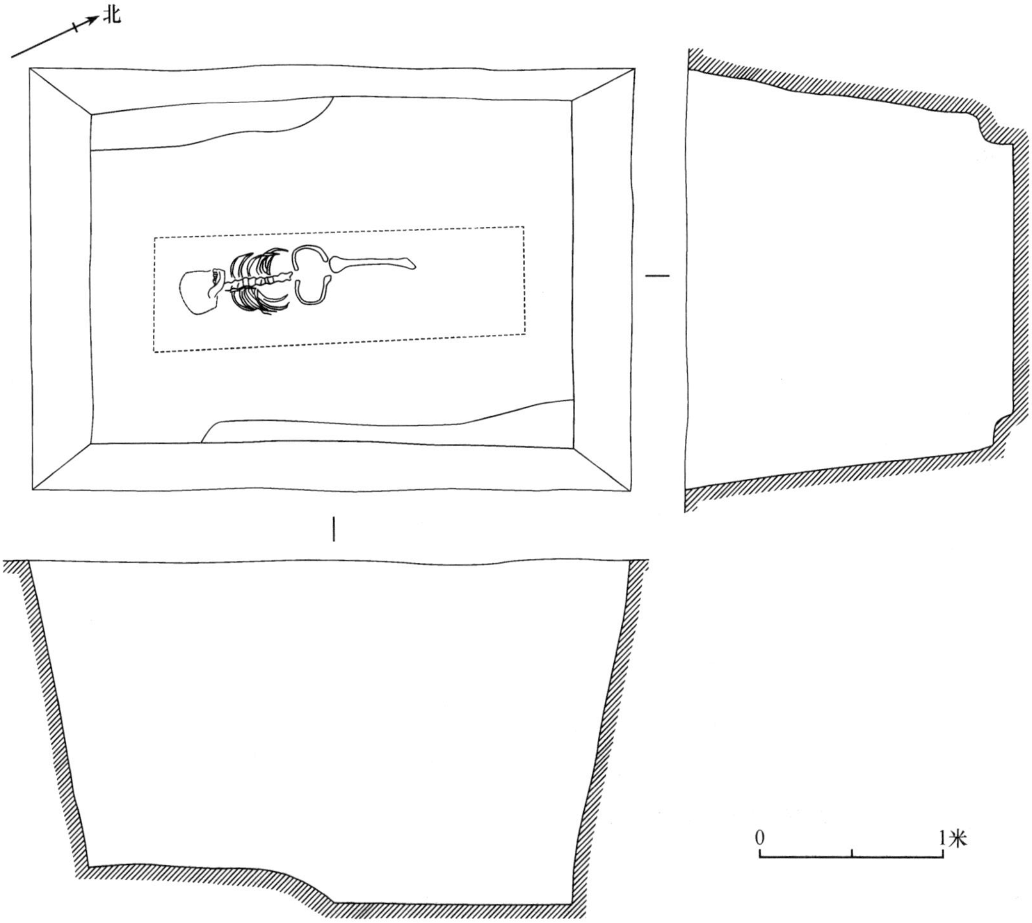

图二三 M5平、剖面图

三、结　　语

本次发掘的11座墓葬均未见有明确纪年的材料，因此我们只能将其随葬器物与周边地区断代相对准确的资料进行对比分析，才能大体推定它们的年代。

A类墓葬随葬器物的时代风格比较接近，总体上与沅陵窑头战国墓葬第三期第五段的器物特征相一致[1]。如标本M1：5、M1：10鼎同于沅陵窑头D型Ⅲ式鼎，标本M2：17、M2：18鼎同于沅陵窑头D型Ⅳ式鼎，标本M6：7鼎同于沅陵窑头B型Ⅳ式鼎，标本M1：6、M1：7敦和标本M2：12、M2：13敦同于沅陵窑头Dc型Ⅱ式敦，标本M1：1、M1：2壶同于沅陵窑头C型Ⅱ式壶，标本M2：15、M2：16壶同于沅陵窑头D型Ⅱ式壶。因此，参照沅陵窑头战国墓葬的分期，我们将A类墓葬的年代推定在战国晚期偏晚。

C类墓葬随葬器物的时代风格也基本一致，年代应大体相当。依据宋少华先生对长沙地区中小型墓葬[2]和谭远辉先生对湘西北地区西汉墓葬[3]的分期成果，可将该组墓葬的年代推定在西汉早期。

B类墓葬的随葬品基本为日用陶器，这类器物形制简单，时代特征暂不十分明确，但从器类可知其为战国墓。D类墓葬无随葬品，但由于它分布在战国墓相对集中的墓地东南部，因此应当也是战国墓而非西汉墓。考虑到这一墓区的A类战国墓葬年代都属战国晚期，那么B、D类墓葬的年代也可大体推定在这一时期。

从随葬品的组合及形制特征来看，A、B类墓葬应为比较典型的楚墓，C类墓葬则具有比较典型的汉墓的特征。尽管如此，与其他地区典型的楚汉墓葬相比，本次发掘的这批墓葬也仍然具有一些地方特点。比如，M2所出纺轮形器为过去所不见，可能为本地特有的一类随葬品。又如，M2所出三连鼻环钮的铜矛、M3所出饰横向环耳的陶罐也与一般常见的楚式铜矛、陶罐差异较大。再如，本次所发掘的4座西汉早期墓葬均见滑石器随葬，这也可视为湘西地区汉墓的一种特点。

从墓地的布局上看，所有墓葬都分布在一条“C”形的山脊上，这种沿山脊而葬的安排是这一时期的普遍现象。就墓葬的摆放而言，除M5和M7为南北向外，其余9座墓葬均为东西向，这表明东西向的摆放方式是墓地中通常的选择。就墓向而言，7座战国墓中，4座A类墓葬都为东向，2座B类墓葬分别为西向和南向，1座D类墓葬为南向。由此看来，墓向朝东是该墓地战国墓葬中主流的葬式。4座西汉墓葬中，M8、M9、M10为东向，M11为西向，这表明西汉墓葬中主流的朝向仍然是延续了战国时期墓葬的特点。从合葬墓的角度来考察，7座战国墓看不出明显的并穴合葬现象，但4座A类墓葬方向一致，时代接近且均随葬2～3件青铜兵器，因此，墓主也有可能是属于同一家族中的男性成员。而4座西汉墓中，M9和M10位置相近，方向相同，随葬品也基本一致，这2座墓葬显然应当是一组并穴合葬墓，再考虑到它们与M8位置也非常接近，方向也一致，因此这3座墓葬有可能为同一家族的合葬墓。M11的位置远离上述3座墓葬，且墓向相反，墓葬形制也比较特殊，因此M11墓主的身份应当与M8、M9、M10的墓主有异，或来源于不同的家族，或属于同一家族中外来的成员。

值得说明的是，除本次发掘的这批墓葬外，我们于2014年和2015年在竹子园以西的山包上也发掘了数十座墓葬，且基本上是战国时期的楚墓，因此竹子园墓地实际上可看作是位于一个大墓区的东部边缘且延续时间相对最晚的一个小墓区。尽管本次公布的资料比较有限，但仍然为我们研究沅水上游地区战国晚期至西汉早期墓葬的埋葬特点、文化特征（特别是由楚墓特征向汉墓特征的演变）等方面的问题提供了重要的实物资料。

附记：参加本次发掘的有盛伟、徐佳林、向开旺、杨志勇、张首辉、潘虹臣、钦万全，线图由徐佳林、周明、腾昭燕绘制，照片由张首辉拍摄。文稿承郭伟民所长审定，并提出了宝贵的修改意见，在此特致谢意。

执笔：盛　伟　张闻捷　张首辉

注　释

[1] 湖南省文物考古研究所：《沅陵窑头发掘报告——战国至汉代城址及墓葬》，文物出版社，2015年。

[2] 宋少华：《西汉长沙国（临湘）中小型墓葬分期概论》，《考古耕耘录——湖南省中青年考古学者论文选集》，岳麓书社，1999年。

[3] 谭远辉：《湘西北地区西汉墓葬概论》，《考古耕耘录——湖南省中青年考古学者论文选集》，岳麓书社，1999年。

The Excavation of Tombs of the Warring States Period and Western Han Dynasty in the Zhuziyuan Cemetery in 2013

Hunan Provincial Institute of Cultural Relics and Archaeology
Huaihua Municipal Administration of Cultural Relies
Cultural Relics Administration Institute of Zhongfang County
Department of History of Xiamen University

Abstract: From October to November in 2013, Hunan Provincial Institute of Cultural Relics and Archaeology, Huaihua Municipal Administration of Cultural Relies and Cultural Relics Administration Institute of Zhongfang County conducted a joint excavation for the construction of the Vocational Education City in Huaihua. A total of 11 small-sized tombs were excavated in the Zhuziyuan cemetery. The age of these tombs can be roughly presumed from the late period of the Warring-states to the early period of the Western Han Dynasty.

Keywords: Zhongfang County; Zhuziyuan Cemetery; Late Period of the Warring-states; Early Period of the Western Han Dynasty

湖南益阳兔子山遗址九号井发掘报告

湖南省文物考古研究所
益 阳 市 文 物 管 理 处

［摘　要］　2013年5～11月，湖南省文物考古研究所和益阳市文物管理处组成考古队对益阳市兔子山遗址进行抢救性考古发掘，发掘面积1000平方米，其中16口古井中有11口出土了楚、秦、汉、三国时期的简牍，是研究战国秦汉至三国时期地方行政制度及历史的珍贵资料。明确了该遗址作为历史上益阳县城遗址的性质和价值，以J9为代表的遗迹单位内与简牍共出的砖瓦、陶器等其他材质的文物十分丰富，这些文物是建立益阳及邻近地区物质文化历史序列极其难得的标本。

［关键词］　兔子山遗址；九号井；楚、秦；简牍；益阳县城

兔子山遗址位于湖南省益阳市赫山区三里桥铁铺岭社区，遗址所在地是一条东北—西南走向的山冈，位于资水与兰溪河交汇处（图一）。山冈名铁铺岭，此地原为赫山区粮食局粮食仓库和油脂厂生产车间，北距滨江路250米，西界甘宁路，东邻铁铺岭巷，南侧是原油脂厂职工住宅区，兔子山位于岗地东北部，海拔最高45米（图二）。遗址于1978年发现，当时称为铁铺岭城址。嗣后，益阳的文物部门对遗址多次调查、试掘，收集的文物有东周时期的夹砂灰陶和夹砂红陶钵、罐残片，汉代的方格纹陶罐、绳纹筒瓦、板瓦、瓦当等，认定该遗址为战国秦汉时期益阳县城遗址，1997年益阳市人民政府将其公布为益阳市重点文物保护单位。遗址因近年城市基本建设破坏严重。

铁铺岭城址高出周围5～10米，地表为现代建筑覆盖，通过艰苦细致的勘探，明确城址平面呈长方形，东西宽400、南北长（现存）300米。

2013年春，长沙易盛达置业有限公司获得铁铺岭地段的开发权，该地段小地名为

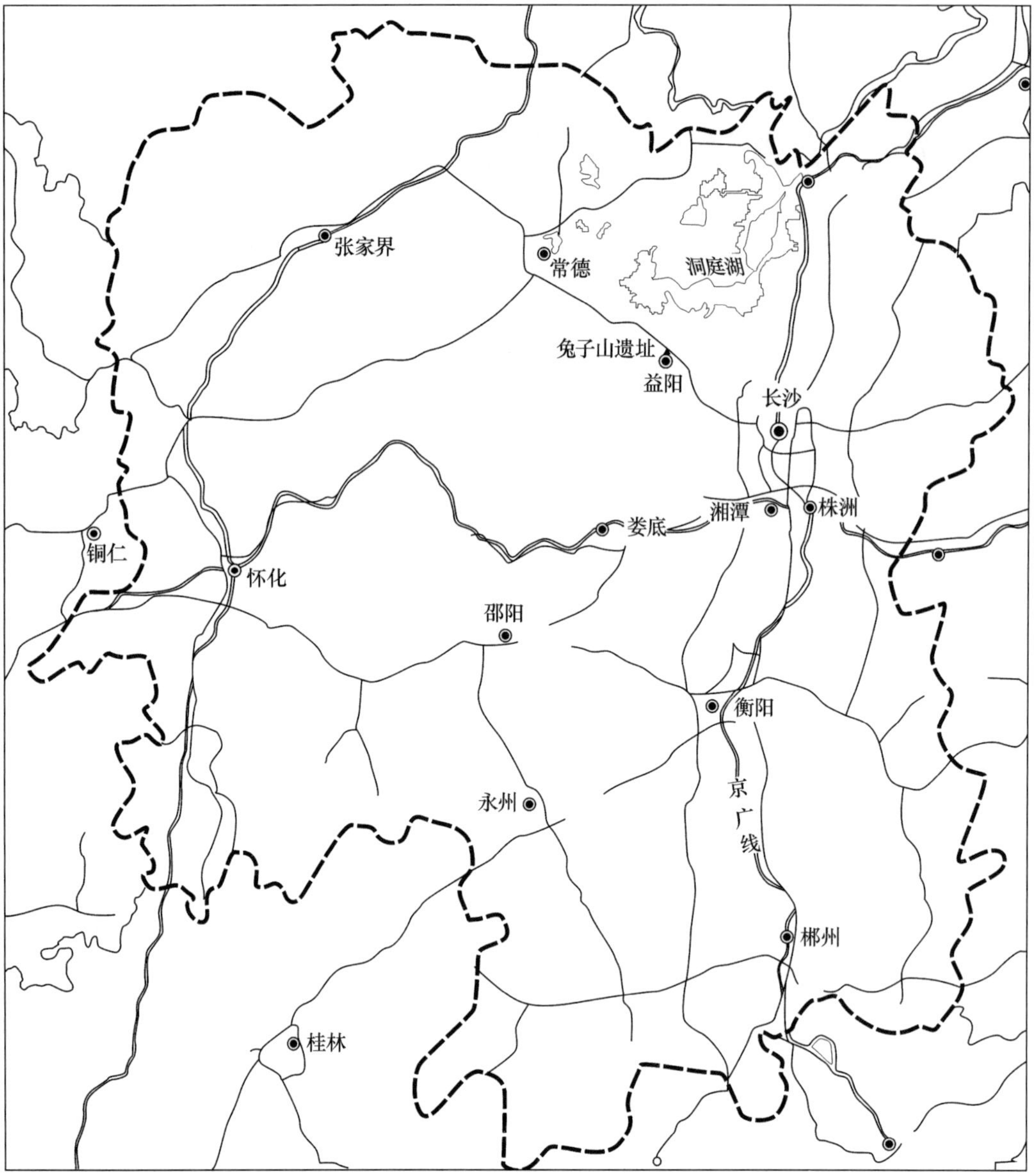

图一　兔子山遗址在湖南省行政区划中位置

“兔子山”，为铁铺岭城址的中心。为配合建设工程，益阳市文物管理处对开发区域进行抢救性的考古勘探和发掘，5月28日在3号井中发现简牍。益阳市文物管理处将此情况上报湖南省文物局和湖南省文物考古研究所，湖南省文物局报告国家文物局，而后得到继续工作的许可和发掘执照，湖南省文物考古研究所和益阳市文物管理处组成考古队，发掘工作持续至2013年11月。

共布设5米×5米探方38个，其中有数口井在考古队进场时已被推去2～3米直接暴露

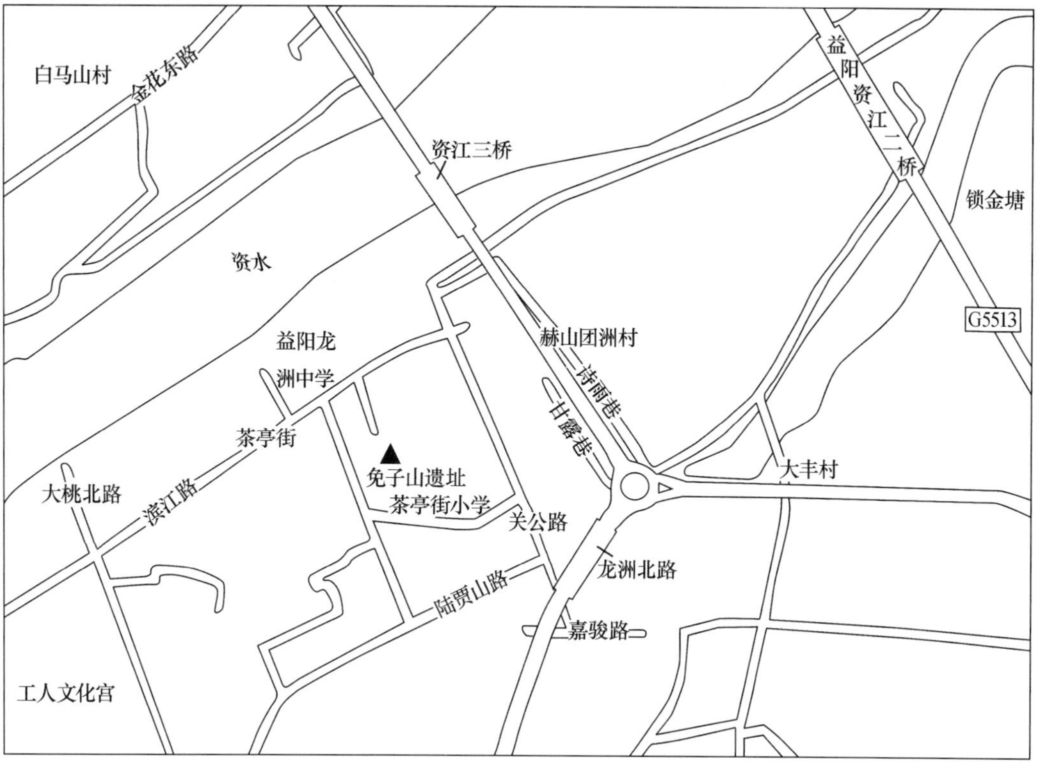

图二　兔子山遗址位置示意图

在生土面，故未布探方直接发掘。共完成发掘面积1000平方米，共清理古井16口、灰坑56个、灰沟7条、房屋建筑遗存9处（图三）。古井出土了大量板瓦、筒瓦、瓦当、空心砖、长条砖、陶瓷器、漆木器、铁器、铜器、动植物标本，其中11口井出土有简牍。

一、九号井（J9）概况

J9位于遗址北部偏西，发掘时，井口堆积已被工程机械挖去3米多，现存井口平面形状为圆形，井的结构为圆筒形土坑，直壁，直径1.2米，东西向略宽，井底直径1、残余深度7.3米。井内堆积可分为九层（图四），出土遗物有陶器、陶砖、陶瓦、陶瓦当、铜器、铁器、石器、漆木器、简牍及动植物遗骸。

第1层：黑灰色黏土。厚0.4米，含烧土、漆木器残片、陶片。经浮选采集有大量炭化谷物颗粒与少量植物果核。陶器以灰色绳纹瓦片与云纹瓦当为主。

第2层：灰黑色黏土。厚0.24米，含有陶瓦片、瓦当，较第1层泥土含量增多。另有一双棕、麻编织的鞋，保存不太好。瓦当多饰云纹。

第3层：浅灰黑色黏土。厚0.74米，包含大量绳纹瓦片、回文空心砖残块、陶器、

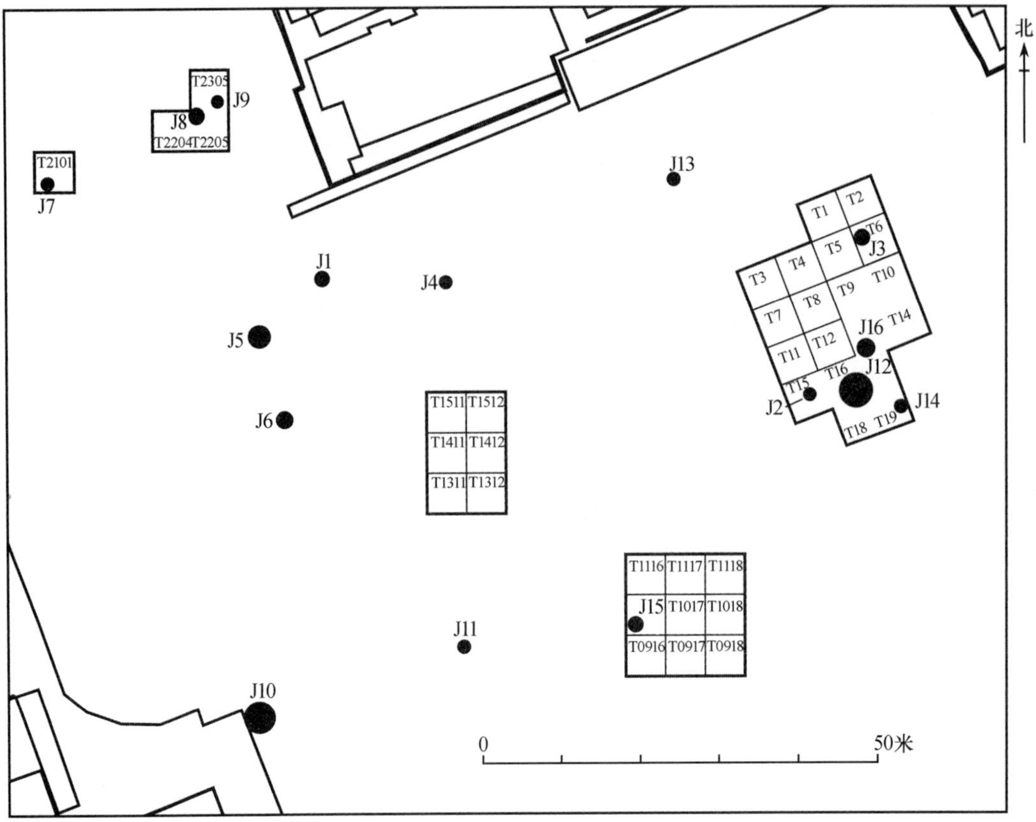

图三　兔子山遗址遗迹分布图

铁釜、铁锯、木篦、砺石及动物骨骼、植物果核，以及简牍。陶器多为泥质灰陶，饰绳纹、弦纹、附加堆纹等，可辨器形有钵、甑、罐、碗等。

第4层：暗灰色黏土。厚0.94米，与第3层相比文化遗物在土层中的比例更大，约为60%，以瓦片为主，另有长方形回纹空心砖、陶罐、瓦当、筒瓦片等（彩版一二，1）。

第5层：灰色黏土。厚1.24米，出土有筒瓦、陶器残片、空心砖及植物果核。

第6层：灰黑色黏土。厚0.79米，出土遗物丰富，有木弩臂、铁釜、空心砖、陶瓦片、动植物标本、木质建筑构件、木碾槽等。

第7层：青灰色黏土。厚0.99米，黑色炭化物明显减少，文化遗物也相对少，有木篦、甲胄漆皮、木构件、竹简，陶瓦明显减少。

第8层：灰褐色沙性黏土。厚1.09米，出有瓦当、陶片、建筑构件、砖块、陶罐和竹简等。

第9层：青灰色沙土。厚0.69米，包含物少，出少量陶片、竹条及砖瓦等。

第9层以下是青灰色沙石层（渗水层）。

J9第3～6层出土遗物种类和数量相对丰富，第7～9层出土遗物比例相对少，各层出土遗物种类大致相同，以瓦片为主。从瓦片形态看，上下各层间隔时间不长，在拼对修复期间，底层瓦片往往可与其上相隔数层的瓦片拼接起来，第8层中汲水罐与砖瓦等建筑废弃物共存，这也说明J9废弃后被填埋的时间较短，因而我们可以把J9各层出土物视为一组共存遗存，数量统计时也不再分层统计。

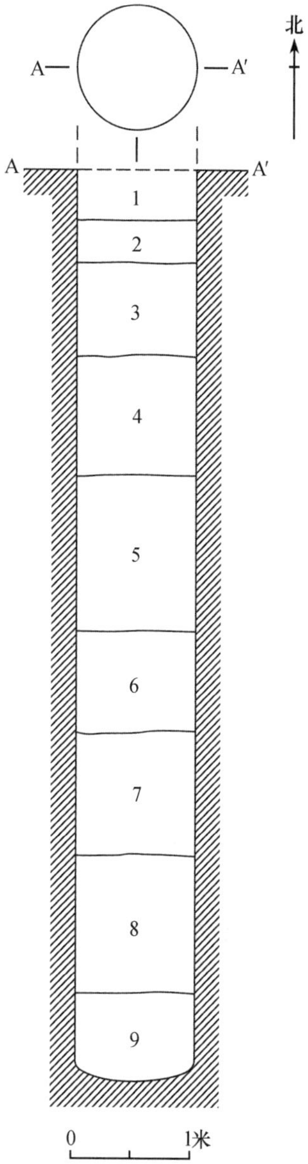

图四　J9平、剖面图

二、出土遗物

J9出土遗物十分丰富，以下按材质分陶器、砖瓦、铜器、铁器、漆木器、动植物标本依次介绍（简牍另设一节介绍）。

（一）陶器

共修复26件，残片534片。器形有罐、瓮、缸、釜、盆、钵、豆、网坠、纺轮、饼等。绝大多数为泥质陶，少量硬陶，颜色有青灰、灰黄、灰白、红色及红胎灰皮之分，以青灰色占绝大多数。纹饰有绳纹、间断绳纹、弦纹、附加堆纹，也有较多素面陶片（表一）。绳纹与间断绳纹主要施于罐、瓮类器物之上，弦纹陶片主要为釜、盆类器物残片，附加堆纹主要施于瓮、缸类器物之上，豆、钵类器物则多为素面。

罐　6件。均为泥质灰陶，纹饰主要施于腹部与底部，纹饰以绳纹为主，形制与尺寸不一。依据颈肩高矮及收缩特征可分为四型。

A型　1件。矮束颈，折肩。标本J9⑧：11，泥质，青灰色。敞口，方唇外凸，矮束颈，广折肩，垂腹圆收，圜底。下腹及底部饰错乱绳纹。口径11、高23.4、最大腹径23.6厘米（图五，1；彩版一二，2）。

B型　3件。高领。依据腹部特征差异可分为三亚型。

Ba型　1件。扁圆腹。标本J9⑧：12，泥质，青灰色，局部呈黄褐色。敞口，折沿，高领，扁圆腹，小平底略内凹。口径14.5、高24.8、最大腹径24.4、底径10厘米

表一　J9陶片数量统计表

<table>
<tr><td rowspan="2">陶系
装饰</td><td colspan="5">泥质陶</td><td>硬陶</td><td rowspan="2" colspan="2">合计</td><td rowspan="2" colspan="2">百分比（%）</td></tr>
<tr><td>青灰色</td><td>灰黄色</td><td>红胎灰皮</td><td>灰白色</td><td>红色</td><td>青灰色</td></tr>
<tr><td>绳纹</td><td>115</td><td></td><td>3</td><td>24</td><td>2</td><td>1</td><td>145</td><td rowspan="5">534</td><td>27.15</td><td rowspan="5">100</td></tr>
<tr><td>间断绳纹</td><td>94</td><td>27</td><td>18</td><td>10</td><td></td><td></td><td>149</td><td>27.9</td></tr>
<tr><td>弦纹</td><td>76</td><td></td><td>16</td><td></td><td></td><td></td><td>92</td><td>17.23</td></tr>
<tr><td>附加堆纹</td><td>3</td><td></td><td></td><td></td><td></td><td></td><td>3</td><td>0.56</td></tr>
<tr><td>素面</td><td>118</td><td></td><td>21</td><td>6</td><td></td><td></td><td>145</td><td>27.15</td></tr>
<tr><td rowspan="2">合计</td><td>406</td><td>27</td><td>58</td><td>40</td><td>2</td><td>1</td><td rowspan="4" colspan="4">534（片）</td></tr>
<tr><td colspan="6">534</td></tr>
<tr><td rowspan="2">百分比（%）</td><td>76.03</td><td>5.06</td><td>10.86</td><td>7.49</td><td>0.37</td><td>0.19</td></tr>
<tr><td colspan="6">100</td></tr>
</table>

（图五，2；彩版一二，3）。

Bb型　1件。鼓腹。标本J9⑥：10，泥质，青灰色。敞口，平折沿，高领，圆肩，鼓腹，圜底微内凹。上腹外壁饰间断绳纹，下腹外壁饰交错绳纹。口径15.5、高29、最大腹径28厘米（图五，3）。

Bc型　1件。鼓腹，尺寸大。标本J9④：6，泥质，青灰色。直口，折沿，高领，圆肩，鼓腹，圜底内凹。颈部饰浅细绳纹，上腹饰间断绳纹，下腹饰交错绳纹。口径23.6、高39厘米（图五，4）。

C型　1件。矮颈，溜肩。标本J9④：4，泥质，夹有少量黑色砂粒，灰色。直口，折沿，矮颈，溜肩，鼓腹，平底。外腹壁饰两道弦纹。口径21.8、底径22.8、高24厘米（图五，5；彩版一三，1）。

D型　1件。矮领，广肩。标本J9④：5，泥质，青灰色。大敞口，折沿，广肩，弧腹，圜底。上腹部外壁饰纵向细绳纹，下腹部外壁饰横向粗绳纹。口径28、高33、最大腹径41.8厘米（图五，6）。

硬陶罐　1件。标本J9③：14，硬陶，夹有少量细石英砂，青灰色。直口，矮领，近肩部穿有对称的圆形小孔两个，孔径0.4厘米，圆肩，斜直腹，平底。肩部饰一道凹弦纹，下腹近底处饰三道凹弦纹。口径12、底径11.6、高19.6厘米（图五，7）。

瓮　2件。形制相同。标本J9⑤：5，泥质，青灰色。直口，微内敛，折沿，矮束颈，圆鼓腹，圜底。腹部饰间断绳纹。口径22、高52、最大腹径51.2厘米（图五，8；

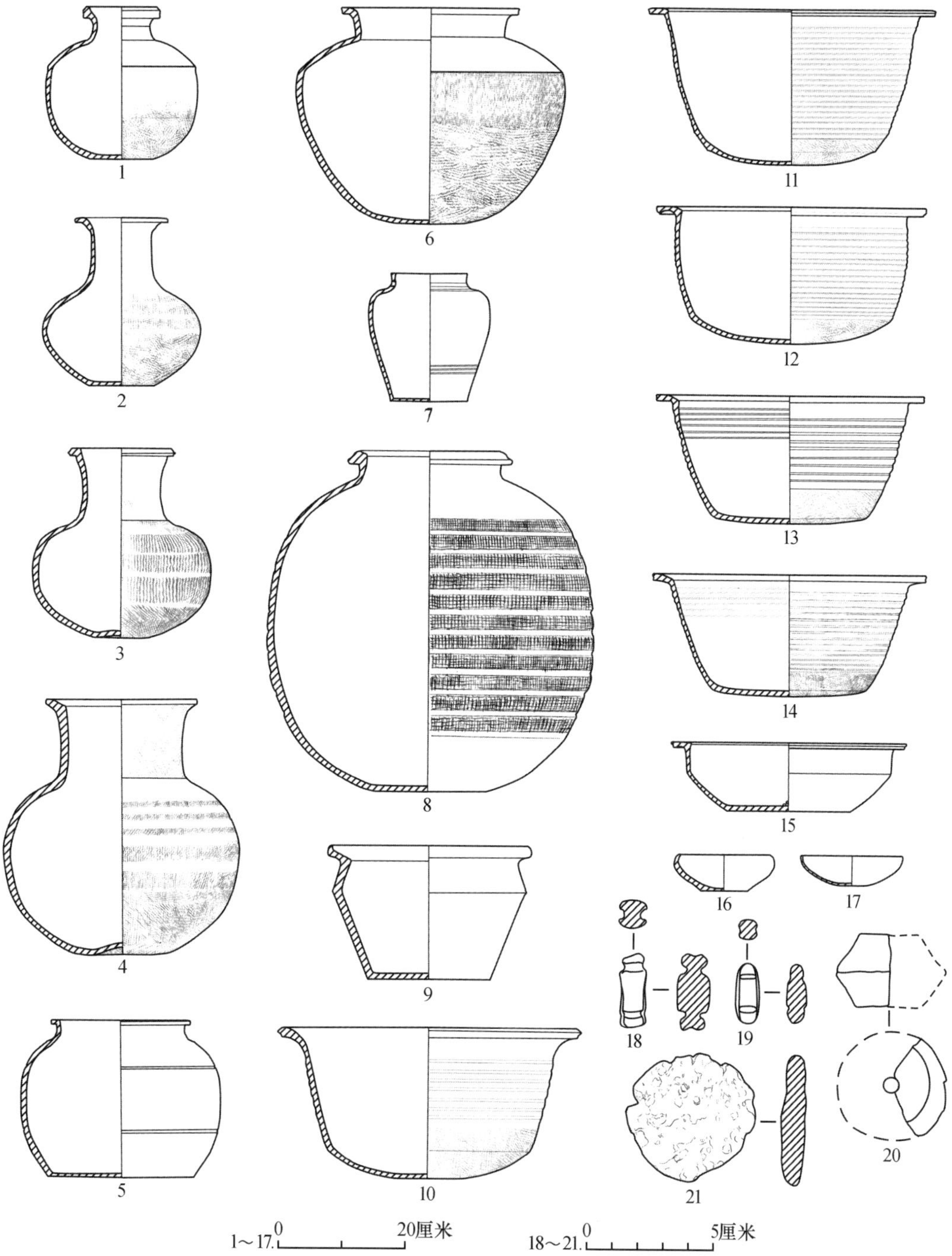

图五　J9出土陶器

1. A型罐（J9⑧：11） 2. Ba型罐（J9⑧：12） 3. Bb型罐（J9⑥：10） 4. Bc型罐（J9④：6） 5. C型罐（J9④：4） 6. D型罐（J9④：5） 7. 硬陶罐（J9③：14） 8. 瓮（J9⑤：5） 9. 缸（J9③：12） 10. A型釜（J9⑤：4） 11、12. B型釜（J9⑥：15、J9⑥：13） 13、14. A型盆（J9⑥：9、J9⑥：14） 15. B型盆（J9⑥：11） 16. 钵（J9③：12） 17. 豆（J9③：13） 18. A型网坠（J9⑦：17） 19. B型网坠（J9⑦：6） 20. 纺轮（J9⑦：15） 21. 饼（J9⑦：4）

彩版一三，2）。

缸　1件。标本J9③：12，泥质，灰色。敞口，圆唇，折肩，斜直腹，平底。素面无纹，口沿粘有铁锈块。口径30.8、高20.4、底径19.2厘米（图五，9；彩版一三，3）。

釜　3件。形制、尺寸相近，口部略有区别。依口部差异可分二型。

A型　1件。侈口釜。标本J9⑤：4，泥质，夹有少量细砂，灰色略泛黄。侈口，斜直腹，圜底，内腹壁有擦抹等使用痕迹。外腹壁饰弦纹，腹近底部及底部拍印交错绳纹。口径44、高23厘米（图五，10；彩版一三，4）。

B型　2件。敞口折沿釜。标本J9⑥：15，泥质，灰色。敞口，折沿，斜直腹，圜底，内壁有明显的擦抹等使用痕迹。外腹饰弦纹，腹近底部及底部拍印交错绳纹。口径45、高23.6厘米（图五，11）。标本J9⑥：13，泥质，青灰色。敞口微内敛，折沿，垂腹，圜底，内壁有明显的擦抹等使用痕迹。外腹饰弦纹，底部拍印交错绳纹。口径42.8、高20.8厘米（图五，12；彩版一三，5）。

盆　3件。形制与尺寸不一。依据腹部弧度差异可分二型。

A型　2件。斜直腹。标本J9⑥：9，泥质，灰色。敞口，平折沿，斜直腹，平底略外凸。上腹外饰弦纹，腹近底处及器底部拍印绳纹，内壁可见拉坯旋痕。口径42.4、底径24、高18.6厘米（图五，13）。标本J9⑥：14，泥质，青灰色。敞口，平折沿，斜直腹，平底。外壁饰弦纹，内壁有拉坯痕。口径43.4、底径18.5、高18厘米（图五，14；彩版一三，6）。

B型　1件。斜弧腹。标本J9⑥：11，泥质，青灰色。敞口，平折沿，斜弧腹，平底。素面，在腹壁中部及近底部有两个孔径为0.4厘米的小孔。口径37.3、底径19.6、高10.5厘米（图五，15）。

钵　1件。标本J9③：12，泥质，青灰色，局部褐黄色。敛口，圆唇，弧腹，小平底。素面。口径14.4、底径7.4、高6.4厘米（图五，16）。

豆　1件。标本J9③：13，泥质，青灰色。豆口，柄与底已残缺。口径15.8厘米（图五，17）。

网坠　6件。形状相近。依据尺寸大小差别可分二型。

A型　5件。尺寸较大。标本J9⑦：17，泥质灰陶。蝉形，纵向两端略小中间大，两端横向各有一道凹槽，纵向中间有一道凹槽。长2.9、宽1～1.3、厚1.2、槽深0.3厘米（图五，18）。

B型　1件。尺寸较小。标本J9⑦：6，泥质灰黄陶。形状与J9⑦：17相近，略小。长2.3、宽0.9、厚0.8、槽深0.1厘米（图五，19）。

纺轮　1件。标本J9⑦：15，泥质灰陶，火候较高。鼓形，腹外折，制作规整，边角明显，中心有0.6厘米的圆孔。腹径4.3、高2.8厘米（图五，20）。

饼　1件。标本J9⑦：4，泥质红陶。圆形，制作粗糙，表面凹凸不平，边缘有裂缝，功用不明。直径5、厚1厘米（图五，21）。

（二）陶砖、陶瓦和陶瓦当

陶砖有空心砖、方砖和条砖，均为泥质灰陶，火候较高，青灰色或灰黄色。砖面纹饰有回纹、动物纹、米格纹、几何菱格纹、铜钱纹等。

空心砖　残砖61块，较完好者3件。泥质，火候较高，青灰色或灰黄色。以回纹空心砖最为多见，另可见少量米格纹和疑似“凤鸟”的动物纹空心砖残块。标本J9④：7，泥质灰陶。砖内中空，端面有一直径为9厘米的空洞，正面与两侧面饰重回纹，单组回纹共有四重，每四组重回纹组成一个“田”字形回纹单元，若斜视回纹则形成以回纹中心为临界点、横竖菱格交错相间的视觉效果。残长71、宽32.4、高18.5、厚3.5厘米。完整者长140、宽32.6、厚18.8厘米（图六，1；彩版一四，1、2）。

方砖　3块。泥质，火候较高，青灰色。规整者为正方形，砖正面四周有凸起边栏，四角穿有小圆孔，砖正面饰回纹。标本J9⑧：14，泥质灰陶。砖缘厚1.7厘米，砖缘内四角穿有四个直径1.2厘米的圆孔，缘内用界格线划分为九个回纹方阵组成主纹饰，每个方阵又用界格线分为四组重回纹形成一个“田”字形回纹单元。长31、宽29.1、厚3.4厘米（图六，2）。

条砖　残砖3块。泥质灰陶。饰有几何菱格纹、铜钱纹等。

陶瓦　有板瓦与筒瓦。多为泥质陶，色多青灰，少量为灰黄色、红色，瓦身厚度普遍在1厘米左右，火候较高。瓦表多饰绳纹、弦纹，或由二者组合而成形成间断绳纹的装饰效果，瓦里饰有窝点、绳纹、弦纹、布纹、篮纹、菱格、方格纹等，或素面。

板瓦　582片，修复2件。为略带弧形的板瓦。泥质陶，色多青灰，少量为灰黄色、红色，瓦身较厚，火候较高（表二）。瓦表饰绳纹、凸弦纹，或由二者组合而成形成间断绳纹的装饰效果，内为以素面为主，次为窝点、绳纹、布纹。标本J9⑧：19，泥质灰陶。制作较粗糙，两侧的切割痕迹不规整。外饰绳纹，两端及中部将绳纹抹平成光滑带，形成光滑带与绳纹相间的装饰效果，内素面。长56.4、宽44.8、厚1.3厘米（图六，3）。标本J9⑧：18，泥质灰陶。制作较粗糙，内外凹凸不平。外饰绳纹，内局部饰绳纹。长53、宽45、厚0.8～1.4厘米（图六，4）。

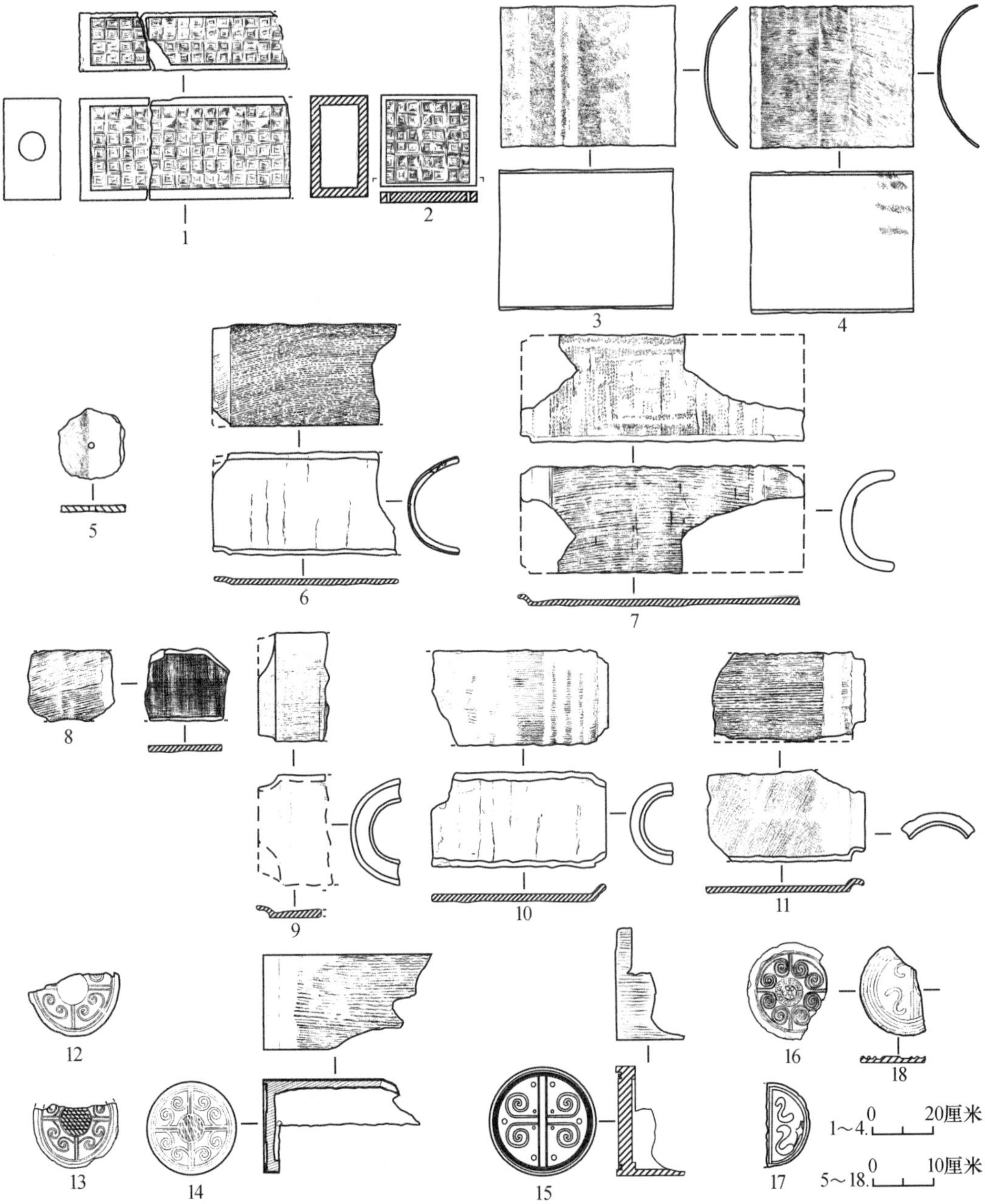

图六　J9出土砖瓦

1. 空心砖（J9④：7）　2. 方砖（J9⑧：14）　3、4. 板瓦（J9⑧：19、J9⑧：18）　5. 穿孔饼状器（J9⑥：17）
6～11. 筒瓦（J9⑥：19、J9⑤：12、J9⑤：13、J9④：9、J9⑥：20、J9②：4）　12. Aa型瓦当（J9③：17）
13. Ab型瓦当（J9②：3）　14. Ac型瓦当（J9③：11）　15. Ad型瓦当（J9⑧：13）　16. Ae型瓦当（J9②：2）
17. Ba型瓦当（J9⑦：22）　18. Bb型瓦当（J9⑧：16）

表二　J9板瓦残片数量统计表

<table>
<tr><th colspan="2" rowspan="2">陶系
装饰</th><th colspan="4">泥质陶</th><th colspan="2" rowspan="2">合计</th><th colspan="2" rowspan="2">百分比（%）</th></tr>
<tr><th>青灰色</th><th>灰黄色</th><th>红色</th><th>灰白色</th></tr>
<tr><td rowspan="4">外绳纹</td><td>内素面</td><td>376</td><td>56</td><td>3</td><td></td><td>435</td><td rowspan="4">476</td><td>74.74</td><td rowspan="4">81.79</td></tr>
<tr><td>内窝点纹</td><td>31</td><td>3</td><td></td><td>2</td><td>36</td><td>6.19</td></tr>
<tr><td>内绳纹</td><td>4</td><td></td><td></td><td></td><td>4</td><td>0.69</td></tr>
<tr><td>内布纹</td><td></td><td></td><td></td><td>1</td><td>1</td><td>0.17</td></tr>
<tr><td colspan="2">外间断绳纹
内素面</td><td>6</td><td>1</td><td></td><td></td><td>7</td><td>106</td><td>1.2</td><td>18.21</td></tr>
<tr><td colspan="2">外素面内素面</td><td>10</td><td></td><td></td><td></td><td>10</td><td>106</td><td>1.72</td><td>18.21</td></tr>
<tr><td colspan="2">外弦纹内素面</td><td>84</td><td>5</td><td></td><td></td><td>89</td><td>106</td><td>15.29</td><td>18.21</td></tr>
<tr><td colspan="2" rowspan="2">合计</td><td>511</td><td>65</td><td>3</td><td>3</td><td colspan="4" rowspan="4">582（片）</td></tr>
<tr><td colspan="4">582</td></tr>
<tr><td colspan="2" rowspan="2">百分比（%）</td><td>87.8</td><td>11.17</td><td>0.52</td><td>0.52</td></tr>
<tr><td colspan="4">100</td></tr>
</table>

穿孔饼状器　泥质灰陶。不规则圆饼状，边缘粗糙，中心有一小孔，系板瓦残片打制、钻孔而成，功用不明。共3件，其中1件未钻孔，应为半成品。标本J9⑥：17，泥质灰陶。中心小孔径1.2厘米，系板瓦残片打制、钻孔而成，板瓦残片表面饰有绳纹。长径10.5、厚1.6厘米（图六，5）。

筒瓦　874片。均为半筒形，内截面为半圆弧状，两侧可见切割与断裂痕迹（表三）。色多青灰，少量为灰黄色、红胎灰皮，火候较高。外普遍饰绳纹，绳纹有粗细之分，或与弦纹组合形成间断绳纹，内素面或饰窝点、篮纹、菱格、布纹、方格、绳纹、弦纹等。瓦身普遍厚约1厘米，瓦舌形状、长短不一。

标本J9⑥：19，泥质，青灰色。半筒形，残断，内截面为半圆弧状，两侧可见切割与断裂痕迹。瓦舌平直，前吐自然，与瓦身交接处起伏较浅。瓦身外饰绳纹不及瓦舌，内素面，可见制作时留下的带状褶皱。残长30、宽16、厚0.7～1、瓦舌长2.6厘米（图六，6）。标本J9⑤：12，泥质，灰黄色。半筒形，残断，内截面为半圆弧状，两侧可见切割与断裂痕迹。瓦舌前吐较深，与瓦身交接处起伏明显。瓦身外饰绳纹，内饰窝点，可见制作时留下的带状褶皱。长45.7、宽16.8、厚0.5～1.2、瓦舌长2厘米（图六，7）。标本J9⑤：13，泥质红陶。半筒形，残断，一侧可见切割与断裂痕迹。瓦身外饰绳纹，内饰布纹。残长13.8、宽11.2、

表三　J9筒瓦残片数量统计表

<table>
<tr><th colspan="2" rowspan="2">陶系
装饰</th><th colspan="4">泥质陶</th><th colspan="2" rowspan="2">合计</th><th colspan="2" rowspan="2">百分比（%）</th></tr>
<tr><th>青灰色</th><th>灰黄色</th><th>红色</th><th>红胎灰皮</th></tr>
<tr><td rowspan="7">外绳纹</td><td>内素面</td><td>577</td><td>25</td><td>2</td><td>3</td><td>607</td><td rowspan="7">785</td><td>69.45</td><td rowspan="7">89.82</td></tr>
<tr><td>内窝点纹</td><td>99</td><td>10</td><td></td><td></td><td>109</td><td>12.47</td></tr>
<tr><td>内篮纹</td><td>32</td><td></td><td></td><td></td><td>32</td><td>3.66</td></tr>
<tr><td>内绳纹</td><td>1</td><td></td><td></td><td></td><td>1</td><td>0.11</td></tr>
<tr><td>内菱格纹</td><td>21</td><td></td><td></td><td></td><td>21</td><td>2.4</td></tr>
<tr><td>内布纹</td><td>1</td><td></td><td></td><td></td><td>1</td><td>0.11</td></tr>
<tr><td>内方格纹</td><td>8</td><td></td><td></td><td>6</td><td>14</td><td>1.6</td></tr>
<tr><td rowspan="6">外间断绳纹</td><td>内素面</td><td>32</td><td>6</td><td></td><td>6</td><td>44</td><td rowspan="6">70</td><td>5.03</td><td rowspan="6">8.01</td></tr>
<tr><td>内篮纹</td><td>3</td><td></td><td></td><td></td><td>3</td><td>0.34</td></tr>
<tr><td>内弦纹</td><td>5</td><td></td><td></td><td></td><td>5</td><td>0.57</td></tr>
<tr><td>内窝点</td><td>2</td><td>10</td><td></td><td>3</td><td>15</td><td>1.72</td></tr>
<tr><td>内绳纹</td><td>2</td><td></td><td></td><td></td><td>2</td><td>0.23</td></tr>
<tr><td>内方格</td><td>1</td><td></td><td></td><td></td><td>1</td><td>0.11</td></tr>
<tr><td colspan="2">素面</td><td>18</td><td>1</td><td></td><td></td><td>19</td><td>19</td><td>2.17</td><td>2.17</td></tr>
<tr><td colspan="2" rowspan="2">合计</td><td>802</td><td>52</td><td>2</td><td>18</td><td colspan="4" rowspan="4">874（片）</td></tr>
<tr><td colspan="4">874</td></tr>
<tr><td colspan="2" rowspan="2">百分比（%）</td><td>91.76</td><td>5.95</td><td>0.23</td><td>2.06</td></tr>
<tr><td colspan="4">100</td></tr>
</table>

厚1厘米（图六，8）。标本J9④：9，泥质，青灰色。半筒形，残断，内截面为半圆弧状，两侧可见切割与断裂痕迹。瓦舌曲长，前吐较深，与瓦身交接处起伏明显。瓦身外饰浅绳纹，内素面。残长11、宽17、厚0.6~1.2、瓦舌长2.6厘米（图六，9）。标本J9⑥：20，泥质，灰黄色。半筒形，残断，内截面为半圆弧状，两侧可见切割痕迹。瓦舌短直，前吐较深，与瓦身交接处起伏明显。瓦身外饰间断绳纹，内素面，可见制作时留下的带状褶皱。残长28.5、宽15、厚0.7~1.4、瓦舌长1.4厘米（图六，10）。标本J9②：4，泥质，青灰色。残断，一侧可见切割痕迹。瓦舌曲翘，前吐较深，与瓦身交接处起伏明显，近垂直。瓦身外饰间绳纹，近瓦舌处绳纹被抹平，内饰窝点。残长24.5、宽12.8、厚0.7~1.1、瓦舌长2.4厘米（图六，11）。

瓦当　28块（件）。均为圆形，泥质灰陶，火候较高（表四）。当面纹饰种类多样，从整体看可分为云纹、“S”纹两大类型，云纹类占大多数。云纹类据当面主纹饰的不同又可细分为云朵状云纹、蘑菇状云纹、反云纹、羊角状云纹、旋涡状云纹5种，每一种在当面辅纹（包括当心、界格线等）的处理上有细微区别。依据当面纹饰主题的不同将瓦当分为二型。

表四 J9瓦当残块统计表

<table>
<tr><th colspan="3">陶质</th><th>泥质</th><th colspan="3" rowspan="3">合计</th><th colspan="2" rowspan="3">百分比（%）</th></tr>
<tr><th colspan="3">纹饰</th><th>陶色</th></tr>
<tr><th>类型</th><th>主纹</th><th>辅纹</th><th>青灰色</th></tr>
<tr><td rowspan="8">云纹类</td><td rowspan="2">云朵状云纹</td><td>圆饼当心、双界格线</td><td>5</td><td rowspan="2">6</td><td rowspan="8">21</td><td rowspan="10">28</td><td rowspan="2">21.43</td><td rowspan="8">75</td></tr>
<tr><td>莲瓣当心、双界格线</td><td>1</td></tr>
<tr><td>蘑菇状云纹</td><td>菱形网格当心、双界格线</td><td>1</td><td>1</td><td>3.57</td></tr>
<tr><td rowspan="2">反云纹</td><td>菱形网格当心、双界格线</td><td>2</td><td rowspan="2">5</td><td rowspan="2">17.86</td></tr>
<tr><td>走兽当心、双界格线</td><td>3</td></tr>
<tr><td rowspan="2">羊角状云纹</td><td>乳钉、双界格线</td><td>4</td><td rowspan="2">5</td><td rowspan="2">17.86</td></tr>
<tr><td>乳钉、方形网格当心</td><td>1</td></tr>
<tr><td>旋涡状云纹</td><td>七子莲瓣当心</td><td>4</td><td>4</td><td>14.29</td></tr>
<tr><td rowspan="2">“S”纹类</td><td rowspan="2">“S”纹</td><td>星状突起、双界格线</td><td rowspan="2">7</td><td rowspan="2">7</td><td rowspan="2">7</td><td rowspan="2">25</td><td rowspan="2">25</td></tr>
<tr><td>双圆周、双界格线</td></tr>
<tr><td colspan="3">合计</td><td colspan="4">28（块）</td><td colspan="2">100</td></tr>
</table>

A型 21块。云纹瓦当。按云纹组织形态区别可细分为五亚型。

Aa型 6块。云朵状云纹瓦当。标本J9③：17，泥质灰陶。圆形，当缘宽0.8厘米，当面用一周凸弦圈定主纹饰区，用双界格线把主纹饰区划分为四等份，每一份内饰一云朵状云纹，当心为一圆饼状突起。直径15、当心厚1、当缘厚1.6厘米（图六，12）。

Ab型 1块。蘑菇状云纹瓦当。标本J9②：3，泥质灰陶。圆形，当缘宽0.6厘米，圆形当心内饰菱形网格纹，当缘之内用单线圆周与当心圈定主纹饰区，用双界格线把主纹饰区分为四等份，并从界格线延展出四组对称曲线，用曲线勾连形成蘑菇状云纹。残径13.1厘米（图六，13）。

Ac型 5块。反云纹瓦当。标本J9③：11，泥质灰陶。圆形，当缘宽0.5厘米，当面用一周凸弦圈定主纹饰区，并用双界格线把当面分为四等份，从界格线侧向延展出两条卷曲线，形成反云纹，当心饰菱形网格纹。当背面有切割痕迹，与瓦身相接处有两个穿孔。直径14.8、当缘厚1.3、当心厚1.1厘米（图六，14；彩版一四，3、4）。

Ad型 5块。羊角状云纹瓦当。标本J9⑧：13，泥质灰陶，夹有少量砂粒。圆形，当缘宽0.6厘米，当面由两周凸弦圈定并用双线界格划分为上下对称的两个半区，从界格线中心延展出一组对称的卷曲线，形成羊角状云纹，间以大小不等的五个乳钉，抽象地把每个半区再一分为二，其中三个底径约1厘米的乳钉分布于边沿，两个底径约0.4厘米的乳钉分布于中心。直径17.6、瓦缘厚2.8厘米，有切割痕（图六，15；彩版一四，5）。

Ae型　4块。旋涡状云纹瓦当。标本J9②：2，泥质灰陶。圆形，当缘宽1厘米，当心饰圆形七子莲瓣纹，当缘之内用单线圆周与当心圈定主纹饰区，并从单线圆周延展出四组对称回旋曲线，相邻曲线用对应的回旋曲线勾连，形成旋涡状云纹。直径15.1、当心厚1.1、瓦缘厚2.2厘米（图六，16）。

B型　7块。“S”纹瓦当。依据有无星状突起可细分为二亚型。

Ba型　6块。有星状突起。标本J9⑦：22，泥质灰陶。圆形，当面用界格线分为两半区，半区内饰两横向“S”纹，顶端靠瓦缘处有一星状突起。残宽13.4、当心厚1.1厘米（图六，17）。

Bb型　1块。无星状突起。标本J9⑧：16，泥质灰陶。圆形，瓦缘内用双圆周圈定主纹区，用双界格线分为上下两半区，半区内饰一对横向“S”形纹。残宽13.4厘米（图六，18）。

（三）铜器

共14件。

箭镞　12件。铜镞铁铤。根据镞身形态不同可分为二型。

A型　3件。有翼三棱形镞。在柱脊上凸起三翼作刃，三刃前聚成尖锋。根据刃部与关部的长短变化可细分为三个亚型。

Aa型　1件。刃部长，前弧后束，关部短。标本J9⑦：5-1，刃前部宽后部束腰，短圆锥形关，圆柱形铁铤已残断。刃长3.6、关长0.6、铤残长1.3、通长5.5厘米（图七，1）。

Ab型　1件。刃部短，前弧后束，关部短。标本J9⑦：5-2，弧刃尾部无束腰，圆锥形短关，铁铤已残断。刃长3、关长0.6、铤残长5.7、通长9.3厘米（图七，2）。

Ac型　1件。刃部较长，弧刃无束，关部长。标本J9⑦：5-3，弧刃尾部无束腰，圆柱形长关，铁铤已残断。刃长3.2、关长1.2、铤残长0.8、通长5.2厘米（图七，3）。

B型　9件。无翼三棱形镞，截面呈三角形，脊与刃无分界线，三刃聚交成尖锋。依据镞身形态不同可细分为二亚型。

Ba型　6件。镞身短小，关截面为六棱形。标本J9⑥：5-1，三刃斜直相交成尖锋，锋刃利，后锋平切截断成六棱形关，方柱状铁铤已锈蚀断折。刃长2.2、关长0.5、

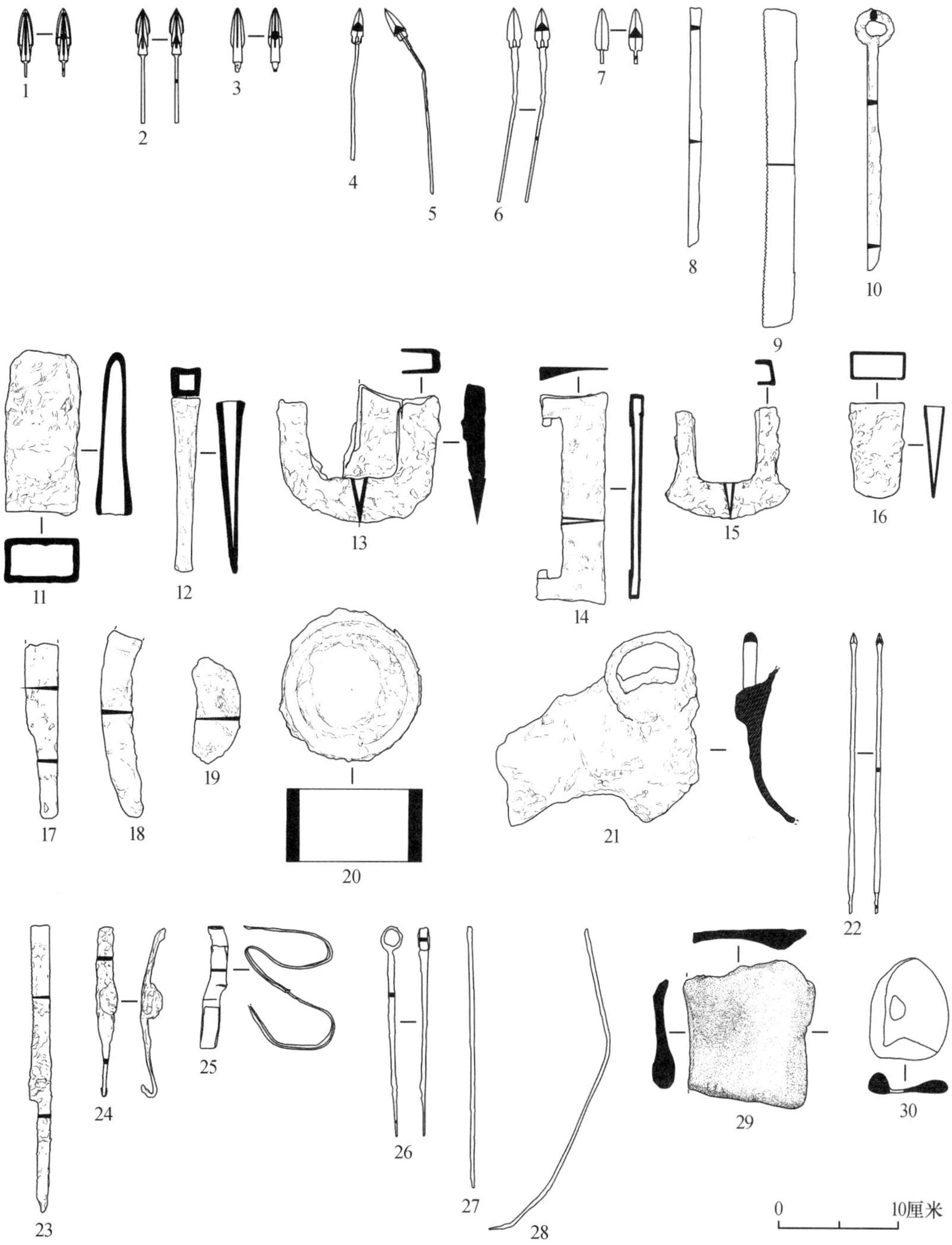

图七　J9出土铜器、铁器、石器

1. Aa型铜箭镞（J9⑦：5-1）　2. Ab型铜箭镞（J9⑦：5-2）　3. Ac型铜箭镞（J9⑦：5-3）　4、5. Ba型铜箭镞（J9⑥：5-1、J9⑥：5-2）　6、7. Bb型铜箭镞（J9⑤：14、J9⑥：5-3）　8. 铜削（J9⑥：3）　9. 铜锯（J9③：1）　10. 铁削（J9⑥：7）　11. 铁斧（J9③：2）　12. 铁凿（J9⑤：15）　13. A型铁锸（J9⑤：19）　14. B型铁锸（J9⑥：4）　15. C型铁锸（J9⑤：17）　16. 铁錾（J9⑤：21）　17. 铁刀（J9⑧：4）　18. 铁镰（J9⑦：9）　19. 铁刮片（J9⑧：3）　20. 铁环（J9⑦：2）　21. 铁釜（J9④：1）　22. 铁箭（J9⑧：2）　23. 铁锯（J9③：6）　24. 铁带钩（J9⑦：13）　25. 铁钩（J9⑤：1）　26. 铁簪（J9⑤：16）　27、28. 铁条残断件（J9④：3、J9④：11）　29. 砺石（J9⑦：1）　30. 穿孔石器（J9⑤：2）

铤残长9.5、通长12.2厘米（图七，4）。标本J9⑥：5-2，三刃斜直相交成尖锋，锋刃利，后锋平切截断成六棱形关，方柱状铁铤已锈蚀残断。刃长2.2、关长0.5、铤残长11.3、通长14厘米（图七，5）。

Bb型　3件。镞身宽长，关截面为六棱形，关深浅不一。标本J9⑤：14，三刃斜直相交成尖锋，后锋平切截断成六棱形关，圆柱形铁铤已残断。刃长2.5、关长0.5、铤残长12.5、通长15.5厘米（图七，6）。标本J9⑥：5-3，三刃斜直相交成尖锋，后锋微平切截断形成浅关，方柱形铁铤已残断。刃长3、关长0.3、铤残长1.1、通长4.4厘米（图七，7）。

削　1件。标本J9⑥：3，长条形削，柄与刃均已残断，削背平直，刃部截断面呈尖三角形，柄部截断面呈梯形。柄残长8.2、刃部残长10.8、通长19、宽0.8～1.1厘米（图七，8）。

锯　1件。标本J9③：1，长条形锯，锯条已变形略有曲翘，锯齿已钝，锯齿边略长于锯背边，两端锯边略呈弧形。锯齿边长25.4、锯背边长24.6、宽2.2～2.6、齿深0.2厘米（图七，9）。

（四）铁器

共35件。绝大部分锈蚀较严重，有生产工具、日用器具、武器等。

削　2件。形制相近。标本J9⑥：7，保存较好，近圆形环首，刀背平直，柄刃相交处呈斜肩状，直刃，剖面呈三角形，柄略短于刀身，剖面呈梯形。刃长10.5、首柄长10.2、通长20.7、柄宽0.8、刃宽1.1、刀背厚0.5厘米（图七，10）。

斧　4件。形制相近。标本J9③：2，长方形斧，宽度约占长度一半，长方形銎口，上厚下薄，刃残钝锈蚀。长12.8、宽6、高3、銎口厚0.4厘米（图七，11）。

凿　2件。形制相近。标本J9⑤：15，长方锥形凿，上有梯形銎口，凿身横剖面呈梯形，由銎口向下聚合成锋，凿锋已钝，微外凸。通长13.7、銎口宽2～2.5、高2.4厘米（图七，12）。

锸　4件。形制不一，内有木板残块。依据整体形状及刃部特征可分三型。

A型　2件。“U”字形，刃圆弧。标本J9⑤：19，“U”字形，刃圆弧，剖面呈“V”字形，上部两侧竖立有近梯形凹槽的倒门框形銎，銎内尚残存木板。高10、宽13、厚2厘米（图七，13）。

B型　1件。扁凹字形，刃平直，两侧尖凸。标本J9⑥：4，凹字形，刃平直，两侧尖凸，剖面呈“V”字形，上部两侧竖立有近梯形凹槽的倒门框形銎。高5.5、宽16.9、厚1.2厘米（图七，14）。

C型 1件。凹字形，刃圆弧，两侧尖凸。标本J9⑤：17，凹字形，刃圆弧，两侧尖凸，剖面呈“V”字形，上部两侧竖立有近梯形凹槽的倒门框形銎，锈蚀较严重。高8.9、宽10.4、厚2厘米（图七，15）。

錾 1件。标本J9⑤：21，斧形錾，长方形銎口，剖面呈“V”字形，圆弧刃，已锈蚀断裂。通长7.5、銎口宽4.5、厚2厘米（图七，16）。

刀 1件。标本J9⑧：4，长条形，刃部已残断，刀背平直，柄刃相交处呈斜肩状，直刃已锈钝，剖面呈三角形，柄部剖面呈梯形，柄尾较厚，有一三角形穿孔。残长14、宽1.4～2.8、厚0.2～0.5厘米（图七，17）。

镰 1件。标本J9⑦：9，月牙形，齿部已锈钝残断，剖面呈三角形，镰背圆弧。残长15、宽1.1～2.4、镰背厚0.3厘米（图七，18）。

刮片 1件。标本J9⑧：3，半月形，弧刃，已锈钝。长8.4、宽3.8、刮片背厚0.1厘米（图七，19）。

环 1件。标本J9⑦：2，锈蚀较严重，环内外粘附有大量铁锈。环内径9、环厚1、高4.8厘米（图七，20）。

釜 1件。标本J9④：1，仅存一环耳及附近腹部残片，环耳截面呈椭圆形，锈蚀较严重。残宽17、高15.1厘米（图七，21）。

箭 1支。标本J9⑧：2，三棱形镞，截面呈三角形，三刃聚交成尖锋，刃尾内收成圆柱形箭杆，杆表面漆黑有光泽，似涂有一层薄漆，杆末端收束为更小的圆柱卯，残断。镞长1.8、杆残长20.7、杆截面直径0.5、通长22.5厘米（图七，22）。

锯 1件。标本J9③：6，刀形锯，已残断，锯背平直，锯齿已钝，锈蚀较严重。锯柄残长9、锯身残长13.7、宽1.3～1.6厘米（图七，23）。

带钩 1件。标本J9⑦：13，锈蚀较严重，钩头似鸟喙，钩身从头至尾弯曲渐宽，状若琵琶，圆形钩钮位于钩身中部偏尾端。钩身长13.6、宽0.4～1.3、厚0.2～0.4厘米（图七，24）。

钩 1件。标本J9⑤：1，“3”字形扁条带钩，断面呈扁长方形，尾部末端向上弯折，已残断。钩长9.8、宽1.5、厚0.2厘米（图七，25）。

簪 1件。标本J9⑤：16，环首，簪柄横断面呈方形，方柄向簪末聚合成尖圆针状。长16.7、簪首宽0.8厘米（图七，26）。

铁条残断件 12件。多已锈蚀，横剖面呈圆形、方形或多边形，应多为箭铤、箭杆残件，粗细不一，直径最小者0.1厘米，最大者0.5厘米。标本J9④：3，已残断锈蚀，中部略粗，横剖面呈多边形。残长20.9、直径0.4厘米（图七，27）。标本J9④：11，已残断锈蚀，弯曲，横截面呈圆形，一端略大，末端尖圆。残长25.4、径0.1～0.5厘米（图七，28）。

（五）石器

2件。均为灰色硅质岩，可见人工使用痕迹。

砺石　1件。标本J9⑦：1，灰色硅质岩。已残断，中部薄边缘厚，中部为磨光凹面。残长11.7、宽11、厚0.5～1.8厘米（图七，29）。

穿孔石器　1件。标本J9⑤：2，灰色硅质岩。不规则扁圆形，边缘厚，中心有一不规则椭圆形穿孔，未见打磨痕迹，但在孔侧有磨损等使用痕迹，应为自然形成的带孔砾石作网坠等物之用。最大径长8.3、宽6.6、厚1.6厘米（图七，30）。

漆木器的树木、植物籽实、动物骨骼等种属尚待鉴定。

三、简　　牍

（一）简牍的收集和前期处理

1. 现场处理

发掘过程中认真收集各类金属、陶、石质地文物的同时，我们特别留意堆积包含物中竹木材质的文物，其呈长条状的竹条等物，我们悉数收集，以待室内仔细甄别，虽然它们可能是竹篮、竹筐等竹编器具破败后的遗留。竹简出土时有成组出现和零星分散出现两种情况，长条状竹质物中如有竹简，归入零星散乱一类，收集包装时分别对待。成组的简牍以彩条布承托出井，裹以窗纱，移入包装箱中，箱内垫以海绵，加蒸馏水和灭菌药剂（药剂种类和用量咨询文物保护专家）。第7层简牍多系古人一次投入井中，但漂散且混杂在淤泥和生活垃圾中，现场清理时分四组提取，编号为⑦壹、⑦贰、⑦叁、⑦肆，散乱者则按出土顺序编为⑦1～26。零星出现的简牍，详细记录，在包装箱中垫以海绵和保鲜膜，一层简牍一层海绵和保鲜膜，据层位和出土时序依次摆放。保鲜膜既可保持简牍原有水分，也避免磨损简牍的文字墨迹。

2. 室内清理

当下多称这一步骤为室内发掘，我们综合以往工作经验，拟定工作程序。前面提到简牍有成组出现和零星出现两种情形，现场已对其做了有针对性的分别处理，室内发掘同样区别对待。成组的简牍自箱中取出，置于工作台面上，小心揭去包装，清除表面淤泥、杂物，拍摄照片，设置参照坐标点，绘图、编号、揭剥，按编号装入塑料盘中，压上玻璃条以免漂动错位，进入清洗阶段。每一组简牍重复上述程序，逐层清理，直至完成该组简牍的揭剥（图八）。零星散乱出土的，因为现场装箱时依据出土

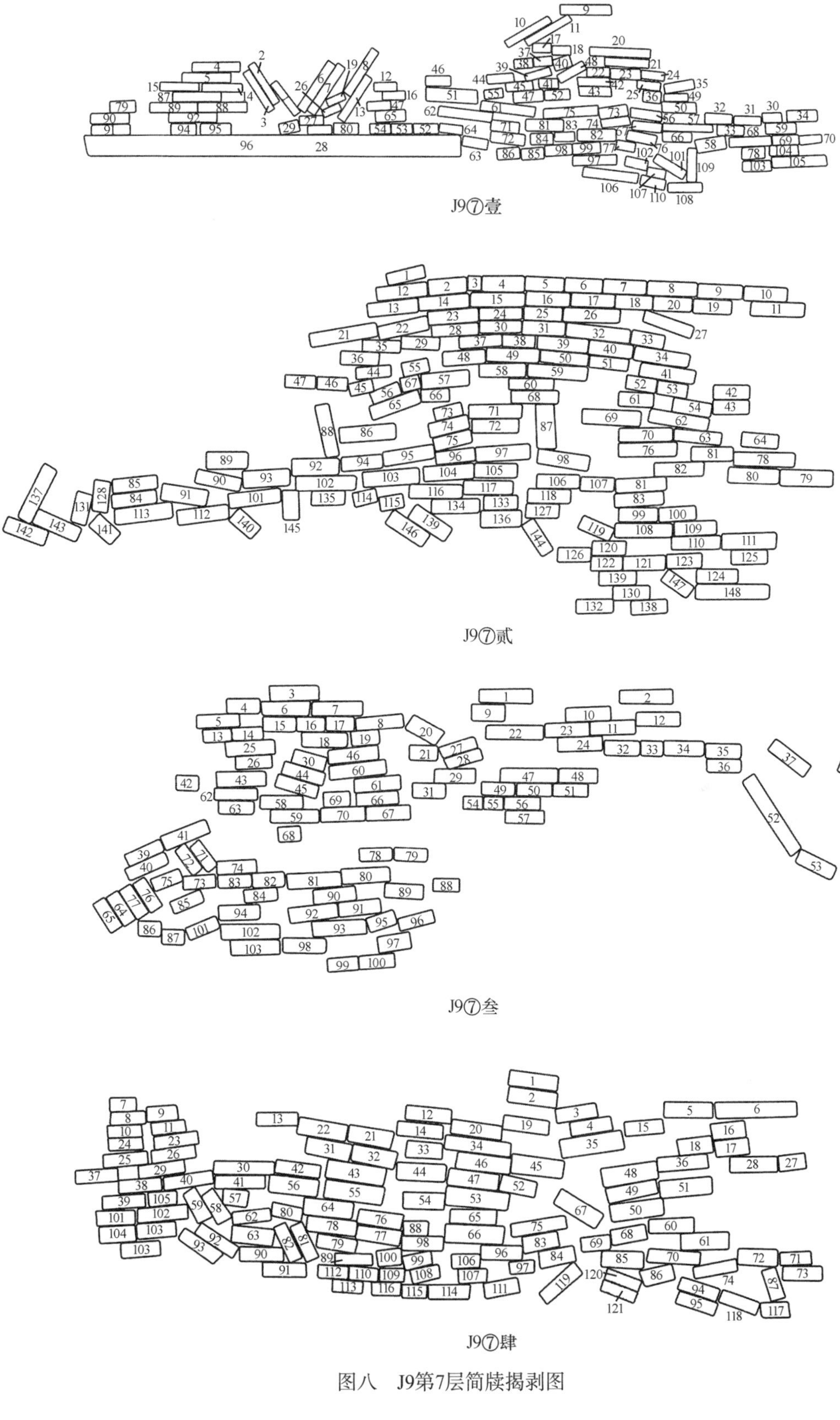

图八　J9第7层简牍揭剥图

顺序，此刻按出土顺序逆序装盘，其中非简牍占很大比例，需要边清洗边甄别，选出的简牍装盘顺序与出土时相反，其余步骤与成组简牍相同。

（二）简牍概况

经过清洗、红外扫描和目验甄别，J9第3、5、7、8层保存有简牍，其他各层竹木材质遗物不是简牍。其中第7层简牍一次性投入井中，第3、8层简牍分散出现在填土中。保存情况不好，尤其是竹简，糟朽、降解严重，多折断和纵向开裂的情况，糟朽严重者几乎形如一束纤维。具体情况如下。

有字简牍：第3层木简2枚，第7层竹简567枚，第8层竹简10枚，共579枚。无字简牍：第5层木简7枚，第7层竹简154枚、木简2枚，第8层竹简38枚，共201枚。有字简与无字简合计780枚（以材质计，木简11枚，竹简769枚）。出土简牍的规格、重量详见附表。

第3、7、8层简牍保存情况不好，简文多模糊、漫灭，这里介绍的是有文字可以辨识的简的大部分。

第3层木简2枚，其一长23、宽2.4厘米，重10.8克；其二长46.2、宽2.5厘米，重47克。

第7、8层竹简长度多在22.7～23厘米，略有参差，一般不超出22～24厘米的范围，宽度多为0.7～0.9厘米，厚0.1厘米。

饱水状态时完整简重2～2.4克，最重3.6克。

两道编绳，无法分辨先编联后书写还是先书写后编联。

简文内容是簿籍类文书，多数单面书写，人口登记的簿籍部分分栏书写。书写时一支简记一人或一事，简面大部分留白，断裂后下半段无字，但因错位而难于缀合，统计时会有同一支简有字残段归入有字简，无字残段计入无字简的现象。

简文均毛笔墨书。

据新闻出版相关规定，辑刊正文必须以简体字排印，如此，简牍文字可能失其本真。权衡再三，我们将释文附于J9报告之后，以繁体字保留其字形信息。

（三）简牍内容述略

简三·一（简的编号为“层位号·序号”）是秦二世胡亥继位第一个月发布的诏书，“朕奉遗诏”，强调继位政治的正确性；“尽为解除流罪”是司法改革；“分县赋扰黔首”，有经济改革、赈济平民之意；“毋以细物苛刻县吏”则是吏治的变化。看来二世虽然年少，未必如历史文献所记载的糊涂，也和臣属一道看到了始皇政策的诸多弊端，流罪在当时是极为严重的法律惩罚，有流罪重于死刑的说法，这一做法一直延续到明清。“尽为解除流罪”应当是一件非常大的事件，可惜二世享国日短，这一法规未能影响到后世。诏书短短的104个字，内容丰富，超过秦泰山、琅玡刻石和铜版秦二世诏书等。

缀合、复原文档难度非常大，我们根据简文内容调整了第7层竹简顺序。简七·一上端虽略有残断，文字似乎未受影响，简文较完整，为“事卒凡五十四人，远柰之月乙亥之日，□□□□不□将卒……”，我们以之为据并参照其他简文，知道这些竹简应是一种簿籍，其记录书写顺序为：“事卒”之数量、事件发生之时间、“将（率领）”事卒之官吏姓名（监某人、吏某人）、所执行之任务“行（进行某种活动或出发）”，然后分别记录“事卒”的姓名、居住地点的“里”名、参与其事的其他官吏的姓名和职位。

具体年名未录，记月以楚国独有的月名“远柰”、“刑柰”等，以干支记日。

记录事卒和吏员的格式：（州、邑、里）+人名、县名+职位+人名、身份（或爵位）+人名+所居之里名，参与“行”的官员官职与姓名。

简文中卒、倅并出，为同一字无疑，是行役、从事某种工作的平民的专称。“事”读如“使”，有安排、差遣之意。

地名和官名有益阳□□大官首、繁昜剌、芋州公、世蘘溪公、□昜公、賫公、下佰令、上佰司马等，“大府”则可能是负责某些专门工作如钱物的部门。因简文残泐过甚，无法探讨里之上的行政单位名称。郛彧、繁昜、芋州、曾、宜处、襄邑、蔡等，它们未必是益阳县所辖，可能是与益阳平级的单位。简文所载里名也无从还原到具体的县、彧、州、邑之中。

由此看来，第7层的竹简大多数是益阳县（益阳也作⿱艹貝昜）县署记录“事卒”的簿籍。简文未见题名，且缺乏传世文献和同时期的出土文献可资对比，时代稍晚的里耶秦简中有“吏员簿”、“作徒簿”，更晚的居延汉简有“劳作簿”，考虑到简七·一至八多有“事卒”一名，我们径称之为“事卒簿”。

简文大多数以楚国文字书写，七·一四五至一五〇简的文字风格更接近秦代隶书。比较费解的是简七·一五一，它长仅3厘米，双面书写，一面是楚文字，一面是秦文字“郡县”，以此推测，虽竹简记事未载具体年份，但离秦国势力的到来，“天下为郡县”已是时日无多了。

四、结　语

通过对遗址的发掘和整理，我们首先明确了该遗址作为历史上益阳县县城遗址的性质及其历史价值。益阳是湖南境内最早设置的县之一，兔子山遗址是益阳城市文化之根。二是大批量简牍面世。简牍内容丰富，弥补了文献记载的不足，是研究战国秦汉至三国时期益阳历史的珍贵实物资料。三是以J9为代表的遗迹单位内与简牍共出的砖瓦、陶瓷等其他材质的文物十分丰富，共存关系明确，参照简牍文书具体的年月记载，这些文物是建立益阳及临近地区物质文化历史序列极其难得的实物标本。

（一）关于益阳古城

遗址所在地理环境较优越，两千多年以来人类在此处的生产生活活动极为频繁，留下众多不同时期的遗迹、遗物，在这漫长的过程中，建设和破坏并存，经过多次建造和修整，兔子山遗址早期的面貌已经不能复原。湖北省荆门包山二号墓出土之简83有“益阳公”的字样，是楚国益阳县之县公无疑，说明楚怀王之时已有益阳县之设[1]。本次发掘在兔子山遗址古井内出土的楚简进一步证实了楚国益阳县城的存在。

秦汉益阳县治所在何处，谭其骧先生主编的《中国历史地图集》将其定在今益阳市东赫山区一带[2]。20世纪七八十年代文物工作者推测位于今赫山区的铁铺岭城址即为秦汉益阳县城。兔子山遗址现存规模约400米见方，这也是秦汉时期县治通则。该城西南一带有大量东周两汉墓葬分布，隋唐及以后的墓葬也时有发现，如此集中墓群的分布与城址的存在正相契合[3]。北魏郦道元《水经注》：“茱萸江又东径益阳县北，又谓之资水。应劭曰：县在益水之阳。今无益水，亦或资水之殊目矣。”《元和郡县图志》卷二九《江南道五》载：“澬水，一名茱萸江，南自邵州流入，经县南三十步。……益水，出县东南益山，东北流入澬。”查今时地图和地面调查，不见此“益水”的踪迹，也许是千百年沧桑之后，此“益水”湮没无存。如若“溢水”真实地存在过，“益阳”一名由来的疑问也就涣然冰释了。今铁铺岭城址东有小河名兰溪河，或与益水有关。综合简牍、有关文献和考古资料来看，铁铺岭城址为楚、秦、两汉、六朝益阳县城已无疑义。

兔子山遗址发掘区上层文化堆积已遭受严重破坏，本次发掘在该城址隋唐时期文化遗物发现较少，仅在J12及探方地层之内发现少量长沙铜官窑瓷片。在残余的文化堆积中仍发现大量砖瓦、瓦当、麻石建筑基址等建筑遗存，此外还有定窑、耀州窑、建窑及本地的羊舞岭窑等窑址烧造的瓷器残片，这说明该区域宋元时期虽然已不是县城遗址，但仍是一处重要的居址。

（二）简牍的价值

秦二世诏书可与北京大学藏西汉简牍中的《赵正书》互相印证，对于研究秦二世其人和秦代历史具有十分重要的价值。“事卒簿”则是考古工作中首次发现战国时期县级衙署的档案文书，是探讨楚国基层政府行政运作非常有趣的资料，可资研究楚的县、乡、里等设置、官制、人口管理、历史地理等。

（三）砖瓦、陶瓷等其他遗物、遗迹的研究价值

古井出土了大量板瓦、筒瓦、瓦当、空心砖、长条砖、陶瓷器、漆木器、铁器、铜器、动植物标本、木质生产工具等不同材质文物，他们为研究当时的生产生活、充实益阳历史提供了十分重要的资料。尤其是其中出土量最大的砖瓦、陶瓷、古井等遗物、遗迹可为建立相对完整的物质文化历史序列提供准确的实物标本。本次发掘采集的大量砖瓦将有益于复原益阳县城建筑及用材的演变历史；水井年代序列清晰，对研究历代古水井的构筑历史具有重要价值；陶瓷标本丰富，对湖南陶瓷史研究具有重要意义；城址周边墓葬分布密集、材料丰富，具有极高的学术研究价值。

（四）关于J9

J9内出土的釜、甑、盆、瓮和大口罐这一套日用炊器及空心砖等砖瓦建筑材料是秦文化的代表性物质遗存[4]，同出楚、秦简牍，而不见汉代及以后的遗物，其废弃时间当在秦末，大量残破建筑砖瓦及生活器具被丢弃于井内可能与秦末战乱之后汉初重建衙署的工程有关。高领圜底的汲水罐特征明显，是楚地所特有，这些遗物都与秦代遗物共存，从里耶、长沙等古城的考古情况看，秦灭楚后湖湘一带似乎未经激烈的战争即为秦所有[5]。基于以上理由，我们认为，J9开凿于楚治时期，秦代沿用。

陶器，特别是陶釜、盆、罐、瓮、甑，个体很大，蒸煮炖焖等种类齐备，这些大型日用生活器具应该是当时益阳县衙署厨房专用器具。空心砖、方砖、条砖、板瓦、筒瓦、瓦当等建筑材料对研究秦代县衙建筑提供了难得的实物资料。由于秦代统治时间短暂，湖南秦代考古资料较贫乏，秦代墓的识别也有相当的难度，这就更显出J9出土文物的珍贵，有益于深入探讨秦代的统治对湖南地区文明进程的实际影响。

附记：发掘领队为张春龙，参加发掘人员有张兴国、周创华、曹伟、邓建强、阳承良、熊有志、谈国鸣、潘茂辉、罗斌香、盛东波、张朝辉、唐钊轲、盛亚中、臧国良、曹建宏、徐建光、蒋乐平、刘其军、匡立球、吴丽华、夏蕊、文逸。湖南城市学

院16位同学参加了分拣填土中文物的工作。测量由徐佳林完成；器物修复为易万春、杜林慧、汪华英、朱元妹、龚辉群、付林英；绘图为段欣、罗斯奇、罗希、李静；摄影为杨盯；揭剥绘图为陆翼捷、段欣；简牍室内整理、揭剥、清洗、红外扫描、测量、称重由周西璧、刘娜、屈凤、周西黛完成；释文由张春龙、赵路路完成。

荆州文物保护中心吴顺清先生、方北松先生到现场指导竹木器和简牍的保护处理，谨致谢忱。

执笔：张兴国　张春龙

注　释

［1］ 徐少华：《包山楚简释地八则》，《中国历史地理论丛》1996年第4期。

［2］ 《中国历史地图集》第22～23页，西汉“荆州刺史部”；第49～50页，东汉“荆州刺史部”诸幅。地图出版社，1982年。

［3］ A. 益阳市文物管理处、益阳市博物馆：《益阳楚墓》，文物出版社，2008年。

B. 湖南省博物馆、益阳县文化馆：《湖南益阳战国两汉墓》，《考古学报》1981年第4期。

C. 益阳县文化馆：《湖南益阳县赫山庙唐墓》，《考古》1981年第4期。

D. 益阳地区博物馆：《湖南益阳市大海圹唐宋墓》，《考古》1994年第9期。

［4］ A. 贺刚：《论湖南秦墓、秦代墓与秦文化因素》，《湖南考古辑刊》第5集，《求索》增刊，1989年。

B. 秦都咸阳考古工作站：《秦都咸阳第一号宫殿建筑遗址简报》，《文物》1976年第11期。

［5］ A. 湖南省文物考古研究所：《里耶发掘报告》，文物出版社，2006年，第238页。

B. 黄纲正、周英、周翰陶：《湘城沧桑之变》，湖南文艺出版社，1997年，第44～46页。

The Excavation of No.9 Well of Tuzishan Site in Yiyang City of Hunan Province

Hunan Provincial Institute of Cultural Relics and Archaeology

Yiyang Municipal Institute of Archaeology

Abstract: During May and November 2013, Hunan Provincial Institute of Cultural Relics and Archaeology and Yiyang Municipal Institute of Archaeology made up of a team to conduct a salvage excavation of Tuzishan site in Yiyang City. Totally 1000 square meters area was opened. Bamboo and Wooden Slips of different period were discovered in 11 ancient wells among 16 this kind of wells. They are precious material data for the research of the local administrations system and the history from Warring States and Qin and Han dynasty to Three Kingdoms Period. This excavation makes clear the site's nature and value as the county seat of Yiyang in history. The bricks, tiles and potteries, which were coexisted with the Bamboo and wooden slips in the Relics'unit represented by J9, were in abundance in quantity. Thus these artifacts provide uncommon specimen for the historical cultural sequence in Yiyang and neighboring area.

Keywords: Tuzishan Site; No.9 Well; Chu and Qin; Bamboo and Wooden Slips; Yiyang County Seat

附表　兔子山遗址J9简牍规格、重量登记表

编号	规格（厘米）	重量（克）	备注
J9③・1	23 × 2.4–0.2	10.8	
J9③・2	46.2 × 2.5–0.3	47	
J9⑦・1	19 × 0.8	*	
J9⑦・2	14.4 × 0.9	*	
J9⑦・4	9.9 × 0.7	*	
J9⑦・8	3 × 0.9	*	
J9⑦・9	8.75 × 0.8	*	
J9⑦・10	3.7 × 0.8	*	
J9⑦・11	7.1 × 0.9	*	
J9⑦・12	6.4 × 0.7	*	
J9⑦・13	7.5 × 0.8	*	
J9⑦・14	4.8 × 0.8	*	
J9⑦・16	6.3 × 0.7	*	
J9⑦・17	3.9 × 0.8	*	
J9⑦・19	4.6 × 0.8	*	
J9⑦・21	6.8 × 0.8	*	
J9⑦・22	3.1 × 0.6	*	
J9⑦・23	7.5 × 0.9	*	
J9⑦・24	3.2 × 0.6	*	

续表

编号	规格（厘米）	重量（克）	备注
J9⑦·25	4.7×0.8	*	
J9⑦壹·1	5.2×0.7	0.2	
J9⑦壹·3	8.1×0.8	0.8	
J9⑦壹·10	20.1×0.8	2	
J9⑦壹·13	8.4×0.75	0.6	
J9⑦壹·16	20.2×0.7	2	
J9⑦壹·28	7.7×0.8	※	
J9⑦壹·29	3.3×1	※	
J9⑦壹·39	7.9×0.6	0.2	
J9⑦壹·43	24.1×0.9	3.6	
J9⑦壹·44	11×0.4	0.6	
J9⑦壹·58	22.6×0.7	2.2	
J9⑦壹·61	19.2×0.8	1.4	两段
J9⑦壹·77	9.4×0.6	0.6	
J9⑦壹·78	11.8×0.8	1	
J9⑦壹·85	10.1×0.8	1	
J9⑦壹·101	7.1×0.8	0.8	
J9⑦壹·111	6.3×0.9	0.6	裂
J9⑦壹·112	5.8×0.7	0.4	裂
J9⑦壹·114	6.6×0.8	0.4	
J9⑦壹·115	9.2×0.7	0.4	
J9⑦壹·116	6.3×0.4	0.2	
J9⑦壹·124	3.7×0.6	※	
J9⑦贰·4	14.7×0.7	1	
J9⑦贰·6	23×0.7	2	
J9⑦贰·8	21.5×0.7	2	
J9⑦贰·9	22.9×0.7	2.4	
J9⑦贰·13	23×0.7	1.8	两段
J9⑦贰·18	23×0.7	2	
J9⑦贰·25	22.9×0.7	2.4	
J9⑦贰·26	22.4×0.7	2.4	
J9⑦贰·27	23×0.7	2.6	
J9⑦贰·28	22.9×0.7	2.4	
J9⑦贰·29	23×0.7	2.2	
J9⑦贰·30	23×0.8	2.4	

续表

编号	规格（厘米）	重量（克）	备注
J9⑦贰·31	22.9×0.75	2.6	
J9⑦贰·33	22.6×0.75	2.2	
J9⑦贰·38	22.9×0.8	2.4	
J9⑦贰·42	22.8×0.7	2.4	
J9⑦贰·46	20.3×0.7	1.6	
J9⑦贰·57	21×0.7	2	
J9⑦贰·58	21.3×0.7	2.2	
J9⑦贰·59	22.7×0.7	2.4	
J9⑦贰·60	22.9×0.8	2.6	
J9⑦贰·61	22.8×0.7	2	
J9⑦贰·63	22.8×0.7	2.2	
J9⑦贰·64	22.2×0.75	2.2	
J9⑦贰·68	22×0.8	2.2	
J9⑦贰·69	22.9×0.8	2.4	
J9⑦贰·77	21×0.6	1.6	
J9⑦贰·78	21.5×0.6	1.8	
J9⑦贰·79	21.5×0.7	2	
J9⑦贰·82	21.4×0.7	2	
J9⑦贰·84	23×0.8	2.2	
J9⑦贰·99	18×0.7	2.4	
J9⑦贰·100	5.6×0.7	0.6	
J9⑦贰·103	21.2×0.65	2	
J9⑦贰·104	21.4×0.7	2.2	
J9⑦贰·111	22.9×0.7	2.2	三段
J9⑦贰·114	7.4×0.6	0.6	
J9⑦贰·122	22.9×0.8	2.6	
J9⑦贰·123	23×0.7	2	
J9⑦贰·124	21.1×0.7	2.2	
J9⑦贰·128	9×0.9	1	
J9⑦贰·129	22.7×0.7	2	
J9⑦贰·131	5.2×0.7	0.6	
J9⑦贰·149	8.8×0.6–0.05	※	
J9⑦贰·150	6.2×0.8–0.05	0.6	
J9⑦贰·152	5×0.4–0.05	※	
J9⑦叁·2	12.5×1.1	1.4	

续表

编号	规格（厘米）	重量（克）	备注
J9⑦叁 · 5	22.7 × 0.9	2.2	
J9⑦叁 · 21	15.6 × 0.8	1	
J9⑦叁 · 30	22.9 × 1	2.4	
J9⑦叁 · 32	22.7 × 0.7	1.6	
J9⑦叁 · 33	22.7 × 0.9	2	
J9⑦叁 · 34	22.2 × 0.7	1.2	
J9⑦叁 · 35	22.7 × 0.7	1.4	
J9⑦叁 · 36	20.2 × 0.7	1.6	
J9⑦叁 · 42	22.8 × 0.6	1.4	
J9⑦叁 · 43	22.7 × 0.8	2.2	
J9⑦叁 · 45	22.7 × 0.8	3	
J9⑦叁 · 46	22.7 × 0.9	1.8	
J9⑦叁 · 49	22.8 × 0.8	2.6	
J9⑦叁 · 50	22.7 × 0.8	1.8	
J9⑦叁 · 53	7.2 × 0.9	0.6	
J9⑦叁 · 56	22.8 × 0.8	2.2	
J9⑦叁 · 58	22.7 × 0.9	2	
J9⑦叁 · 59	22.7 × 0.9	2.8	
J9⑦叁 · 61	22.9 × 0.9	2.4	
J9⑦叁 · 62	22.7 × 0.9	3	
J9⑦叁 · 67	22.8 × 0.9	2.4	
J9⑦叁 · 68	22.8 × 0.9	2	
J9⑦叁 · 70	22.8 × 0.8	2.4	
J9⑦叁 · 79	22.9 × 0.8	1.8	
J9⑦叁 · 81	22.8 × 0.9	2.8	
J9⑦叁 · 82	22.8 × 0.9	2	
J9⑦叁 · 83	22.8 × 0.8	1.6	
J9⑦叁 · 88	13.3 × 0.8	0.6	
J9⑦叁 · 93	22.8 × 0.8	1.8	
J9⑦叁 · 104	7.5 × 0.9	0.8	
J9⑦叁 · 105	8.2 × 0.9	0.6	裂
J9⑦叁 · 114	4 × 0.6	0.2	
J9⑦肆 · 2	15 × 1	2.6	
J9⑦肆 · 3	4.9 × 0.7	0.4	
J9⑦肆 · 9	15.3 × 0.7	1.2	

续表

编号	规格（厘米）	重量（克）	备注
J9⑦肆・11	23.5 × 0.8	2.2	两段
J9⑦肆・13	22.6 × 0.7	2.2	
J9⑦肆・31	22.2 × 0.8	2.2	
J9⑦肆・34	22.5 × 0.9	3	
J9⑦肆・41	24.2 × 0.7	1.6	
J9⑦肆・42	24.3 × 0.7	1.4	两段
J9⑦肆・44	24.1 × 0.7	1.4	
J9⑦肆・48	22.3 × 0.8	1.6	
J9⑦肆・50	23.3 × 0.8	2.2	
J9⑦肆・52	22.6 × 0.8	2	两段
J9⑦肆・53	24.1 × 0.8	1.6	
J9⑦肆・54	23 × 0.8	2	
J9⑦肆・55	24.2 × 0.8	1.8	
J9⑦肆・56	24.1 × 0.7	2.4	
J9⑦肆・61	23.5 × 0.7	2.2	两段
J9⑦肆・62	22.7 × 0.7	1.8	
J9⑦肆・64	23.1 × 0.8	2	
J9⑦肆・65	23 × 0.7	2.4	
J9⑦肆・77	22.6 × 0.8	2.2	
J9⑦肆・78	24 × 0.9	2.2	
J9⑦肆・88	24.2 × 0.8	1.6	两段
J9⑦肆・91	22.2 × 0.7	1.8	两段
J9⑦肆・94	22.9 × 0.8	2.2	两段
J9⑦肆・97	22.8 × 0.75	2	
J9⑦肆・98	22.6 × 0.7	2.4	两段
J9⑦肆・109	23.2 × 0.7	1.8	
J9⑦肆・119	12.9 × 0.8	1.6	两段
J9⑦肆・120 a	12.2 × 0.9	0.8	
J9⑦肆・120 b	13.5 × 0.7	1	
J9⑦肆・121	14.8 × 0.9	1.2	
J9⑧・1	11.2 × 2	※	

注：简牍的厚度为0.1厘米左右者，逐一测量时操作有难度，记录时均以0.1厘米计，表中省略。重量测量使用上海浦春计量仪器有限公司生产的“浦春”电子天平，型号JS6—02，产品编号06921，标记*者为未称量，标记※者为小于0.2克，电子天平不能显示。

附録 J9簡牘釋文

凡例：

一、編號“層位號·序號”是根據簡文内容調整後生成，圖版一至一八附調整後號碼與出土登記號對應表。

二、釋文取消原來的行序，保留原有標點符號，酌加標點。重文符號取消，以括號注出所重文字。模糊不能辨識者以“□”表示，一字一“□”。字數不能確定者以“……”表示。殘斷處以“☑”表示。

三、簡文至末端殘斷處留有空白，以斷碴符號“☑”前空兩個字位表示。

四、簡文原留有字空，均空一個字位表示，分欄書寫者，釋文不分欄，空兩個字位表示。

五、釋文從寬式，不嚴格遵守原偏旁部首位置，如“𨚕”爲“鄰”，“⿱夬糸”徑釋爲“紻”，等等。

六、圖版采用IR6000紅外掃描儀掃描的圖片，受版面限制，圖片較簡牘原大略有縮小。

釋文：

三·一：天下失始皇帝，皆遽恐悲哀甚，朕奉遺詔，今宗廟吏及箸以明至治大功德者具矣，律令當除定者畢矣。元年與黔首更始，盡為解除流罪，今皆已下矣，朕將自撫天下（正）

吏、黔首，其具行事已，分縣賦擾黔首，毋以細物苛劾縣吏，亟布。

以元年十月甲午下，十一月戊午到守府。（背）

三·二：十月己酉，劾曰：女子尊擇不取行錢，問辤（辭）如劾，鞫審·己未，益陽守起、丞章、史完論刑𩞁尊市，即棄死市，盈十日，令徒徙棄冢間。

七·一：☑事傜凡卒（五十）四人隸柰肯（之月）乙亥旹（之日）□□□紀不患遾傜☑

七·二：☑人隸柰肯（之月）丙申旹（之日）行　□監□遾事傜百一人罶屖肯（之月）

七·三：☑凡□人隸柰肯（之月）丙子旹（之日）行　事黃□遾事傜凡卅二人隸柰肯（之月）☑

七·四：☑傜凡一人，　柰肯（之月）甲寅旹（之日）行　□□☑

七·五：☑事黃起遾事□☑

七·六：⍁肯（之月）庚寅旹（之日）

七·七：⍁月□ 䢖事倸凡五⍁

七·八：⍁□工□□黄卒（五十）夆

七·九：益陽都□□大官首□⍁

七·一〇：益陽□□大官首樂⍁

七·一一：[illegible]亓□⍁

七·一二：⍁倸止兵[illegible]⍁

七·一三：⍁□□各自□□□□⍁

七·一四：⍁□止

七·一五：⍁□顕

七·一六：⍁□士□□□⍁

七·一七：⍁以遺中也⍁

七·一八：□夌□⍁

七·一九：□命□公四□□□□⍁（背）

從紻士□[illegible]亓高不⍁（正）

七·二〇：⍁复見□⍁

七·二一：□昜□⍁

七·二二：[illegible]□　⍁

七·二三：⍁[illegible]　⍁

七·二四：冀昜□□　⍁

七·二五：⍁□大官首行　⍁

七·二六：福昜　□□□ [illegible]

七·二七：⍁□□志　⍁

七·二八：　公絑羸

七·二九：⍁□壴　□藍壴

七·三〇：益陽□□大官首□⍁

七·三一：市里　□□攻　⍁

七·三二：□里 □[illegible]⍁

七·三三：渠里□□　⍁

七·三四：□里　⍁

七·三五：□里　⍁

七·三六：⍁五袁□⍁

七・三七：⧄□□□昜

七・三八：⧄告

七・三九：□□

七・四〇：⧄郄[illegible]

七・四一：繫昜剸四巽芋

七・四二：右訁□差巽倚

七・四三：曾夫=宋癸

七・四四：芋州公苛□

七・四五：□谿公壂癸　⧄

七・四六：龔谿公宋□

七・四七：[illegible]昜事笸

七・四八：・□□

七・四九：[illegible]□畐□

七・五〇：黄滮

七・五一：宋魁

七・五二：□陲伺

七・五三：肙公□笞

七・五四：⧄□公□□

七・五五：□□

七・五六：⧄五忠

七・五七：□□□□□

七・五八：亻□公番□

七・五九：□□□可□

七・六〇：[illegible]憙

七・六一：⧄員

七・六二：⧄□墜邸

七・六三：・士□

七・六四：⧄□□　□

七・六五：⧄□刀　辶□戰

七・六六：⧄□顕

七・六七：[illegible]豈　迸戰

七・六八：⧄夫（大夫）侶占

七·六九：□□令□卒（五十）□

七·七〇：笞□□□𧺆□□□

七·七一：⍁易公□

七·七二：鄰卯

七·七三：□苛公□□

七·七四：笞□

七·七五：倖□新里王睗⍁

七·七六：□□公王□　□□□

七·七七：·賫公　⍁

七·七八：⍁□□鄰命爲□□□□⍁（正）

⍁□□□□旹-=□……⍁（背）

七·七九：⍁□士事邑良⍁（正）

⍁易□□□□□□⍁（背）

七·八〇：李□□

七·八一：□叨□□昌公相

七·八二：□□□□□□□軍　□□⍁

七·八三：□□

七·八四：□甲□左馬臣

七·八五：左□四十鈞□

七·八六：□□

七·八七：□吱

七·八八：□□　□□□□

七·八九：□□□□□

七·九〇：計事苛□

七·九一：□□舟節

七·九二：□畀

七·九三：黄□□

七·九四：□陽□□　□□

七·九五：⍁□□絰而□忑□□□⍁（正）

⍁公毋逃亯革命□⍁（背）

七·九六：長䝞或臾冒

七·九七：□事□

七・九八：登亻□　□□給攻計

七・九九：大府周蔆

七・一〇〇：弫□

七・一〇一：□宰□

七・一〇二：卷事□快

七・一〇三：□□

七・一〇四：・□習

七・一〇五：黄□

七・一〇六：黄□□□

七・一〇七：□□公鄰印

七・一〇八：□鄰人栖　⊠

七・一〇九：右□黄□

七・一一〇：⊠□□坐大女子□人⊠

七・一一一：⊠□里人鄠□□利里人鄭緉□□⊠

七・一一二：卒□祿　居在□里

七・一一三：⊠□□逃□攴⊠

七・一一四：卒公□系吉⊠

七・一一五：□□□　居……

七・一一六：□□□□　居在□里　……

七・一一七：□□□□□□　居在□里

七・一一八：斿□畐　□□□　……

七・一一九：墅□思

七・一二〇：蕢里陽里

七・一二一：柬□□=

七・一二二：卒陽□　居在□□

七・一二三：卒宋□　□□□……

七・一二四：卒朱□　……見在□□

七・一二五：下佰令□□　居在□□

七・一二六：成名臣

七・一二七：亻□

七・一二八：宜處賜

七・一二九：宜處寰

七·一三〇：卒公紓木□　□□□□

七·一三一：倅□□　居在□昌行

七·一三二：倅□走□　居在坣 □里　行

七·一三三：倅黄軍　居在坣 □里　行

七·一三四：□□惑　居在羸昌行

七·一三五：鄉里隋

七·一三六：平宜□

七·一三七：上佰司馬揚州□□□□　……

七·一三八：下佰□□□　居……

七·一三九：上佰衙徐朝

七·一四〇：卒蘇齒　□□□□　□□□

七·一四一：卒王慶忌　居在工里　見在□

七·一四二：□□郝龐　☐

七·一四三：命于苛庚

七·一四四：☐快

七·一四五：至兵疏吏□致中立吏主卒者□□☐（正）

□□□□□□□可得敬造備之□☐（背）

七·一四六：☐□□左一複

七·一四七：工里□布□　☐

七·一四八：襄邑宛里□☐

七·一四九：□□里□□☐

七·一五〇：☐·男子籍□☐

七·一五一：☐郡縣☐（正）

☐莫汝 ⺮□☐（背）

八·一：毋□兌□□□□田□僉☐

思□□者從止□□□☐

□□□□☐

湖南岳阳文桥汽车站北宋合葬墓发掘简报

岳阳市文物考古研究所
岳阳市云溪区文物管理所

［摘 要］ 2014年11月，为配合城市基本建设，岳阳市文物考古研究所在岳阳市云溪区文桥汽车站抢救性发掘一座宋代砖室墓。该墓为长方形并列双室券顶砖墓，墓室前有护墙，两墓室底部用砖砌筑棺垫，均未砌铺地砖，两墓室共出土青白釉和酱釉瓷器8件。从墓葬形制及出土器物判断，其年代为北宋中晚期，该墓的发现为研究长江中游地区宋墓的区域性特征等提供了材料。

［关键词］ 岳阳；云溪；宋墓；北宋中晚期

文桥汽车站位于岳阳市云溪区文桥镇，地处洞庭湖东岸丘陵地带。2014年11月，文桥汽车站建设工地施工时发现一座砖室墓（编号2014YYWM1，以下简称M1），墓葬位于一当地称为卢家脊的低矮丘陵南端（图一）。随后，岳阳市文物考古研究所成立调查组赶到现场进行调查，并立即对暴露出来的M1进行了抢救性发掘，现简报如下。

一、墓葬形制

M1封土因粮站建设取土等原因已经无存，现墓葬券顶距粮站水泥晒场1.3米，地层堆积可分为四层：第1层是灰黄色黏土，厚0.2～0.3米；第2层为灰黑色黏质淤土，厚0.2～0.4米；第3层为黄褐色黏土，厚0.2米；第4层为墓葬回填土，黄褐色黏土，厚0.4米，夹杂有较多灰褐色生土颗粒，其下是墓室券顶。

M1为长方形并列双室券顶砖墓，方向为135°，墓室长3.08、宽2.32、高1.3米。左右室封门墙向南北延伸形成护墙，其中右室护墙保存较好，长1.28、宽0.12、高0.5米，单砖错缝平铺，左室护墙已经遭受破坏，仅存底部残砖两块。两室内长2.62、左室宽0.84、右室宽0.9米。墓壁错缝平铺，距底部0.78米处起券，整个券顶由11排楔形砖构筑，顶部与弧形券顶的空隙用黏土填充，墓壁部分丁砖伸出墙外形成咬土砖（图二；

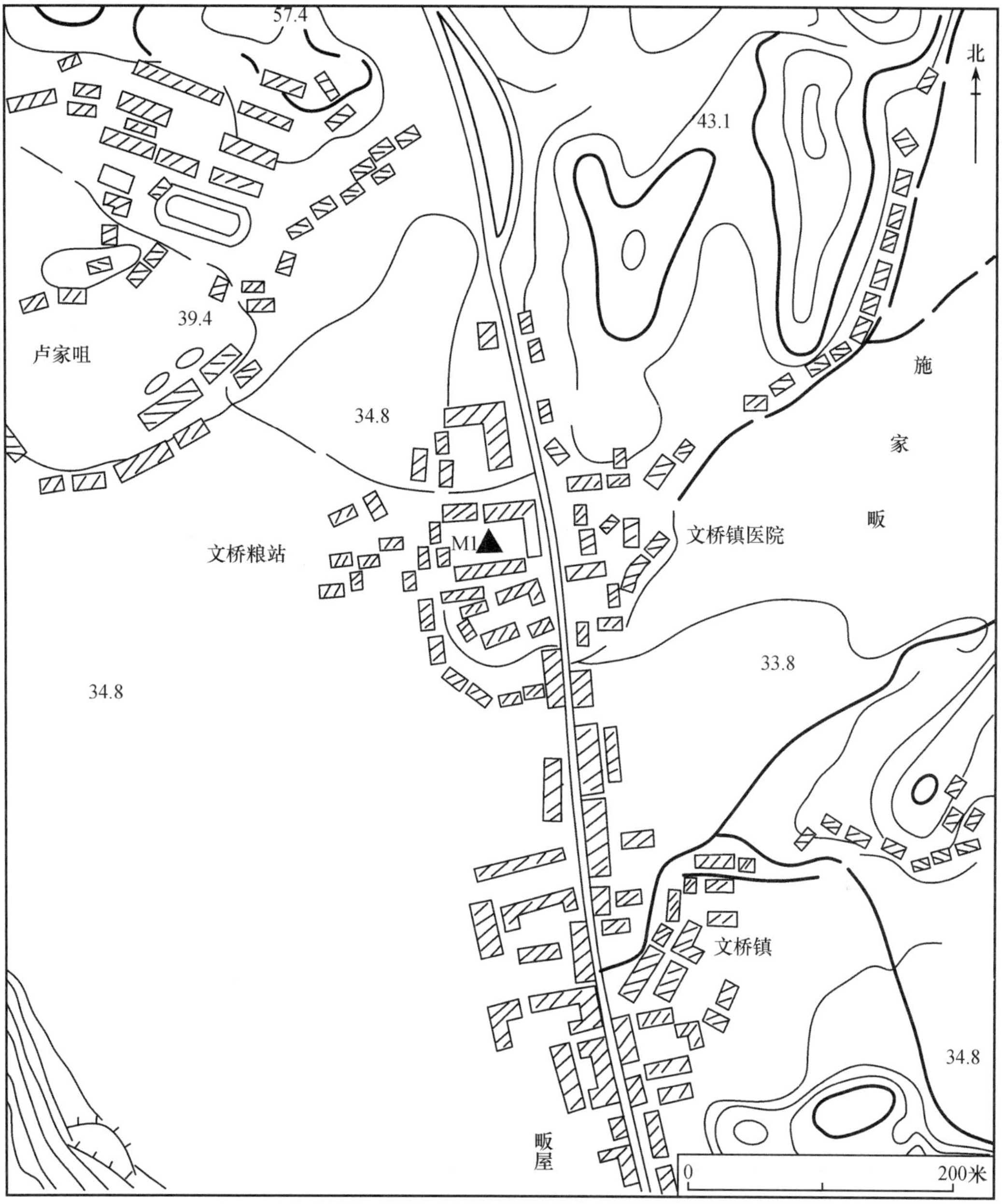

图一　M1地理位置图

彩版一五，1）。

M1封门砖共两层，左室外层封门除第六层为丁砌外，余皆为顺砖平砌，内层封门底部为三组“一顺一丁”，其上遭到破坏。右室外层为“一顺一丁”砌式，内层封门下部砌两组“一顺一丁”，上部错缝平铺。

M1两墓室底部平整，均未砌铺地砖，墓室两壁各用5块长方形砖侧砌一层形成

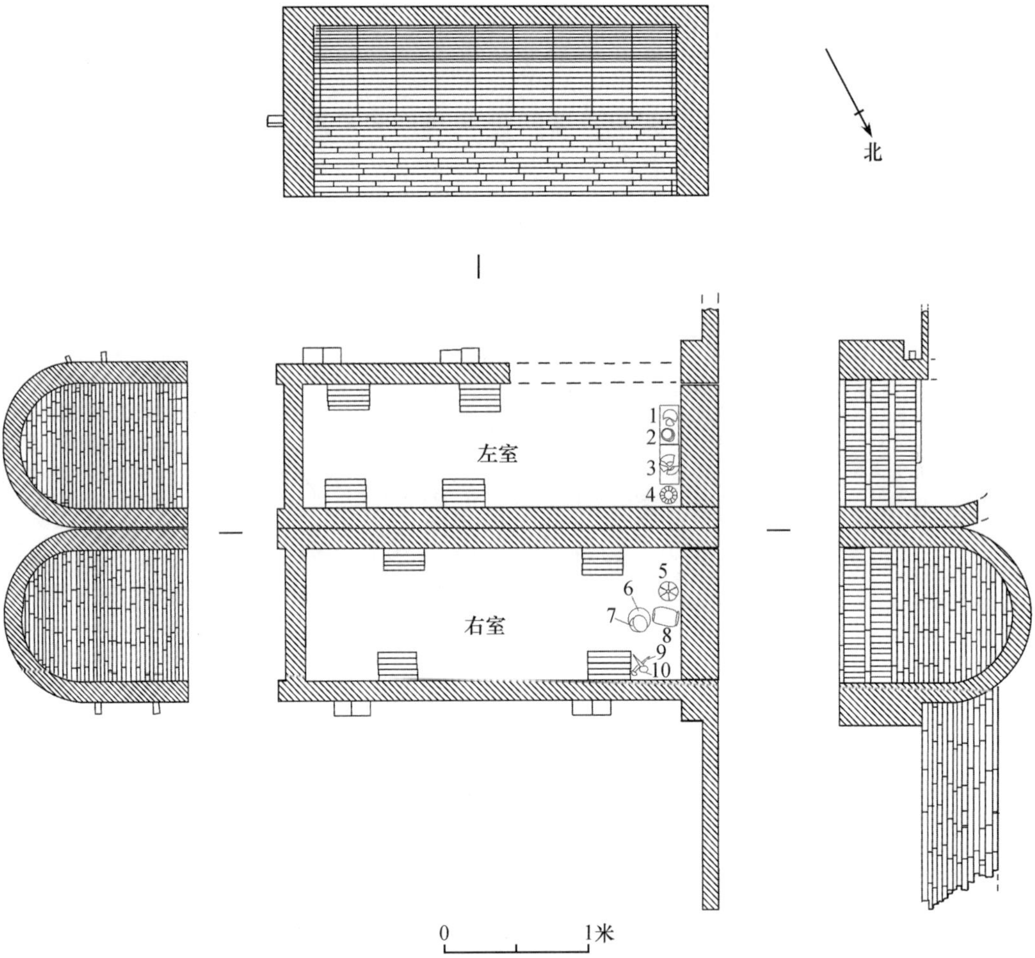

图二　M1平、剖面图

1、3. 酱釉斗笠盏　2. 酱釉三足炉　4. 青白釉葵口碟　5. 青白釉斗笠盏　6. 青釉葵口碗　7. 青白釉葵口碗　8. 酱釉深腹罐　9、10. 棺钉

棺垫。两室的棺垫位置不一，左室棺垫靠近中后部，右室棺垫靠近中前部（彩版一五，2）。

墓砖有长方形砖和楔形砖两种。长方形砖长27、宽14、厚4厘米，用于砌筑墓室四壁。楔形砖长27、宽14、厚3.3～4.5厘米，用于砌筑墓室券顶。

二、出土遗物

M1左、右墓室共出土瓷器8件，左室被挖掘机施工挖去一角，然两墓室的随葬品均未扰动。随葬品均位于墓室前端封门墙处，左室靠近封门墙处以两块砖顺砖平砌，用以放置随葬品，有青白釉葵口碟、酱釉斗笠盏、酱釉三足炉；右室随葬品直接置于墓底，有青白釉葵口碗、青白釉斗笠盏、青釉深腹碗、酱釉罐（彩版一五，3）。

青白釉葵口碗　1件。标本M1：7，出于右室。折沿，尖唇，斜弧腹，圈足，足墙近直，挖足略深。白胎，胎体轻薄，胎质细腻。青白釉，釉色光亮莹润，釉层均匀，玻璃质感强，裹足刮釉。六出葵口，对应腹壁有出筋。整器釉色明亮，是青白瓷中的精品。口径13、底径5、高5厘米（图三，1；彩版一六，1～3）。

青白釉葵口碟　1件。标本M1：4，出于左室。沿面外卷，尖唇，浅腹，平底卧足。白胎，胎质细腻，胎体轻薄。通体施青白釉，釉色明亮有光泽，玻璃质感强，有细碎开片。十二出葵口，对应腹部有明显的出筋。器物底部有墨书字迹，模糊不识。口径11.2、底径3.8、高2.6厘米（图三，2；彩版一六，4～6）。

青白釉斗笠盏　1件。标本M1：5，出于右室。敞口，尖唇，斜腹，假圈足，挖足较浅。白胎，胎质细腻，胎体轻薄。通体施青白釉，釉色明亮，玻璃质感强，部分釉

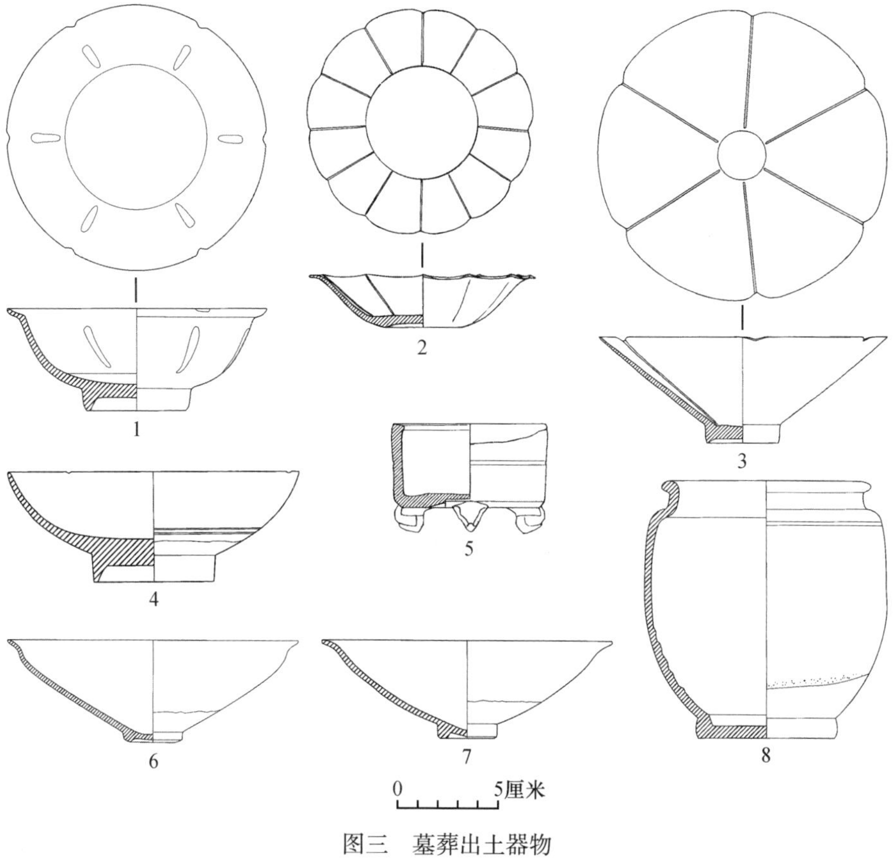

图三　墓葬出土器物

1. 青白釉葵口碗（M1：7）　2. 青白釉葵口碟（M1：4）　3. 青白釉斗笠盏（M1：5）　4. 青釉葵口碗（M1：6）　5. 酱釉三足炉（M1：2）　6、7. 酱釉斗笠盏（M1：1、M1：3）　8. 酱釉深腹罐（M1：8）

面略泛黄。六出花口，对应腹壁有出筋。口径14.5、底径3.6、高5.2厘米（图三，3；彩版一七，1～3）。

青釉葵口碗　1件。标本M1：6，出于右室。敞口，尖唇，浅腹，圈足，足墙厚而坚实，挖足略深。紫色胎，胎体略厚，胎质坚硬。内外壁施一层化妆土，外壁化妆土不及底，内外壁施青釉，外壁施釉不及底，玻璃质感强，釉层厚薄不均导致釉色有差别，釉面有棕孔和黏结物，有细碎开片。六出葵口。口径14.7、底径6、高5.4厘米（图三，4；彩版一七，4、5）。

酱釉三足炉　1件。标本M1：2，出于左室。腹直，腹壁中间有一圈凹弦纹，底平，下附三兽头足。灰胎，胎体厚。外壁满施酱釉，有细碎开片，积釉处成酱黑色，有釉泡。口径7.6、高5.3厘米（图三，5；彩版一七，6）。

酱釉斗笠盏　2件。标本M1：1，出于左室。侈口，尖唇，斜弧腹，小圈足，足底旋削较浅。灰胎，胎质粗疏。内壁满施酱釉，外壁施釉不及底，釉层多有脱落，有细碎开片，积釉处呈酱黑色。口径14.7、底径2.2、高5厘米（图三，6；彩版一八，1、2）。标本M1：3，出于左室。侈口，尖唇，斜弧腹，小圈足，足底旋削较浅。灰胎，胎体轻薄，胎质量粗疏。酱釉泛黑，多有脱釉，有细碎开片，釉层玻璃质感强。口径14.5、底径2.8、高4.8厘米。残，可复原（图三，7；彩版一八，3、4）。

酱釉深腹罐　1件。标本M1：8，出于右室。卷沿，圆唇，短束颈，深腹，饼足。灰胎，胎体厚重。施酱釉，内壁施釉至颈部，外壁施釉不及底，釉层多已脱落，积釉处呈黑色。口径9.6、底径6.8、高12.6厘米（图三，8；彩版一八，5）。

三、结　语

M1结构为长方形并列双室券顶砖墓，墓室底部无铺地砖，而是砌筑几道垫砖的做法，与岳阳市茆山北宋晚期夫妻合葬墓[1]相同。M1所出青白釉葵口碗造型与江西景德镇窑南宋初年Ⅴ式青白釉花口碗[2]、南丰白舍窑北宋中晚期至南宋初年Ⅱ式碗[3]、江西金溪北宋大观二年（1108年）孙大郎夫妇合葬墓[4]出土的同类器相似。M1所出青白釉斗笠盏与安徽合肥北宋政和六年（1116年）包绶墓及宣和二年（1120年）包永年墓[5]出土的影青瓷碗、合肥北宋政和八年（1118年）墓[6]出土的青白釉斗笠碗相似。青白釉葵口碟与江西彭泽县西湖公社北宋元祐五年（1090年）易氏墓[7]所出相同。从几件青白瓷的制作工艺来看，器物底部旋削规整，圈足挖足规范，内足墙斜削，足沿呈现尖缘，青白釉均为单件仰烧[8]，未见芒口覆烧器，这些器物特征与景德镇窑北宋中晚期的器物形态[9]相符。南方宋代墓葬的发展演变以长江下游最为清晰，北宋后期并列双室券顶砖墓盛行，随葬品中青白瓷占统治地位，开始出现黑釉瓷碗[10]，M1的墓葬形制及随葬品特征刚好与长江下游北宋后期墓葬的这一特征相契合。因此，M1的年代当为北宋晚期。

从近几年的考古调查和发掘来看，湖南境内开始烧制青白瓷始于南宋晚期，如益阳羊舞岭窑[11]、株洲醴陵窑，且从一开始便是直接接受景德镇地区的窑业技术，尚未发现北宋时期烧制青白瓷的窑址。M1出土的几件青白瓷当为北宋时期景德镇地区的窑口所生产。M1的发现为我们研究长江中游地区宋墓的区域性特征等问题提供了材料。

附记：参加发掘的人员有黄军认、廖阳、王新平、李智、蒋勇、喻劲松、罗丹、周新容，线图由李智、罗希、罗斯奇、邓雯心绘制，照片由杨町拍摄。

执笔：杨宁波　李　智

注　　释

[1] 湖南省文物考古研究所、岳阳市文物考古研究所：《湖南岳阳茆山宋墓发掘简报》，《文物》2016年第5期。

[2] 江西省文物考古研究所、景德镇民窑博物馆：《景德镇湖田窑址1988～1999年考古发掘报告》，文物出版社，2007年，第78、79页。

[3] 江西省文物考古研究所、南丰县博物馆：《江西南丰白舍窑》，文物出版社，2008年。

[4] 陈定荣：《江西金溪宋孙大郎墓》，《文物》1990年第9期。

[5] 安徽省博物馆：《合肥东郊大兴集北宋包拯家族墓群发掘报告》，《文物资料丛刊》（3），文物出版社，1980年。

[6] A. 合肥市文物管理处：《合肥北宋马绍庭夫妻合葬墓》，《文物》1991年第3期。

B. 张柏：《中国出土瓷器全集·18·安徽》，科学出版社，2008年，第102页。

[7] A. 范凤妹、吴志红：《江西宋代纪年墓出土的青白瓷器》，《江西历史文物》1983年第1期。

B. 彭适凡、唐昌朴：《江西发现几座北宋纪年墓》，《文物》1980年第5期。

C. 张柏：《中国出土瓷器全集·14·江西》，科学出版社，2008年，第32页。

[8] 青白釉内壁和外底均未发现与其他器物叠烧的痕迹，且釉色莹润，当为单件装烧的精细瓷。

[9] 江西省文物考古研究所、景德镇民窑博物馆：《景德镇湖田窑址1988～1999年考古发掘报告》，文物出版社，2007年。

［10］　秦大树：《宋元明考古》，文物出版社，2004年，第151～156页。
［11］　A. 湖南省文物考古研究所、益阳市文物管理处：《湖南益阳羊舞岭瓦渣仑窑址Ⅱ区发掘简报》，《湖南考古辑刊》第11集，科学出版社，2015年。
B. 杨宁波：《景德镇窑业工匠入湘的新证据——益阳羊舞岭窑的考古发掘及收获》，《中国文物报》2014年8月29日第8版。

The Excavation Report on the Song Dynasty Tomb at Wenqiao Bus Station in Yunxi District,Yueyang

Yueyang Municipal Institute of Cultural Relics and Archaeology
Cultural Relics Administration Institute of Yunxi District

Abstract: In November 2014, in order to coordinate with the infrastructure construction of the city, Yueyang Municipal Institute of Cultural Relics and Archaeology conducted a rescue excavation to a Song dynasty tomb at Wenqiao bus station of Yunxi District in Yueyang city. It is a rectangular vaulting brick tomb with two juxtaposing chambers, which had counterfort in front of the tomb. Brick coffin-pad was paved in the bottom of the tomb. A total of 8 greenish white and brown porcelains had been unearthed from the tomb. Judging from the tomb structure and unearthed artifacts, its date was middle and late Northern Song Dynasty, the discovery of this tomb provides new materials for the researches on regional characteristics of Song Tombs in the middle reaches of the Yangtze River.

Keywords: Yueyang City; Yunxi District; Song Dynasty Tomb; Middle and Late Northern Song Dynasty

湖南娄底明代壁画墓发掘简报

湖南省文物考古研究所

［摘　要］　2014年10月8日，在娄底市娄星区万宝镇群益村一处市政工程的施工中，发现了一座以石灰三合土砌筑的古墓。墓分前、后室，券顶，后室的两侧壁、后挡壁及墓顶共四个面绘有壁画。两侧壁所绘为葬仪图，墓顶为“十日图”，后挡壁所绘为墓主图像及侍僮。根据墓葬形制、壁画风格以及墓主人后代所提供的相关信息资料判断，墓葬时代为明代中晚期。

［关键词］　娄底；壁画墓；明代

2014年10月8日，娄底市一处市政工程的施工中，发现了一座以石灰三合土砌筑的古墓，娄底市文物局即派人前去清理。打开墓门后，发现墓内绘有精美的壁画，但由于操作失当，墓及壁画被严重破坏。湖南省文物考古研究所得知这一情况，即于10月18日介入进行抢救性发掘及保护工作，包括壁画临摹、墓葬清理和壁画搬迁等（彩版一九；彩版二〇，1），前后工作近一个月时间。墓葬编号为LWFM1。

一、墓葬形制及随葬品

墓葬位于娄底市娄星区南部的万宝镇群益村雷家小组的低矮丘岗上，地名凤形山，墓坐北朝南，方向200°（图一）。此墓以石灰三合土砌筑长方筒形单室墓，顶部外平，内略弧。墓室通长4.6、通宽2.4、通高2.3、壁厚约0.4米。墓内前部1.2米厚以石灰三合土和砖填实，内为石灰三合土，厚约0.4米，外为封门砖，厚约0.8米（彩版二〇，2）。墓以外又有一道石门，有底座和墓门，均为青石。石门底座为残长2、宽0.35、厚0.26米的石枋，上方凿有长1.3、宽0.27、厚0.02米的浅槽，墓门下方坐于槽内。石门上方呈拱弧形，高1.3、宽1.28、厚0.26米（图二；彩版二〇，3）。墓室内长3、宽1.6、高1.7米。墓室底砌有棺床，棺床与墓壁之间有封闭性的排水沟槽。棺床长2.8、宽1.32、高0.2米；排水沟槽宽0.14米。棺床及墓底也是石灰三合土。棺椁及墓主骨骼已朽。在墓底后壁的排水沟槽内出土釉陶罐2件（图三、图四）。

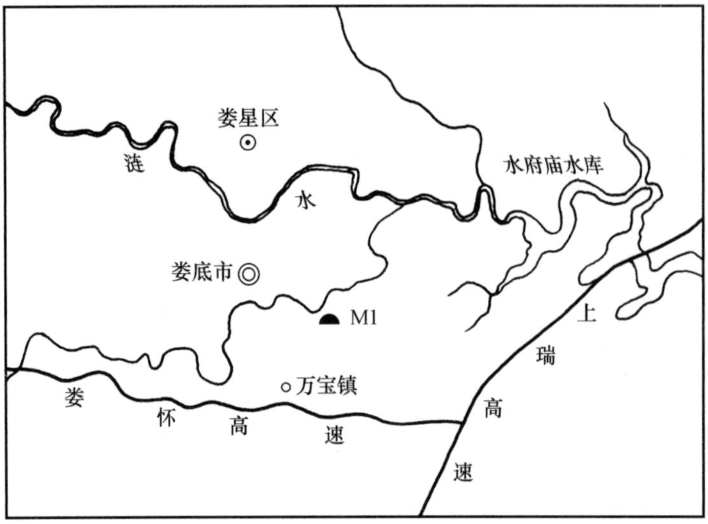

图一 LWFM1位置示意图

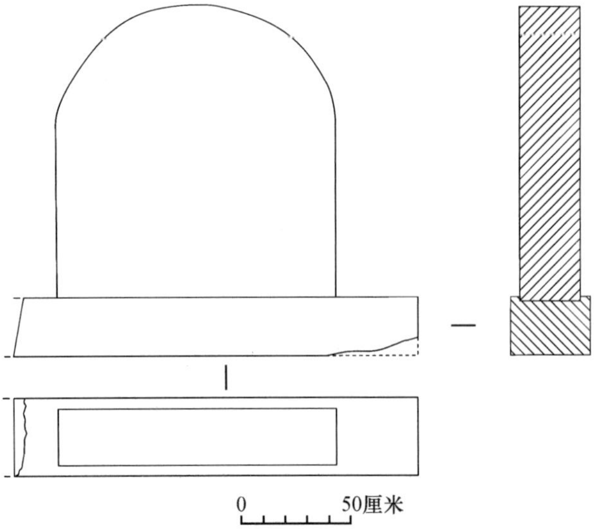

图二 封门石平、剖面图

两件釉陶罐形制大致相同，带盖。罐身为敛口，矮领，鼓腹，平底。器腹数周瓦楞状弦纹，上腹饰暗绿色釉，釉多脱落。宝瓶形盖，直立子母口。标本LWFM1：2，口径6.8、腹径12、通高16厘米（图五，1）。标本LWFM1：1，口径7、腹径12.6、通高17.1厘米（图五，2）。

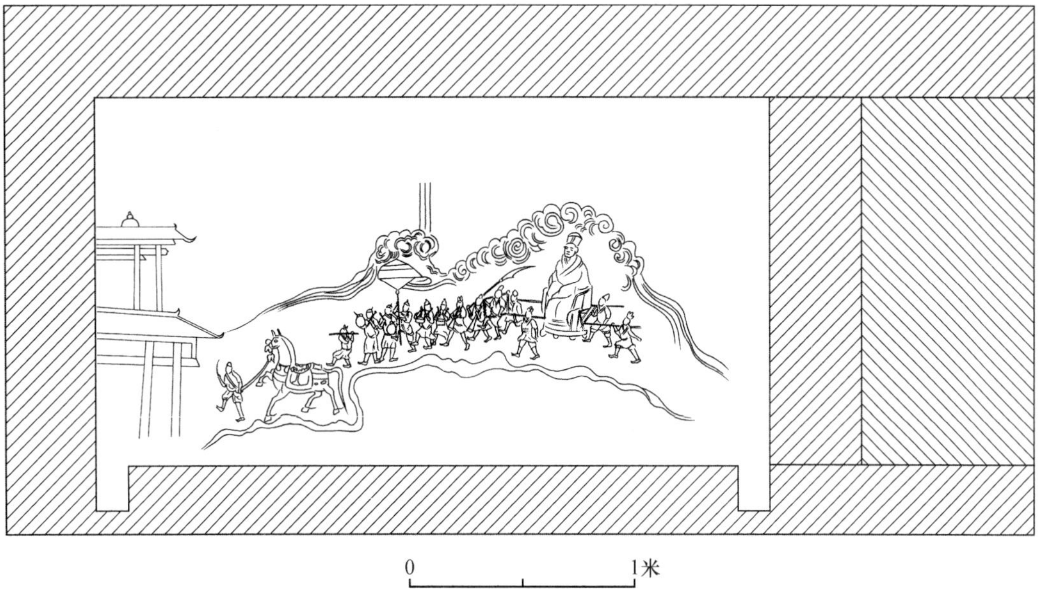

图三 左侧（东）壁剖面图

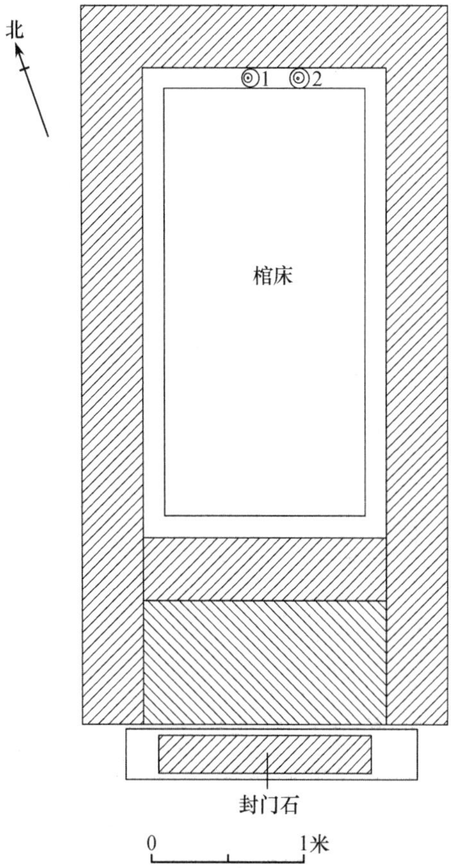

图四 M1平面图

1、2. 釉陶罐

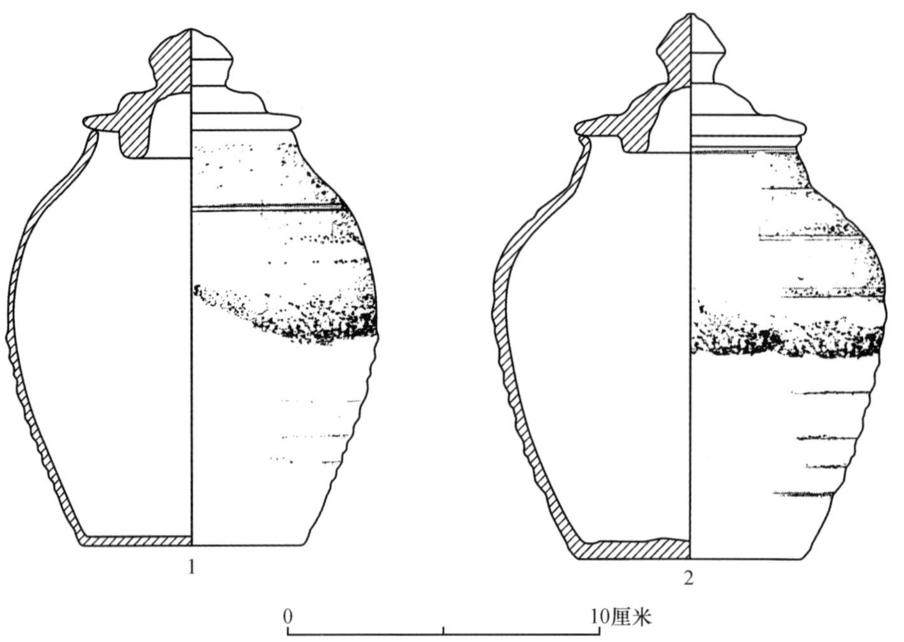

图五　釉陶罐

1. LWFM1：2　2. LWFM1：1

二、墓室壁画

该墓墓室内绘有壁画。壁画共四面，分别为两侧壁、后挡壁及墓顶。其中，两侧壁所绘为葬仪图，后挡壁为墓主画像，墓顶为“十日图”。壁画分布面积为12.335平方米。壁画以红、黑、灰等颜料彩绘。分别介绍如下。

左侧（东）壁　壁画分布长2.9、高1.2米，面积3.48平方米。画面后端为墓主人端坐轿上，四人抬轿。前面行走着鼓乐手等送行队伍，鼓乐手中自前而后有吹笛者一人，敲锣者、击鼓者和吹号者各二人，后一吹号者只将号拿在左手中，右手握一长刀扛在右肩；轿夫前一人扛交椅；锣、鼓手之间一人撑幡幢；队伍最前为牵马一人；整个送行队伍以墓主人为核心，上下飘卷着祥云，行进于云端，象征着将墓主人送往天国的途中。送行队伍的前方为一座亭阁，这就是墓主人的最终归宿——天堂琼楼。这是一幅虚幻的超现实葬仪图（图六；彩版二一）。

右侧（西）壁　壁画分布长2.8、高0.8米，面积2.24平方米。右侧的画面布局和意境与左侧一致，都是送行场面。所别者右侧墓主人骑马，无亭台。鼓乐手中吹号者有四人，马前有一御夫，马后有两个侍从。余大致同左侧。人物服饰大致相同，头戴网巾，身穿交领短衣，脚穿翘头履（图七；彩版二二）。

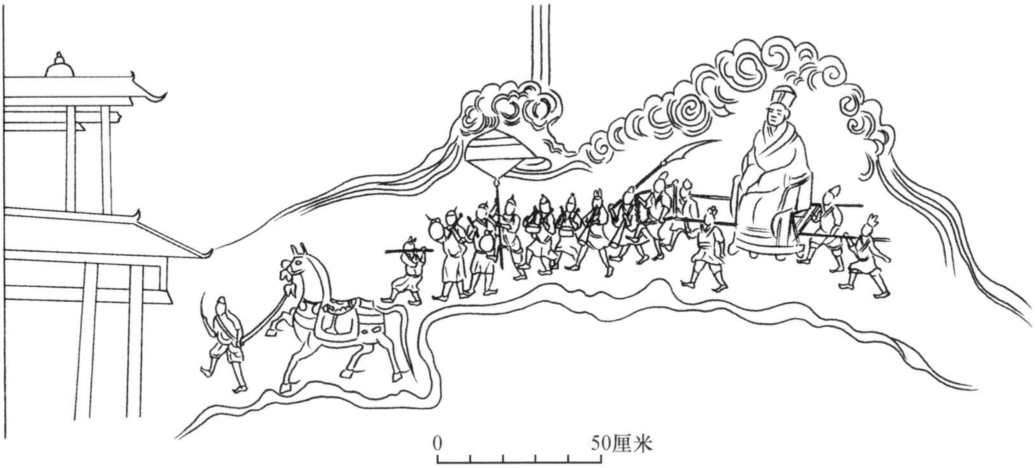

图六　左侧（东）壁壁画

图七　右侧（西）壁壁画

后挡（北）壁　壁画分布长1.65、高1.1米，面积1.815平方米。后挡壁所绘为墓主图像，墓主人端坐中间，形体高大，头戴毡帽，身穿交领袍服，脚穿翘头履。墓主人两旁各站立两个侍僮，上方两侧有帷幕，下方为菱格地面（图八；彩版二三，1）。

墓顶　壁画分布长3、高1.6米，面积4.8平方米。墓顶中间画一个大圆圈，大圆圈内九个小圆圈，象征十个太阳，故应为“十日图”。九个小太阳内都画有赤乌，笔法粗放，大、小太阳之间均有放射状线相连（图九；彩版二三，2）。

三、小　　结

（一）壁画内涵

关于“十日”的神话传说源自《山海经·海外东经》：“汤谷上有扶桑，十日所

图八　后挡（北）壁壁画

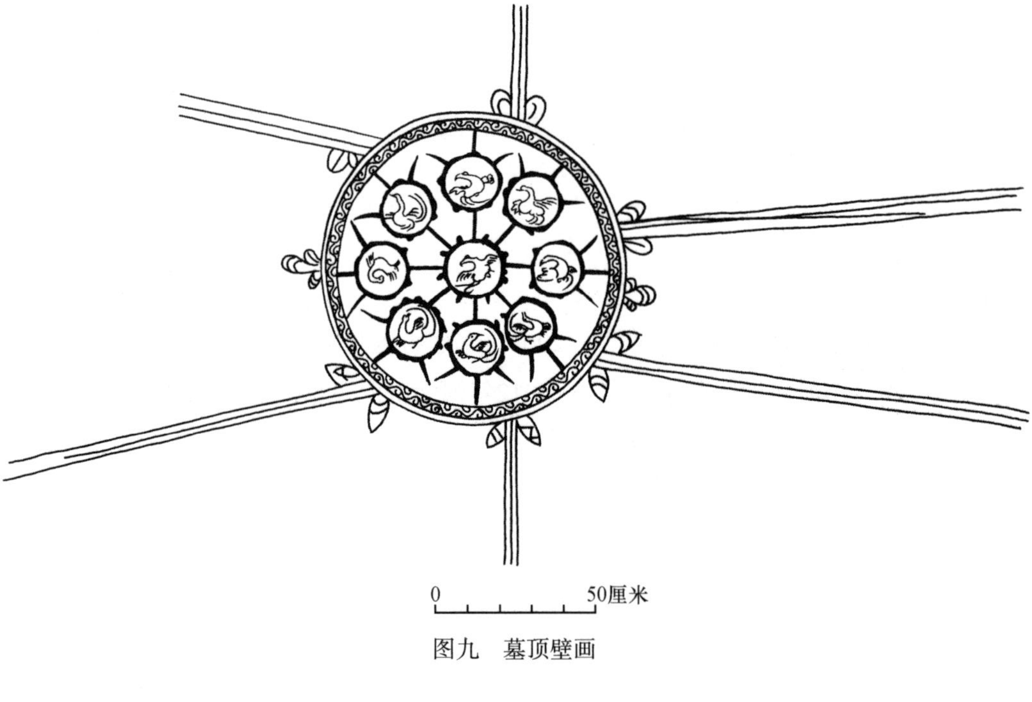

图九　墓顶壁画

浴，在黑齿北，居水中。有大木，九日居下枝，一日居上枝。”[1]西汉《淮南子·本经训》加以发挥：“逮至尧之时，十日并出，焦禾稼，杀草木，而民无所食。猰㺄、凿齿、九婴、大风、封狶、脩蛇，皆为民害。尧乃使羿诛凿齿于畴华之野，杀九婴于凶水之上，缴大风于青丘之泽，上射十日而下杀猰㺄，断脩蛇于洞庭，禽封狶于桑林。万民皆喜，置尧以为天子，于是天下广狭险易远近始有道里。”高诱注曰：“十日并出，羿射去九。”故何宁疑“上射十日而下杀猰㺄”一句有夺文，根据上下文意，该句应为“上射十日而下（其九日），杀猰㺄（于弱水）。”[2]因日中有赤乌，故又以“乌”称日。高诱注《淮南子·俶真训》曰：“是尧时羿善射，能一日落九乌。”[3]壁画中的“十日图”即取自该神话传说，但加以变通，将“九乌”纳入到一个大乌（太阳）之中。

壁画围绕墓主人升天的虚拟场景展开，主要表现的是道教生命空间的信念，道家视死为一种新生，从此将进入一个更加美好的世界。因而死虽于亲人不舍，但对死者来说，则是一件值得庆贺的喜事。故送行的场面十分欢悦，琼楼玉宇，尧天舜日，一派祥瑞升平景象。

（二）墓葬年代

墓中没有出土有关年代及墓主身份的材料，但据当地刘姓村民所言，《刘氏族谱》茔域图显示，该墓为其族祖南塘公之墓。墓前并有2003年其后裔所立墓碑，墓主名刘仕逾，字南塘。生于明成化二十三年（1487年），殁于隆庆二年（1568年），享年82岁。

明代墓因为年代较晚，埋葬较浅，多遭毁坏，还因埋藏器物较少，价值不显，而多不被重视，因此，见于报道的明墓资料较少。明代壁画墓时有发现，见于报道的有：1980年河北石家庄陈村[4]；1986年河南获嘉县十里铺[5]；1998年河南登封卢店[6]；2008年重庆永川区凌阁堂[7]；2009年福建将乐县城区[8]；2009年陕西彬县东关村[9]；2011年河南南阳市东郊[10]；2012年河南济源市东街[11]；2013～2014年江西星子县秀峰景区三座僧人墓[12]。加上娄底壁画墓共12座。

综合考察这些明代壁画墓的绘画风格和题材，总的特点是壁画颜色鲜艳，内容以表现现实题材和道教神仙世界（僧人墓除外）为主，娄底壁画墓即具备这些特点。该墓为石灰三合土浇浆墓，这种墓葬形制始于南宋而盛于有明一朝。河南获嘉十里铺、济源东街明代壁画墓以及南阳市东郊明墓均为这种结构的墓葬。这些墓均有较明确的纪年，最早为正统十年（1445年），最晚为崇祯三年（1630年）。这些因素都与当地刘姓村民所反映的情况吻合，因而该墓应为明代墓葬。

附记：参加发掘的人员有盛伟、廖昊、谭远辉、宋建波等，线图由宋建波、肖辉绘制。

执笔：谭远辉

注　释

[1]　（晋）郭璞注：《山海经》，《影印摛藻堂四库全书荟要》第180册，（台湾）世界书局，1988年，第65页。

[2]　（西汉）刘安撰，何宁集释：《淮南子集释》，中华书局，1998年，第574～578页。

[3]　（西汉）刘安撰，何宁集释：《淮南子集释》，中华书局，1998年，第135页。

[4]　石家庄市文物保管所：《石家庄市郊陈村明代壁画墓清理简报》，《考古》1983年第10期。

[5]　李慧萍：《获嘉明代线描壁画墓》，《中原文物》2009年第5期。

[6]　郑州市文物考古研究所：《登封卢店明代壁画墓》，《中原文物》1999年第4期。

[7]　汪伟：《永川区凌阁堂明代墓地》，《中国考古学年鉴·2009》，文物出版社，2012年。

[8]　将乐县博物馆：《将乐县明代壁画墓清理简报》，《福建文博》2011年第3期。

[9]　刘卫鹏：《陕西彬县东关村明代石室壁画墓的发掘》，《苏州文博论丛》2010年第1期。

[10]　燕睿：《南阳地区明代墓葬考古记》，《大众考古》2013年第4期。

[11]　济源市文物工作队、河南古代壁画馆：《济源市东街明代壁画墓发掘简报》，《中原文物》2013年第1期。

[12]　江西星子的发现见于媒体报道。

Report on the Excavation of the Mural Tomb of Ming Dynasty in Loudi City, Hunan

Hunan Provincial Institute of Cultural Relics and Archaeology

Abstract: On October 8, 2014, an ancient tomb built with lime concrete was found under the construction of a municipal engineering project in Qunyi village, Wanbao town, Louxing district, Loudi city. The tomb has front and back two chambers, as well as vaulting brick roof. There are wall painting in the two side walls of back chamber, back wall and the roof. The two side walls are painted with funeral ceremony, the roof is painted with “ten suns”, and the owner’s image and served children are painted in the back wall . According to the tomb’s shape , mural style and the information provided by the offspring of the owner of the tomb, the age of this tomb is about in the late Ming dynasty.

Keywords: Loudi City; Mural Tomb; Ming Dynasty

湖南澧县出土元代瓷器窖藏

澧县文物局

［摘　要］　1996年12月11日，湖南省澧县车溪乡新民砖厂在取土时发现一处元代窖藏，出土了青花瓷器等重要文物。这批瓷器造型别致，纹样精美，保存完好，在我省属重要发现，为研究元代青花瓷的演变增添了新的实物资料。

［关键词］　澧县；元代；窖藏；青花瓷

1996年12月11日，湖南省澧县车溪乡新民砖厂在取土时发现一处古代窖藏，出土了一批器物。器物出土后被当地村民哄抢，澧县文物局闻讯后立即派人前往出土地点进行调查清理，并收回了全部出土文物。

窖藏位于澧县县城以北约6千米的车溪乡新民村三组，地名“八丈坡”（图一）。砖厂民工在取土时于地下约1米深处发现该窖藏，出土时所有瓷器皆盛放在一铜罐内，罐口覆有一铜洗，铜洗出土时被村民砸毁。经调查取土场附近，四周还可见散落的锡片和瓷片。铜罐及罐内5件瓷器皆保存完好。现将出土器物及个人认识简报如下。

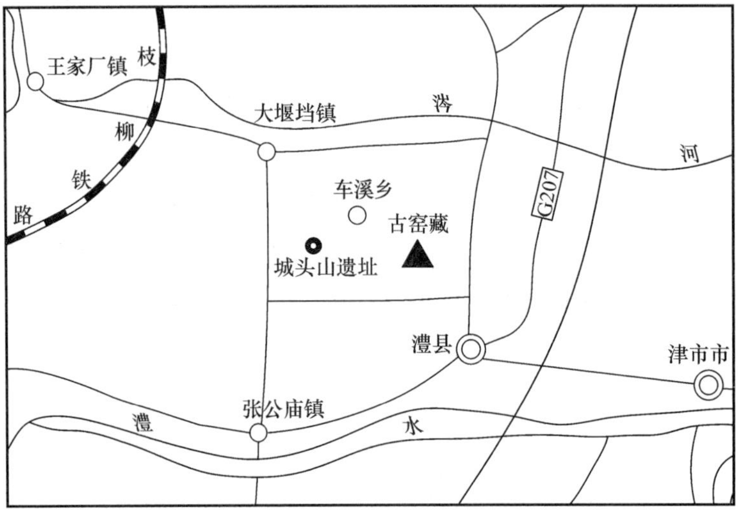

图一　八丈坡窖藏点位置示意图

出土器物共7件，其中铜器2件，瓷器5件。

铜罐　1件。标本J1：1，器表上半部经打磨，较光滑。平口微内敛，筒形深腹，圜底。口径28.5、高23.5厘米（图二，1；彩版二四，1）。

铜洗　1件。标本J1：2，出土时损毁严重，存残片一块，尚可辨器形。敞口，腹壁口部凹弧，平底。洗内底部饰弦纹一周。口径42.3、底径25.5、高7.7厘米（图二，2）。

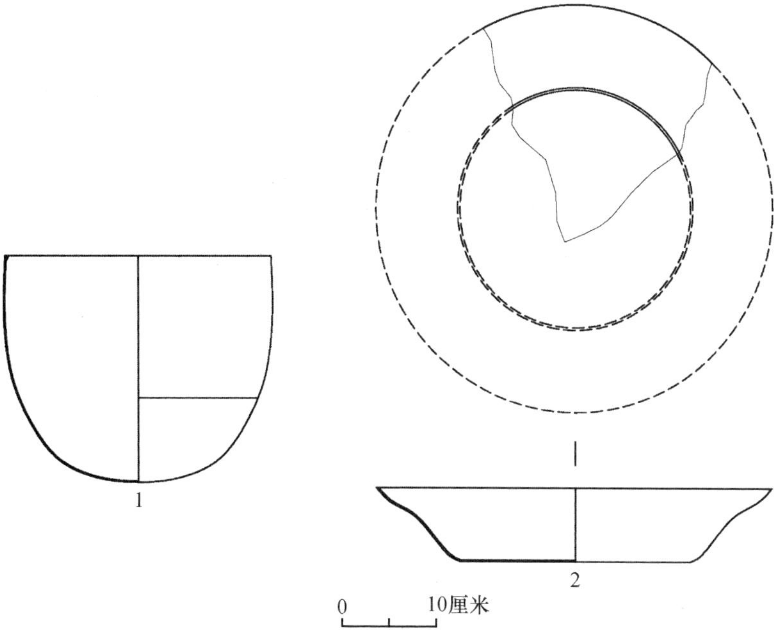

图二　铜器

1. 铜罐（J1：1）　2. 铜洗（J1：2）

带座青花梅纹双耳瓷净瓶　2件。标本J1：3、J1：4，由双耳净瓶与瓶座组成，可拆卸分离。瓶为敞口，圆唇，细长颈，颈上部饰两个对称的抽象龙形耳，溜肩，鼓腹，腹下部斜收，平底，高圈足略外斜。通体施乳白釉，釉色晶莹，白中显青。釉面以青料绘纹样四组，其间界以弦纹。瓶口外两耳之间绘抽象草叶纹；耳下颈部绘铜钱纹；颈、肩及上腹部绘主题花纹折枝梅纹，其中标本J1：4在折枝梅花中绘有一弯新月（图三，3；彩版二六，3）；中腹绘卷草纹一周；高圈足上也绘有弦纹两道。器身画面布局疏密有致，层次分明。青料浓艳，特别是梅花花蕊部位青花颜色浓烈，呈黑褐斑。圈足内及外底露胎，胎呈淡红色。瓶口径3.2、腹径8、圈足径4.5、圈足高1.5、通高15.3厘米。瓶座整体呈六边形，唇外折，宽平沿，沿面绘弦纹两周，中开圆口可置双耳净瓶，座身饰六条如意形间柱，间柱外鼓与座底相连，形成六个镂空花窗，颈部饰

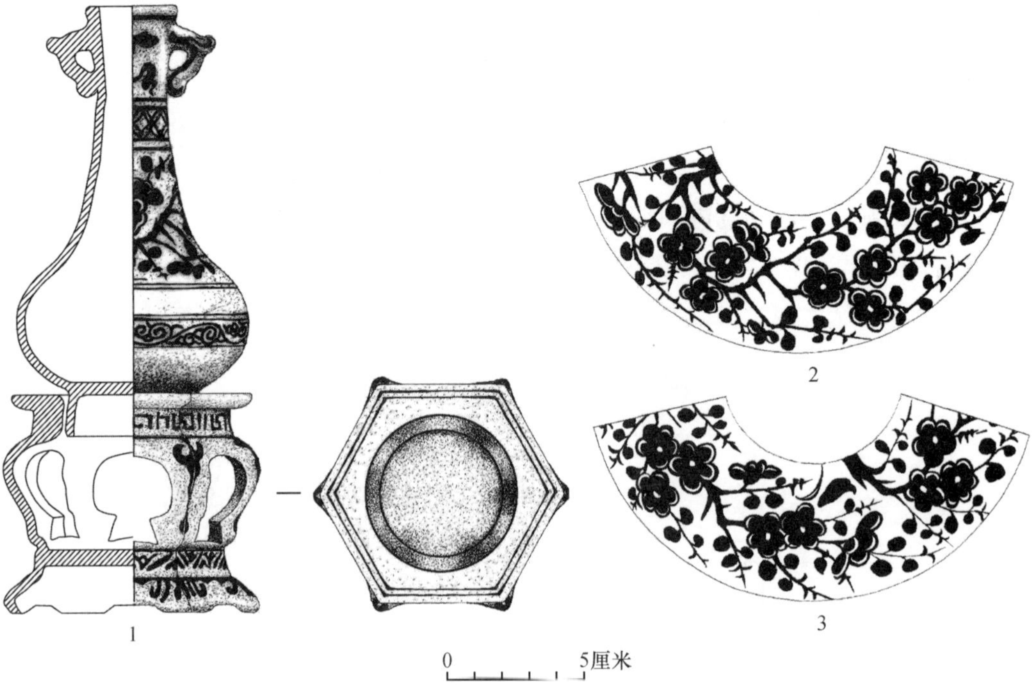

图三　带座青花梅纹双耳瓷净瓶

1. 带座青花梅纹双耳瓷净瓶（J1∶3）　2、3. 净瓶肩部花纹展开图（J1∶3、J1∶4）

回纹一周，间柱上各饰一蕉叶纹，座底为六个外撇花式足，上饰卷叶纹。足底露胎处可见灰白胎。釉面青花色泽幽雅明快，青翠披离。座高7.5、内插口径5.5、足高1.2厘米（图三；彩版二五、彩版二六）。

青花缠枝纹狮纽三足瓷炉　1件。标本J1∶5，盖面隆起，绘卷草纹一周，盖沿涩口。盖顶饰狮纽，狮身后足蹲立，卷尾上翘，前双足捧一绣球，球下垂绶带，飘于胸前，狮嘴微张，作扭头仰望状，造型生动可爱。中空，与盖面相通，可见烟火熏痕。盖口径7.3、通高17.5厘米。炉身盘状口，涩面，方唇，短束颈，两弧形立耳形如朝笏，鼓腹，平底，三蹄形矮足微外撇。盘口外绘弦纹两圈，颈部绘卷草纹一周，腹部绘缠枝栀子花纹与缠枝菊花纹各一组，足上勾勒卷曲线纹。釉面肥厚光润，色白微青。炉底露胎处可见火石红斑。炉身口径8.6、腹径9.8、底径4.5、炉高11.4厘米（图四；彩版二七、彩版二八）。

青瓷狮子　2件。标本J1∶6、J1∶7，两狮均卷尾蹲坐于须弥座上。耷耳，卷毛，脖系铃铛，绶带飘于背后，作昂首张望状。标本J1∶6，前爪按球，双目怒睁；标本J1∶7，张口咆哮，龇牙咧嘴。方形须弥座下四个乳突状足。通体施青釉，浑厚滋润，狮身多处釉面磨损。座底露胎，胎质较粗糙，呈灰红色。须弥座座宽6.4×5.2、高5.4、通高15.8厘米（图五；彩版二四，2）。

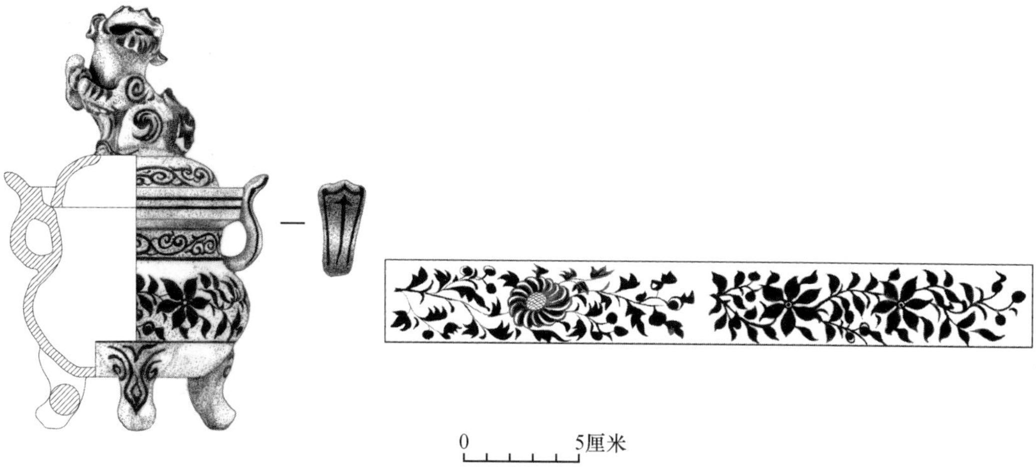

图四　青花缠枝纹狮纽三足瓷炉（J1：5）

图五　青瓷狮子

1. J1：6　2. J1：7

澧县八丈坡瓷器窖藏由于被砖厂取土破坏，窖藏性质不明，加之窖藏中无纪年物件，故而其准确年代不清。但从出土各类器物的纹饰、造型等方面观察，可以看出这批遗物呈现出元末明初的特征。试分析如下：

（1）青花缠枝纹狮纽三足炉与四川省三台县文物管理所收藏的三足鼎式炉和景德镇市郊明墓出土的青花缠枝菊纹狮纽三足炉一致[1]。带座青花梅纹双耳净瓶与景德镇市郊明墓出土的带座青花缠枝菊纹蒜头瓶和萍乡市下石村窖藏出土的带座青花梅纹瓶相似[2]。这两类器物在景德镇明墓、萍乡市下石村窖藏、江西九江元至正十一年墓和江西波阳出土的元代瓷器中均共出[3]，应为同一套供奉器皿。属于景德镇民窑青花瓷。窖藏出土的青瓷狮与内蒙古集宁路古城遗址出土的一件瓷狮造型一致[4]，则应属元代无疑。

（2）这批青花瓷上的栀子纹、菊纹、卷草纹、梅纹、铜钱纹、回纹是元代瓷器常见纹饰。带座瓶则为元代器物典型造型。在江西九江市一座元至正十一年墓中出土的青花瓷器中，可见该类器形[5]。西安曲江张达夫及其夫人墓中出土的陶香几（M6：37）造型与窖藏瓶座一致，其年代为元惠宗至元五年（1339年），是元代后期的产品[6]。在南澳Ⅰ号明代沉船2010年出水陶瓷器中的青花缠枝花卉纹净瓶的造型与八丈坡窖藏净瓶也相似，只不过双耳消失，瓶座已经演变为高圈足[7]。

（3）澧县古为澧州治所，是该区域政治、文化、经济中心。元朝建立后，在国内实行行省制度，下设路、府、州、县等行政区划。“元世祖至元十二年乙亥（1275年），升澧州为澧州路，属湖广等处行中书省”[8]；“丁丑十四年（1277年），改澧州路总管府”[9]。元朝末年，红巾军起义，徐寿辉、倪文俊、陈友谅等多次在澧水流域征战，致使州城城池损毁，人口流失，繁荣不再。史载，“元末，倪文俊陷安乡，遂陷澧州路，治毁”。遭此毁灭性打击后，澧州遂“徙镇于唐李泌所筑新城”[10]。这批瓷器有可能为战乱迁徙时的藏宝。新中国成立以来，先后在澧水流域的临澧新安、合口镇，澧县城关镇珍珠村、双龙乡花庙村，津市涔澹农场，石门县雁池乡邱家湾等地多处发现元代窖藏[11]，即是澧州曾经作为一处“路”级城市繁华的实物见证。

澧县八丈坡元代窖藏出土的这批瓷器造型别致，纹样精美，保存完好，堪称精品，在我省属重要发现，为研究元代青花瓷的演变增添了新的实物资料。

附记：简报中线图由陈章武、孙冰绘制，照片由徐小林拍摄。

执笔：曹　毅

注 释

[1] A. 钟治：《元代青花双环象耳瓶和三足鼎式炉》，《文物》1998年第10期。

B. 黄云鹏：《馆藏和窑址出土的元青花、釉里红瓷》，《江西历史文物》1983年第4期。

[2] 肖一亭：《萍乡市发现元代青花瓷器等窖藏文物》，《江西历史文物》1986年第1期。

[3] A. 吴水存：《江西九江发现元代青花瓷器》，《文物》1992年第6期。

B. 唐昌朴：《江西波阳出土元代瓷器》，《文物》1976年第11期 。

[4] 内蒙古自治区文物考古研究所：《内蒙古集宁路古城遗址出土瓷器》，文物出版社，2004年。

[5] 吴水存：《江西九江发现元代青花瓷器》，《文物》1992年第6期。

[6] 西安市文物保护考古研究院：《西安曲江元代张达夫及其夫人墓发掘简报》，《文物》2013年第8期。

[7] 宋中雷、黎飞艳：《南澳Ⅰ号明代沉船2010出水陶瓷器》，《文物》2012年第3期。

[8] （清同治）何玉棻、魏式曾纂：《直隶澧州志》，岳麓书社，2010年，第99页。

[9] （清）潘相撰，应国斌校注：《〈澧志举要〉校注》，湖南人民出版社，2011年，第76页。

[10] （清同治）何玉棻、魏式曾纂：《直隶澧州志》，岳麓书社，2010年，第117页。

[11] 扬之水、陈建明：《湖南宋元窖藏金银器发现与研究》，文物出版社，2009年，第386～390页。

The Porcelain Cache of Yuan Dynasty Discovered in Lixian County, Hunan

Cultural Relics Bureau of Lixian County

Abstract: In December 11, 1996, a porcelain cache of Yuan dynasty, which some important cultural relics such as the blue and white porcelains were unearthed, was discovered in Chexi town, Lixian Couty, Hunan province while the Xinmin brick factory dug the soil. The Porcelains with unique shape, beautiful pattern and well preserved condition is an important discovery in Hunan Province, and provides new data for the study of the development of the blue and white porcelain of Yuan dynasty.

Keywords: Lixian County; Yuan Dynasty; Cache; Blue and White Porcelain

探索与研究

历史学变革背景下的中国早期考古学

郭伟民

（湖南省文物考古研究所）

［摘　要］　考古学的产生及发展与西方学术思潮的变化密切相关，在此过程中进化论思想对考古学的影响尤甚。20世纪初中国社会急剧变革，西方学术思想的引进对传统中国学术尤其是历史学产生强烈冲击，并在此背景下萌生了中国考古学。寻找中国文化和文明的源头、探索中国文化的特质、研究中国的历史成为中国早期考古学的使命。

［关键词］　进化论；仰韶；西阴村；殷墟

中国现代学术的进程及西学东渐过程是与中国近代历史进程相伴而行的，它是近代社会以来，中国被迫开放的一个社会侧面。历史学和考古学也不例外，中国历史学的变革、中国考古学的诞生，与西方学术的发展有着很深的渊源。本文试将这个过程做一简要梳理。

一、近代考古学产生的背景

18世纪早期，汤姆森负责将丹麦国家博物馆的藏品分为石制工具、青铜工具、铁制工具，分别代表三个前后不同的阶段。他并不是孤立地考查这些人工制品本身，而是注意它们与伴生物的关系，这就是著名的“三期说”。三期说创立了人类文化的复杂序列，标志着考古学的诞生。汤姆森的助手沃索在此基础上发展了汤姆森的三期说，其研究对象除了博物馆的藏品，还有田野上的遗迹和遗物[1]。这是早期西方社会对于人工遗物的一个基本认知，即对完全没有文献记载的历史的认知，其逻辑的前提是时间与序列。

对于时间的认知还体现在地质学上，19世纪30年代，英国地质学家赖尔发表《地质学原理》，对《圣经》的上帝造人说提出质疑，并坚信人类社会也应该是和地质演变一样，是均变，而非突变。这种大胆的质疑所导致的结果就是后来进化论思潮的出现。1859年，达尔文《物种起源》发表，1863年赫胥黎《人在自然界中的位置》发表，导致了人类认知领域的极大变革，并使进化论的思想深入哲学和社会科学领域，成为强大的学术思潮。这一思潮被北美人类学者所吸收，摩尔根的巨著《古代社会》即完全采用了这一理论来研究古代社会的演进，并认为所有社会都经历过蒙昧、野蛮和文明阶段。这些学术成果又反过来影响了欧洲考古学的发展。

19世纪后半叶欧洲田野考古工作取得飞速发展。19世纪60年代，法国人埃杜瓦·拉尔泰在法国南部进行发掘，发现了动物化石与人工制品共存。1868年，克罗马农人发现。1869～1872年，莫尔蒂划分出法国旧石器时代莫斯特、奥瑞纳、梭鲁特、马格德林单线进化的四个时期。在这以后，法国考古学出现高潮，涌现爱德华·皮耶特、亨利·步日耶等一批著名考古学家。谢里曼从1871年到1890年连续发掘特洛伊，发现了地中海东部的先希腊文明——迈锡尼文明，以及以特洛伊二期为代表的先迈锡尼文明的安纳托利亚文明，不但揭示了《荷马史诗》内容的真实性，还发现了比荷马史诗年代更为久远的一个辉煌的文明。他的考古实践向世人表明，用考古发掘工具和对非文字性材料的研究也可以建立起现代的古代史体系[2]。这一成果在思想界特别是史学界产生了重要影响。1885～1899年，彼特里在埃及发掘，他按照地层单位对出土的陶器进行排队和断代，对一切古迹和发掘过程进行绘图并尽快完整发表报告。彼特里的工作代表了那个时代最进步的考古学实践，标志着田野考古学的日益成熟。

这时的中国正处在社会急剧变革的历史时期。西方学术思想不断引进，对传统中国学术尤其是历史学产生强烈冲击。在进化史观的引进方面，以严复翻译且于1899年出版英国生物学家赫胥黎的《天演论》为标志，开始了中国的新史学运动。1901年，受西方史学的影响，梁启超首倡“新史学”，猛烈批判中国传统史学，并拟撰写一部新的中国通史。在《中国史叙论》中，他说明了编写中国通史的理论、思想、体例和分期等问题。其中第五章“有史以前之时代”即介绍了汤姆森的三期说。他指出：“1847年以来，欧洲考古学会专派人发掘地中遗物，于是有史以前之古物学遂成为一学派。近所订定而公议者，有所谓史前三期：其一石刀期；其一铜刀期；其三铁刀期。而石刀期又分为新旧两期，此进化之一定阶段也。虽各地长短久暂，诸地不同，然其次第则一定也。”梁启超将石器、铜器、铁器三时代划分理论与中国古代神话传说相比附，“中国虽学术未盛，在下之层石未经发现，然物质上之公例，无论何地，皆不可逃者一也。故以此学说为比例，以考中国史前之史，决不为过。据此科学者所称旧新石刀两期，其所历年代最为绵远，其时无家畜，无陶器，无农产业。中国当黄帝以前，神农已作耒耜，蚩尤已为弓矢，其已经过石器时代。交入铜器时代之证据甚多，然则人类之起，遐哉邈乎，远在洪水之前有断然也。”[3]遗憾的是，梁启超未能运用史前三期说写出一部中国通史远古时代篇。但是，他相当全面地了解了西方考古学的新概念，并已注意到田野发掘的作用。这种用欧洲近代考古学理论对中国历史进行分期研究的做法在20世纪初期的中国确实是一种十分进步的思想。

从1900年开始，相关介绍考古学知识的书籍在中国陆续发行。1902年，汪宝荣《史学概论》发表，指出：“自土木工事之类，若建筑，若道路，若桥梁，迄于器用、兵械、装饰品，及仪礼、礼式之变迁，皆属考古学之范围。”1903年，英人亨利·托马斯·巴克尔的《英国文明史》翻译出版，提到实物资料的重要，“欧洲之所谓良史，盖无乎不包矣。如发故城之址，而得古钱，则摹其款识之文，字母之式，象形之篆，斯亦考证之资也。”[4]1907年，吴渊民在《学报》上发表编译的《史学通义》，介绍了西方对于石器时代、青铜时代、铁器时代划分及考古学在欧洲发生与发展的历史[5]。

以顾颉刚为代表的疑古派提出“层累地造成古史”观，对中国古史系统带来重大冲击。中国传统史学认为，社会历史越古越好，言必称三代，那是中国的黄金时代。顾颉刚显然不同意这种说法。他说：“……在我的意想中觉得禹是西周时就有的，尧、舜是到春秋末年才起来的。越是起得后，越是排在前面。等到有了伏羲、神农之后，尧、舜又成了晚辈，更不必说禹了。我就建立了一个假设：古史是层累地造成的，发生的次序和排列的系统恰是一个反背。”[6]这种疑古思潮对旧的史学体系提出质疑，认为那些上古的历史完全是史家的杜撰，因为没有任何可以经得起推敲的材料支持这种说法。这样看来，旧史学确实很容易就被攻破。不破不立，不过，破相对容易，要立却难，如何建立新的历史学体系，疑古派提不出更好的见解。在这样的情况之下，学者们感到再从故纸堆里是找不到突破口的。这些变革，导致了方法论上的重大变化，觉得要跳出书本寻找证据。顾颉刚自己也说：“我知道要建设真正的古史，只有从实物上着手的一条路是大路，我的现在的研究仅仅在破坏伪古史的系统上而致力罢了。”并且，考古对他产生了较大的影响。“二年来，我个人对于古史研究的进行可以分三方面作叙述。其一，是考古学方面。十二年秋间（1923年），我来到北京，地质调查所的陈列室已经开放；我进去参观，始见石器时代的遗物，使我知道古代的玉器和铜器原是由石器时代的东西演化而成的：圭和璋就是石刀的变相，璧和瑗就是石环的变相，铜鼎和铜鬲也就是陶鼎和陶鬲的变相。那时河南仰韶村新石器时代的遗物发见不久，灿然陈列，更使我对于周代以前的中国文化作了许多冥想。……去年万里游敦煌归来，说起陕西、甘肃一带有许多整个埋在地下的古城，正待我们去发掘，使更为神往。"[7]

以傅斯年为代表的一批新学者更是在对中国史学进行认真反思后，提出要寻找新的史料。他那篇著名的文章，实际上是一篇史学革命的宣言书，傅斯年说道："凡能直接研究材料，便进步。凡间接地研究前人所研究或前人所创造之系统，而不繁丰细密地参照所包含的事实，便退步。上项正是所谓科学的研究，下项正是所谓书院学究的研究。凡一种学问能扩张它研究的材料便进步，不能的便退步。西洋人做学问不是去读书，是动手动脚到处寻找新材料，随时扩大旧范围，所以这学问才有四方的发展，向上的增高。又譬如我们要掘地去，没有科学资助的人一铲子下去，损坏了无数古事物，且正不知掘准了没有，何如先有几种必要科学的训练，可以一层一层地自然发现，不特得宝，并且得知当年人士的踪迹，这每每比所得物更是重大的智识。"[8]傅曾经是胡适科学观念和方法的忠实鼓吹者和实践者。胡适的许多理论主张，都在傅斯年及其所领导的史语所得到了实践。1928年胡适在《治学的方法与材料》一文中，有这样几段话："他可以不动笔，但他不能不动手动脚，去创造那逼出证据的境地与机会。""只因为纸上的材料不但有限，并且在那个'古'字底下罩着许多浅陋幼稚愚妄的胡说。"研究语言、音韵，"文字的材料之外，还要实地考察各国各地的方言和人身发音的器官。由实地的考察，归纳成种种通则，故能成为有系统的科学。""有几分材料，说几分。"[9]。这些思想，日后都变成了傅斯年和史语所行动的纲领。

在这种历史背景下，中国近代考古学诞生了，并且以非常明确的学术目的——研究中国的历史——开展工作。

二、中国早期的考古活动

正如上述，中国考古学是在新史学思潮的出现和西方近代考古学传入的双重背景下产生的。用考古资料来研究中国的历史，是其明确的学术目的。围绕着这样的一个指导思想，一系列的考古活动开展起来。

1913年，丁文江筹划成立地质调查所，但当时受过地质学训练的专业人员非常缺乏，作为预备阶段，丁文江借用北京大学的设备与校址，开设地质研究班，学期五年。1916年，地质调查所正式成立，丁文江亲任所长。在他的努力经营下，该所很快成为具有国际水平的地质科学研究机构。丁文江多方聘请世界一流学者，如聘请美国哥伦比亚大学教授葛利普、瑞典地质学家安特生、法国古生物学家德日进、加拿大解剖学家步达生、德国体质人类学家魏敦瑞等一批知名学者，从事古生物学、地质学的调查和研究，使得地质调查所在地质学、古生物学、体质人类学的研究中获得很高的声誉，而这些学科与中国早期考古学的产生、发展有着密切的关系。

1918年，安特生了解到北京西南周口店发现古生物化石，便亲赴考察并做了试掘。此后，中国地质调查所和北京协和医院联合成立了“中国地质调查所新生代研究室”，这个研究室为中国旧石器时代考古学的建立、北京猿人完整头盖骨的发现及研究做出了杰出的贡献。1921年10月，安特生发掘仰韶村，参加的人有中国学者。在这之前的6～7月，还发掘了锦西沙锅屯洞穴遗址，写出了《中华远古之文化》（《地质汇报》第5号第1册，1923年）。1925年出版了关于仰韶遗址彩陶的专题报告[10]。在发掘仰韶遗址的同时，他们还调查了周围的不招寨、杨河村、西庄村三处遗址，并对不招寨遗址进行了小规模的发掘，这些遗址的文化内涵与仰韶村较为相似，安特生据此提出了仰韶文化的命名。仰韶文化是中国第一个正式命名的新石器时代文化，安特生认为仰韶彩陶与中亚的安诺和特里波列彩陶相近，遂考虑仰韶文化或为西来。为了寻找更多的证据，他于1923年春至1924年1月到西北进行考古调查，主要地点集中在甘青地区的河谷地带，总共调查和发掘了卡约、辛店、灰嘴、半山、齐家坪、马家窑、寺洼、马厂、沙井等19处遗址[11]。

安特生据西北考察的结果，写出了《甘肃考古记》，给中国学者提供了一条从实物来研究历史的路径。他在中国的一系列考古发掘活动，开启了中国近代考古学的先河。李济说：“安特生实际上是第一个通过自己的成就在中国古文物调查中示范田野方法的西方科学家。”[12]。傅斯年也说：“首用新方法去研究，为瑞典人安特生，完全用近代西洋考古方法去研究。”[13]他们都一致强调方法的重要性。的确，此前的中国学者还是采用旧方法整理发掘物，即“用文字作基本，就一物一物的研究。文字以外，所得的非常之少”。而西方考古学的新方法则是“以世界文化眼光去观察，以人类文化作标准，故能得整个的文化意义”。

安特生根据在甘青地区的考古发现，分出了齐家—仰韶—马厂—辛店—寺洼—沙井六期，提出仰韶文化西来说，特别指出中国文化在新疆成长起来，并从西方受到了影响。他的观点在国际学术界产生了很大的影响并得到广泛的承认，但是，以李济、梁思永为代表的中国考古学者对此表示了怀疑，他们认识到，要解决这个问题，必须开展更为科学细致的田野考古工作。

1926年，李济与地质学家袁复礼一道发掘了山西夏县西阴村的史前遗址。这是中国人自己开始的第一次考古发掘。这次发掘的起因虽然是与弗利尔艺术博物馆有关，但是却是完全由中国人自己开展的工作。这项工作之所以选择在山西夏县，固然与当时的政治情势有关，但更多地却可以看成中国学者对于中国文化源头的一次探询。

在有关西阴村的几篇文章中，可以看到李济曾经设想仰韶文化可能就是夏文化。李济在《西阴村史前遗址的发掘》一文中指出："选择西阴村这个史前遗址主要是因为它覆盖的面积比交头河遗址为大；部分地也是由于它的位置正处在传说中夏王朝——中国历史的开创时期——的王都地区的中心。"尽管只是"部分地"由于西阴村位于夏朝王都地区的中心，也足以说明李济已经考虑到这里的仰韶文化为夏文化的可能。

这一系列活动，都是在寻找中国早期的文化这样一个学术目的。而直接明显与中国历史研究挂钩的则是殷墟的发掘。

三、殷墟发掘

直接导致以安阳为发掘对象的主要原因是1899年以前几年由王懿荣开始的对"龙骨"的收集，后经由罗振玉等人的整理与研究，终于认识到一种已经消失了的上古时代的文字。安阳成为与历史直接对话的考古遗址，与其说是偶然，其实也是必然。在乾隆、嘉庆学风的影响下，中国金石学已发展到了一个急需寻找和研究新资料、新观点的阶段[14]。1899年，王懿荣发现甲骨，并认识到甲骨文的学术价值。1901年刘铁云开始收藏甲骨，1903年出版《铁云藏龟》。1904年孙诒让完成《契文举例》，这是第一本关于甲骨文研究的著作。1906年又出版《名原》。1904～1928，安阳盗掘和外国人、国人、古董商对甲骨的收集与研究、编撰进入高潮。1910年，罗振玉出版《殷商贞卜文字考》，他说该书的目的是"正史家之违失、考小学之源流、求古代之卜法。"1912年，罗振玉出版《殷虚书契前编》、1914年出版《殷虚书契考释》、1915年出版《殷虚书契后编》。1917年，王国维发表《殷卜辞中所见先公先王考》，对甲骨卜辞的整理与研究几乎重建了一个朝代完全未知的历史。

在这种情况下，1925年，王国维提出了著名的"二重证据法"，提出以实物材料来对旧史学进行改造，是当时学术界的一项任务。所以李济说："自光绪二十五年己亥（1899年）起，河南安阳小屯村出土的龟甲文字，已渐为国内经史学界所重视；到了民国初年，龟甲、兽骨的收藏，不但成了中国金石学家的一种特别嗜好，更引起了国际学术界的注意。甲骨文的研究，渐渐地蔚成了治中国古文字学的人们不能忽视的一种新兴项目。在这一进展中，王国维教授的贡献最为特出；所以当他在讲堂上提倡二重证据法时，安阳的发掘已经是我国进步的学术界所公认的一种紧要的、急待的工作了。”[15]

安阳的选择自然是与甲骨文的发现有关，另外一个原因就是，在中国已经发现了仰韶、沙锅屯、西阴、甘肃等地的史前时代遗存，并有相关报告的发表，在国际上的影响都很大，但是无法确定其年代。人们“希望能把中国有文字记录历史的最早一段与那国际间甚注意的中国史前文化连贯起来，做一次河道工程师所做的‘合龙’工作”[16]。

从殷墟发掘的历史背景来看，中国近代考古学从一开始就肩负起了重建古史的任务。安阳的工作直接导致了对于中国历史的思考，就有了城子崖的发掘。1930年1月，李济领队发掘城子崖。城子崖发掘的原因主要是遇到了安阳发掘的小屯的文化与仰韶文化无法连接的问题，发现中华远古之文化并不是由仰韶文化直接流传到小屯文化，并且仰韶文化西来说在这个时期成为一个被国际学术界认可的观点。小屯文化若来自仰韶，那么它也会是西来。但是经过仔细分析，小屯文化与仰韶文化没有直接的渊源关系，小屯文化可能有另外的来源。这个问题，李济和梁思永都发现了。而徐中舒则先从器物形态上论证了小屯与仰韶属于两个不同的系统，再从文献上论证殷民族起源于环渤海湾一带[17]。这导致了1931年傅斯年的《夷夏东西说》发表[18]，这是东西二元对立说的基本思路。

城子崖发现了一种黑陶文化——龙山文化，与殷墟文化有着重要联系。其中的卜骨、黑陶中的豆及白陶鬶与殷墟出土物联系紧密。1931年，梁思永主持了后岗三叠层发掘。发现了仰韶文化早于龙山文化，从地层关系上论证了仰韶文化、龙山文化、小屯文化的年代早晚问题。这解决了中国考古学上一个关键性的问题，从地层上证明龙山文化是早于殷墟小屯文化的。至于仰韶文化与龙山文化的关系，他在1935年发表文章认为“仰韶村是仰韶文化的领土，被龙山文化侵入”。为二元对立进一步提供了考古学的证据，这一看法一直保持到20世纪50年代[19]。后岗的发掘者无法正确理解仰韶文化、龙山文化、小屯殷墟文化的前后关系，关键在于他们对如何通过器物形态的演变来探讨文化内部的分期这样的一种方法没有掌握，所以把后岗遗址上仰韶、龙山的地层看成是两支文化先后占据的行为，即在仰韶东进与龙山西进的过程里发生的一次文化行为。实际上是平行地看待这两支文化的，而不知道是有着早晚关系的两支文化。

但是无论如何，城子崖龙山文化的发现是具有重大意义的。所以李济说，“有了城子崖的发现，我们不但替殷墟一部分文化的来源找到一个老家，对于中国黎明期文化的认识我们也得了一个新阶段。”[20]虽然这些观点后来都被新的考古发现所修正。

在考古发掘方法上，殷墟的发掘采取了科学的发掘方法，这是考古学完全不同于文献史学的特点，全面地采集信息和全面地分析信息是田野考古学的一个基本操作方法。这种方法也同样为历史学的研究提供了一个广阔的前景。所以傅斯年说："现代的历史学研究，已经成了一个各种科学的方法之汇集。地质、地理、考古、生物、气象、天文等学，无一不供给研究历史问题者之工具。"[21]可以说，殷墟的发掘奠定了中国考古学重建古史的新史学传统。

四、结　　语

中国考古学早年所取得的成就基本都是围绕着探索中国历史重大问题，殷墟的发现与发掘使中国上古历史系统成为信史，而此后中国考古学的主要研究方向，包括今天正在展开的中国文明起源探索等重大课题，实际都可以视作殷墟发掘的继续。同时，殷墟文化—龙山文化—仰韶文化成为我们认识中华远古文化的一把钥匙。仰韶文化和龙山文化至今也是中国最为重要的两支文化系统，我们今天的认识虽然较当时有了相当大的进步，但由仰韶文化（仰韶时代）—龙山文化（龙山时代）构成的新石器文化的基本框架并没有大的变化。从这个意义上说，早期中国考古学的实践，为重建古史奠定了基础。

考古学发现表明，与中国文明一样，中国考古学文化的演进也是以"连续"为基本线索，正是这种研究对象的特性，决定了中国考古学的研究方法、理论也必须拥有自己的特色。绵延不断的文化传统、多元一体的文化格局，加上相对完善的文献史料和史学系统，中国考古学完全可以在形成自己特色的同时，在世界考古学领域作出更大的贡献。

考古学是用实物资料来研究过去历史的一门学问，它和文献史学一样，需要寻找材料，需要发掘材料，需要分析材料。正因为它是以实物作为其表现形式，故其材料的获取和分析，都有一套不同于文献史学的方法，在这种方法的实践中，考古学家逐渐尝试并掌握了其中的规律并进行总结与归纳，从而形成了考古学方法论。地层学、类型学、考古学文化、聚落形态等，都是考古学的方法论。这套方法的最终目的，是正确认识实物史料，并通过这种认识来重新构建古代的历史。它与文献史学的最大区别是通过新的实物，告诉人们过去的人们曾经有过的生活方式、他们使用过什么东西，这些东西是用什么材料与技术来制造的，他们居住在什么样的房子里，他们的城镇和乡村是如何布局和规划的，他们有些什么大型的建设，他们死后是如何埋葬的，等等。这些问题文献史学是解决不了的。考古学给我们一个生动的实物的过去，让我们能够去触摸那些过去的东西而不是仅仅从书本上来了解它。苏秉琦曾经明确指出：

考古学属于历史科学。考古学和利用文字记载研究历史的狭义历史学（文献史学）一样，担负着真实地恢复历史、科学地揭示历史发展规律的任务[22]。

中国考古学的发展具有明显的阶段性，这些阶段都反映了方法论的发展。可以说，方法论的发展反映学科发展的阶段性，构成学科发展的核心内容[23]。没有早期中国考古学的辛勤耕耘，就没有中国考古学今天的巨大成就，认识这段历史，对于推动学科的前进，并最终实现考古学重建古史的目的，将具有重要的借鉴意义。

注 释

[1] 保罗·巴恩：《剑桥插图考古史》，山东画报出版社，2000年，第92页。

[2] 格林·丹尼尔：《考古学一百五十年》，文物出版社，1987年，第131、132页。

[3] 梁启超：《中国史叙论》，《饮冰室合集》，中华书局，1936年。

[4] 《英国文明史》，南洋公学译书院，1903年，第1篇第1页。

[5] 陈星灿：《中国史前考古学史研究》，三联书店，1997年，第38～42页。

[6] 顾颉刚：《古史辨》第一册自序，《顾颉刚选集》，天津人民出版社，1988年，第50、51页。

[7] 顾颉刚：《古史辨》第一册自序，《顾颉刚选集》，天津人民出版社，1988年，第55、56页。

[8] 傅斯年：《历史语言研究所工作之旨趣》，《中央研究院历史语言研究所集刊》第一本第一分，1928年10月。

[9] 胡适：《胡适文存》第三集，黄山书社，1996年。

[10] 阿尔纳：《河南石器时代之着色陶器》，《古生物志》丁种第一号第二册，地质调查所，北平，1925年。

[11] 陈星灿：《中国史前考古学史》，三联书店，1997年，第91～94页。

[12] 李济：《安阳》，河北教育出版社，2000年，第81页。

[13] 傅斯年：《傅斯年选集》，天津人民出版社，1996年，第186页。

[14] 中国古代金石学著作，比较著名的有吕大临《考古图》，宋哲宗元祐七年1092年成书，吕氏的目的是要探制作之原始；补经传之阙亡；正诸儒之谬误。稍晚的还有《宣和博古图》。这种方法是记录每一件器物的尺寸、容量与重量、纹饰、文字、器名以及该器物的出土地点、流传经过等。可惜此后却一直没有发展，800年过去了，反而有退化之势。关键在于中国没有自然科学的背景，没有严谨治学的思想基础。

[15] 李济：《安阳发掘与中国古史问题》，《中央研究院历史语言研究所集刊》四〇本，1968年。

[16] 李济：《中国古器物学的新基础》，《李济考古学论文选集》，文物出版社，1990年。
[17] 徐中舒：《再论小屯与安阳》，《安阳发掘报告》第三册，1931年。
[18] 傅斯年：《夷夏东西说》，《庆祝蔡元培先生六十五岁论文集》，《历史语言研究所集刊》外编第一种，1933年。
[19] 梁思永：《小屯龙山与仰韶》，先发表于《庆祝蔡元培先生六十五岁论文集》。后收入《梁思永考古论文集》，科学出版社，1959年。
[20] 李济：《中国考古报告集之一城子崖发掘报告序》，《东方杂志》第32卷第1号，1934年。
[21] 傅斯年：《历史语言研究所工作之旨趣》，《中央研究院历史语言研究所集刊》第一本第一分，1928年10月。
[22] 苏秉琦：《地层学与器物形态学》，《文物》1982年第4期。
[23] 苏秉琦：《近代中国考古学方法论（提纲）》，《华人·龙的传人·中国人——考古寻根记》，辽宁大学出版社，1994年。

Early Chinese Archaeology under the Background of Historical Change

Guo Weimin
(Hunan Provincial Institute of Cultural Relics and Archaeology)

Abstract: The emergence and development of archaeology is closely related to the change of western academic thoughts, especially the influence of the theory of evolution in the process. At the beginning of last century, when Chinese society was changed rapidly, the introduction of western academic thoughts have a strong impact on the traditional Chinese academic, particular history. In this context , the Chinese archeology was initiated. Tracing the origin of Chinese culture and civilization, exploring the characteristics of Chinese culture, and studying Chinese history have become the mission of early Chinese archaeology.

Keywords: Theory of Evolution; Yangshao; Xiyin Village; Yinxu

十里岗遗址石制品微痕初步研究

李意愿

（湖南省文物考古研究所）

［摘　要］　本文选择对十里岗遗址发掘出土的118件石片和5件工具标本进行了低倍法显微观察。其中36件标本有明确的使用微痕，4件标本有疑似装柄痕迹。共分辨出切割、锯、刮、削和刻划5种工具的运动方式，以切割和刮为主。加工材料类型以软性和中软性物质较多，中硬性和硬性物质较少。综合工具的使用方式和加工材料，推测肉类加工和皮革处理可能是当时遗址最主要的工作任务。

［关键词］　十里岗遗址；石制品；微痕研究；低倍法

一、研究背景与方法

（一）研究背景

十里岗遗址位于澧县澧东乡十里岗村，地理坐标为北纬111°46′54.7″，东经29°4′53.3″，海拔43米。遗址于2000年由湖南省文物考古研究所主持发掘，共出土石制品993件。其中包括完整石片211件，占21.2%；工具41件，占4.1%，且以刮削器为主。完整石片的原料大部分为黑色燧石，尺寸小于2厘米的微型石片数量占了55%，小型（2～5厘米）者数量也较多，占35.5%。此类黑色燧石的石制品十分引人注目，在研究区域内不同地点和时间段内的史前遗址中曾有出土，不过对功能的认识却没有进行过详细的研究。它们是否作为工具真正被使用过，还是仅仅为剥片或加工石器过程中的废片？若是工具，其主要用途和使用方式等情况都不甚清楚。在此前的调查报告中，研究者曾用肉眼在一些石片的刃缘观察到使用痕迹，并将其归为刮削器类[1]，但这类认识具有一定的经验性和模糊性，对其具体使用方式和加工对象并不清楚。同样地，研究也表明以形态命名的各类工具有可能具有完全不同于其外在形态的使用功能，如命名为刮削器的工具可能只用于切割等。因此，对这些石片和工具需要运用新的方法和手段，以更好地对它们的功能进行评估和分析。

十里岗遗址是澧水流域（澧阳平原）十分重要的一个旧石器晚期遗址，其年代大致距今2万～1.5万年，这个时期正处于末次冰期最盛期前后的时段。研究表明此时环境恶化，动植物资源不稳定，古人类如何适应这种环境的波动，其生计方式和觅食策略是否发生改变，探讨这些问题的一个重要的方面即是展开对石器功能的研究，因为大量的有机质无法保存，石制品作为人类的文化载体，相对较为全面、完整地记录了人类的行为。

（二）微痕分析的方法论

微痕分析是石器功能研究中较为重要的一种手段，也是目前国内外研究者较为热衷的研究课题。它是通过借助于显微镜观察石器上的一些微小的使用痕迹来确定其功能。一般来说，石制品经过使用，在其表面就会产生一定的破损和磨耗，使用过程中不同的运动方式和加工对象的质地也都会在石器刃缘上产生不同的痕迹，因而通过对各种不同细微痕迹的分析和比较，我们可以对它们的功能作出相对较为具体的阐释。

目前国际上，微痕分析有高倍法和低倍法两种微痕观察方法。高倍法由基利（Lawrence H. Keeley）所开创，使用金相显微镜、扫描电子显微镜或环境电子显微镜，通常放大100～500倍来观察标本的光泽，并据不同光泽的特点判断石制品的加工对象。低倍法是由美国考古学家奥代尔（George H. Odell）承袭西蒙诺夫（S. A. Semenov）发展而来，使用体质立体显微镜，通常放大10～200倍观察刃缘不同的片疤形态和磨圆特征，来鉴定石制品的使用方式和加工对象。从优势上来说，高倍法对于加工对象的判断更为准确和具体，但是从操作手段和费用来说，高倍法往往需要制备观察标本，并通过操作杆来调整观察区域，观察极为耗时且费用较高，而低倍法则是手持标本，观察较为迅速，且基本不需要后期的观察标本制备费用。因此，对于大量需要研究的标本来说，高倍法往往很难作为一种常规的观察手段得以在实践中运用。

鉴于研究目的、标本量以及实验设备条件，本文主要采用低倍法对石制品进行观察。这种方法在具体操作中有其自身的一些规范，本文采用奥代尔（George H. Odell）的相关标准[2]，以便于不同研究者之间交流和对比。①标本的定位使用八分法（图一），将被观察的石制品背面朝向观察者，近端在下，由中心向周边等分为八份，由右上角以顺时针方向列为P. C. 1～8。P. C.（polar coordinate）即以坐标的形式描述石制品上使用部位痕迹的具体位置，每个P.C.代表标本的八分之一的边缘。②微痕观察的项目包括磨损（abrasion）和破损（scarring）两大类，前者观察和记录项目包括：磨圆、光泽、条痕和位置；后者包括：位置、微疤分布形式、大小和尾端形态。③使用

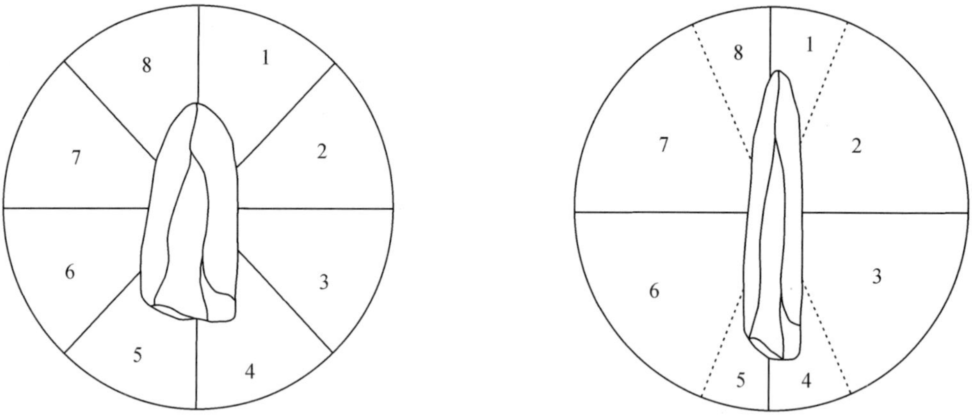

正常　　　　非正常

图一　“八分定位法”示意图（据注［2］）

单位（Employable Unit，简称EU）是微痕定量分析的基本参数之一，用来记录石制品上被使用部位和个数，按顺序号编号。④工具的运动和使用方式大致可分为垂直运动（钻、雕刻/刻划和戳刺）、纵向运动（切、锯）、横向运动（刮、削和刨）以及装柄或执握。

（三）研究的材料与过程

作为注重实践的微痕分析来说，具体的研究应该至少包括三个过程：模拟实验、“盲测”和考古标本的观察。模拟实验是通过实验方法建立石器使用过程中各种微痕的对比标本和数据库，且要求研究者具备识别和判断微痕的能力。“盲测”则是在被测者不知道相关信息的条件下，观察经过模拟使用的标本痕迹并作出判断，以检验微痕分析的可靠性。笔者曾在中国科学院古脊椎动物与古人类研究所系统学习过相关理论和方法，也在后来的工作中断续地进行过相关模拟实验，因此已具备了独立进行微痕分析的能力。此次工作笔者也进行了4个相关模拟实验，虽然由于时间等关系，没能进行“盲测”，但在研究过程中对石制品微痕均作了相关的“预测”（在笔者基本完全忘记每件石制品具体的加工对象和方式的情况下，观察标本的微痕并作出分析），证明对标本的微痕分析是可行和有效的。

十里岗遗址石制品的石料主要为较优质的黑色燧石，其内部颗粒结构较细、质地比较均一，客观上为微痕的显微镜观察提供了有利条件，鉴于对其他石料标本（石英、石英砂岩、石英岩）显痕观察相对较困难，本次研究主要选择黑色燧石石片进行微痕分析。在挑选标本时，也主要选择一些尺寸相对较大且具有较为锋利刃缘的石片，但也有意挑选了一些微片。同时，为了对工具的使用情况有所了解，对其中的5件石器一并进行了观察。

具体的操作则是先将标本在江南光学显微镜JSZ6下（放大倍数为8～160倍）进行观察，以破损和磨圆为主要观察对象，再将确定有使用痕迹的标本在湖南省文物考古研究所实验室内带有摄像系统的显微镜（放大倍数为25～200倍）下进行微痕照片的拍摄。

二、石制品微痕分析结果

（一）微痕分析结果统计

根据显微镜下对118件石片标本进行的观察，共有34件有明确的使用微痕，微痕不明确者有18件（包括4件可能为装柄痕迹的标本），剩下的66件标本暂时没有发现微痕。另外，对5件石器标本的显微观察显示其中2件可观察到使用痕迹，但主要在未经修理的边刃，修理部位除1件可能有使用痕迹外，其余标本均未发现使用微疤。

在有明确使用痕迹的标本中，观察表明一些标本同时在2～3个不同部位曾进行过使用。按照微痕分析的一般方法，将其命名为不同的使用单位（Employed Unit，简称为EU）。所有标本共发现44个EU（表一）。

表一　十里岗遗址标本微痕观察结果

项目	观察结果	标本（N=123）	百分比（%）	使用单位（EU）
使用痕迹	明确	36	29.3	39
	不确定	18	14.6	0
	无	69	56.1	0
装柄/执握痕迹	明确	0	0	0
	不确定	4	3.3	5
	无	119	96.7	0

根据微痕观察推测，除去5个使用单位为不确定装柄或执握等痕迹外，共分辨出5种工具的运动方式，分别是切割（cutting）、锯（sawing）、刮（scraping）、削（shaving）和刻划（graving），而以切割和刮占绝对地位，分别占43.5%、48.7%（表二）。

表二　标本使用方式统计（使用单位）

使用方式	切割	锯	削	刮	刻划	总计
EU数	17	1	1	19	1	39
百分比（%）	43.5	2.6	2.6	48.7	2.6	100

“切”是单向的纵向运动，刃缘多垂直于加工对象，刃缘两面均与其接触，“割”与之相似，但相对于操作者有向内、向外的区分，因此有时统称“切割”；“锯”是双向的往复性运动，刃缘一般垂直于加工对象，其背腹两面也与加工对象接触；“削”是工作刃缘与运动方向垂直，一般与加工对象呈20°～30°的较小角度，多背离操作者运动，刃缘主要与一面接触，另一面会偶有触及；“刮”是刃缘以较大角度与加工对象垂直相交，通常沿着趋近操作者的方向进行横向运动；“刻划”是尖部与加工对象以较大角度进行单向运动。

由于低倍法技术对观察加工对象本身的限制以及微痕研究本身的发展等主客观因素，目前对标本加工材料的判断还难以全部准确到具体的种类。现今我们主要根据反作用力的强度等级进行判断，将观察出的加工材料大致分为软性、中软性、中硬性和硬性等类别。其中软性动物类包括如新鲜的肉、肉皮、皮革等；软性植物类，例如根茎、草、叶子等；中度软性类包括像季节性新鲜树木、鱼鳞等；中度硬性类包括干燥的木头、冻肉和软骨等；硬性类主要为动物骨头、干皮革等。

在此次观察标本所有确定的加工材料中，软性和中软性加工材料相对较多，分别占41%和33.3%，中硬性和硬性加工材料相对较少（表三）。值得指出的是，其中对加工对象较为具有特征性和指示性的片疤主要有两类，一类为翻越式片疤，国内外的模拟实验均表明主要为木材[3]；另一类则为骨头类硬性物质，以中小型的阶梯状、钩状、大型羽状片疤分布为主[4]。中软性加工对象中，有3个使用单位具有翻越式片疤，可以较为准确地判断为加工新鲜木材；6件硬性加工对象中多数与加工骨头的微痕特征相似，1件可能用于加工干皮革。从反作用力强度的等级判断，大部分应为动物性材料。

表三　标本加工材料统计（使用单位）

加工材料	软性	中软性		中硬性	硬性	总计
		植物（木）	不确定			
EU数	16	3	10	4	6	39
百分比（%）	41	7.7	25.6	10.3	15.4	100

综合上述工具的运动方式和加工材料，我们可以对十里岗遗址部分石制品的功能作如下推测：40%左右的标本用于切割肉类或肉皮，部分在剔肉过程偶尔碰触骨头；10%左右的标本可能被用于在新鲜骨头上刮肉；3件（7.7%）可能用于切割/锯木头；1件（2.6%）可能用于在骨头上有刻划行为；也有10%左右的标本可能用于刮新鲜或干燥的皮革。加工植物根茎或草类的软性类微痕可能存在，但由于低倍观察的局限性和笔者现阶段水平目前难以断定。除此之外的其他工具可能曾进行过的一些加工材料则无法确定。整体而言，肉类加工和皮革处理可能是当时遗址最主要的工作任务。

（二）标本的微痕特征描述

以下逐一对部分有明确痕迹标本的微痕单位的特征和分布进行文字表述，并结合显微镜照片加以展示。因篇幅原因，未在文中描述的标本可参考文后的附表二。

为读者能更好地理解下面对标本微痕特征的描述，此处有必要对本次观察所采用的微痕片疤类型略作介绍。根据微痕尾端形态的特征，本次研究中的微痕片疤一般分为四种类型（图二），即羽翼式（或称“羽状”，片疤远端逐渐尖灭）、卷边式（或称“钩状”，片疤远端凹入标本内）、阶梯式（片疤远端呈台阶状）和折断式（片疤远端折损、断裂）。“翻越式片疤”（rolled-over）是一种特殊的微疤，一般指单个片疤跨越刃脊分布于背腹两面的情况。微疤的大小统计中，用肉眼可观察到的微疤为大型，放大10倍可以观察到的微疤为中型，10倍以上才能观察到的微疤则为小型。微疤的分布形式一般可分为连续、紧密、分散、层叠等。

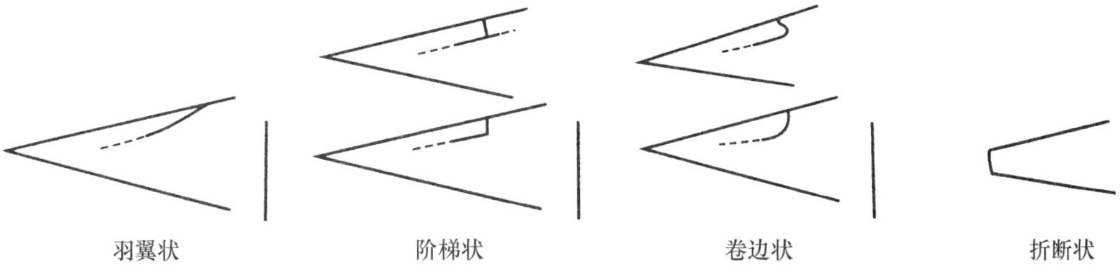

图二　微疤终止形态示意图（据注［5］）

1. 标本T5⑥：135

深红色燧石石片，共2处微痕（图三）。

EU3　P. C. 5～8处片疤以背面为主，背面分散分布中小型羽状片疤，个别为钩状；腹面丛簇状分布中小型羽状片疤，较集中于P. C. 5、6处；片疤具有一定的方向性，且方向一致，指示运动方向由远端向近端方向操作。刃缘轻度磨圆，毛糙光泽。推测该石片以割为主，可能加工肉类，偶有碰触骨头。

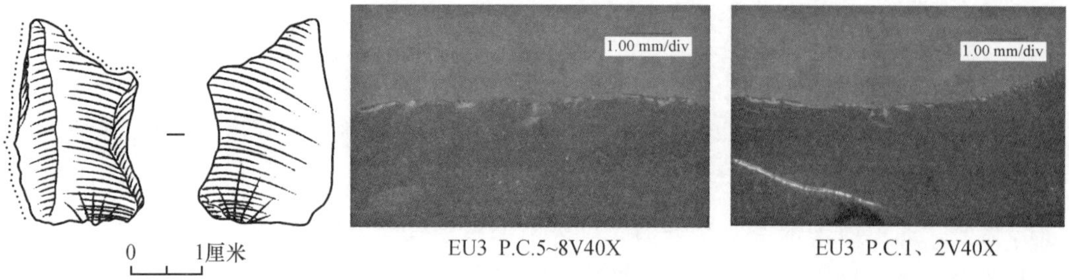

图三 T5⑥：135标本及微痕照片*

EU4 P. C. 1、2处背、腹两面均分散分布小型羽状片疤，个别钩状和折断状。磨圆和光泽几乎不见。推测与切割软性物质有关。

2. 标本T5⑦：27

黑色燧石石片（图四）。

EU6 P. C. 2、3处背面分散分布小型钩状片疤，腹面片疤也分散分布，以中小型钩状、羽状片疤为主，部分片疤呈现翻越式。刃脊轻度磨圆，点状光泽。推测该件石片用于切割，加工对象与新鲜木头有关。

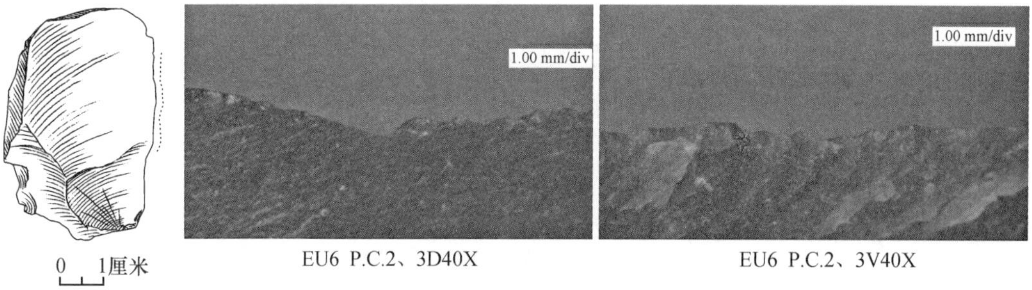

图四 T5⑦：27标本及微痕照片

3. 标本T2⑥：12

黑色燧石远端断片（图五）。

EU9 P. C. 5 ~ 7处背面分散分布有中小型羽状片疤，钩形片疤间断分布；腹面连续分布羽状片疤，大中小型均有，个别为钩形，部分片疤具有翻越式特征。片疤具有明显方向性，背腹两面相同，但运动方向两端相反，指示操作方向为来回往返性运动。轻度磨圆，微亮光泽。推测该件石片主要用于锯，加工对象与新鲜木头有关。

---

* 微痕照片说明由使用单位（如EU3）、使用部位（如P. C. 5 ~ 8）、石片背腹面（V代表腹面，D代表背面）以及放大倍数（如40X）组成。下同，不再注释。

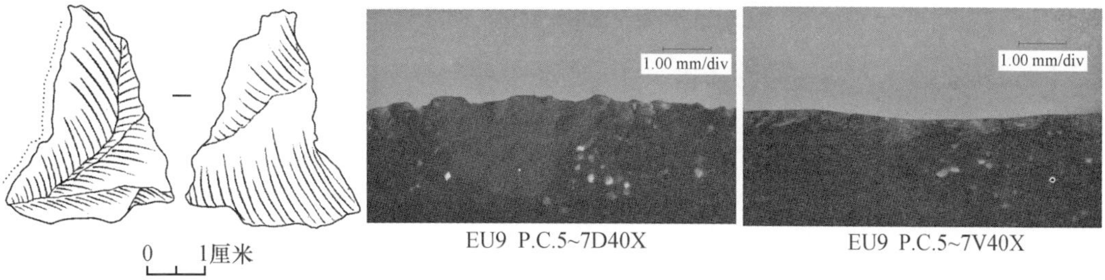

图五 T2⑥：12标本及微痕照片

4. 标本T6⑥：39

黑色燧石砸击石片（图六）。

EU10 P. C. 6、7处背面连续分布大型羽状、钩状片疤，紧贴刃缘内套中小型阶梯状片疤；腹面无片疤分布，但轻度磨圆，点状光泽。推测该件石片用于刮，加工对象与刮骨产生的微痕相似。

5. 标本T4⑥：33

黑色燧石远端断片（图七）。

EU11 P. C. 3处背面层叠分布中小型阶梯状、钩状片疤；腹面不均匀分布中小型

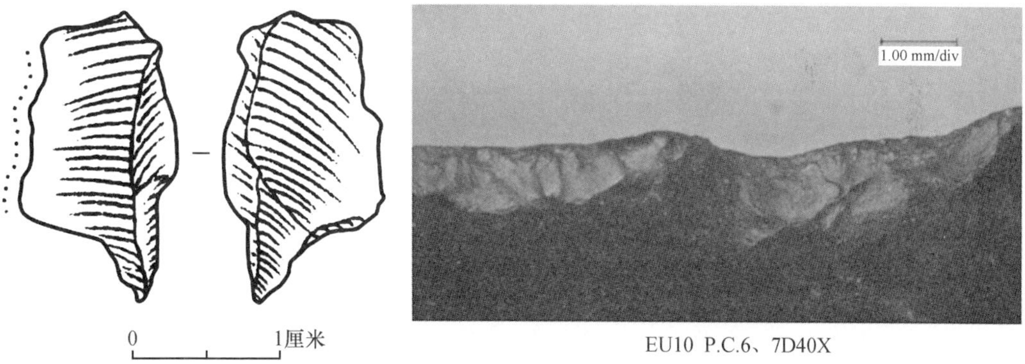

图六 T6⑥：39标本及微痕照片

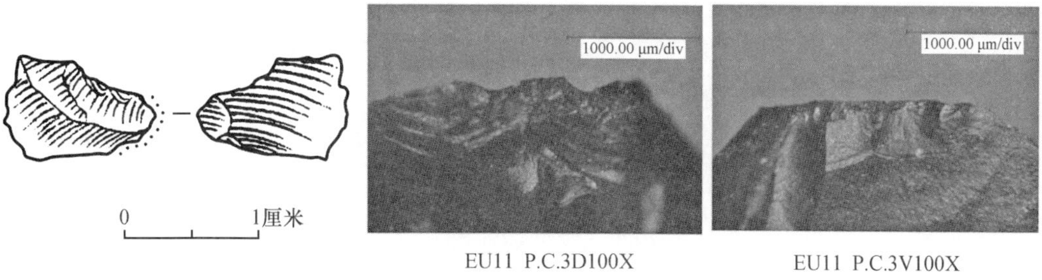

图七 T4⑥：33标本及微痕照片

羽状、钩状片疤。刃脊轻度磨圆，无光泽。结合分布形态和片疤特点，推测该石片主要用于刻划，加工对象为硬性物质。

6. 标本T4⑥：20

黑色燧石石片，共有3处微痕。

EU12　P. C. 8处背面连续分布大中型钩状片疤，腹面不均匀分布中小型羽状片疤，少量钩状片疤间断分布，刃脊轻度磨圆，微亮光泽。推测主要用于切割，加工对象为硬性物质，可能为鲜骨（图八）。

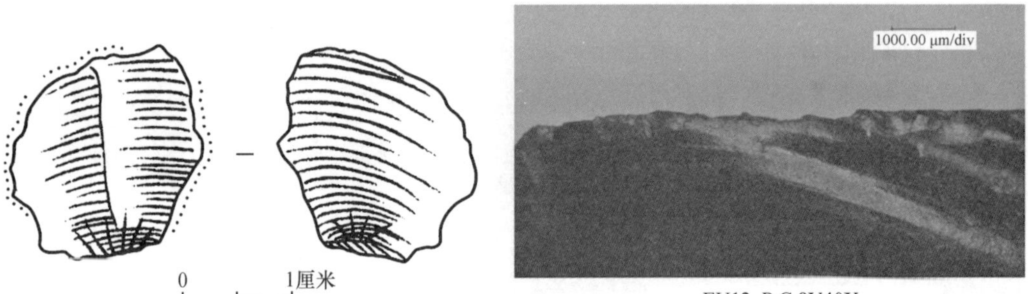

EU12 P.C.8V40X

图八　T4⑥：20标本及微痕照片

EU13　P. C. 6、7处背腹两面片疤错向分布。背面连续分布小型羽状、折断状片疤；腹面层叠状分布大型羽状、中小型钩状、阶梯状和羽状片疤。刃脊中度磨圆，微亮光泽。结合片疤分布位置和特点，推测与捆绑等执握方式有关（图九）。

EU14　P. C. 2、3处背面紧密分布中小型钩状片疤，有个别折断片疤，腹面在凸起边缘有少量小型羽状片疤。轻度磨圆，无光泽。推测可能与EU13一起同为执握等方式形成有关（图一〇）。

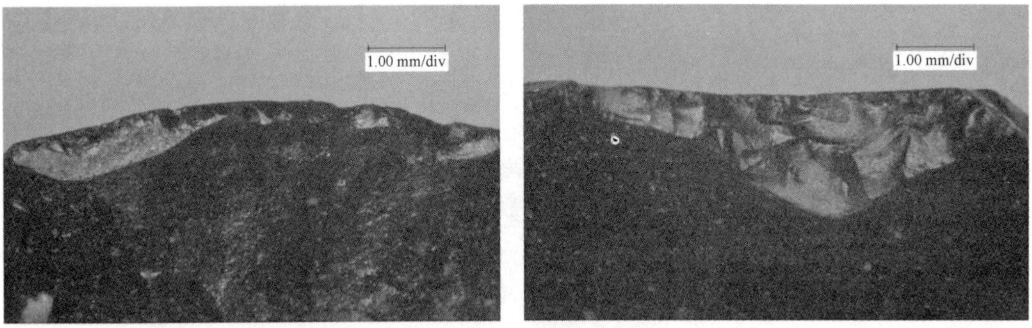

EU13 P.C.6、7D50X　　EU13 P.C.6、7V50X

图九　T4⑥：20微痕照片

EU14 P.C.2、3D40X

EU14 P.C.2、3V40X

图一〇 T4⑥：20微痕照片

7. 标本T6⑥面：13

黑色燧石石片，有2处使用微痕。

EU15 P. C. 1～8处背面连续分布中小型羽状片疤，少量钩状片疤间断分布；腹部无片疤分布，但中度磨圆，有毛糙光泽。推测该件石片用于刮中软性物质（图一一）。

EU16 P. C. 2处背面丛簇状分布中小型羽状片疤，腹面紧密分布小型羽状片疤，垂直于刃缘。刃脊轻度磨圆，片状光泽。推测用于切割动物性物质（图一二）。

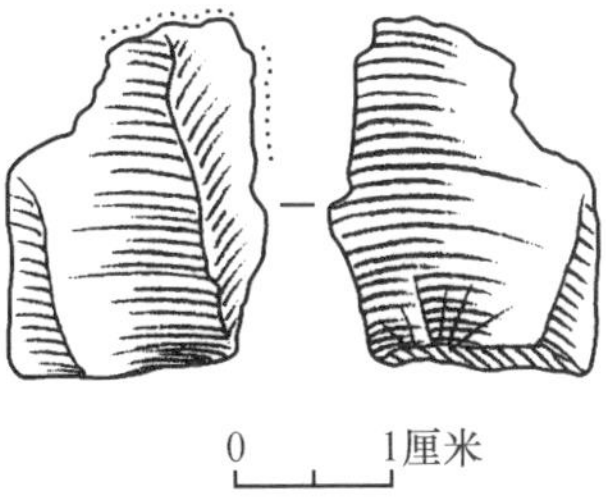

EU15 P.C.1~8D40X

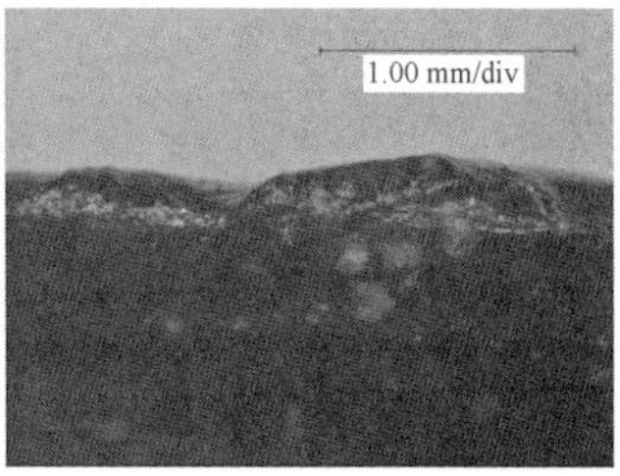

EU15 P.C.1~8V磨圆100X

图一一 T6⑥面：13标本及微痕照片

EU16 P.C.2D40X

EU16 P.C.2V40X

图一二 T6⑥面：13微痕照片

8. 标本T5⑥：8

黑色燧石石片（图一三）。

EU17　P. C. 2、3处腹面紧密分布小型羽状片疤，部分片疤凹深，个别折断；背面分散分布有小型羽状片疤。刃脊轻微磨圆，无光泽。推测该件石片用于切（片）动物性物质，可能用于从骨头上剔肉，主要接触肉类，但偶尔碰触骨头。

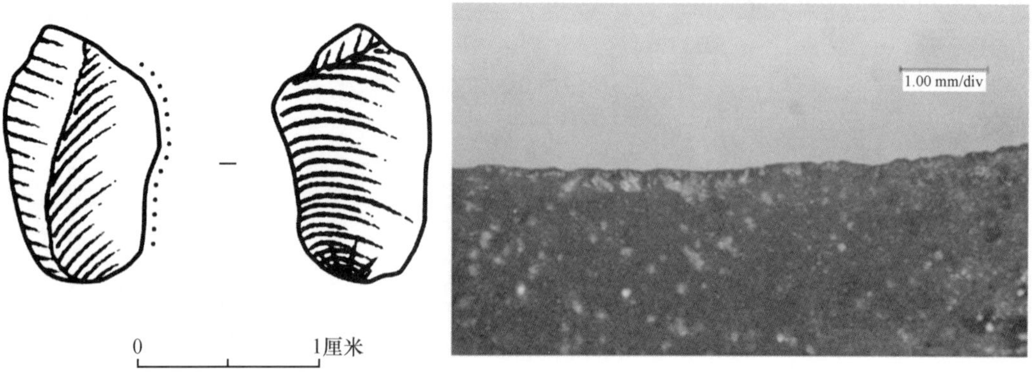

EU17 P.C.2、3V50X

图一三　T5⑥：8标本及微痕照片

9. 标本T7⑥：22

黑色燧石石片，有2处使用微痕（图一四）。

EU18　P. C. 6、7处背面丛簇状分布小型为主的羽状片疤，部分大型和中型，少量小型钩状；腹面连续分布中小型羽状片疤。中度磨圆，点状光泽。推测主要用于切割中软性物质。

EU19　P. C. 1～4处背面分散分布中小型钩状、羽状片疤，部分大型钩状间断分布；腹面丛簇状分布中小型羽状、钩状片疤。刃脊轻度磨圆，片状光泽。推测用于切割硬性物质，可能为干皮革。

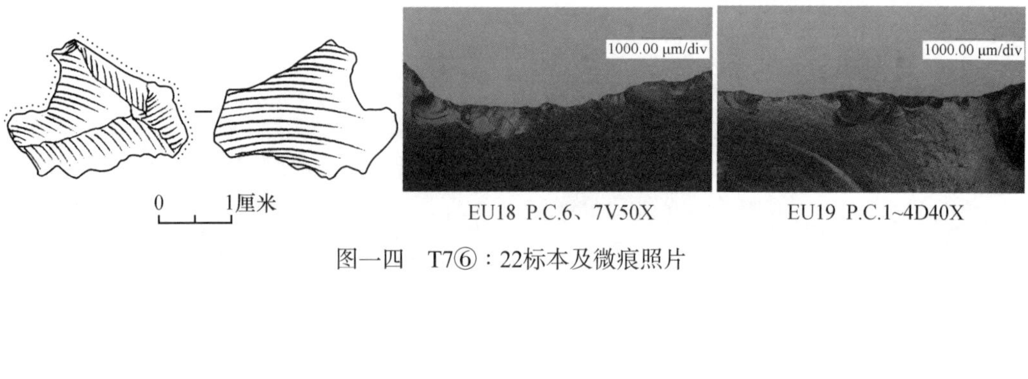

EU18 P.C.6、7V50X　　EU19 P.C.1~4D40X

图一四　T7⑥：22标本及微痕照片

10. 标本T7⑦：33

黑色燧石石片，有2处微痕（图一五）。

EU20 P. C. 5处背面连续分布中小型羽状、钩状片疤，腹面的片疤主要分布于与背部片疤相对的两端，成丛簇状分布，小型羽状。腹部凸起脊有轻度磨圆和粉碎状钩状、羽状片疤。根据分布特点和片疤形态，推测可能为捆绑或执握方式形成。

EU21 P. C. 1～4处背面不均匀分布中小型钩状、阶梯状片疤，大型羽状片疤少量分布；腹部无片疤分布。推测主要用于刮中硬性物质。

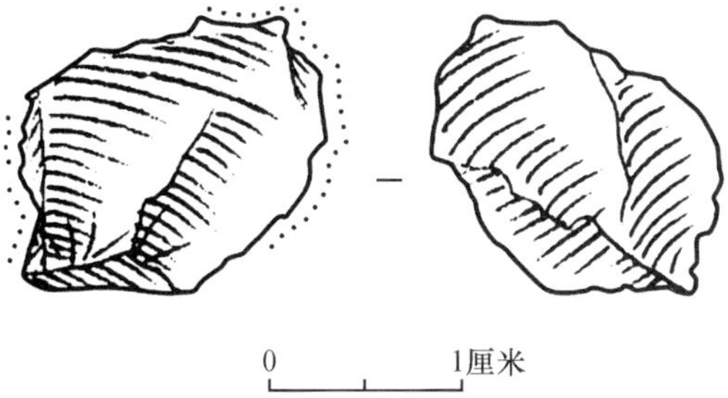

EU20 P.C.5D40X

EU20 P.C.5V40X

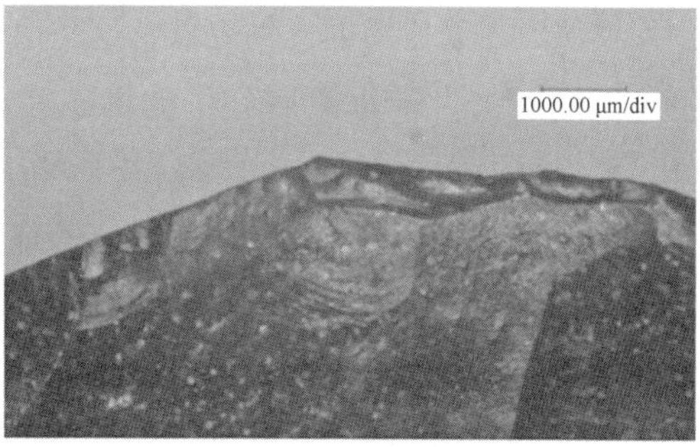

EU21 P.C.1~4D40X

图一五 T7⑦：33标本及微痕照片

11. 标本T6梁⑥：57

锯齿刃器。以黑色燧石石片为毛坯，左侧正向锤击修理成锯齿刃（图一六）。

EU44 微痕观察表明修理处没有发现使用微痕，但在其相对的一条刃（P. C. 2、3）的背面分布有连续性的中小型羽状片疤，片疤浅平，腹部没有片疤分布，轻度磨圆，光泽不明显。推测主要用于刮，加工对象为软性物质。

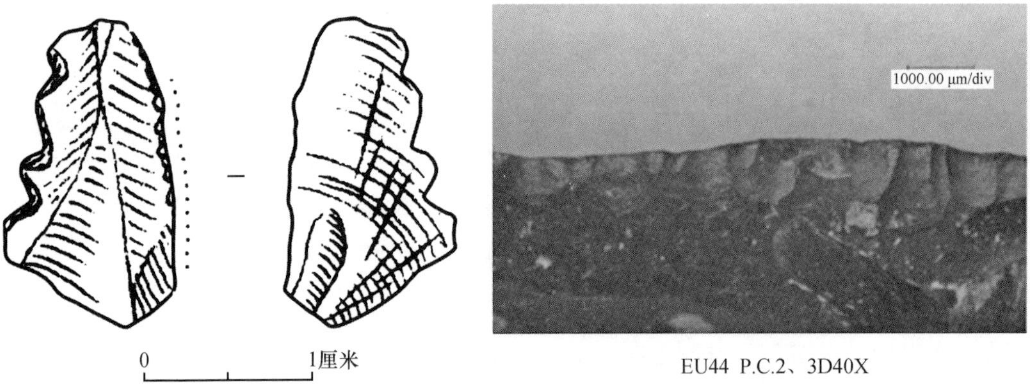

EU44 P.C.2、3D40X

图一六　T6梁⑥：57标本及微痕照片

三、石制品功能及相关问题的初步讨论

本次进行的微痕分析得到的一个结论即是，十里岗遗址生产的石片曾被古人类直接作为工具使用。石片的使用率为28.8%，因此有相对较多的石片被证实使用，尤其是尺寸较大、边缘锋利的石片；小于2厘米的微片虽然此次观察标本较少，但也同样存在使用痕迹，尽管使用的比例更低，这是值得关注的问题。

国内对考古标本微痕分析的工作开展还十分有限，从近些年的研究情况看（表四），微痕分析为我们判定石制品是否使用，以及使用方式、加工材料等问题提供了新的技术手段，部分地深化了我们对石制品功能的认识。

表四　部分其他遗址石制品微痕结果

微痕→ 遗址↓	观察标本	使用微痕		装柄/执握痕迹		备注
		N	%	N	%	
柿子滩S12G	30	2	6.7	1	3.3	27件细石叶，3件石器；细石叶均无使用痕迹[5]
下川遗址	19	6	31.6	1	5.3	8件石核刮削器，11件石叶；1件刮削器和5件石叶有使用痕迹[6]
柴寺遗址	74	14	18.9			石叶34件，细石叶29件，石核刮削器11件[7]
虎头梁遗址	52	8	15.4	2	3.8	细石核[8]
虎头梁遗址	29	12	41.4			细石叶、石叶；1件细石叶疑似装柄痕迹；1件石叶疑似执握痕迹[9]
虎头梁遗址	52	17	32.7	6	11.5	尖状器；另有6处疑似使用痕迹，10处疑似装柄痕迹[10]
虎头梁遗址	47	15	31.9	3	6.4	刮削器[11]
水洞沟第2地点	48	8	16.7	1	2.1	边刮器26件，石片22件[12]
小长梁遗址	174	22	12.6			石片[13]

十里岗遗址中大部分完整石片的尺寸均不大，同时也可见存在一些生产小石片的小型石核，因此这些细小型石片在作为工具时的使用方式无疑也是值得进一步探讨的问题。虽然此次微痕观察中，笔者刻意对装柄等捆绑行为或执握形成的微疤给予特别关注。而从相关实验研究可知，捆绑复合工具是可以通过片疤和磨痕来辨别的，其疤痕主要分布在刃脊上，另一些分布于背脊、棱脊和底端，尾疤形态以折断式和羽翼式为主，少量阶梯式，没有卷边式，多为不均匀分布或连续分布，分散分布次之，以小型疤痕为主，大中型较少；磨圆以轻度为主，光泽程度不高[14]。但此次十里岗遗址标本的磨圆和光泽的观察整体不太理想，片疤特征也与之有所差异，因而在观察到的疑似这类痕迹的5个使用单位并不特别明显，还需要进一步观察予以确认，目前装柄的复合工具行为在十里岗遗址中是否存在还暂时不能确定，留待今后的进一步研究。

从使用方式看，钻孔、戳刺等工具使用方式不存在，刻划、锯、片等使用方式极少量被发现，大量的标本主要为切割和刮削，可能主要用于分割、处理食物资源的活动，更为复杂的装饰品制作等则难以找到证据。在加工对象方面，低倍法难以根据片疤的破损形态将加工的对象精确判断到具体物质，表明这一方法存在的局限性，同时对使用强度不够、破损痕迹不显著的标本也难以作出明确的判断。因此，不少研究者曾认为结合微痕的高倍法分析[15]和低倍法的观察，可能是对石器功能更为精确、全面的研究。

对于少量修理工具标本的观察，表明多数标本未在修理部位发现使用痕迹，而在未修理区却能发现一些使用微痕，这种现象在研究者进行的水洞沟遗址第2地点的工具微痕分析中也同样存在[16]，至于其是否是一种普遍现象以及形成这种情况的原因还需要今后更多的分析。

本次对考古标本的显微研究是一次初步的探索，囿于笔者目前在微痕研究领域的能力，所取得的认识也还有限，对于全面、系统认识十里岗遗址石制品的功能及其所反映的古人类的生计方式、觅食策略以及由此所反映的人类行为模式和对环境的适应方式都还需要在今后进一步深化，比如进一步开展模拟实验工作，扩大研究样本量，开展其他石料的微痕观察，并结合高倍法分析、残留物分析等其他手段。

此外，就燧石质石制品微痕研究本身来说，也还有一些值得进一步关注的问题，如本次所进行的模拟实验表明，利用燧石原料的小型石片收割稻秆效率较高，小型的石片完全能够胜任收割性质的相关工作。在澧阳平原旧石器晚期至新石器时代初期的史前遗址中大量出现的燧石石器是否有部分充当过类似功能，亦值得今后予以加强研究。

附记：本项研究得到了湖南省文物考古研究所所级课题“澧阳平原晚更新世晚期至全新世初期燧石类石制品微痕研究”（2010年）的资助，特此致谢。

注 释

［1］ 封剑平：《湖南澧县十里岗旧石器时代晚期地点》，《中石器文化及有关问题研讨会论文集》，广东人民出版社，1999年，第284～291页。

［2］ A. Odell, G. H. Stone Tools and Mobility in the Illinios Valley: from hunter-gatherer camps to agricultural villages. *International Monographs in Prehistory.* Ann Arbor. 1996.

B. 高星、沈辰：《石器微痕分析的考古学实验研究》，科学出版社，2008年。

［3］ A. 谢礼晔、李意愿、王强等：《钻孔运动方式实验与微痕分析报告》，《石器微痕分析的考古学实验研究》，科学出版社，2008年。

B. 陈淳、沈辰、汤英俊等：《小长梁石工业研究》，《人类学学报》2002年第1期。

［4］ 陈虹、张晓凌、沈辰：《石制品使用痕迹多阶段形成轨迹的实验研究》，《人类学学报》2013年第1期。

［5］ 陈虹：《华北细石叶工艺的文化适应研究——晋冀地区部分旧石器时代晚期遗址的考古学分析》，浙江大学出版社，2011年。

［6］ 陈虹：《华北细石叶工艺的文化适应研究——晋冀地区部分旧石器时代晚期遗址的考古学分析》，浙江大学出版社，2011年。

［7］ 陈虹：《华北细石叶工艺的文化适应研究——晋冀地区部分旧石器时代晚期遗址的考古学分析》，浙江大学出版社，2011年。

［8］ 张晓凌：《石器功能与人类适应行为：虎头梁遗址石制品微痕分析》，中国科学院古脊椎动物与古人类研究所博士论文，2009年。

［9］ 张晓凌：《石器功能与人类适应行为：虎头梁遗址石制品微痕分析》，中国科学院古脊椎动物与古人类研究所博士论文，2009年。

［10］ 张晓凌：《石器功能与人类适应行为：虎头梁遗址石制品微痕分析》，中国科学院古脊椎动物与古人类研究所博士论文，2009年。

［11］ 张晓凌：《石器功能与人类适应行为：虎头梁遗址石制品微痕分析》，中国科学院古脊椎动物与古人类研究所博士论文，2009年。

［12］ 张晓凌：《水洞沟第2地点石制品的微痕研究》，《水洞沟——2003～2007年度考古发掘与研究报告》，科学出版社，2013年，第253～260页。

［13］ 陈淳、沈辰、汤英俊等：《小长梁石工业研究》，《人类学学报》2002年第1期。

［14］ 赵静芳、宋艳花、陈虹等：《石器捆绑实验与微痕分析报告》，《石器微痕分析的考古学实验研究》，科学出版社，2008年。
［15］ 王小庆：《石器使用痕迹显微观察的研究》，文物出版社，2008年。
［16］ 张晓凌：《水洞沟第2地点石制品的微痕研究》，《水洞沟——2003～2007年度考古发掘与研究报告》，科学出版社，2013年，第253～260页。

Preliminary Use-wear Studies on the Stone Artifacts of Shiligang Site

Li Yiyuan
(Hunan Provincial Institute of Cultural Relics and Archaeology)

Abstract: This paper studies the use-wear of 118 flaks and 5 stone tools excavated in Shiligang site through the low-power method. Among these, 36 specimens recognize clear working use-wear, and 4 specimens possess uncertain hafting use-wears. There are five kinds of tool motions in these tools, such as cutting, sawing, shaving, scraping and graving. Cutting and scraping are the main tool motions. For the worked material, soft and medium soft materials are more than those medium hard or hard ones. Judging from these two aspects, meat-processing and leather-processing probably were the main work-task on the site.

Keywords: Shiligang Site; Stone Artifacts; Use-wear Analysis; Low-power Method

附表一　实验标本微痕特征

使用单位	标本号	片疤破损				磨蚀痕迹			实验描述
		位置	尺寸	分布	终止	位置	磨圆	光泽	
EU1	2013EX01	P. C. 1～4	背面丛簇状分布小型羽状片疤，少量中小型钩状片疤间断分布；腹面极为分散分布着小型羽状片疤			E	LR	PP	用石片右侧割水稻底部干稻秆（软性物质），用时约30分钟
EU2	2013EX02	P. C. 1～8	背面不均匀分布钩状、阶梯状、羽状的中小型片疤，有较多折断型片疤；腹面不均匀分布中小型钩状片疤			E	MR	AP	用石片锯新鲜牛肋骨（硬性物质），用时约15分钟
EU3	2013EX03	P. C. 6、7	腹面连续分布中型羽状片疤，少量钩状间断分布；背面零星微小羽状片疤，有折断片疤			—	AR	AP	用石片远端锯干水竹（直径5厘米），用时10分钟
EU4	2013EX04	P. C. 1～8	背面连续分布小型钩状、羽状片疤；腹面不明显			V	LR	AP	用石片远端刮直径5厘米的干水竹（中软性），用时约10分钟
EU5	2013EX04	P. C. 2	背面连续分布中小型羽状片疤，钩状小型片疤间断分布；腹面个别小型羽状疤，不明显			V	LR	DP	刮干水竹

注：E石片边缘；V石片腹面；AR无磨圆；LR轻度磨圆；MR中度磨圆；AP无光泽；DP零星光泽；PP点状光泽。

附表二 十里岗遗址其他未描述考古标本微痕特征

使用单位	标本号	片疤破损				磨蚀痕迹			使用方式	加工对象
		位置	尺寸	分布	终止	位置	磨圆	光泽		
EU1	T7⑥：24	P. C. 5	腹面从簇状分布大型羽状片疤，个别为折断；背面片疤较少，以小型羽状居多，个别大型钩状			E	LR	AP	切割	中软性
EU2	T6梁⑥：12	P. C. 8	以腹面片疤居多，连续分布的小型羽状；背面零星片疤，3个小型羽状，1个为大型羽状片疤			E	MR	DP	削（片？）	软性
EU5	T4⑦：96	P. C. 1、2	背面不均匀分布小型羽状、钩状片疤；腹面连续分布中小型羽状、钩状、阶梯状片疤，部分片疤呈现翻越式			E	LR	DP	切割	鲜木（中软性）
EU7	T6⑤：26	P. C. 8	背面连续分布微小型羽状片疤，似使用强度弱；腹面片疤不明显			V	LR	AP	刮	软性（动物/植物）
EU8	T4⑥：15	P. C. 4	腹面连续分布中型羽状片疤，偶有阶梯状；背面片疤不明显			D	MR	PP	刮	软性
EU22	T7⑦：46	P. C. 4、5	两者片疤错向分布，PC5腹面连续分布钩状、阶梯状、羽状片疤，大小型均有，部分片疤呈粉碎状；PC4背面分布少量中型羽状片疤			——	AR	AP	疑为捆绑	
EU23	T6梁⑥：153	P. C. 3、4	背、腹两面均连续分布大中型羽状片疤			E	LR	DP	切割	中软性
EU24	T6梁⑥：43	P. C. 4	腹面分散分布小型羽状片疤；背面不明显			D	LR	AP	刮	软性
EU25	T6⑥：4	P. C. 8	背面片疤连续分布，中型羽状片疤内套小型羽状、钩状，紧贴刃缘分布；腹面零星有微小型羽状片疤			V	LR	DP	刮	中软性
EU26	T5⑥：116	P. C. 1 ~ 8	背面连续分布中小型阶梯状、钩状片疤，间断分布少量大型羽状片疤；腹面无片疤			V	LR	PP	刮	硬性
EU27	T4⑥：21	P. C. 1 ~ 4	背面连续分布大型钩状、中小型阶梯状片疤，也部分间隔分布有大型羽状片疤；腹面无片疤			V	MR	SP	刮	骨（硬性）
EU28	T5⑥：126	P. C. 2、3	背面连续分布小型羽状片疤，垂直于刃口；腹面不明显			V	LR	AP	刮	软性
EU29	T6⑥：10	P. C. 8	背面连续分布小型羽状片疤，少量小型钩状；腹面无片疤			——	AR	AP	刮	软性

续表

使用单位	标本号	片疤破损				磨蚀痕迹			使用方式	加工对象
		位置	尺寸	分布	终止	位置	磨圆	光泽		
EU30	T4⑥：30	P. C. 5～7	背、腹两面分散分布小型羽状片疤，少量钩状间断分布			E	LR	AP	切割	软性
EU31		P. C. 8	腹面连续分布中小型羽状片疤；背面无片疤			——	AR	AP	刮	软性
EU32	T6梁⑥：130	P. C. 3、4	背面连续分布羽状片疤，大型和小型均有，少量小型钩状片疤			V	LR	DP	刮	中软性
EU33	T5⑦：27	P. C. 1～4	背面和腹面均断续分布小型羽状、阶梯状片疤			E	LR	DP	切割	中软性
EU34	T4⑦：96	P. C. 2	背面和腹面片疤紧密状分布，以小型羽状为主，有少量钩状			E	LR	DP	切割	软性
EU35	T4⑥：15	P. C. 4	背面和腹面连续分布小型羽状片疤，片疤浅平			E	LR	AP	切割	软性
EU36	T4梁⑥：12	P. C. 8	腹面连续分布小型羽状片疤；背面分散分布少量小型片疤，羽状			E	LR	AP	切	软性
EU37	T3⑥：19	P. C. 2、3	背面丛簇分布小型羽状和钩状片疤；腹面不均匀分布小型羽状片疤			E	LR	PP	切割	中软性
EU38	T4⑥：19	P. C. 8	背面连续分布小型钩状、羽状片疤；腹面无片疤分布			V	LR	AP	刮	中软性
EU39	T16⑤：16	P. C. 4、5	PC5腹面有2个大型折断状片疤，腹面和背面分布少数几个钩状小型片疤；PC4处背面连续分布微小型羽状片疤			——	AR	AP	疑为捆绑或执握	
EU40	T6⑦：28	P. C. 7	背面连续分布中小型羽状片疤，钩状片疤间歇少量分布；腹面无片疤			V	LR	DP	刮	中软性
EU41	T4⑦：13	P. C. 3	背面连续分布大型羽状片疤；腹面无片疤			V	LR	PP	刮	中硬性
EU42	T6梁⑥：151	P. C. 4	腹面连续分布大中型羽状片疤为主，小型阶梯状片疤分散分布；背面没有片疤			D	LR	PP	刮	中硬性
EU43	T6⑥面：16	P. C. 2	背面连续分布小型阶梯状和钩状片疤；腹面无片疤分布			V	LR	AP	刮	中硬性

注：E石片边缘；D石片背面；V石片腹面；AR无磨圆；LR轻度磨圆；MR中度磨圆；AP无光泽；DP零星光泽；PP点状光泽；SP片状光泽。

中国新石器时代陶甑、甗谱系研究

李晓杨[1]　韩建业[2]

（1. 北京联合大学考古学研究中心　2. 中国人民大学历史学院）

［摘　要］　中国新石器时代的陶甑、甗基本是一个大的传统，陶甗形成有腰隔鬲式甗、无腰隔鬲式甗、鼎式甗三个区。陶甑、甗主要经历了五个发展阶段。约公元前6000年前后陶甑发源于中原地区并向关中、长江下游传播。约公元前5000年以后陶甑扩展到京冀和北方地区，且在公元前4500年左右长江下游地区诞生甗。约公元前4200年陶甑传播至中原核心区附近。约公元前3500年陶甑渐至黄河下游地区；陶甗向北传播至淮河流域、黄河下游地区，并诞生鬲式甗。约公元前2500年以后陶甑向西北、东北、华南地区渗透，陶甗也基本遍布黄河、长江中下游地区。两类器物在发展过程中，空间虽不断扩展，黄河流域与长江流域一直是主体。

［关键词］　新石器时代；陶甑；陶甗；演变

甑和甗是中国新石器时代常见的炊器，主要用于蒸制食物，在炊器中的地位稍次于炊煮食物的鼎、鬲、釜。先秦文献中多在鼎之后提到“甑、甗”，《说文解字》认为二者大体是一类东西，有注者说甗不过是无底甑而已[1]。考古学上一般将底部有箅孔和水蒸气残留的盆、钵、罐类器具称甑，即使是那种大穿无底者也叫甑，而将无底甑下加鼎或鬲者称甗。甗多上下一体，但也有上下分离者，使用时当然还需要在腰部放箅。

陶甑最早发现于公元前6000年前后的新石器时代中期，陶甗产生于公元前4500多年的新石器时代晚期早段偏晚时期。青铜时代还在新石器时代陶甑、甗的基础上铸造了作为礼器的青铜甑、甗。而利用蒸汽熟制食物的传统则绵延至今，成为中华饮食文化的重要特征之一。新石器时代一般的炊器为增强耐火性能，须使黏土中含有砂等掺和料，甗也不例外，而甑并不直接受火，这或许是其中有些为泥质陶的缘故。陶甑、甗的颜色在新石器时代中晚期以褐色为主，铜石并用时代以后渐趋灰色。目前，除在《中国史前饮食史》等书中有所涉及外[2]，学术界还鲜见对于新石器时代陶甑、甗的专门研究。德国学者施米克虽然曾对甑、甗进行过研究，但资料系统性不足，结论也有待商榷[3]。本文结合考古新发现，拟对中国新石器时代甑、甗谱系进行较为系统的梳理研究。

一、新石器时代中期的甑

最早的陶甑发现于河南舞阳贾湖[4]、长葛石固[5]等裴李岗文化中期遗存，绝对年代约在公元前6200～前5500年，晚期仍有发现。甑为泥质陶或夹炭、夹蚌、夹砂陶，根据箅孔情况可分三型：A型是在钵、盆、罐形器物底部带若干圆形小穿孔者（图一，2、4）；B型是在钵、盆形器物侧壁和底部带若干圆形小孔者（图一，1）；C型是在罐形器物底部带一个圆形大穿孔者。箅孔制作、排布较为粗糙松散（图一，3）。我们根据裴李岗文化陶甑的类型特征可以观察新石器时代陶甑的形制特点。

以安徽蚌埠双墩遗存为代表的双墩文化发现有甑[6]，绝对年代约在公元前5300～前5000年，相当于裴李岗文化晚期阶段。甑基本都是夹蚌陶，具体有盆形底部

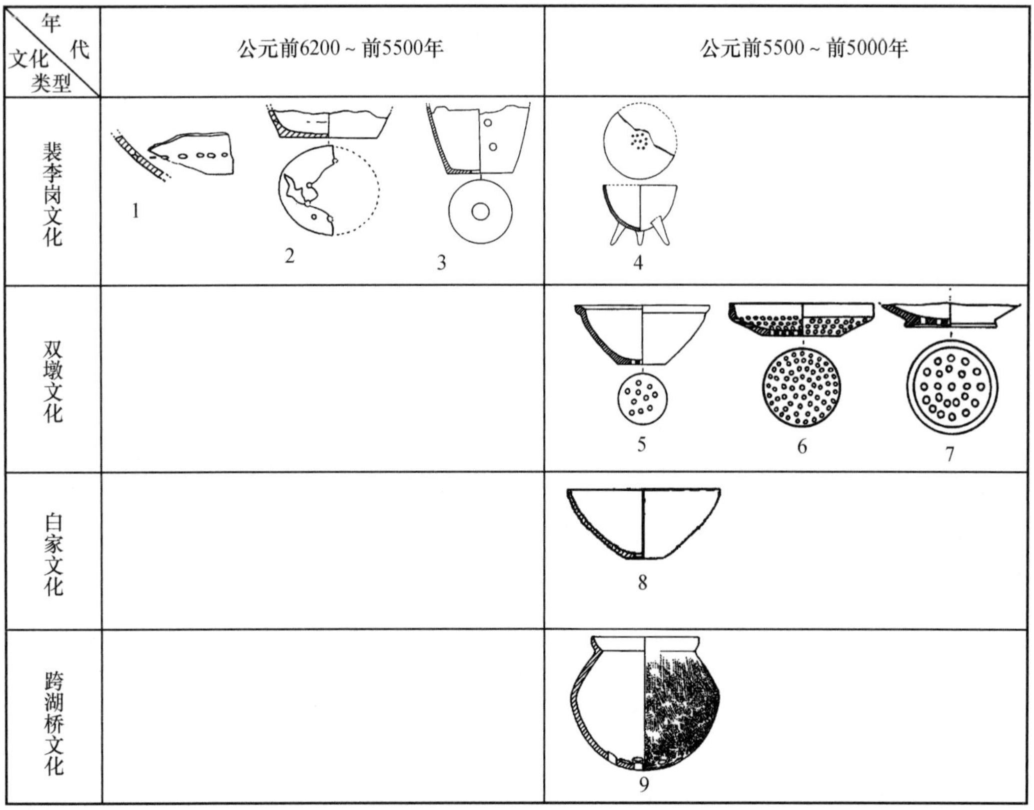

图一　新石器时代中期陶甑

1、6. B型甑（贾湖H19：43、双墩91T0719⑰：76）　2、4、5、7、9. A型甑（贾湖T101③b：38、石固T51⑤：1、双墩91T0819⑲：67、双墩91T0819⑲：140、跨湖桥T0411⑨A：49）　3、8. C型甑（贾湖W1：1、关桃园F6：7）

带小箅孔者和钵形（平底或圈足）侧壁底部都带小箅孔者两种类型，对应裴李岗文化的A、B型（图一，5～7）。尤其是B型甑敞口浅腹，壁底布满箅孔，有的还有双鋬，当为高效蒸具。

和裴李岗文化同时或稍晚，以宝鸡关桃园为代表的白家文化发现有甑[7]，绝对年代在公元前6200～前5000年。甑为泥质陶，为钵形底部带一孔者，还发现有个别罐底带单圆孔者，对应裴李岗文化的C型（图一，8）。这种大单孔甑的蒸食效率显然比不上密集孔甑，但是从器壁的白色水垢等特征看，确实为甑。

以浙江萧山跨湖桥等为代表的跨湖桥文化发现有甑[8]，绝对年代在公元前6200～前5000年，相当于裴李岗文化中晚期阶段。甑为夹砂、夹炭陶，为圜底釜底部带若干小箅孔者（图一，9）。该地区的甑可能是受裴李岗文化影响而出现的具有地域特色的陶甑，对应裴李岗文化的A型。

裴李岗文化的陶甑数量不多，虽然没有深腹罐和鼎等炊器那么重要，但毕竟是人类利用蒸汽熟制食物的重要发明，与裴李岗文化中晚期相对稳定讲究的社会生活状况吻合。

二、新石器时代晚期早段的甑、甗

新石器时代晚期早段继续流行三种类型的陶甑，并进一步影响到京冀地区、北方地区的仰韶文化。该时期A型、B型甑的甑孔分布均匀，大大提高了甑的使用效率。偏晚的时候，在马家浜文化晚期出现最早的A型鼎式甗（图六，1）。

初期仰韶文化包括豫中南地区的大张类型[9]、京冀地区下潘汪类型[10]、关中汉中地区的零口类型[11]和晋西南地区的枣园类型[12]等，绝对年代在公元前5000～前4500年。受新石器时代中期影响，初期仰韶文化多发现C型单孔甑。下潘汪类型发现鼓腹罐形底部带圆形或三角形单箅孔的C型甑，素面或饰绳纹、乳钉纹（图二，9）。受白家文化影响，零口类型发现泥质的盆形、敛口钵形甑，腹上部多刮削再打磨，下部有手指摁窝及小凹坑，为器底分布不规则箅孔的A型（图二，2）和C型甑（图二，1）。枣园类型发现泥质的C型红顶钵形甑，器底留有白色水垢（图二，6）。约公元前4500年，仰韶文化终于发展到第一期阶段[13]。受到初期仰韶文化的影响，陶甑流行于关中的半坡类型和豫北冀南地区的后冈类型，并进一步影响到北方的鲁家坡类型。以半坡早期[14]、姜寨一期[15]为代表的半坡类型发现细泥陶的敛口弧腹钵形、曲腹钵形、红顶钵形甑，为A型（图二，3～5）和C型甑。箅孔分布较为整齐均匀，提高了蒸汽效率。这种整齐均匀的箅孔为其他地区文化类型所接受。以南杨庄二期[16]为代表的后冈类型发现泥质的钵形或盆形甑，为器底分布密集箅孔的A型甑（图二，10）。以鲁家坡[17]、官地一期[18]为代表的鲁家坡类型发现夹砂或泥质的钵形、盆形甑，为底部分布长方形、椭圆形、圆形箅孔的A型甑（图二，7、8）。

约公元前5000年，长江下游地区流行河姆渡文化和马家浜文化。以河姆渡二期[19]为代表的河姆渡文化发现A型盆形甑（图二，11）。甑为夹砂夹炭陶，唇饰花边，腹部安装半环形耳，器底有蜂窝状箅孔。以圩墩[20]为代表的马家浜文化发现A型泥质盆形甑（图二，12），甑孔较大。还在东山村[21]发现B型夹砂圜底钵形甑（图二，13），口缘带上翘的双耳。偏晚的时候，以庙前马家浜文化遗存[22]为代表的马家浜文化晚

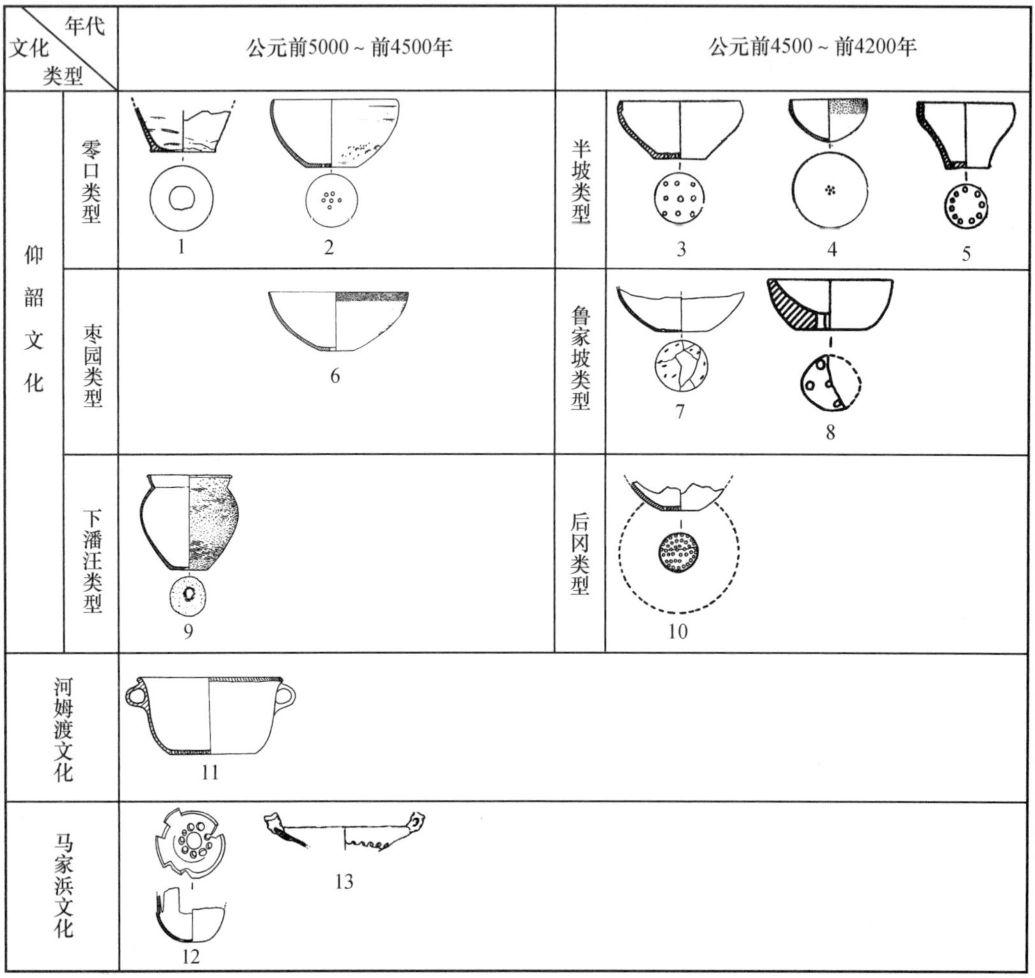

图二 新石器时代晚期早段陶甑

1、6、9. C型甑（零口T6⑤：89、枣园F1：30、石北口H52：1） 2～5、7、8、10～12. A型甑（零口H16：12、姜寨T127F35：6、姜寨T127F35：5、姜寨T36F14：1、官地G1：49、官地ZGC：8、南杨庄T54③：2、河姆渡T31③：8、圩墩下层） 13. B型甑（东山村T4⑦：15）

期发现最早的甗。甗为夹砂陶，外饰红衣，上腹斜弧，中部收束成隔裆放置甑箅，下腹圆弧圜底，三圆锥足残。我们将这种内置隔裆的双腹鼎式甗定为A型鼎式甗（图六，1）。

三、新石器时代晚期晚段的甑、甗

新石器时代晚期晚段——庙底沟时代，陶甑渐进至豫南地区、长江中游地区和甘肃东部地区。长江下游的崧泽文化新出现B型鼎式甗（图六）。

约公元前4200～前3500年，晋西南豫西流行仰韶文化东庄类型[23]和庙底沟类型[24]。同时期，关中地区和甘肃东部进入仰韶文化史家类型[25]和泉护类型[26]。受仰韶文化一期影响继续流行三种类型的钵形、盆形甑（图三，1～9），器底圆形、椭圆形、半月形和长方形甑孔排列规整有序。甑基本为泥质陶。史家类型C型甑的数量发现最多，且在偏东区域多钵形甑，偏西区域多盆形甑。该时期有一定数量的陶甑饰竖线纹、篮纹、弦纹等纹饰。较晚的庙底沟类型、泉护类型还普遍安装双鋬。

庙底沟类型向南扩展，郑洛地区以王湾一期二段[27]为代表的阎村类型发现折唇盆形甑，为器底分布半圆形、圆形箅孔的A型甑（图三，10）。豫西南和鄂西北地区以下王岗遗址[28]为代表的下王岗类型发现敛口圆唇盆形、钵形的A型甑（图三，11、12）。甑为夹砂陶，器底分布粗糙箅孔。

同时期江浙、江淮地区演变为崧泽文化、北阴阳营文化。受马家浜文化影响，以黄梅塞墩遗址[29]为代表的北阴阳营文化常见B型多孔钵形甑，带有向上翘的鋬（图三，14）。而以金坛三星村[30]为代表的早期崧泽文化，甑与鼎合体作为甗使用。新出现鼎、甑分体套合的B型鼎式甗（图六，4、5）。一般为夹砂甑和夹砂釜形鼎合用，普遍带有器盖。

约公元前4100年，长江中游地区开始出现釜形甑。以城头山[31]、划城岗[32]为代表的大溪文化二、三期流行中腹下部带箅孔的垂腹圜底釜形B型甑（图三，13）。甑为粗泥陶或夹炭陶。

四、铜石并用时代早期的甑、甗

铜石并用时代早期，甑、甗同时传播到黄河下游地区。陶甑还传播到鄂东与峡江地区。此时期，在长江下游地区和江淮地区新出现D型无底甑和C型、D型鼎式甗（图六、图七）。

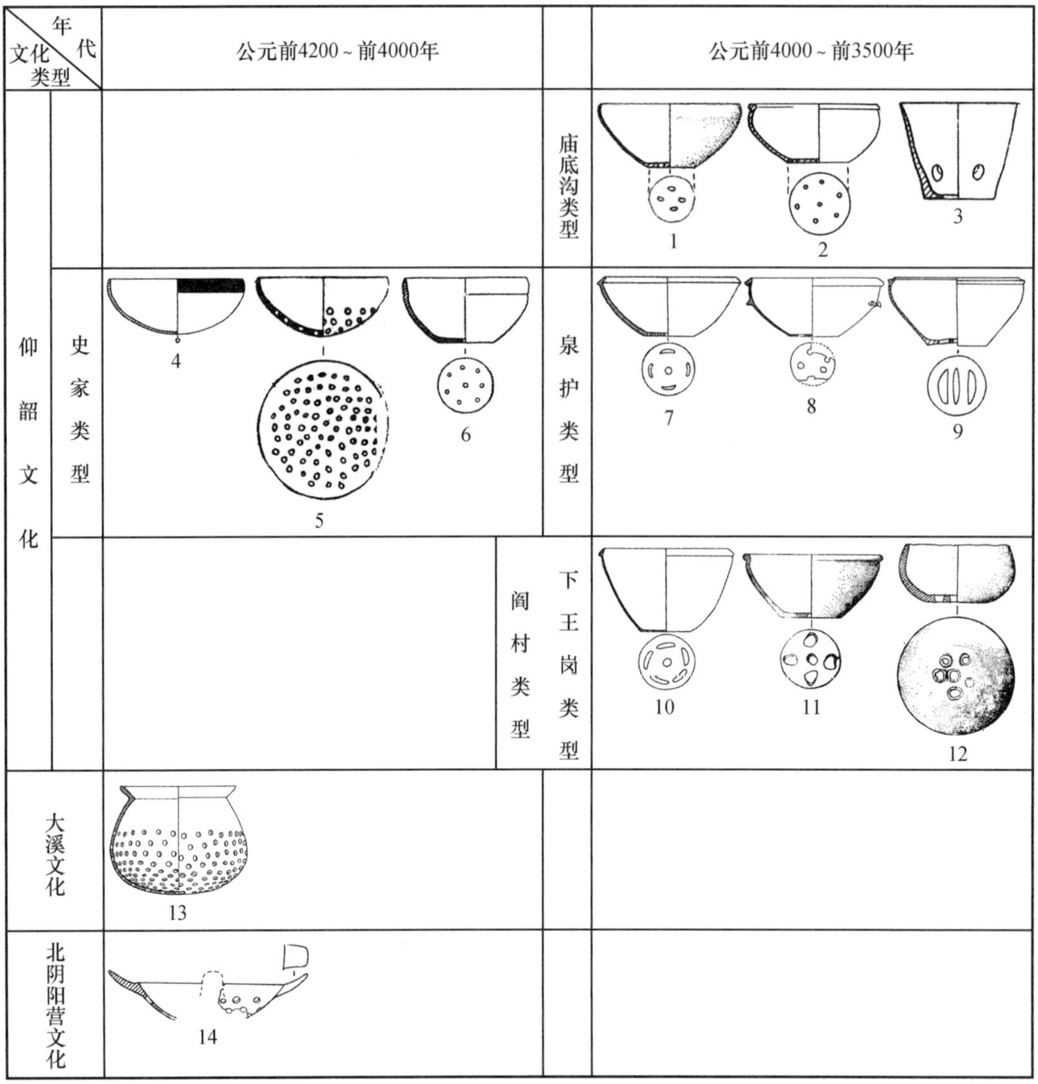

图三　新石器时代晚期晚段陶甑

1、2、6～12. A型甑（北橄H1：11、耿壁T3③：7、姜寨T246H260：2、泉护H317：178、泉护H1024：322、泉护H389：13、王湾H421：12、下王岗H92：1、下王岗F26：2）　3、5、13、14. B型甑（西坡H37：4、姜寨DT2H429：3、城头山H557：1、塞墩T110③：19）　4. C型甑（原子头F27：18）

公元前3500～前2500年，进入仰韶文化后期阶段。中原核心区进入西王类型[33]和庙底沟二期类型阶段[34]，关中地区和甘肃中东部进入半坡晚期类型[35]和泉护二期类型阶段[36]，晋中北地区形成义井类型[37]和白燕类型阶段[38]，内蒙古中南部形成阿善三期类型阶段[39]，河南中南部进入秦王寨类型[40]和谷水河类型阶段[41]，豫北冀南进入大司空类型阶段[42]。总体来看，仰韶文化后期继续流行A型和B型钵形、盆形甑。腹壁斜直或弧直的陶甑较多，C型甑少见（图四，1～9）。器底或底与侧壁分布圆

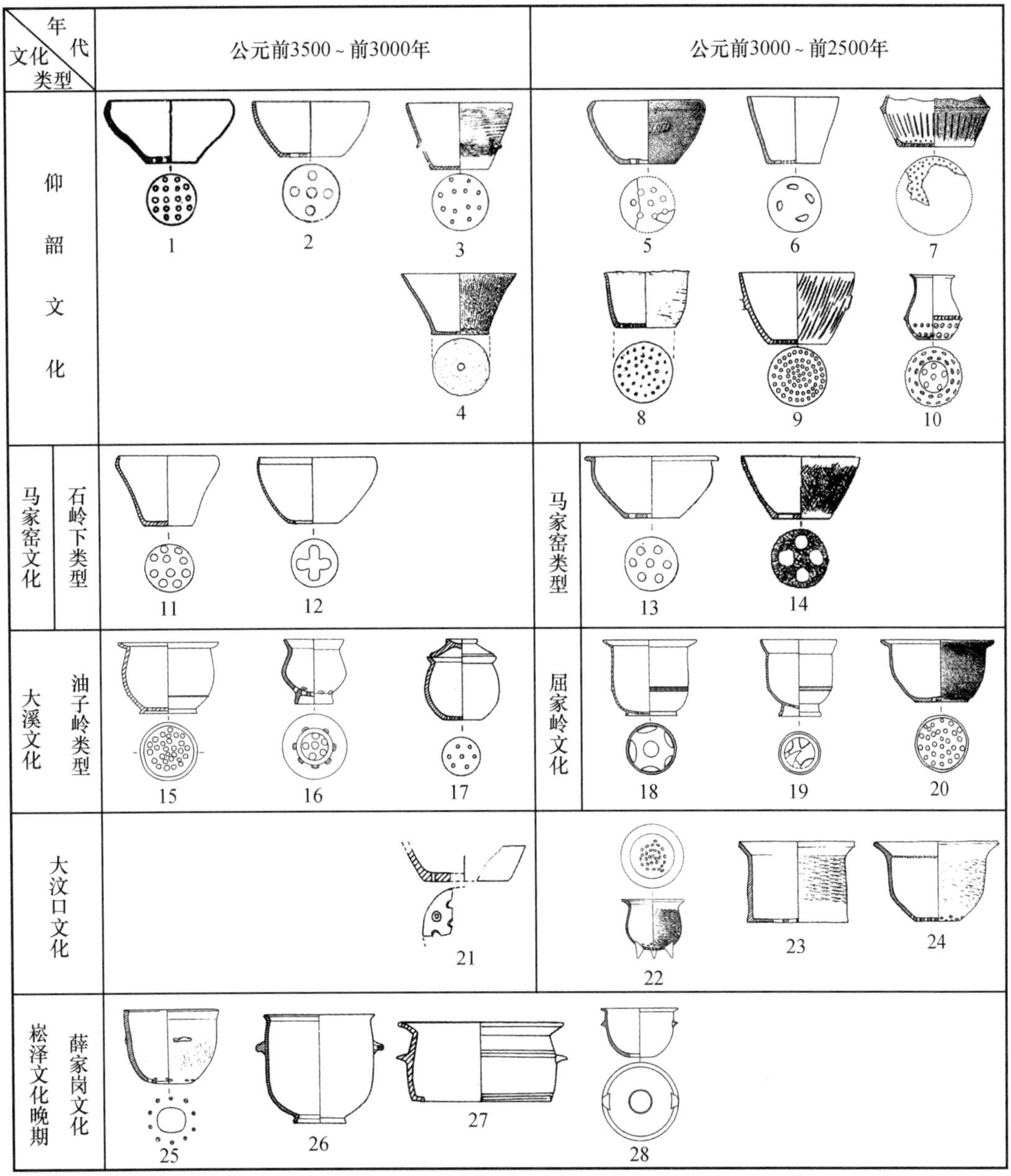

图四　铜石并用时代早期陶甑

1~3、5、6、8、9、11~15、17~25. A型甑（姜寨T205H239：3、福临堡H47：8、福临堡T41③、庙底沟H379：87、庙底沟T24：09、白燕H908：1、小沙湾F4：13、大地湾H826：1、大地湾H275：4、傅家门T1③：20、师赵村T27H6：2、谭家岭ⅢT1106④B：23、城头山M886：5、肖家屋脊HG30：3、谭家岭ⅢT1107③A：129、屈家岭T149：2H（5）、六里井T1205⑤C：21、尉迟寺F39：26、尉迟寺F46：13、尉迟寺F31：8、南河浜M16：31） 7、10、16. B型甑（东关ⅠH262：21、大河村H66：8、城头山M903：5） 4、28. C型甑（白燕H260：4、塞墩M197：7） 26、27. D型甑（鼓山M206：11、薛家岗T6②：29）

形、半月形、长方形或椭圆形箅孔。陶甑多为泥质陶，少量为夹砂陶。陶甑除存在一定数量的素面甑，还普遍饰有绳纹、篮纹。腹部饰附加堆纹和鸡冠形鋬。此外，陇东地区的常山类型[43]还发现尖圜底甑。河南中部的秦王寨类型和谷水河类型流行的“盘形甑”很有可能是甑箅子。而在泉护二期类型的横阵遗址[44]发现B型鼓腹罐形甑，在谷水河类型也发现有B型的侈口折沿束颈鼓腹罐形甑（图四，10）。

同时期，西部甘青地区在有一定地方特点的仰韶文化的基础上发展为马家窑文化石岭下类型[45]、马家窑类型[46]阶段。两者发现有弧腹或斜腹的钵形或盆形甑（图四，11～14），器底分布排列有序的长方形、椭圆形、圆形箅孔。其中A型甑最多，石岭下类型还发现C型甑。甑多为泥质陶，少量为夹砂陶，素面。马家窑类型的个别甑饰绳纹。

而此时河北中部、北部兴起雪山一期文化[47]。可能受仰韶文化大司空类型影响，该文化发现有泥质或夹云母的A型平底甑残片，疑似为盆形。

约公元前3500年崧泽文化进入晚期阶段[48]，北阴阳营文化发展为薛家岗文化[49]。两者的陶甑多与鼎配套使用，为B型鼎式甗（图六，4、5、7、8）。陶甑为泥质、夹砂陶。且薛家岗文化与鼎一起使用的甑多为夹砂陶，其余甑多为泥质陶。鼎式甗甑部多为C型大单孔或D型穿底的盆形、深筒腹形甑，也有部分A型盆形甑（图四，25～28）。下部为釜形鼎。崧泽文化晚期甑部口外或颈部饰多道弦纹，肩颈下饰绳纹、篮纹、拍印菱形纹，腹部还饰扁平鋬、鸡冠形鋬。薛家岗文化甑部素面或上腹部饰弦纹，腹部多带双鋬。此外，受马家浜文化影响，以南河浜[50]、徐家湾[51]为代表的崧泽文化发现A型夹砂鼎式甗（图六，2、3）。上腹呈直腹或斜腹盆甑形，下腹为圆弧圜底或鼓腹扁圜底状，束腰处有凸棱，个别上腹饰弦纹。

约公元前3300年太湖地区崧泽文化转变为良渚文化。以反山[52]为代表的良渚文化继续流行B型鼎式甗（图六，9）。甑与鼎均为夹砂陶。套合的鼎一般为敞口扁圆腹鱼鳍形足罐形鼎，还有一种双唇鼎。而甑的形制有两种：主要的一种为D型敞口深腹盆形穿底甑；较少的一种为A型双鋬深腹盆形圈足甑，甑底分布长方形和圆形箅孔。通常情况下圈足甑套合双唇鼎。除此，以福泉山[53]为代表的良渚文化最流行的是新出的鱼鳍形、T形足圆腹或垂腹罐形鼎内带有箅隔的C型鼎式甗（图六，10、11），隔裆下常有流用以注水。以夹细砂红陶为主，通常附带器盖。

约公元前3500年，海岱地区新出现甑、甗。大汶口文化中期甑与甗比较少，以六里井[54]为代表发现平底甑残片（图四，21）。以枣庄建新早期遗存[55]为代表发现A型夹砂鼎式甗（图六，6）。上腹稍鼓，束腰内置隔裆，下腹圆弧圜底，侧三角凿形足。束腰处安置三个等距竖泥条，鼎足足面有按窝。约公元前3000年，进入大汶口文化晚期，甑、甗多同时发现于以尉迟寺[56]为代表的尉迟寺类型。该类型发现独具地域特色的底部带箅孔的A型鼎形甑（图四，22）。甑为夹砂陶，饰横篮纹、斜篮纹和方格纹。还有受仰韶文化影响的A型盂形甑（图四，23），受长江中游地区影响出现A型盘口罐形甑（图四，24）。大汶口文化尉迟寺类型流行D型一体鼎式甗（图七，1、2）。甗的甑部为D型大口弧腹盆形穿底甑，鼎部为腹下垂的圆腹罐形凿形足鼎。甗通体饰篮纹。在束腰部及鼎腹中部各饰一周按窝状堆纹，凿形足上有按窝或凹槽。少量甗的甑部饰鸡冠形双鋬。此外受良渚文化影响，在杨家圈一期[57]等大汶口文化沿海区域也发现C型鼎式甗（图六，12）。

约公元前3500年，大溪文化进入油子岭类型晚期阶段[58]。新出近底侧部、底部带椭圆形或贴边椭圆形、圆形、三角形、半月形箅孔的A型、B型矮圈足盆形甑，多带盖（图四，15～17）。甑多泥质陶，少见夹砂陶。油子岭类型晚期向周围扩张，并南向进入澧阳平原[59]。澧阳平原还发现矮圈足深腹圜底罐形、平底盆形、圜底盆形甑。约公元前3000年，江汉平原、鄂西北、豫西南地区大溪文化率先演变为屈家岭文化[60]。其矮圈足深腹圜底盆形、矮圈足平底盆形、无圈足盆形甑（图四，18～20）与大溪文化油子岭类型晚期一脉相承。此外还新发现矮圈足釜形、盘口盆形和缸形甑等独具地域特色的陶甑。甑为泥质、夹砂陶。甑口多宽折沿或宽凹折沿，下腹普遍饰数道弦纹。此时B型甑消失，只见A型甑。陶甑并进一步向沅江流域[61]、峡江地区[62]、豫东南[63]、鄂东[64]传播。

五、铜石并用时代晚期的甑、甗

铜石并用时代晚期——龙山时代，陶甑扩展至华南地区、辽东地区、宁夏南部和河湟地带。该时期的陶甗虽残留少量的D型鼎式甗，但普遍流行鬲式甗。鬲式甗也是鼎式甗的一种演化。又根据有无腰隔分为A型无腰隔鬲式甗和B型有腰隔鬲式甗两种。

龙山时代海岱地区大汶口文化发展为龙山文化[65]，少甑而多甗。以程子崖[66]为代表发现斜直腹平底盆形状的A型泥质甑，素面（图五，19）。该类型甑渐传至辽东地区小珠山上层文化[67]（图五，20）。龙山文化流行D型鼎式甗（图七，3、4）和A型鬲式甗（图七，5）。甗为夹砂陶。甗的甑部为深腹盆形、深腹罐形，下部为鸟兽形足鼎、凿形足鼎和袋足鬲。下部的袋足鬲包括连弧裆袋足鬲和分裆袋足鬲。龙山文化鬲式甗的裆部逐渐增高，袋足的实足根也越来越明显。甗的甑部上腹处饰数道凸弦纹，凸弦纹上或有乳钉、泥贴。少量甑部口沿带有双鋬和腹部带有小横耳。有的陶甗下部上腹处也饰弦纹。

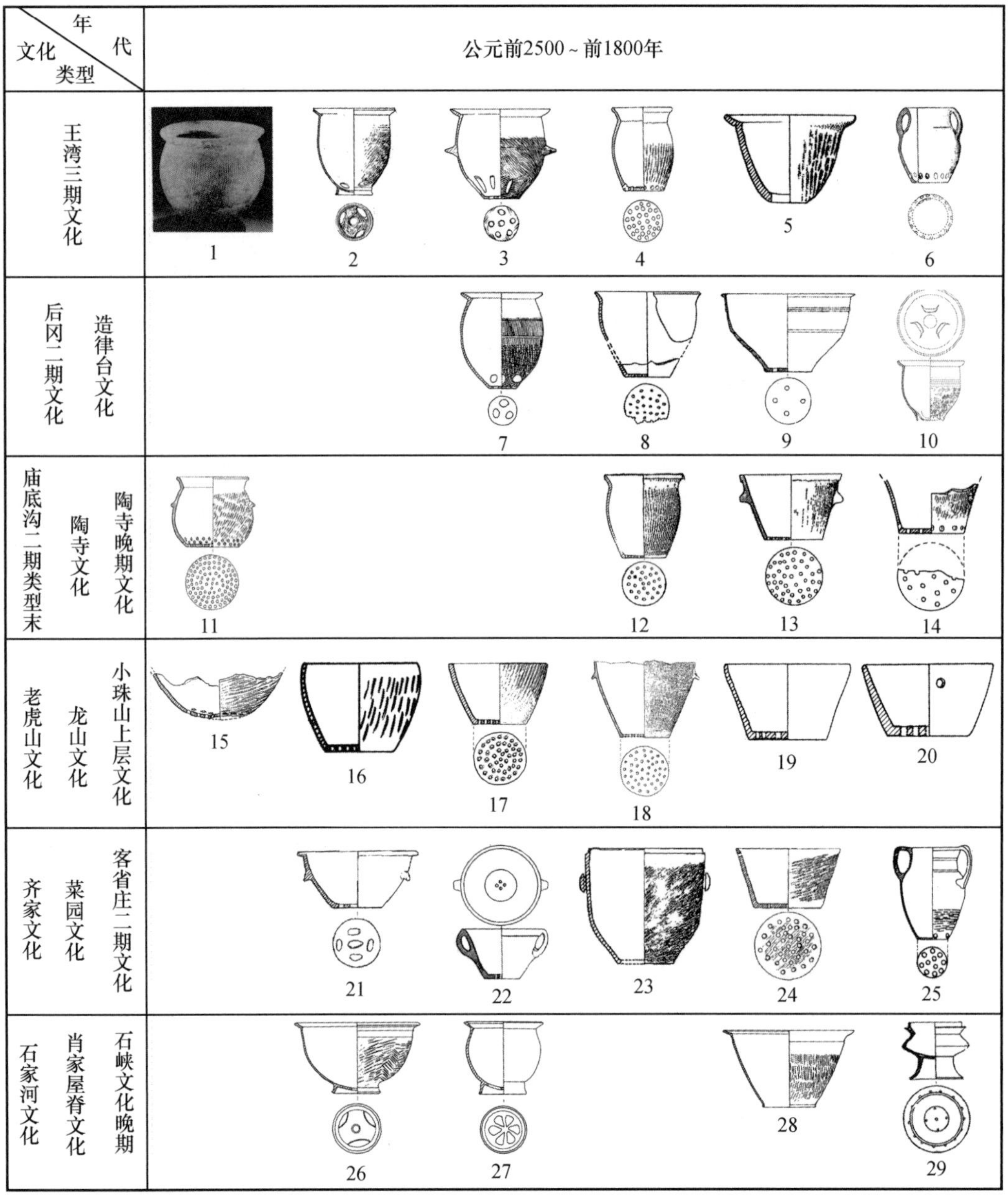

图五　铜石并用时代晚期陶甑

1、4、8～10、12、13、15～22、24、26、27、29. A型甑（郝家台T13③：3、三里桥H2112：04、白营T59：64、王油坊H28：10、禹会村JSG②：17、方城SⅠT3405③A：26、陶寺ⅠH6：30、杏花村H257㊦：9、二里半ⅡH5：4、杏花村H12：2、乔家沟H1：9、程子崖G3：22、郭家村ⅡT6②：3、西山坪T31H7：2、柳湾1113：2、下魏洛F3Y：21、肖家屋脊H434②：67、肖家屋脊H555：2、石峡M59：21）　2、3、6、7、11、14、25. B型甑（王城岗WT255H565：10、新砦T11⑦A：9、下王岗H10：5、孟庄XXT52H200：1、东关ⅠH91：9、东许H8：10、康家H4：1）　5、23、28. D型甑（杨庄T6⑫：2、菜园WM1：1、肖家屋脊AT2206②：2）

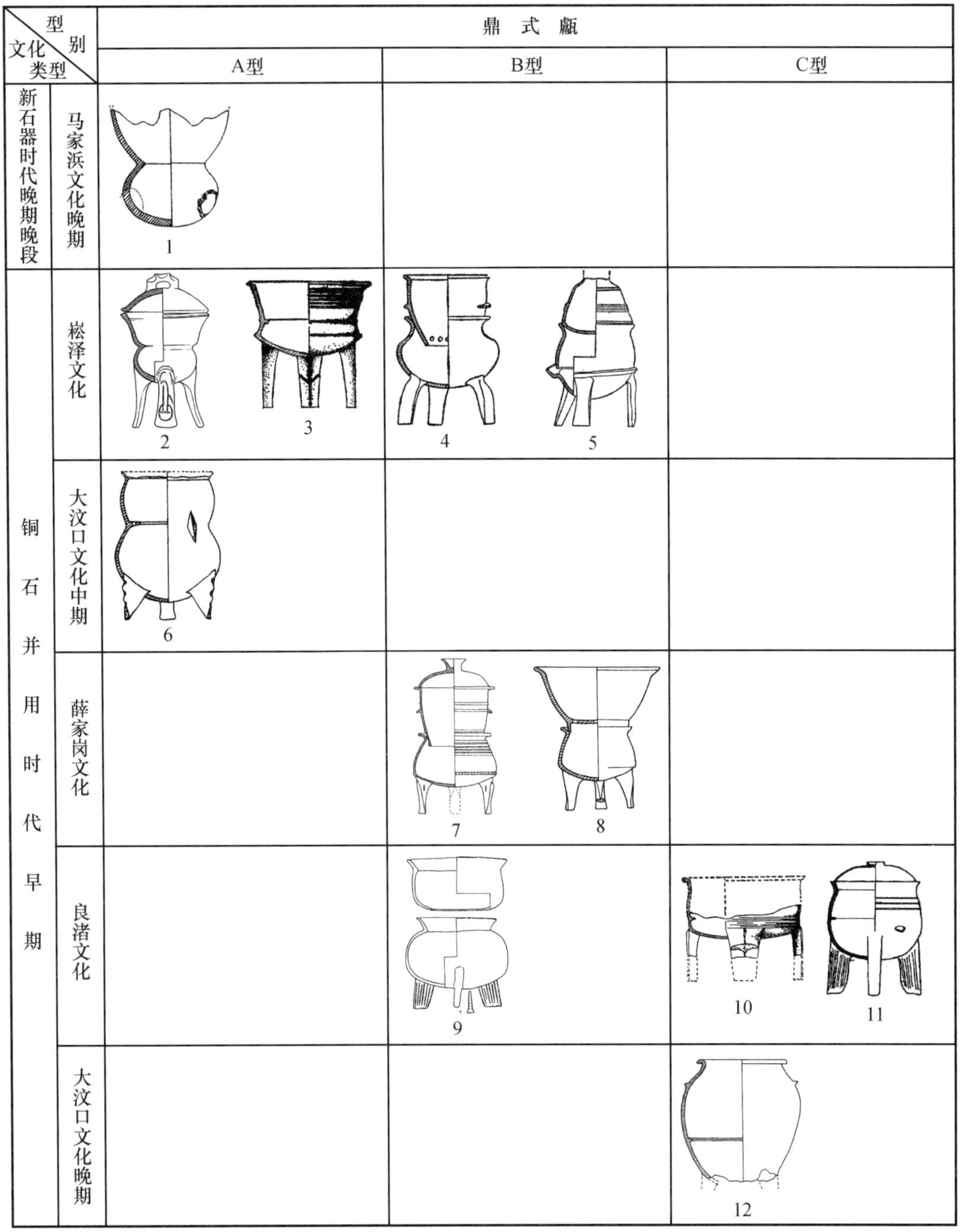

图六 新石器时代A、B、C型鼎式甗

1～3、6. A型鼎式甗（庙前T503⑤：1、南河浜M78：10、徐家湾M7：17、建新F20：2） 4、5、7～9. B型鼎式甗（草鞋山M203：23、草鞋山M60：1、薛家岗M31：6、薛家岗M31：2、反山M22：65、66） 10～12. C型鼎式甗（徐家湾T7：7、福泉山M136：14、杨家圈T41④：33）

龙山前期洛阳地区以新安西沃[68]为代表的谷水河类型末期遗存新出夹砂甗，还发现B型甑残片。郑洛地区的王湾三期文化多甑少甗。受屈家岭文化影响，龙山前期豫中地区的王湾三期文化郝家台类型[69]发现A型折沿鼓腹罐形甑（图五，1）。甑为夹砂陶，饰篮纹和弦纹。且在站马屯一期遗存[70]发现细砂质的B型陶甑残片。龙山后期嵩山南北形成王湾三期文化煤山类型[71]和王湾类型[72]。两者继续流行近底部和底部带圆形、长方形、椭圆形、半月形箅孔的B型折沿鼓腹罐形甑（图五，2、3），平底、凹底或有矮圈足。甑多为泥质陶，较少为夹砂陶。素面较少，多饰篮纹、弦纹、方格纹。较少甑安装鸡冠形或环状耳形鋬。此外王湾类型还发现浅腹盆形、小罐形甑，煤山类型还发现喇叭口状杯形甑。王湾三期文化后期B型折沿鼓腹罐形甑随王湾类型向西传播至三里桥类型[73]（图五，4）。煤山类型向南扩张，豫东南鄂北地区的杨庄类型[74]发现泥质的A型盘口深斜腹盆形甑。受客省庄二期文化影响，豫西南鄂西北地区的王湾三期文化下王岗类型[75]出现B型双耳罐形甑（图五，6）。此外受长江中游区域影响，杨庄类型、下王岗类型还发现有D型盘口斜深腹盆形穿底甑（图五，5）。龙山后期末段，嵩山以东以新砦二期[76]为代表的新砦类型继续流行B型鼓腹罐形甑和杯形甑。不过此时的甑口为盘形口，且多饰双鋬。受龙山文化影响，王湾三期文化主要流行A型高裆鬲式甗（图七，10）。甗为夹砂陶，但古城寨遗址[77]的甗的甑部为泥质陶。甗的甑部为罐形、盆形，中部束腰，下接高分裆袋足鬲，袋足根有的较高。甑部口沿或饰弦纹或有凹槽，腹部饰弦纹、绳纹，束腰部有的饰附加堆纹，鬲部素面或饰绳纹。

龙山时代豫北冀南地区为后冈二期文化，流行两种甑。一种甑[78]是受王湾三期文化影响出现的B型罐形甑（图五，7）。另一种甑[79]是当地的A型大口盆形甑（图五，8）。甑上中腹微鼓，底部为平底或凹底。甑多数为夹砂陶，少数为泥质陶。后冈二期文化流行A型鬲式甗、斝式甗（图七，8、9）。甗上部通常为盆形或深腹罐形甑，下部为袋足鬲或袋足斝，中部束腰。甑部口沿内有凹槽，腹饰篮纹、旋断篮纹、绳纹和弦纹，鬲部或斝部袋足一般饰绳纹或素面，腰部个别有附加堆纹和小纽。纹饰多在颈部之下。

龙山前期豫东皖北地区继承大汶口文化尉迟寺类型的甑。龙山后期尉迟寺类型转变为造律台文化[80]。该文化流行近底部、底部带圆形、三角形、半月形箅孔的A型和B型深腹盆形甑（图五，9、10）。甑多为泥质陶。甑腹部饰弦纹，个别还饰横S形贴饰。造律台文化的A型鬲式甗上部为泥质或夹砂陶甑，下部为夹砂陶鬲。甗的甑部多为折沿浅弧腹盆形、折沿深腹罐形，中部束腰，下部为袋足鬲（图七，6、7）。三袋足瘦长或肥硕，往往接实足根。甑部口沿内有凹槽，饰篮纹、方格纹、绳纹和间断绳纹，还有的饰凹弦纹。鬲部通常饰绳纹，方格纹和素面较少，腰部有的加一周附加堆纹。

龙山前期豫西地区庙底沟二期类型末期继续流行B型平底盆形甑[81]（图五，11）。甑为夹砂陶。甑多带双鋬，身饰篮纹、细绳纹，部分甑身中部有一周凸棱或附加堆纹。晋南地区形成以陶寺遗址早中期遗存[82]为代表的陶寺文化，发现A型斜腹盆形甑。约公元前2200年，由于老虎山文化的南下，陶寺文化转变为陶寺晚期文化[83]。此时流行敞口斜壁盆形、罐形的A型或B型甑（图五，12～14）。甑为泥质或夹砂陶。同样，在陶寺晚期文化流行B型鬲式甗（图七，15）。甗身大部分区域饰绳纹。中腰部位饰指压痕附加堆纹和锯齿形泥条。在甑腹靠下的位置安装双鋬。

龙山时代狭义的"北方地区"分布着老虎山文化[84]。老虎山文化的陶甑多见于晋北地区游邀类型的泥质甑[85]和冀西北地区老虎山类型的夹砂甑[86]，少见于内蒙古中南部的永兴店类型[87]。老虎山文化流行A型斜腹壁盆形甑（图五，15～18），饰篮纹。在游邀类型还发现圜底甑。老虎山文化流行独具地域特色的B型鬲式甗（图七，11～14）。甗一般接实足根，扁平或呈柱状。甗多为夹砂陶，但老虎山类型的甗偏泥质陶。老虎山类型和永兴店类型的甗的甑部可能为盆形或罐形，下部为袋足鬲或袋足斝式鬲，三袋足外撇。但两者甗身纹饰却不同：老虎山类型多饰篮纹，腰部饰数周附加堆纹，鬲部还有饰绳纹的情况；而永兴店类型多通体饰绳纹。游邀类型的甗与其他类型的甗不同。甗的甑部为敛口折肩尊形，鬲部为肥袋足鬲。甗的甑部口沿唇部和敛口外壁也装饰绳纹、篮纹或戳点纹。甗口部以下通体饰绳纹，甑腹或饰旋断绳纹。腰部也有附加堆纹。甗的甑腹部靠下处安置双鋬，或甗腰下三袋足间安置鋬手则是该类型独有的装饰风格。

此时冀北地区流行以镇江营遗址[88]为代表的雪山二期文化。该文化发现底部带一大圆箅孔的C型平底甑。甑为泥质陶，饰绳纹。雪山二期文化的甗也有两种。一种是与后冈二期文化相似的无腰隔鬲式甗（图七，16），一种是与老虎山文化相似的有腰隔鬲式甗（图七，17）。

龙山时代关中、陇东和宁夏南部的客省庄二期文化、齐家文化和菜园文化的甑较少，也不见甗。客省庄二期文化多发现A型罐形、双耳罐形和斜壁盆形甑[89]（图五，24、25）。甑为夹砂或泥质陶，饰篮纹。菜园文化则多见泥质甑残片[90]，形似圜底罐，饰篮纹、线纹和附加堆纹。此外还见C型带对称的蘑菇形鋬的子母口盆形甑（图五，23）。齐家文化则流行带双鋬、双耳的A型斜深腹盆形甑[91]（图五，21、22）。甑为泥质或夹砂陶，素面。

龙山前期长江中游和豫南地区流行石家河文化[92]。龙山后期，因王湾三期文化向南强烈扩张，文化发生改变[93]，有人称之为肖家屋脊文化[94]。该地区多见甑不见甗。其占据主体的A型矮圈足盆形甑都是由屈家岭文化发展而来（图五，27），并新

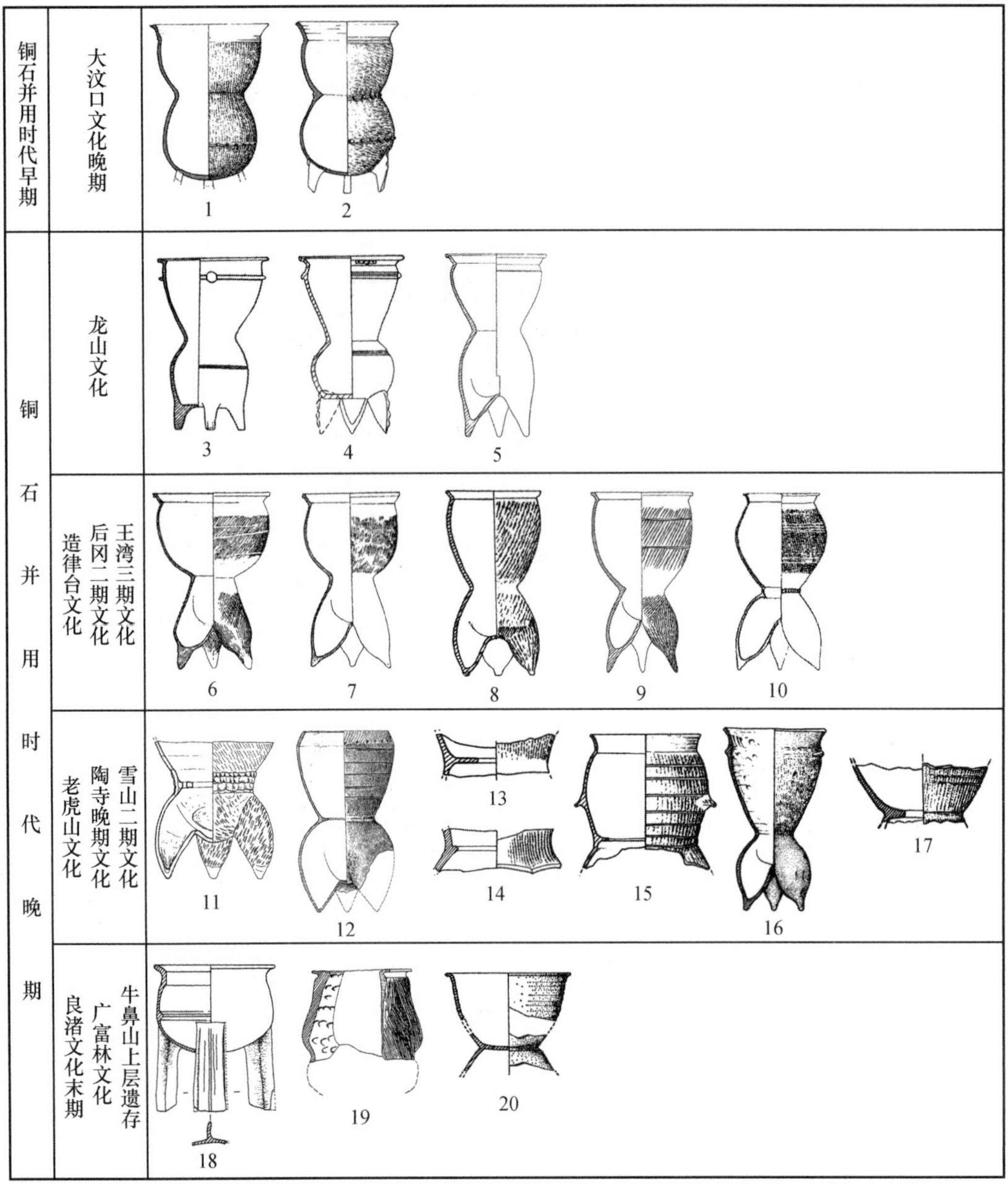

图七　新石器时代C、D型鼎式甗与鬲式甗

1～4. D型鼎式甗（尉迟寺H42：7、尉迟寺M170：2、鲁家口H112：3、丁公H1081：7）　5～10、16. A型鬲式甗（西吴寺H1019：12、王油坊H5：17、王油坊H5：4、后冈H50：8、孟庄ⅧT132④：1、点军台H9：42、镇江营FZH1101：10）　11～15、17. B型鬲式甗（西白玉T2③：1、乔家沟H1：11、二里半ⅠT10⑤：1、关子口采010、陶寺99bH10：4、镇江营FZH277：8）　18. C型鼎式甗（广富林M30：4）　19、20. 甗（广富林H198：3、牛鼻山M18：7）

出D型穿底甑（图五，28）。受王湾三期文化影响，发现部分A型圜底盆形甑（图五，26）。石家河早期下腹依然饰有弦纹和附加堆纹。较晚的时候，腹部饰篮纹和方格纹。石家河文化向南影响，以至石峡文化晚期遗存[95]新出现高圈足甑（图五，29），具体表现为夹砂的壶形和豆形。

长江下游龙山前期依然为良渚文化末期，残留有部分甑、鼎合用的B型鼎式甗，继续流行T形足的C型鼎式甗（图七，18）。龙山后期良渚文化演变为广富林文化[96]，广富林文化的甗多为残片，大体形制为夹砂的束腰双腹甗（图七，19），胎较厚，饰粗绳纹。但根据已有的情况分析，可能不是鬲式甗[97]。外口下部抹出一周凹槽和口沿内抹凹槽的风格可能是受造律台文化的影响。

昙石山文化拓展至福建西北部，以浦城牛鼻山上层类遗存[98]为代表发现夹砂或泥质的陶甗（图七，20）。整体器形为束腰双腹甗。甗的甑部为盆形和折腹盆形，下腹多残缺。甑腹饰弦纹，也有饰席纹、弧点纹。该地区甗的存在当与造律台文化、广富林文化的影响有关。

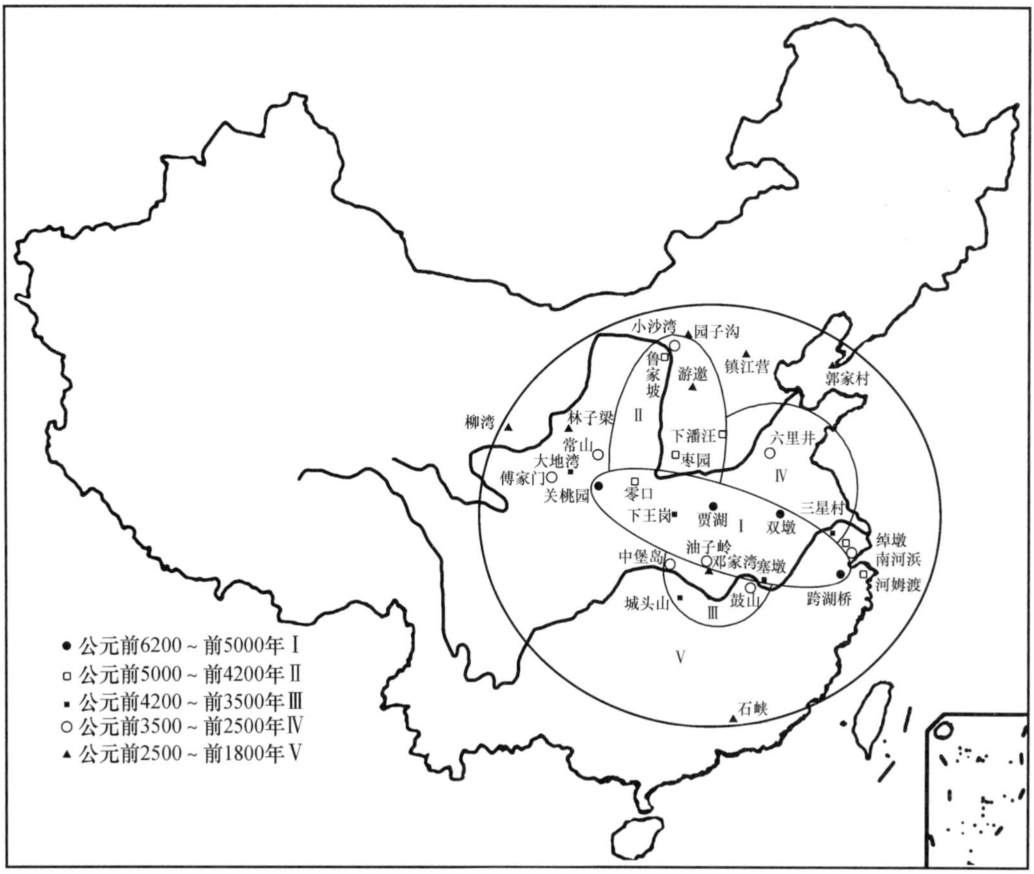

图八 陶甑的传播发展

六、结　语

新石器时代陶甑的发展主要经历了五个阶段（图八）：约公元前6200年起源于中原地区，并向周围关中地区、淮河流域和长江下游地区传播；约公元前5000年以后扩展到京冀地区和北方地区；约公元前4200年以后传播至豫南地区、长江中游地区、甘肃东部地区；约公元前3500年以后渐至黄河下游地区和鄂东、峡江地区；约公元前2500年以后中原地区甑向周围渗透到宁夏南部、河湟地带和辽东地区，并在广大北方区域普遍流行斜壁盆形甑。长江中游地区甑渗透到华南地区。在陶甑发展的过程中黄河流域一直是主体核心，长江中下游地区逐步发展为与黄河流域互补的另一重要区域。

新石器时代甗包含鼎式甗和鬲式甗两个文化传统，其中鼎式甗较早。陶甗的发展主要经历了两大阶段三个过程（图九）。第一阶段（公元前5000～前2500年）是鼎式

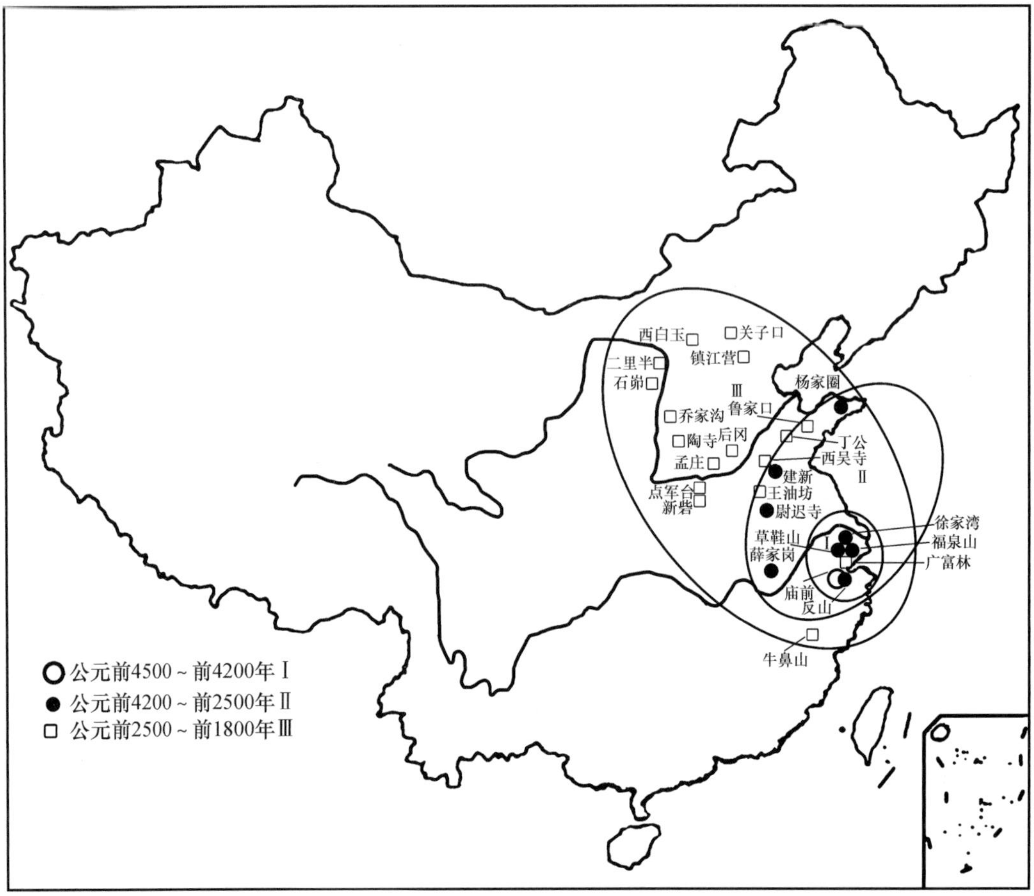

图九　陶甗的传播发展

甗起源与传播阶段。鼎式甗发源与发展过程，约公元前5000年以后的长江下游地区的马家浜文化晚期率先发明陶甗，约公元前4100年长江下游地区新出B型鼎式甗。随后是鼎式甗的传播过程。约公元前3500年以后传播至淮河流域和黄河下游地区。约公元前3300年以后良渚文化新出C型鼎式甗，并进一步传播至黄河下游地区。约公元前3000年以后在皖北地区最先出现的一体甗。这一阶段长江下游地区是陶甗的核心。第二阶段（公元前2500～前1800年）是鬲式甗的发展与传播阶段。在D型鼎式甗的基础上，约公元前2500年产生鬲式甗，并进一步向豫东地区、京冀地区、北方地区和中原传播。该阶段陶甗中心北移至豫北冀南地区，流行无腰隔鬲式甗。在发展传播的过程中，北方地区又形成有腰隔的鬲式甗中心。

综上可以看出，中国新石器时代陶甑、甗基本是一个大的传统。龙山时代的器形为夏商周的甑、甗奠定了主要基础。甑、甗作为中国最具特色的炊器，其向周围地区的影响扩展，正是文化意义上的早期中国形成、发展的体现。

注　释

[1]　《说文解字》："甑，甗也。"又说"甗，甑也，一穿"。段玉裁《说文解字注》："甑，所以炊蒸米为饭者。""郑司农云，'甗，无底甑。'无底，即所谓一穿。"

[2]　王仁湘：《中国史前饮食史》，青岛出版社，1997年，第119～122页。

[3]　〔德〕施米克：《论陶甑、陶甗的来源和分布》，《考古学文化论集》（三），文物出版社，1993年，第371～394页。

[4]　河南省文物考古研究所：《舞阳贾湖》，科学出版社，1999年，第254、255页。

[5]　河南省文物研究所：《长葛石固遗址发掘报告》，《华夏考古》1987年第1期，第22、23页。

[6]　安徽省文物考古研究所、蚌埠市博物馆：《蚌埠双墩——新石器时代遗址发掘报告》，科学出版社，2008年，第59～61页。

[7]　陕西省考古研究院、宝鸡市考古工作队：《宝鸡关桃园》，文物出版社，2007年。

[8]　浙江省文物考古研究所、萧山博物馆：《跨湖桥》，文物出版社，2004年。

[9]　南阳地区文物队、方城县文化馆：《河南方城县大张庄新石器时代遗址》，《考古》1983年第5期。

[10]　A. 北京市文物研究所：《镇江营与塔照——拒马河流域先秦考古文化的类型与谱系》，中国大百科全书出版社，1999年。

B. 河北省文物管理处：《磁县下潘汪遗址发掘报告》，《考古学报》1975年第1期，第73～116页。

[11]　陕西省考古研究所：《临潼零口村》，三秦出版社，2004年。

［12］　山西省考古研究所：《翼城枣园》，科学技术文献出版社，2004年。
［13］　严文明：《略论仰韶文化起源和发展阶段》，《仰韶文化研究》，文物出版社，1989年，第122～165页。
［14］　A. 严文明：《半坡仰韶文化的分期与类型问题》，《考古》1977年第3期，第182～188页。
B. 陕西省西安半坡博物馆：《西安半坡——原始氏族公社聚落遗址》，文物出版社，1963年。
［15］　半坡博物馆、陕西省考古研究所、临潼县博物馆：《姜寨——新石器时代遗址发掘报告》，文物出版社，1988年。
［16］　河北省文物研究所：《正定南杨庄——新石器时代遗址发掘报告》，科学出版社，2003年。
［17］　内蒙古文物考古研究所：《准格尔旗鲁家坡遗址》，《内蒙古文物考古文集》（第二辑），中国大百科全书出版社，1997年，第120～136页。
［18］　内蒙古文物考古研究所：《准格尔旗官地遗址》，《内蒙古文物考古文集》（第二辑），中国大百科全书出版社，1997年，第85～119页。
［19］　浙江省文物考古研究所：《河姆渡——新石器时代遗址考古发掘报告》，文物出版社，2003年。
［20］　吴苏：《圩墩新石器时代遗址发掘简报》，《考古》1978年第4期，第223～240页。
［21］　苏州博物馆、张家港市文物管理委员会：《张家港市东山村遗址发掘简报》，《文物》2000年第10期，第45～57页。
［22］　浙江省文物考古研究所：《庙前》，文物出版社，2005年。
［23］　中国科学院考古研究所山西工作队：《山西芮城东庄村和西王村遗址的发掘》，《考古学报》1973年第1期，第1～63页。
［24］　A. 山西省考古研究所：《山西翼城北橄遗址发掘报告》，《文物季刊》1993年第4期，第1～51页。
B. 河南省文物考古研究所：《三门峡南交口》，科学出版社，2009年。
［25］　半坡博物馆、陕西省考古研究所、临潼县博物馆：《姜寨——新石器时代遗址发掘报告》，文物出版社，1988年。
［26］　A. 北京大学考古学系、中国社会科学院考古研究所：《华县泉护村》，科学出版社，2003年。
B. 甘肃省文物考古研究所：《秦安大地湾——新石器时代遗址发掘报告》，文物出版社，2006年。
［27］　A. 严文明：《从王湾看仰韶》，《仰韶文化研究》增订本，文物出版社，2009年，第2～27页。
B. 北京大学考古文博学院：《洛阳王湾——考古发掘报告》，北京大学出版社，2002年。
［28］　河南省文物研究所、长江流域规划办公室考古队河南分队：《淅川下王岗》，文物出版社，

1989年。

[29] 中国社会科学院考古研究所：《黄梅塞墩》，文物出版社，2010年。

[30] 江苏省三星村联合考古队：《江苏金坛三星村新石器遗址》，《文物》2004年第2期，第4~26页。

[31] 湖南省文物考古研究所：《澧县城头山——新石器时代遗址发掘报告》，文物出版社，2007年。

[32] 湖南省文物考古研究所、常德市文物处、安乡县文物管理所：《湖南安乡划城岗遗址第二次发掘报告》，《考古学报》2005年第1期，第55~108页。

[33] 中国科学院考古研究所山西工作队：《山西芮城东庄村和西王村遗址的发掘》，《考古学报》1973年第1期，第1~63页。

[34] 中国科学院考古研究所：《庙底沟与三里桥》，科学出版社，1959年。

[35] A. 严文明：《半坡仰韶文化的分期与类型问题》，《考古》1977年第3期，第182~188页。

B. 陕西省西安半坡博物馆：《西安半坡——原始氏族公社聚落遗址》，文物出版社，1963年。

C. 宝鸡市考古工作队、陕西省考古研究所宝鸡工作站：《宝鸡福临堡——新石器时代遗址发掘报告》，文物出版社，1993年。

[36] A. 北京大学考古学系、中国社会科学院考古研究所：《华县泉护村》，科学出版社，2003年。

B. 西北大学文化遗产与考古学研究中心、陕西省考古研究所：《旬邑下魏洛》，科学出版社，2012年。

[37] A. 晋中考古队：《山西太谷白燕遗址第一地点发掘简报》，《文物》1989年第3期，第1~21页。

B. 晋中考古队：《山西太谷白燕遗址第二、三、四地点发掘简报》，《文物》1989年第3期，第22~34页。

[38] A. 晋中考古队：《山西太谷白燕遗址第一地点发掘简报》，《文物》1989年第3期，第1~21页。

B. 晋中考古队：《山西太谷白燕遗址第二、三、四地点发掘简报》，《文物》1989年第3期，第22~34页。

[39] 内蒙古文物考古研究所：《准格尔旗小沙湾遗址及石棺墓地》，《内蒙古文物考古文集》（第一辑），中国大百科全书出版社，1994年，第225~234页。

[40] 郑州市文物考古研究所：《郑州大河村》，科学出版社，2001年。

[41] A. 郑州市文物考古研究所：《郑州大河村》，科学出版社，2001年。

B. 河南省博物馆：《河南禹县谷水河遗址发掘简报》，《考古》1979年第4期，第300~307页。

[42] 中国社会科学院考古研究所安阳队：《安阳鲍家堂仰韶文化遗址》，《考古学报》1988年第2期，第169~188页。

［43］ 中国社会科学院考古研究所泾渭工作队：《陇东镇原常山遗址发掘简报》，《考古》1981年第3期，第201～210页。

［44］ 中国社会科学院考古研究所陕西工作队：《陕西华阴横阵遗址发掘报告》，《考古学集刊》第4集，中国社会科学出版社，第1～39页。

［45］ 甘肃省文物考古研究所：《秦安大地湾——新石器时代遗址发掘报告》，文物出版社，2006年。

［46］ A. 中国社会科学院考古研究所甘青工作队：《甘肃武山傅家门史前文化遗址发掘简报》，《考古》1995年第4期，第289～296页。

B. 中国社会科学院考古研究所甘青工作队：《武山傅家门遗址的发掘与研究》，《考古学集刊》第16集，科学出版社，2006年，第380～454页。

C. 中国社会科学院考古研究所：《师赵村与西山坪》，中国大百科全书出版社，1999年。

［47］ A. 滹沱河考古队：《河北滹沱河流域考古调查与试掘》，《考古》1993年第4期，第300～310页。

B. 河北省文物研究所：《河北容城县午方新石器时代遗址试掘》，《考古学集刊》第5集，中国社会科学出版社，1987年，第61～78页。

［48］ A. 浙江省文物考古研究所：《南河浜——崧泽文化遗址发掘报告》，文物出版社，2005年。

B. 苏州市考古研究所、昆山市文物管理所、昆山市张浦镇文体站：《江苏昆山姜里新石器时代遗址2011年发掘简报》，《文物》2013年第1期，第4～24页。

［49］ A. 安徽省文物考古研究所：《潜山薛家岗》，文物出版社，2004年。

B. 湖北省京九铁路考古队、湖北省文物考古研究所：《武穴鼓山——新石器时代墓地发掘报告》，科学出版社，2001年。

C. 中国社会科学院考古研究所：《黄梅塞墩》，文物出版社，2010年。

［50］ A. 浙江省文物考古研究所：《南河浜——崧泽文化遗址发掘报告》，文物出版社，2005年。

B. 苏州市考古研究所、昆山市文物管理所、昆山市张浦镇文体站：《江苏昆山姜里新石器时代遗址2011年发掘简报》，《文物》2013年第1期，第4～24页。

［51］ 苏州博物馆、张家港市文物管理委员会：《江苏张家港徐家湾新石器时代遗址》，《考古学报》1995年第3期，第313～363页。

［52］ 浙江省文物考古研究所：《反山》，文物出版社，2005年。

［53］ 上海市文物管理委员会：《福泉山——新石器时代遗址发掘报告》，文物出版社，2000年。

［54］ 国家文物局考古领队培训班：《兖州六里井》，科学出版社，1999年。

［55］ 山东省文物考古研究所、枣庄市文化局：《枣庄建新——新石器时代遗址发掘报告》，科学出版社，1996年。

[56] A. 中国社会科学院考古研究所：《蒙城尉迟寺——皖北新石器时代聚落遗存的发掘与研究》，科学出版社，2001年。

B. 中国社会科学院考古研究所、安徽省蒙城县文化局：《蒙城尉迟寺（第二部）》，科学出版社，2007年。

[57] 北京大学考古实习队、烟台市博物馆：《栖霞杨家圈遗址发掘报告》，《胶东考古》，文物出版社，1999年，第151~206页。

[58] A. 屈家岭考古发掘队：《屈家岭遗址第三次发掘》，《考古学报》1992年第1期，第63~96页。

B. 湖北省荆州博物馆、北京大学考古学系：《谭家岭》，文物出版社，2011年。

[59] 湖南省文物考古研究所：《澧县城头山——新石器时代遗址发掘报告》，文物出版社，2007年。

[60] A. 中国科学院考古研究所：《京山屈家岭》，科学出版社，1965年。

B. 湖北省荆州博物馆、湖北省文物考古研究所：《肖家屋脊》，文物出版社，1999年。

C. 湖北省文物考古研究所、北京大学考古学系、湖北省荆州博物馆：《邓家湾》，文物出版社，2003年。

D. 中国社会科学院考古研究所：《青龙泉与大寺》，科学出版社，1991年。

E. 河南省文物研究所、长江流域规划办公室考古队河南分队：《淅川下王岗》，文物出版社，1989年。

[61] 湖南省文物考古研究所：《澧县城头山——新石器时代遗址发掘报告》，文物出版社，2007年。

[62] 国家文物局三峡考古队：《朝天嘴与中堡岛》，文物出版社，2001年。

[63] 河南省文物考古研究所、信阳市文物管理委员会：《河南罗山县李上湾新石器时代遗址》，《华夏考古》2000年第3期，第3~16页。

[64] 湖北省黄冈地区博物馆：《湖北黄冈螺蛳山遗址墓葬》，《考古学报》1987年第3期，第339~358页。

[65] A. 中国社会科学院考古研究所：《胶州三里河》，文物出版社，1988年。

B. 山东大学历史系考古专业教研室：《泗水尹家城》，文物出版社，1990年。

C. 国家文物局考古领队培训班：《兖州西吴寺》，文物出版社，1990年。

D. 山东大学历史系考古专业、邹平县文化局：《山东邹平丁公遗址试掘简报》，《考古》1989年第5期，第391~398页。

E. 山东大学历史系考古专业：《山东邹平丁公遗址第二、三次发掘简报》，《考古》1992年第6期，第496~504页。

［66］ A. 国家文物局考古领队培训班：《山东济宁程子崖遗址发掘简报》，《文物》1991年第7期，第28～47页。

B. 济宁市文物考古研究室：《山东济宁程子崖遗址第二次发掘》，《考古》1999年第7期，第8～13页。

［67］ 辽宁省博物馆、旅顺博物馆：《大连市郭家村新石器时代遗址》，《考古学报》1984年第3期，第287～330页。

［68］ 河南省文物管理局、河南省文物考古研究所：《黄河小浪底水库考古报告（一）》，中州古籍出版社，1999年，第391～422页。

［69］ 韩建业、杨新改：《王湾三期文化研究》，《考古学报》1997年第1期，第1～22页。

［70］ 河南省文物研究所、文化部文物局郑州培训中心：《郑州市站马屯遗址发掘报告》，《华夏考古》1987年第2期，第3～46页。

［71］ A. 中国社会科学院考古研究所河南二队：《河南临汝煤山遗址发掘报告》，《考古学报》1982年第4期，第427～476页。

B. 河南省文物研究所：《临汝煤山遗址1987～1988年发掘报告》，《华夏考古》1991年第3期，第5～23页。

［72］ A. 严文明：《从王湾看仰韶》，《仰韶文化研究》增订本，文物出版社，2009年，第2～27页。

B. 北京大学考古文博学院：《洛阳王湾——考古发掘报告》，北京大学出版社，2002年。

［73］ 中国社会科学院考古研究所：《庙底沟与三里桥》，科学出版社，1959年。

［74］ 北京大学考古学系、驻马店市文物保护管理所：《驻马店杨庄——中全新世淮河上游的文化遗存与环境信息》，科学出版社，1998年。

［75］ 河南省文物研究所、长江流域规划办公室考古队河南分队：《淅川下王岗》，文物出版社，1989年。

［76］ 北京大学震旦古代文明研究中心、郑州市文物考古研究院：《新密新砦——1999～2000年田野考古发掘报告》，文物出版社，2008年。

［77］ 河南省文物考古研究所、新密市炎黄历史文化研究会：《河南新密市古城寨龙山文化城址发掘简报》，《华夏考古》2002年第2期，第53～82页。

［78］ 河南省文物考古研究所：《辉县孟庄》，中州古籍出版社，2003年。

［79］ A. 中国社会科学院考古所安阳工作队：《1979年安阳后冈遗址发掘报告》，《考古学报》1985年第1期，第33～88页。

B. 河南省安阳地区文物管理委员会：《汤阴白营河南龙山文化村落遗址发掘报告》，《考古学集刊》第3集，中国社会科学出版社，1983年，第1～47页。

［80］ A. 中国社会科学院考古研究所河南二队：《河南永城王油坊遗址发掘报告》，《考古学集

刊》第5集，中国社会科学出版社，1987年，第79～119页。

B. 中国社会科学院考古研究所、安徽省蚌埠市博物馆：《蚌埠禹会村》，科学出版社，2013年。

[81] 中国历史博物馆考古部、山西省考古研究所、垣曲县博物馆：《垣曲古城东关》，科学出版社，2001年。

[82] A. 中国社会科学考古研究所山西工作队、临汾地区文化局：《山西襄汾县陶寺遗址发掘简报》，《考古》1980年第1期，第18～31页。

B. 中国社会科学考古研究所山西工作队、临汾地区文化局：《1978～1980年山西襄汾陶寺墓地发掘简报》，《考古》1983年第1期，第30～42页。

[83] A. 韩建业：《晋西南豫西西部庙底沟二期—龙山时代文化的分期与谱系》，《考古学报》2006年第2期，第179～204页。

B. 中国社会科学考古研究所山西工作队、临汾地区文化局：《山西襄汾县陶寺遗址发掘简报》，《考古》1980年第1期，第18～31页。

C. 中国社会科学院考古研究所山西工作队：《山西曲沃县方城遗址发掘简报》，《考古》1988年第4期，第289～294页。

[84] A. 田广金：《论内蒙古中南部史前考古》，《考古学报》1997年第2期，第121～146页。

B. 韩建业：《中国北方地区新石器时代文化研究》，文物出版社，2003年。

[85] A. 国家文物局、山西省考古研究所、吉林大学考古学系：《晋中考古》，文物出版社，1999年。

B. 吉林大学边疆考古研究中心、山西省考古研究所、忻州地区文物管理处：《忻州游邀考古》，科学出版社，2004年。

[86] 内蒙古文物考古研究所：《岱海考古（一）——老虎山文化遗址发掘报告集》，科学出版社，2000年。

[87] 只在二里半遗址发现有甑。见内蒙古文物考古研究所：《内蒙古准格尔旗二里半遗址第二次发掘报告》，《考古学集刊》第11集，中国大百科全书出版社，1997年，第84～129页。

[88] 北京市文物研究所：《镇江营与塔照——拒马河流域先秦考古文化的类型与谱系》，中国大百科全书出版社，1999年。

[89] A. 西北大学文化遗产与考古学研究中心、陕西省考古研究所：《旬邑下魏洛》，科学出版社，2012年。

B. 陕西省考古研究所康家考古队：《陕西临潼康家遗址发掘简报》，《考古与文物》1988年第5、6期，第214～228页。

[90] 宁夏文物研究所、中国历史博物馆考古部：《宁夏菜园——新石器时代遗址、墓葬发掘报

告》，科学出版社，2003年。

［91］ A. 中国社会科学院考古研究所：《师赵村与西山坪》，中国大百科全书出版社，1999年。

B. 中国社会科学院考古研究所：《青海柳湾》，文物出版社，1984年。

［92］ A. 湖北省荆州博物馆、湖北省文物考古研究所：《肖家屋脊》，文物出版社，1999年。

B. 湖北省文物考古研究所、北京大学考古学系、湖北省荆州博物馆：《邓家湾》，文物出版社，2003年。

［93］ 韩建业、杨新改：《禹征三苗探索》，《中原文物》1995年第2期，第46～55页。

［94］ 何驽：《试论肖家屋脊文化及其相关问题》，《三代考古》（二），科学出版社，2006年，第98～145页。

［95］ A. 广东省博物馆、曲江县文化局石峡发掘小组：《广东曲江石峡墓葬发掘简报》，《文物》1978年第7期，第1～15页。

B. 苏秉琦：《石峡文化初论》，《文物》1978年第7期，第16～22页。

C. 曾骐：《石峡文化的陶器》，《中山大学学报（哲学社会科学版）》1982年第2期，第31～39页。

［96］ A. 上海博物馆考古研究部：《上海松江区广富林遗址1999～2000年发掘简报》，《考古》2002年第10期，第31～48页。

B. 上海博物馆考古研究部：《上海松江区广富林遗址2001～2005年发掘简报》，《考古》2008年第8期，第3～21页。

［97］ A. 上海博物馆考古研究部：《上海松江区广富林遗址1999～2000年发掘简报》，《考古》2002年第10期，第31～48页。

B. 上海博物馆考古研究部：《上海松江区广富林遗址2001～2005年发掘简报》，《考古》2008年第8期，第3～21页。

［98］ 福建省博物馆：《福建浦城县牛鼻山新石器时代遗址第一、二次发掘》，《考古学报》1996年第2期，第165～198页。

The Study of Sequence and System of Pottery Zeng and Yan in Chinese Neolithic Period

Li Xiaoyang[1] Han Jianye[2]

(1. Research Center of Archaeology, Beijing Union University 2. The School of History, Renmin University of China)

Abstract: The two kinds of potteries, *Zeng*(甑) and *Yan*(甗), shared a similar tradition in the Neolithic Period of China. *Yan* developed into three kinds of shape: *Li*(鬲)-shaped with additional veins in the middle, *Li*-shaped without additional veins in the middle and *Ding*(鼎)-shaped *Yan*. *Li* and *Yan* experienced five stages of development. At around 6000B.C., *Zeng* originated in Central Plain of China and spread to the central Shaanxi plain and the downstream areas of Yangtze River. At about 5000B.C., *Zeng* spread to Beijing, Hebei and other regions of northern China, while *Yan* appeared in downstream areas of Yangtze River at around 4500B.C.. Later, *Zeng* spread to the core area of Central Plain at around 4200B.C. and to the downstream areas of Yellow River at about 3500B.C.. *Yan* spread northward to Huaihe River basin and downstream areas of Yellow River along with the formation of Li-shaped *Yan*. At round 2500B.C., *Zeng* constantly spread to northwest, northeast and further south China. The geographic distribution of these two kinds of potteries continuously expanded by time, however, the basins of Yellow River and Yangtze River were always the core distribution areas.

Keywords: Neolithic Period; *Zeng*; *Yan*; Change and development

商周时期湖南与岭南的交通

——以出土铜器为中心

高成林

（湖南省文物考古研究所）

［摘　要］　南岭是南中国最重要的一条地理分界线，也是一条文化上的分界线。由于南岭山系多由南北走向的山脉组成，山岭之间存在许多河谷走廊和盆地，这为南岭南北的交通创造了条件。本文在分析桂东北和粤北出土部分青铜器以及湖南出土部分青铜器、硬陶器和原始瓷器的基础上，考察了商周时期南岭南北的交通路线，认为商周时期湖南与岭南的交通路线至少存在东面的北江通道和西面的桂江通道两条主要路线。这两条交通线的形成，基本奠定了以后湖南与岭南交通的大格局。秦平岭南时打通了东、西两条线路之间的连江水道，成功地将东、西两条干线连通，形成了一个道路交通网。此后历朝历代经过增补，形成了今天的交通格局。

［关键词］　湖南；岭南；交通；青铜器；路线

南岭位于湖南、江西、广东、广西四省（区）交界处，狭义的南岭指越城岭、都庞岭、萌渚岭、骑田岭和大庾岭，故又称五岭；广义的南岭还包括猫儿山、海洋山、九嶷山、香花岭、瑶山、九连山等。南岭山系西起广西壮族自治区西北部，经湖南省南部、江西省南部，至广东省北部与武夷山的余脉相连，东西绵延1400千米，南北宽约200千米，是中国南部最大的山脉和重要的地理分界线，是珠江流域和长江流域的分水岭。南岭山系虽然不高（海拔多在1000米左右），但对阻挡南下的寒潮和东南来的台风有着重要作用。南岭以南终年温暖湿润，少见霜雪；南岭以北四季分明，冬季常见飞雪。因此，自古以来就有“一样春风有两般，南枝盛开北枝寒”的说法。由于自然地理条件迥异，造成南岭南北两侧在文化上区别也十分明显，因此南岭不仅是南中国最重要的一条地理分界线，也是文化上的一条分界线。不过由于南岭山系多由南北走向的山脉组成，长江和珠江水系的许多河流皆发源于此，山岭之间存在许多河谷走廊和盆地，这又为南岭南北的交通和文化交流客观上创造了有利的条件。

关于南岭南北之间交往的记载，传世文献最早只能追溯到秦汉时期。随着考古工作的不断开展，反映先秦时期南岭南北交往的材料日益增多。本文主要从南岭南北出土的部分商周青铜器并结合相关的考古材料谈一下商周时期湖南与岭南的交通。

一、桂东北发现的岭北风格青铜器

桂东北发现的岭北风格青铜器主要集中在贺州、恭城等地发现的几座墓葬中，此外兴安、荔浦、梧州等地也有一些零星发现。

（一）贺州马东村墓葬

马东村墓葬位于贺州市沙田镇马东村，其西面是贺江的一条小支流，1996年发现，共两座，皆为竖穴土坑墓。由于这两座墓葬都是在取土或挖水沟时发现后抢救性清理的，器物多已散失。其中M1仅收集到一件铜罍，M2收集到铜鼎、甬钟、剑、矛、箭镞、斧、锛等八件器物[1]。从出土器物的形制特征来看，这两座墓葬的时代应为西周晚期前后。马东村墓葬出土的器物除小件铜器具有一定的地方特色外，大件器物皆具有中原或长江中下游同时期青铜器的特征。如M1出土的铜罍与陕西扶风周原庄里M9出土的一件铜罍[2]形制几乎完全一样（图一，1、2），与湖南宁乡黄材出土的一件铜罍[3]也颇为接近；M2出土的鼎与湖南湘潭青山桥西周铜器窖藏出土的两件鼎（J∶11、J∶12）[4]形制基本一样（图一，3、4），类似的铜鼎在安徽屯溪[5]也有发现；铜甬钟虽然由于发表照片和线图的质量问题无法看清细部特征，但其总体特征也与湘潭青山桥出土的甬钟[6]基本一致（图一，5、6）；人面纹短剑虽然已残，但其基本特征与长沙金井[7]、江苏仪征破山口[8]等地出土的人面纹短剑基本一样。这种人面纹青铜短剑在中原周文化系统的墓葬中发现较多[9]，应是周文化的一种典型器物。南方地区出土的这种青铜短剑应是直接或间接受周文化影响的结果，岭南地区除马东村墓葬外，在曲江石峡[10]、深圳追树岭[11]等遗址中也有发现（图一，7~10）。M2出土的铜矛虽然矛叶较窄，矛身细长，颇似春秋战国时期流行的铜矛，但其花纹古朴，而且骹上有双耳（已残），这些都具有早期铜矛的特征。这种细长的铜矛在关中地区西周墓中有一定数量的发现，如宝鸡竹园沟M4出土的两件铜矛[12]就与马东村M2出土的铜矛形制几乎一模一样，只是纹饰有所不同（图一，11、12）。由此可见，马东村墓葬出土的这批大件铜器很有可能都是自南岭以北传入的。

（二）贺州龙中岩洞墓

龙中岩洞墓位于贺州市沙田镇龙中村，与马东村墓葬相距不远，是一座以天然

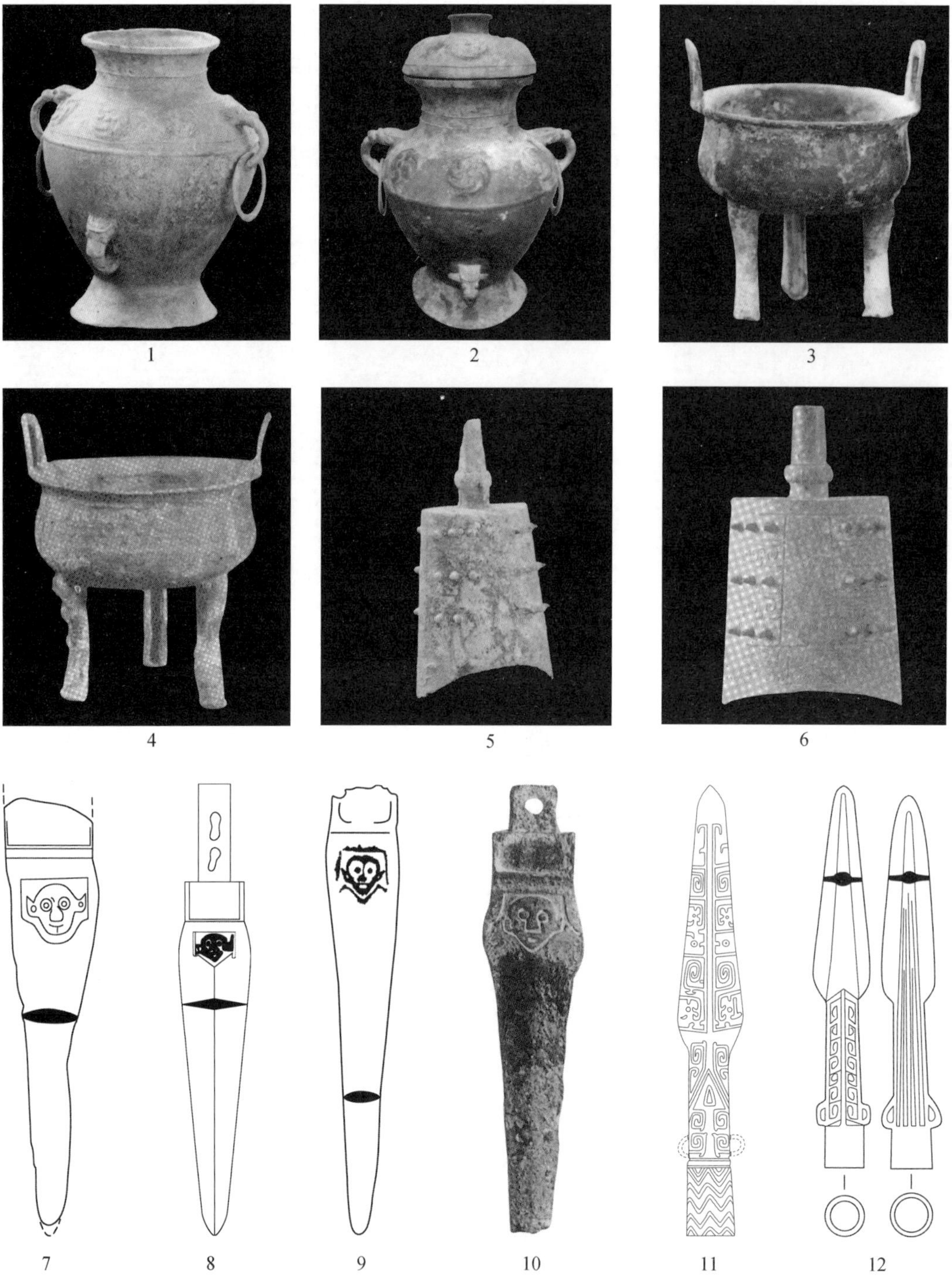

图一　贺州马东村墓葬出土铜器与岭北出土铜器对比图

1. 马东村出土罍M1：1　2. 扶风庄李出土罍M9：2　3. 马东村出土鼎M2：7　4. 湘潭青山桥出土鼎J：11　5. 马东村出土甬钟M2：3　6. 湘潭青山桥出土甬钟　7. 马东村出土短剑M2：1　8. 长沙金井出土短剑　9. 仪征破山口出土短剑　10. 扶风齐镇出土短剑[13]　11. 马东村出土矛M2：2　12. 宝鸡竹园沟出土矛M4：195、M4：194

岩洞为墓穴的岩洞墓，1991年发现。出土器物有铜鼎3件、盥缶1件（原报告称为“罍”）、牺尊1件、盉1件、鼓1件以及其他铜质杂器、陶瓷器、贝币等共33件[14]。该墓出土器物文化因素比较复杂。铜质杂器如铜箕形器、叉形器（应为仿玉质的牙璋）、勾形器（可能为仿人腿脚的器足）、环形器（应为仿玉质的铜环）等小件铜器极其少见，很有地方特色，应该是本地的产品。铜鼓虽属石寨山型，但在广西也时有发现，不能排除其也是本地产品的可能。原始瓷质的碗、罐等器物在岭南地区发现相对较少，但在长江下游的吴越地区发现较多，因此有可能来自于长江下游地区。Ⅰ式铜鼎和Ⅲ式铜鼎都是典型的越式鼎，但分别起源于不同的区域。从目前的资料来看，Ⅰ式这种形制的铜鼎起源和流行于长江下游的吴越地区，湖南和岭南地区这类铜鼎的出现应是受长江下游文化影响的结果。从Ⅰ式鼎的细部特征来看，它与湖南地区如桃江腰子仑[15]等地出土的同类鼎更为接近，有可能来自湖南地区（图二，1、2）。Ⅲ式鼎为盘口鼎，这种鼎起源于湖南地区，其祖型为湖南地区商周时期流行的一种釜形陶鼎，吴越和岭南地区这类铜鼎的出现应是受到湖南地区越文化影响的结果[16]（图二，3、4）。Ⅱ式铜鼎形制比较特殊，目前尚找不到一件形制与之完全相同的器物。但从其折沿、浅腹、平底、附耳、蹄足的特征来看，它应是模仿江汉地区春秋早期流行的一种折沿附耳鼎制造出来的一类器物[17]（图二，5、6）。盥缶、盉是典型的楚式铜器，在湖南地区东周墓中时有发现，因此它们都有可能来自湖南地区[18]（图二，7~9）。牺尊这种器物在湖南没有发现，但在长江下游的江苏丹徒烟墩山[19]、安徽青阳庙前、铜陵[20]等地有少量发现，与江淮地区出土的兽首鼎也有异曲同工之处[21]，因此有可能是从该地区辗转传入的（图二，10~12）。由此可见，龙中岩洞墓出土的这批铜器绝大多数有可能是自岭北传入的，或者是受岭北文化影响的结果。

（三）恭城秧家铜器群

秧家铜器群出土地点为恭城县嘉会公社秧家大队，漓江支流恭城河（茶江）西岸，1971年农民取土时发现，据调查可能是一座墓葬的随葬品。出土器物包括铜鼎5件、尊2件、罍1件、钟2件以及兵器、工具等共33件。从出土器物的形制来看，其时代应为春秋晚期。秧家铜器群除部分小件铜器如钺等具有一定的地方特色外，大部分器物皆具有中原或长江中下游同时期青铜器的特征。如Ⅰ式大鼎是典型的春秋晚期楚式箍口鼎，在楚文化系统的墓葬中出土较多，湖南地区如岳阳凤形嘴山M1[22]等也有出土（图三，1、2）。Ⅱ式鼎是比较典型的越式鼎，在湖南和长江下游地区发现较多。从Ⅱ式鼎的细部特征来看，它与湖南地区出土的同类鼎更为接近，来自于湖南地区的可能性较大（图三，3~6）。Ⅲ式鼎形制比较特殊，它应是越人模仿中原或长江下游

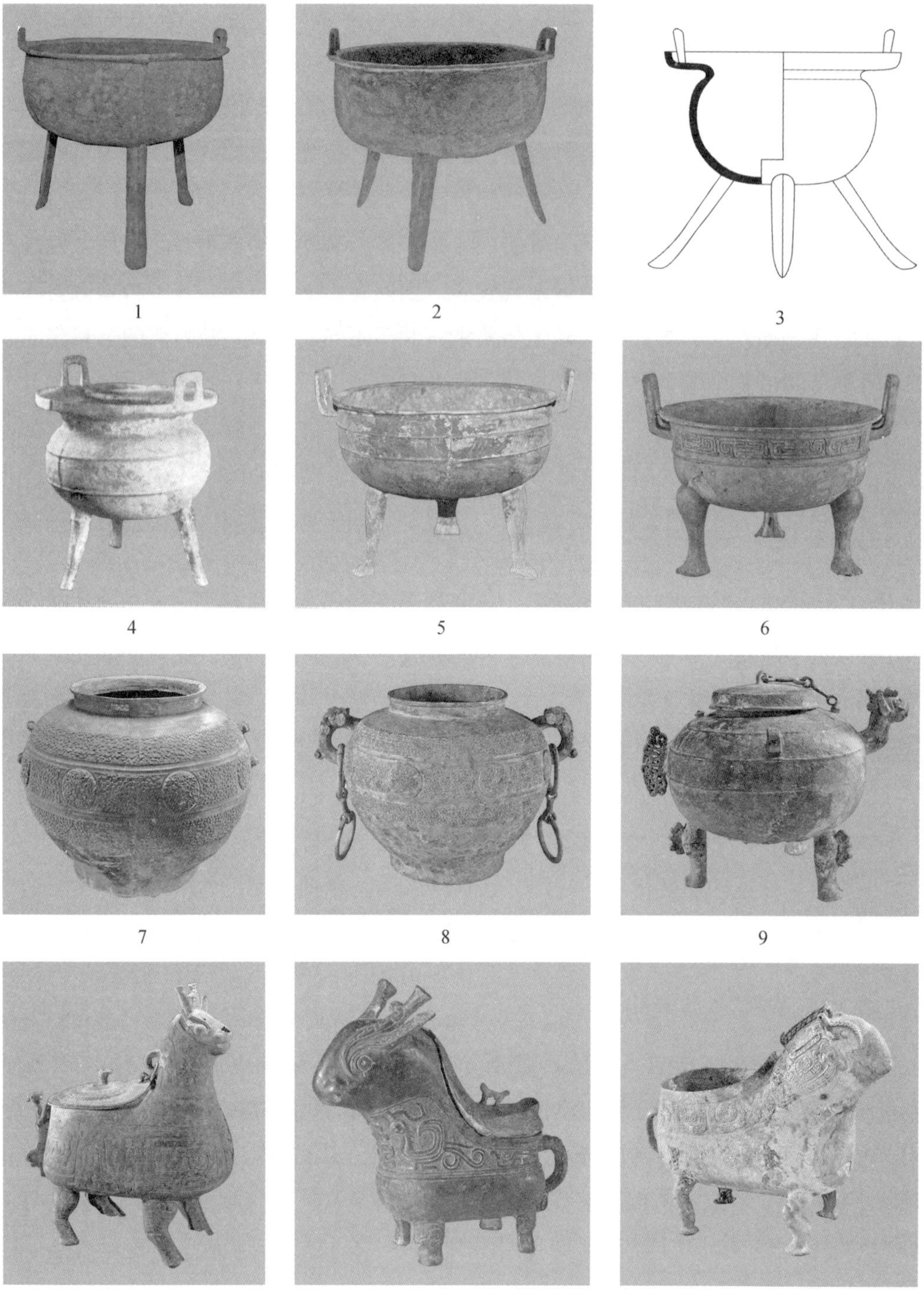

图二　贺州龙中岩洞墓出土铜器与岭北出土铜器对比图

1. 龙中岩洞墓出土Ⅰ式鼎　2. 桃江腰子仑出土Ⅰ式鼎M098：1　3. 龙中岩洞墓出土Ⅲ式鼎　4. 衡南胡家港出土鼎　5. 龙中岩洞墓出土Ⅱ式鼎　6. 湖北京山苏家垅出土鼎　7. 龙中岩洞墓出土盥缶　8. 湘乡牛形山出土盥缶　9. 龙中岩洞墓出土盉　10. 龙中岩洞墓出土牺尊　11. 江苏丹徒烟墩山出土牺尊　12. 安徽青阳庙前出土牺尊

地区的同类铜鼎制造出来的一类器物，在湖南地区如湘潭古塘桥、衡南胡家港等地都有发现[23]（图三，7、8）。两件铜尊异常精美，类似的器物在湖南衡山霞流（今属衡东县范围）也出土了一件[24]。这种尊应该是由中原西周时期的垂腹尊[25]发展而来（图三，9~11）。铜罍形制比较特殊，目前尚找不到与之形制相同的器物。从其形制来看，这件罍的总体造型和肩部的两个回首动物状把手与中原同时期的铜罍基本一样，但其肩部的圆饼状装饰却具有楚式盥缶的特点，因此有学者认为这件铜罍应是综合了中原铜罍和楚式盥缶的特点制造出来的一种器物[26]。甬钟从形制来看，属于长江中下游地区流行的所谓"越式甬钟"[27]（图三，12）。这类甬钟是在长江流域西周时期大铜铙衰落、甬钟兴起的背景下出现的一种功能与铜铙相似的颇具地方特色的器物。由此来看，恭城秧家出土的这批铜器绝大多数也有可能是自岭北传入的，或者是受岭北文化影响的结果。

（四）桂东北零星出土的岭北风格青铜器

除上述集中出土的三批青铜器外，在桂东北的灌阳、兴安、荔浦、梧州等地，也零星出土了一些岭北风格的青铜器。

1976年，灌阳县红旗公社仁江大队在钟山山腰发现一件铙[28]。这件铙无论是从出土环境还是从形制来看，都与湖南湘江流域发现较多的同类型铜铙[29]完全一样（图四）。除铜铙外，灌阳新街还出土了一件夔凤纹铜戈[30]。这种戈与贺州马东村出土的人面纹短剑一样，源头都来自于西周文化。湖南受其影响，也发现较多[31]。灌阳位于都庞岭和海洋山之间，湘江源头之一灌江发源于此。因此此地虽然地属广西，但却属于湘江流域。上述两件器物出土于此，对于研究湖南与岭南的交通路线具有十分重要的意义。

比灌阳铜铙更重要的是兴安出土的一件铜卣[32]。这件铜卣是典型的商末周初流行的高浮雕兽面纹铜卣，在关中及河南等地发现较多。受中原文化南传的影响，湖南湘江流域也出土较多，如浏阳秀山就出土了一件与之几乎完全一样的铜卣[33]（图五）。广西除兴安出土一件外，在武鸣马头公社的勉岭还出土了一件[34]。兴安位于海洋山和越城岭之间，湘江源头之一海洋河和珠江源头之一漓江都发源于此，两河之间仅有十多千米的陆路，因此这里自古以来就是湖南通往广西的交通要道。兴安铜卣出土于此，其意义不言自明。

1958年在梧州塘源出土了一件楚式铜鼎[35]。这是目前岭南地区出土的唯一一件楚式战国型铜鼎。从其形制来看，它与长沙浏城桥一号墓出土的铜鼎形制几乎完全一样，因此其时代应为战国早期晚段（图六）。从目前的研究来看，岭南地区楚文化因

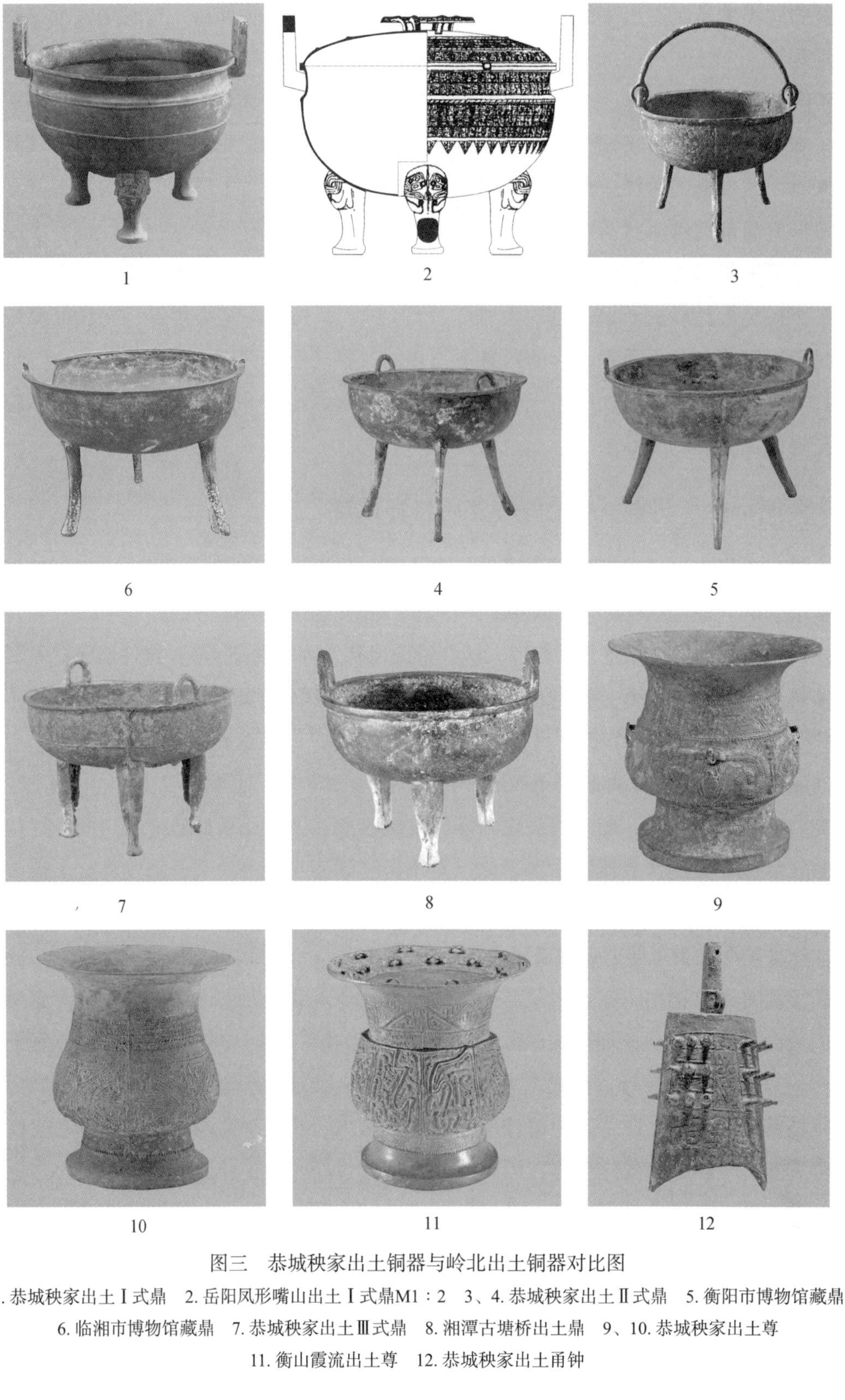

图三　恭城秧家出土铜器与岭北出土铜器对比图

1. 恭城秧家出土Ⅰ式鼎　2. 岳阳凤形嘴山出土Ⅰ式鼎M1：2　3、4. 恭城秧家出土Ⅱ式鼎　5. 衡阳市博物馆藏鼎　6. 临湘市博物馆藏鼎　7. 恭城秧家出土Ⅲ式鼎　8. 湘潭古塘桥出土鼎　9、10. 恭城秧家出土尊　11. 衡山霞流出土尊　12. 恭城秧家出土甬钟

1

2

图四 桂东北与湖南出土铜铙对比图

1. 灌阳仁江出土铙 2. 湖南省博物馆藏铙

1

2

图五 桂东北与湖南出土铜卣对比图

1. 兴安出土卣 2. 浏阳秀山出土卣

素的传入有两个途径，一个是经湖南传入，一个从长江下游的吴越地区辗转传入。吴越地区楚文化风格的器物基本上都属于春秋型，而梧州这件铜鼎为典型的战国型风格，应该来自于湖南地区的可能性较大。

1

2

图六　桂东北与湖南出土楚式战国型铜鼎对比图

1. 梧州出土鼎　2. 长沙浏城桥出土鼎

除上述器物外，在广西的荔浦、陆川、宾阳等地还各出了一件铜罍[36]。三件铜罍形制几乎一样，唯宾阳铜罍肩部的耳与其他两件略有不同（图七，1～3）。这种铜罍与中原地区商末周初的铜罍存在明显的渊源关系，但其高圈足、肩部焊接两个对称宽大兽耳的做法却极富地方特点。除广西外，这种形制的铜罍在湖南湘阴[37]、四川成都[38]、茂县[39]、山东[40]、安徽[41]等地都有出土，尤其是安徽桐城商桥出土的一件铜罍与宾阳出土的铜罍除腹部纹饰略有不同外几乎一模一样（图七，4），它们之间应该存在某种联系。

从桂东北出土铜器的情况来看，它们中的大部分与湖南出土的同类铜器十分相似。尤其是贺州和恭城的四座墓葬，与广西先秦时期其他墓葬差别较大，而更接近于湖南地区的越墓。鉴于目前广西地区出土铜器尤其是大件铜器数量较少，且大多数与岭北地区的同类器物具有很大的一致性，因此就是广西本土的学者也倾向于认为广西地区出土的大部分大件铜器有可能是经湖南传入，或者是在其影响下出现的[42]。

二、粤北发现的岭北风格青铜器

相对于桂东北而言，粤北地区发现的湖南风格青铜器相对较少，仅在乐昌对面山和清远马头岗发现过几件。

对面山位于广东乐昌县城南郊，是武水西岸的一处低矮的丘陵，其上发现有周代至秦汉时期的墓葬群[43]。在该处发掘的周代墓葬中，出土了一批青铜器。其中部分铜

图七　广西、湖南出土高圈足铜罍对比图
1. 荔浦出土罍　2. 陆川出土罍　3. 宾阳出土罍　4. 安徽桐城出土罍

器从其特征来看有可能是经湖南传入或者是在其影响下产生的。如M59：1，是一件早期的盘口鼎，这种形制的铜鼎主要出土于湖南地区，是从湖南商周时期的陶质釜形鼎脱胎而来[44]，在湖南以外地区目前尚属首见，因此应该是从湖南传入的（图八，1、2）。又如M63：1，是一件垂腹鼎，与湘潭青山桥西周铜器窖藏出土的垂腹鼎几乎完全一样[45]（图八，3、4），这种鼎从形制来看应是从中原地区西周时期垂腹鼎脱胎而来，是越人制作的仿制品。

清远马头岗是北江支流三坑水（七龙湾河）西岸的一条山冈，20世纪60年代，曾先后在这里发现过两批青铜器。据文物部门调查，这两批铜器应出自两座墓葬[46]。

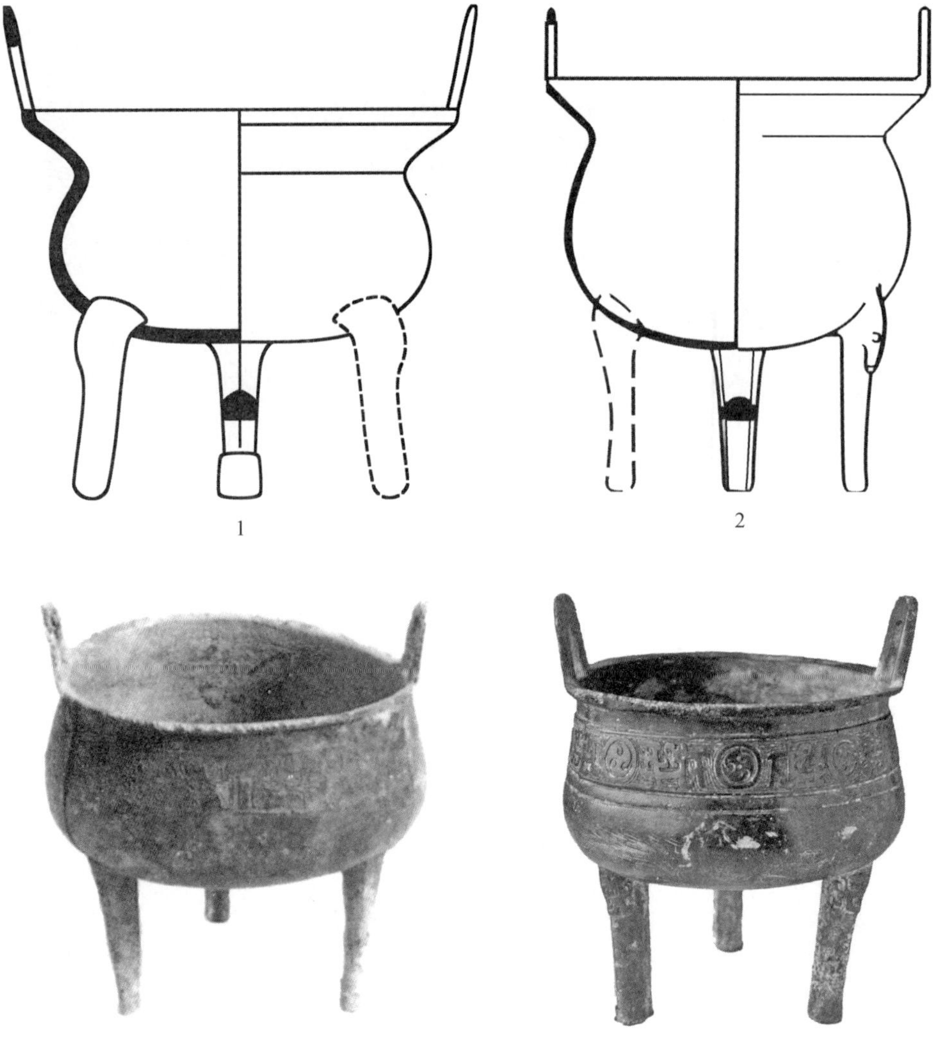

图八　乐昌对面山出土铜鼎与湖南出土铜鼎对比图

1. 乐昌对面山M59：1　2. 宁乡黄材栗山出土鼎　3. 乐昌对面山M63：1　4. 湘潭青山桥J：10

在这两批铜器中，有部分铜器可能来源于湖南地区。如1962年出土的Ⅰ式鼎。这件鼎已残，原报告发表的是复原图，可能有误。从发表的拓片来看，此鼎的耳为长方形立耳，上部有水牛角形的装饰，耳部纹饰为双线“S”纹（图九，1）。从目前的材料来看，这种上部带水牛角形装饰的鼎耳目前主要发现于湖南地区[47]（图九，2），其他地区极少见到，因此这件铜鼎有可能来源于湖南地区。又如1963年出土的罍，从发表的照片和线图来看，实际上是一件楚式盥缶（图九，3）。上文已经说过，岭南地区楚文化因素的传入有两条途径，一个是经湖南传入，一个从长江下游的吴越地区辗转传入。在湖南地区，楚式盥缶发现较多[48]（图九，4）。而吴越地区到目前为止楚式盥

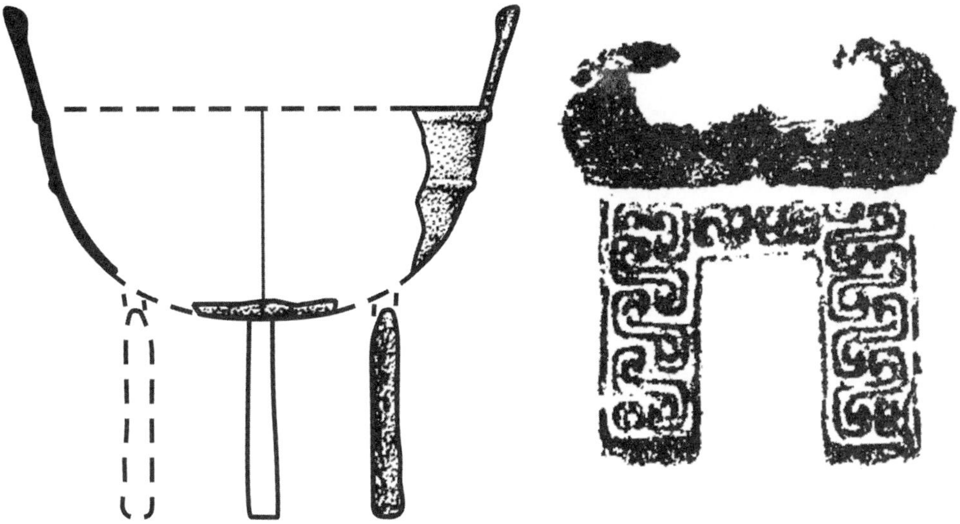

1

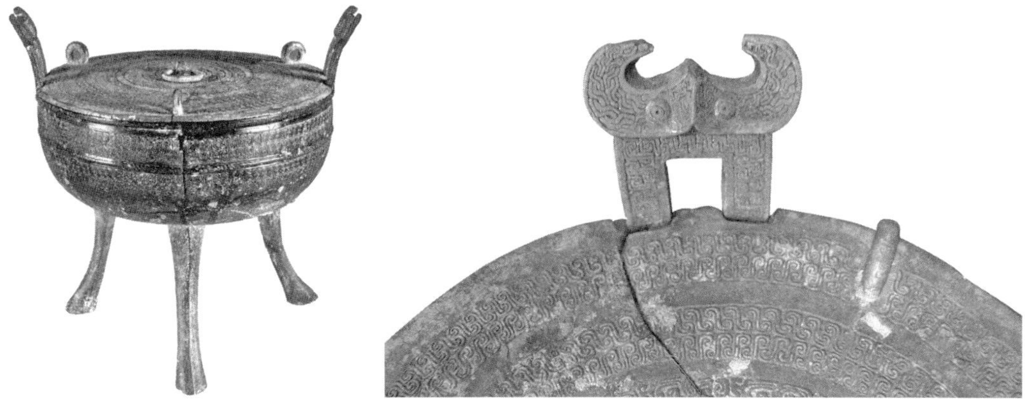

2

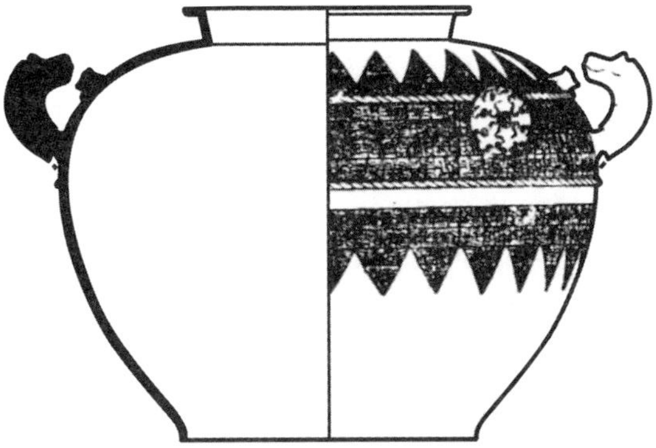

3

4

图九 清远马头岗出土铜器与湖南出土铜器对比图

1. 清远马头岗出土水牛角耳鼎 2. 湘乡何家湾出土水牛角耳鼎 3. 清远马头岗出土盥缶 4. 湘乡大茅坪出土盥缶

缶发现极少。据笔者所知，仅在江苏吴县何山墓中出土过一件，而且这件器物还是与楚叔之孙途盉等一批楚式铜器一起出土的，因此极有可能是墓主在吴楚战争时期掳掠的战利品[49]。至于吴越地区的居民不接受楚式盥缶的原因，笔者推测可能是由于吴越地区的居民已经有了一种本地特色且功用相同的器物——吴越式铜罍[50]。因此，清远马头岗出土的铜盥缶应该是由湖南传入的。

三、湖南发现的来自于岭南的文化遗存

（一）湖南出土的来自于岭南的青铜器、硬陶器和原始瓷器

湖南发现的来自于岭南的青铜器数量较少，仅有衡山霞流市（今属衡东县）出土的靴形铜钺和树木岭出土的人形柄匕首等。

靴形铜钺出自于霞流市的湘江边，据实地调查，可能出自于一座墓葬，共存的器物有铜鼎、盆、尊、钟、削刀、矛、笄、箭镞以及玉蝉、砺石等[51]。这件铜钺总体呈靴形，靴尖上翘，后跟突出，靴头、后跟与靴底之间转折接近直角，底刃较平（图一〇，1）。这种形制的铜钺与中国南方地区流行的不对称型铜钺风格迥异，到目前为止仅见到这一例。但是在越南的东山文化中，这种铜钺十分常见（图一〇，2）[52]，因此，有可能是从越南经岭南地区辗转传入的。

人形柄匕首出土于长沙树木岭一座战国墓中。这座墓为长方形竖穴土坑墓，四壁光滑，墓底有两条枕木沟。该墓没有出土陶器，随葬器物除人形柄匕首外，还有一件越式铜鼎、一面四“山”纹铜镜、一件铜矛、一枚铜印章、一件玉璧和若干已朽烂的漆器[53]。这座墓葬从葬俗来看与长沙地区大多数战国楚墓基本一样，但器物组合却与一般楚墓区别较大，应是一座受楚文化影响的古代南方少数民族的墓葬。人形柄匕首出土后，关于其族属，曾有过一场争论[54]。但由于双方都没有充足的证据，最终不了了之。其实，这种匕首在越南的东山文化中十分流行[55]，应来自于越南。这件匕首可能与靴形铜钺一样，是经岭南地区辗转传入的（图一一）。

湖南发现的来自于岭南的硬陶器或原始瓷器数量也不多，且都集中出土在靠近南岭北侧的湖南南部地区。1978年，为配合东江水电站的建设，湖南省博物馆在资兴旧市发现了一批春秋越墓，其中M554出土了一件硬陶曲壁豆[56]（图一二，1）。无独有偶的是，1982年在耒阳灶市水泥厂春秋越墓的发掘中，又出土了3件原始瓷质或硬陶质的曲壁豆[57]（图一二，3、5）。曲壁豆这种器物，是岭南地区西周至春秋时期非常流行的一种器物（图一二，2、4、6）[58]，湖南地区非常少见，因此上述资兴和耒阳出土的这几件器物，应是从岭南地区传入的。

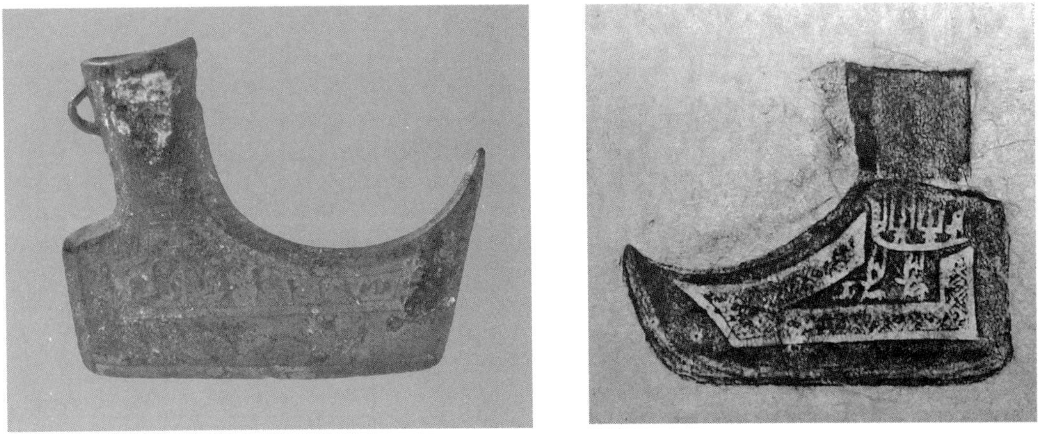

1　　2

图一〇　衡山霞流出土靴形钺与越南东山文化钺

1. 衡山霞流出土靴形钺　2. 越南东山文化靴形钺

1　　2

图一一　长沙树木岭出土人形柄匕首与越南东山文化匕首

1. 长沙树木岭出土人形柄匕首　2. 越南东山文化匕首

（二）南岭北侧商周遗址和墓葬反映出的岭南文化北渐

1988～1990年，湖南省文物考古研究所在南岭北侧发掘了靖州斗篷坡遗址。该遗址流行圜底器和圈足器，圜底器主要有釜、罐、钵、盆、碗、盘、杯，圈足器主要有

图一二　资兴、耒阳出土曲壁豆与岭南出土曲壁豆对比图

1. 资兴旧市M554：1　2. 博罗横岭山M078：9　3. 耒阳灶市M8：2　4. 博罗横岭山T0103①：98
5. 耒阳灶市M3：4　6. 博罗横岭山M077：1

盘、罐、簋、豆、碗等，陶器纹饰以拍印的交错绳纹和条纹为主，此外还有大量的方格纹、曲折纹、叶脉纹和粗放的云雷纹等[59]。从目前披露的材料来看，该遗址的文化面貌与岭南地区商周时期的文化非常一致，应是岭南地区文化北传的结果。

1991～1992年，为配合靖州水酿塘电站的建设，怀化地区文物工作队发掘了鸬鹚江遗址，清理了三座墓葬。这三座墓葬从随葬器物的组合（鬲钵罐、鬲罐、鬲钵豆罐）来看，属于典型的楚墓器物组合；从鬲、钵、豆以及部分罐的形制来看，也都是典型的楚器器形。但其葬俗（如狭长形墓室、墓坑底铺河砾石、碎物葬、用纺轮、石斧、网坠等生产工具随葬）以及部分陶罐的形制等却与岭南地区的越人墓葬相同[60]。结合斗篷坡遗址的情况来看，这批墓葬有可能是楚人统治下的当地居民的墓葬。

2007～2009年，湖南省文物考古研究所在湘江上游和潇水流域开展了大规模的调查，发现了大量商周时期的文化遗址，并对其中濒临破坏的东安坐果山和零陵望子岗等遗址进行了抢救性的考古发掘。由于修复陶器较少，上述遗址的文化面貌并不十分清晰，但从总体特征来看，它们与湘江中下游和湖南其他地区的商周文化区别较大，而与岭南地区商周时期的文化风格比较接近，尤其是其中的陶器纹饰，如曲折纹、叶脉纹、云雷纹、夔纹等，更是岭南商周文化的典型纹饰。因此报告的作者认为潇湘上游的商周时期文化遗存与岭南地区的商周文化属于同一个文化系统[61]。

除上述区域外，在南岭北侧的耒水、舂陵江上游和北江支流的武水上游等地，许多商周遗址如桂阳千家坪遗址商周遗存[62]、临武陶家遗址[63]等同样都表现出非常浓郁的岭南商周文化的特点。这反映出商周时期岭南文化开始大规模地北渐，至少南岭北侧的山地已被纳入岭南商周文化的范围。

四、从考古发现看商周时期湖南与岭南的交通路线

从上述介绍来看，商周时期湖南与岭南地区的文化交流非常频繁，而且这种交流还反映出与新石器时代不同的特点：新石器时代湖南与岭南的文化交流基本上是单向的，即湖南新石器文化向岭南的强势传播。到了商周时期，这种单向的传播变成双向的交流与互动，其中既有湖南商周文化（包括中原文化）的南传，也有岭南商周文化的北渐，甚至于在南岭北侧山地，已形成岭南文化一统天下的局面。

关于商周时期湖南与岭南的交通路线，从现有材料来看，应该至少存在东面的北江通道和西面的桂江通道两条主要路线；这两条主线中还可分出若干条支线（图一三）。

从耒阳灶市、乐昌对面山、清远马头岗等墓地的材料来看，东面的路线是从湘江干流上溯进入支流舂陵江或耒水，然后转北江支流武水而下，进入珠江三角洲地区；但从资兴旧市墓地以及汝城延寿乡官亭村青石寨出土铜铙[64]等情况来看，可能还存在一条从耒水支流东江经北江支流浈水通往珠江三角洲的支线。

西面桂江通道的情况因为有若干铜器地点的发现变得非常清晰。从上面的介绍可以看出，桂东北出土的铜器皆位于湘江、漓江（桂江）、贺江及其支流的附近。漓江源头与湘江源头之间仅有十多里的陆路，湘江支流灌江、潇水支流永明河与桂江支流恭城河，潇水的源头沱江（西河、涔天河）与贺江源头富川江、大宁河之间仅有一道

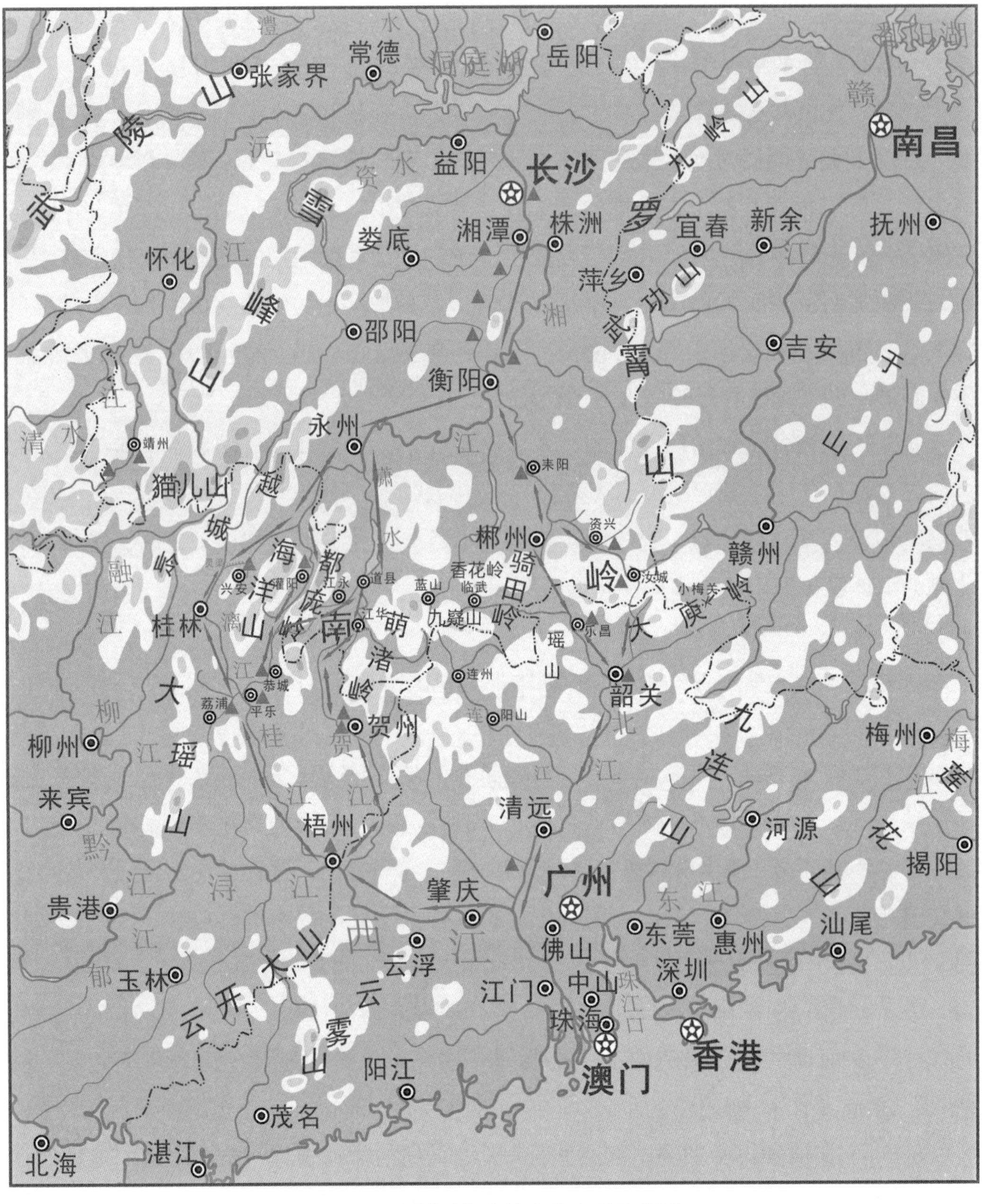

图一三　商周时期南岭南北交通示意图

分水岭之隔，他们之间的交通十分方便。由此可见商周时期湖南与桂东北的交通主要是通过潇湘二水来实现的。这条路线又可分为若干支线：湘江通道：溯湘江而上，转陆路进入漓江，然后顺流而下，进入珠江流域；或经湘江上游支流灌江，转陆路进入恭城河，顺恭城河而下进入桂江。潇水通道：由湘江进入潇水，溯流而上，又分为两条：一条溯潇水支流永明河而上，转陆路越龙虎关进入恭城河，顺恭城河而下进入桂江；另一条溯沱江而上，转陆路翻过萌渚岭之间的隘口进入富川江和大宁河，然后进入贺江，再由贺江进入西江流域。

从靖州斗篷坡遗址、鸬鹚江墓地等材料来看，可能还存在一条经沅水支流清水江、渠水、巫水，转榕江或桂江上游，再通往西江流域的线路。但这条线路在一些节点上还缺乏可靠的证据支持。

东、西两条线路之间，重峦叠嶂，交通异常不便，但从南岭北侧商周文化面貌与岭南地区趋同这一点来看，此间也应该存在一些可以通行的小道。

从现有材料来看，西面的桂江通道相对来说比东面的北江通道交通流量要大一些，这可能与桂江通道沿线险阻较少，交通条件较好有一定关系。

五、秦汉以后南岭南北交通的改善和过岭交通网络的形成

商周时期南岭南北东、西两条主要交通线的形成，基本奠定了以后湖南与岭南交通的大格局。公元前214年（秦始皇三十三年），秦帝国派出五路大军攻打岭南。“乃使尉屠睢发卒五十万，为五军：一军塞镡城之岭，一军守九疑之塞，一军处番禺之都，一军守南野之界，一军结余干之水。三年不解甲弛弩。使监禄无以转饷，又以卒凿渠而通粮道，以与越人战。”（《淮南子·人间训》）据历史地理学家研究，从湖南出发的三军走的应该就是北江通道（“番禺之都”）和桂江通道（“镡城之岭”与“九疑之塞”）[65]。

但是由于上述东、西两条线路都是基于自然地理条件形成的，因此各有其优缺点。西面的潇湘——桂江通道的优点是沿途险阻较少，交通条件较好（因此秦平岭南时为了解决军粮的运输问题，派监禄开凿灵渠，沟通海洋河和漓江，使北面来的船只可以直通岭南，解决了大宗物资的运输问题）；缺点是距岭南的中心珠江三角洲比较绕远。东面北江通道的优点是距珠江三角洲路程最近（因此至今也是交通流量最大的一条线路），但缺点是该线路存在两处险阻：一是翻越骑田岭；二是武水的坪石至乐昌段通航条件较差。尤其是后者，由于这段河流穿过瑶山山地，河流两岸峡谷高耸，水流湍急，通航条件极差。因此，秦军在平定岭南的过程中还增开了新道。

据《史记·南越列传》记载，秦末农民战争爆发后，南海尉任嚣在去世前与赵佗商议自保，说：“闻陈胜等作乱，秦为无道，天下苦之，项羽、刘季、陈胜、吴广等州郡各共兴军聚众，虎争天下，中国扰乱，未知所安，豪杰畔秦相立。南海僻远，吾恐盗兵侵地至此，吾欲兴兵绝新道……”，“嚣死，佗即移檄告横浦、阳山、湟溪关曰：‘盗兵且至，急绝道聚兵自守。’”由此可见横浦、阳山、湟溪三关控制的道路

可能就是秦所开“新道”。据历史地理学家研究，在这三关中，横浦关主要控制的是从大庾岭通往广东的交通；阳山、湟溪两关都在湟水（也称“洭水”，即今北江支流连江）上，控制的应该是连江水道。连江发源于九嶷山南麓，在今广东英德南注入北江，其源头与潇水、舂陵江和武水都仅有一座分水岭之隔，商周时期应该有小道可通，但却不太好走。秦平岭南时可能与修灵渠一样，通过凿山开路，将原来的小道打通成利于通行的大道。连江水道的开通，不仅克服了原来东、西两条线路的缺点，而且通过一些山间峤道，成功地将东、西两条干线连通，形成了一个道路交通网。因此这条线路开通后，很快成为湖南通往岭南的一条最重要的交通线。西汉初年，为了防备南越国的进攻，长沙国在此派了重兵把守。马王堆汉墓出土的帛书地图上详细绘制了长沙国派军队在这一带布防的情况[66]。

据《史记·南越列传》等记载：“元鼎五年（公元前112年）秋，卫尉路博德为伏波将军，出桂阳，下汇（洭）水；主爵都尉杨仆为楼船将军，出豫章，下横浦；故归义越侯二人为戈船、下厉将军，出零陵，或下离水，或抵苍梧；使驰义侯因巴蜀罪人，发夜郎兵，下牂牁江。咸会番禺。……戈船、下厉将军兵及驰义侯所发夜郎兵未下，南越已平矣。”由此可见，连江水道开通后，从湖南通往珠江三角洲的路程和时间大大缩短。

东汉建立后，在沿用原有通道的基础上，为方便商旅来往和货物运输，又增凿和整修了一些穿越山岭的通道（峤道）。据《后汉书·卫飒传》记载，东汉初年，桂阳太守卫飒因为含洭、浈阳、曲江三县“吏事往来，辄发民乘船，……百姓苦之”，“乃凿山通道五百余里，列亭传，置邮驿。于是役省劳息，奸吏杜绝。”此后郑弘于建初八年（公元83年），代郑众为大司农后，因看到“旧交阯七郡贡献转运，皆从东冶。泛海而至，风波艰阻，沈溺相系”，所以“奏开零陵、桂阳峤道，于是夷通，至今遂为常路。”（《后汉书·朱冯虞郑周列传第二十三》）在此基础上，此后历朝历代又经过多次整修增补，终于形成了今天的道路交通格局。

附记：本文系国家文物局文物保护科学和技术研究课题“先秦时期湖南与岭南的交通——以考古材料为中心”阶段性成果。

注　释

[1] 贺州市博物馆：《广西贺州市马东村周代墓葬》，《考古》2001年第11期。据贺州市博物馆胡庆生馆长介绍，M2出土的甬钟原有九件，最初只追回简报介绍的那一件，后来又追回一件，现藏贺州市博物馆。这两件甬钟是其中最小的两件。

[2] 周原考古队：《陕西扶风县周原遗址庄李西周墓发掘简报》，《考古》2008年第12期。

[3] 益阳地区博物馆：《宁乡黄材出土周初青铜罍》，《湖南博物馆文集》，岳麓书社，1991年。

[4] 湖南省博物馆：《湘潭青山桥出土窖藏商周青铜器》，《湖南考古辑刊》第1集，岳麓书社，1982年。

[5] 李国梁：《屯溪土墩墓发掘报告》，安徽人民出版社，2006年。

[6] 湖南省博物馆：《湘潭青山桥出土窖藏商周青铜器》，《湖南考古辑刊》第1集，岳麓书社，1982年。

[7] 湖南省博物馆：《长沙县出土春秋时期越族青铜器》，《湖南考古辑刊》第2集，岳麓书社，1984年。

[8] 邹厚本：《宁镇区出土周代青铜容器的初步认识》，《中国考古学会第四次年会论文集》，文物出版社，1985年。

[9] 在中原地区周文化系统的墓葬如陕西扶风齐镇、西安少陵原、河南濬县辛村、山西晋侯墓地、绛县横水墓地等中都发现有这种人面纹青铜短剑，由此可见这种短剑应是周文化的一种典型器物，南方地区出土的这种青铜短剑应是直接或间接受周文化影响的结果。

[10] 广东省文物考古研究所、广东省博物馆、广东省韶关市曲江区博物馆：《石峡遗址——1973～1978年考古发掘报告》，文物出版社，2014年。

[11] 深圳博物馆、香港中文大学中国考古艺术研究中心、中心大学人类学系：《环珠江口史前文物图录》，香港中文大学出版社，1991年。

[12] 卢连成、胡智生：《宝鸡強国墓地》，文物出版社，1988年。

[13] 周文：《新出土的几件西周铜器》，《文物》1972年第7期。

[14] 贺县博物馆：《广西贺县龙中岩洞墓清理简报》，《考古》1993年第4期。该墓出土的铜鼓属于石寨山型。目前的研究一般认为石寨山型铜鼓主要流行于战国晚期至西汉中期这一段时间，但从该墓出土器物的总体特征来看，时代比较统一，皆为春秋战国之际的风格，晚不到汉代。因此，该墓的时代应为战国时期。

[15] 益阳市文物管理处：《湖南桃江腰子仑春秋墓》，《考古学报》2003年第4期。

[16] 湖南省博物馆：《湖南衡南、湘潭发现春秋墓葬》，《考古》1978年第4期。

[17] 湖北省文物考古研究所：《曾国青铜器》，文物出版社，2007年。

[18] 湖南省博物馆：《湖南商周青铜器陈列》展览图录。

[19] 杨正宏、肖梦龙：《镇江出土吴国青铜器》，文物出版社，2008年。

[20] A. 安徽大学、安徽省文物考古研究所：《皖南商周青铜器》，文物出版社，2006年。

B. 陆勤毅、宫希成：《皖南商周青铜器研究》，文物出版社，2016年。

[21] 安徽大学、安徽省社会科学院、安徽省文物考古研究所：《安徽江淮地区商周青铜器》，文

物出版社，2014年。

［22］ 岳阳市文物工作队：《湖南省岳阳县凤形嘴山一号墓发掘简报》，《文物》1993年第1期。

［23］ 湖南省博物馆：《湖南衡南、湘潭发现春秋墓葬》，《考古》1978年第5期。

［24］ 周世荣：《桑蝉纹尊和武士靴形铜钺》，《考古》1979年第6期。

［25］ 中国青铜器全集编辑委员会：《中国美术分类全集·中国青铜器全集》第5册（西周·1），文物出版社，1995年。

［26］ 刘彬徽：《两广先秦青铜容器研究》，《东南文化》1991年第1期。

［27］ 高至喜：《两湖两广出土春秋越式甬钟研究》，《湖南省博物馆馆刊》第一期，船山学刊，2004年。

［28］ 广西壮族自治区文物管理委员会：《广西出土文物》，文物出版社，1978年。

［29］ 高至喜、熊传薪：《中国音乐文物大系·湖南卷》，大象出版社，2006年，第45页。

［30］ 广西壮族自治区博物馆：《近年来广西出土的先秦青铜器》，《考古》1984年第9期。

［31］ 熊建华：《湖南商周青铜器研究》，岳麓书社，2013年。

［32］ 梁景津：《广西出土的青铜器》，《文物》1978年第10期。

［33］ 湖南省博物馆：《新邵、浏阳、株洲、资兴出土商周青铜器》，《湖南考古辑刊》第3集，岳麓书社，1986年。

［34］ 梁景津：《广西出土的青铜器》，《文物》1978年第10期。武鸣马头附近经常出土青铜器，1985年广西壮族自治区文物工作队对这一带进行了仔细调查，在元龙坡发现了多处商周时期的墓葬群，在后来的发掘中，又出土了一件西周时期的铜卣。参见广西壮族自治区文物工作队：《广西武鸣马头元龙坡墓葬发掘简报》，《文物》1988年第12期。

［35］ 广西壮族自治区文物管理委员会：《广西出土文物》，文物出版社，1978年。

［36］ 广西壮族自治区博物馆：《近年来广西出土的先秦青铜器》，《考古》1984年第9期。

［37］ 湖南省博物馆：《湖南省博物馆》，文物出版社，1983年。

［38］ 成都文物局：《成都馆藏文物精品选》，四川美术出版社，2011年。

［39］ 茂县羌族博物馆等：《茂县牟托一号石棺墓》，文物出版社，2012年。

［40］ 郎剑锋：《山东大学博物馆收藏的三件青铜器》，《文物》2016年第6期。

［41］ 安徽大学、安徽省社会科学院、安徽省文物考古研究所：《安徽江淮地区商周青铜器》，文物出版社，2014年。

［42］ 蒋廷喻：《广西商周青铜器来源试析——商末周初中原文化对岭南的影响》，《湖南省博物馆馆刊》第五辑，岳麓书社，2009年。

［43］ 广东省文物考古研究所、乐昌市博物馆、韶关市博物馆：《广东乐昌市对面山东周秦汉墓》，《考古》2000年第6期。

[44] 向桃初：《“越式鼎”研究初步》，《古代文明》第四卷，文物出版社，2005年。
[45] 湖南省博物馆：《湘潭青山桥出土窖藏商周青铜器》，《湖南考古辑刊》第1集，岳麓书社，1982年。
[46] A. 广东省文物管理委员会：《广东清远发现周代青铜器》，《考古》1963年第2期。
B. 广东省文物管理委员会：《广东清远的东周墓葬》，《考古》1964年第3期。
[47] 湘乡县博物馆：《湘乡县五里桥、何家湾古墓葬发掘简报》，《湖南考古辑刊》第3集，岳麓书社，1986年。
[48] 湖南省博物馆：《湖南商周青铜器陈列》展览图录。
[49] 吴县文物管理委员会：《江苏吴县何山东周墓》，《文物》1984年第5期。
[50] 高成林：《东周吴越铜器墓研究》，北京大学考古文博学院硕士学位论文，2014年。
[51] 周世荣：《桑蚕纹尊与武士靴形钺》，《考古》1979年第6期。
[52] 李昆声、陈果：《中国云南与越南的青铜文明》，社会科学文献出版社，2013年。
[53] 湖南省博物馆：《长沙树木岭战国墓阿弥岭西汉墓》，《考古》1984年第9期。
[54] A. 胡胜利：《关于湖南一件铜匕首的民族风格》，《文物》1981年第7期。
B. 高至喜：《长沙树木岭出土战国铜匕首的族属问题》，《文物》1985年第1期。
[55] 李昆声、陈果：《中国云南与越南的青铜文明》，社会科学文献出版社，2013年。
[56] 湖南省博物馆：《资兴旧市春秋墓》，《湖南考古辑刊》第1集，岳麓书社，1982年。
[57] 湖南省博物馆、耒阳县文化局：《耒阳春秋、战国墓》，《文物》1985年第6期。
[58] 广东省文物考古研究所：《博罗横岭山——商周时期墓地2000年发掘报告》，科学出版社，2005年。
[59] 贺刚：《南岭南北地区新石器时代中晚期文化的关系》，《中国考古学会第九次年会论文集》，文物出版社，1997年。
[60] 怀化地区文物工作队、靖州县文物管理所：《湖南靖州鸬鹚江春秋、晋墓发掘简报》，《南方文物》1993年第3期。这批墓葬的时代原报告定为春秋时期，但从出土器物的形制来看，应属于战国时期。
[61] 湖南省文物考古研究所：《坐果山与望子岗》，科学出版社。2008年。
[62] 尹检顺：《桂阳千家坪遗址发掘》，《湖湘文化考古之旅》（2011、2012年），湖南省文物考古研究所。
[63] 湖南省文物考古研究所发掘资料。
[64] 汝城县文管所藏品，承蒙汝城县文管所陈世洲提供资料。
[65] 吕名中：《秦汉通南越要道考略》，《中南民族学院学报》1983年第3期。

［66］ A. 谭其骧：《二千一百多年前的一幅地图》、《马王堆汉墓出土地图所说明的几个历史地理问题》，《谭其骧全集》，人民出版社，2015年。
B. 张修桂：《马王堆汉墓古地图研究》、《赵佗犯长沙的路线及龁道县的废置年代》、《西汉初期长沙国南界探讨》，《中国历史地貌与古地图研究》，社会科学文献出版社，2006年。

The Ancient Traffic between Hunan and South of the Five Ridges in Shang and Zhou Dynasties: Focus on the Excavated Bronze Wares

Gao Chenglin
(Hunan Provincial Institute of Cultural Relics and Archaeology)

Abstract: The South of the Five Ridges(Nanling) is not only the most important geographical boundaries in South China, but also a cultural dividing line. Because Nanling Mountain system is mostly composed by many north-south mountains, and lots of the valley corridors and basins are also formed among them, it provides favorable conditions for the traffic routes between north and south of Nanling. Based on the analysis of some unearthed bronzes in northern Guangdong and northeast of Guangxi, as well as part of the unearthed bronzes, hard potteries and proto-porcelains in Hunan, this paper studies the traffic routes between north and south of Nanling in Shang and Zhou dynasties，considering that there are at least two main traffic routes between Hunan and South of the Five Ridges in Shang and Zhou dynasties, that is Beijiang(north river) channel on the east and Guijiang(Gui river) channel on the west. These two traffic lines basically established the later general structure of the communication between Hunan and South of the Five Ridges. The Lianjiang(Lian river) channel between them was dredged to successfully link the east and west main routes to become a road traffic network when Qin reoccupied South of the Five Ridges. Thereafter it was supplemented through successive dynasties, resulting in today's traffic situation.

Keywords: Hunan; South of the Five Ridges(Lingnan); Traffic; Bronze Wares; Route

芷江四方园遗址浅析

——兼谈倒塘湾出土的铜鸟形器

盛 伟

（湖南省文物考古研究所）

［摘 要］ 本文对四方园遗址2005年试掘的材料进行了分析，指出这批遗存的年代应在商末至西周早期，文化面貌与乌江流域被称作石地坝文化或十二桥文化川东类型的遗存相一致，并由此对其来源线路进行了推测。本文还对距四方园遗址约1.5千米的倒塘湾遗址出土铜鸟形器做了初步的研究，指出其年代应相当于西周早期，并注意到其总体风格与三星堆文化出土的铜鸟形器有较大的一致性。

［关键词］ 四方园遗址；年代；来源线路；铜鸟形器

四方园遗址位于湖南省芷江侗族自治县岩桥乡四方园村。芷江县文物管理所曾于2005年对该遗址进行了试掘，湖南省文物考古研究所、怀化市文物处等单位又于2014年对该遗址做了正式的发掘，其中第一次试掘的材料已经发表[1]。由于目前所见资料较少，学术界对这批遗存的关注度还不高，因此相关的研究也较少。发掘简报对这批遗存做了简要分析，认为它的面貌与十二桥文化比较接近，年代应相当于西周中期偏晚。这些意见也为后来的研究者所赞同[2]。本文则在前人研究的基础上，主要根据四方园遗址第一次试掘的材料，对这批遗存的年代及来源线路等问题做进一步的分析。

一、遗存的面貌与年代

四方园遗址第一次试掘只发掘了一个灰坑（H1），并且因洪水冲毁，实际上仅残存半个。尽管如此，该单位仍然出土了比较丰富的遗物，特别是由其中数量较多的陶器，我们可对这类遗存的面貌获得一个大体的认识。

据简报介绍，四方园遗址H1出土的陶器以泥质灰陶为主，大多为素面陶，另有少量饰弦纹、方格纹、绳纹、水波纹、圆圈纹、戳印纹、刻划纹等。就器类而言，大体有釜、罐、盏、盆、瓮、器座、器盖、圈足、纺轮等。发掘者对这批陶器进行了比较细致的类型划分，从行文方便考虑，本文试对一些主要器类的型式重新划分如下。

釜　按口沿差异，分为三型。A型：侈口、卷沿，即简报A型罐；B型：凹折沿，即简报釜；C型：侈口、折沿，即简报B型罐。

罐　按口沿、颈部等差异，可分为三型。A型：喇叭口，即简报D型罐；B型：直口、高领，即简报E型Ⅰ式、Ⅲ式罐；C型：侈口、卷沿，即简报B型壶。

盆　按口沿差异，分为二型。A型：侈口，即简报E型Ⅱ式罐；B型：敞口，即简报E型Ⅴ式罐。

盏　均为尖圜底。按口沿、颈部的差异，分为三型。A型：侈口、束颈，即简报Ⅰ式尖底盏；B型：敛口、微束颈，即简报Ⅱ式尖底盏；C型：敞口、微束颈，即简报Ⅲ式、Ⅳ式尖底盏。

器座　按口沿差异，分为二型。A型：敛口，即简报Ⅰ式器座；B型：敞口，即简报Ⅱ式器座。

器盖　均只残存圈足或盖盘，不见完整器。其中，盖盘按口沿差异，分为二型。A型：敞口，即简报A型器盖；B型：直口，即简报B型器盖。圈足即简报B型豆。

纺轮　截面均呈梯形，按上底宽窄的不同，分为二型。A型：上底较窄，即简报Ⅰ式纺轮；B型：上底较宽，即简报Ⅱ式纺轮。

圈足罐　即简报杯。

瓮　按底部差异，分为二型。A型：平底，即简报A型瓮；B型：圜底，即简报B型瓮。

圈足底　按沿的差异，分为二型。A型：沿内收，即简报中的假圈足底；B型：沿外撇，即简报中的Ⅰ式、Ⅱ式、Ⅲ式圈足器底。

上述这些陶器分别出自坑内堆积的第1～6层。从各层出土的器物来看，尽管部分器物的形制有一定差别，但这种差别却并非具有区分时代的意义。比如H1③：15罐束颈较甚、上腹较鼓的特征虽与H1⑥：8罐有一定区别，但是后者又与H1②：8罐相一致。又如，H1③：7尖底盏作仰折沿、鼓腹的特征，似与H1第5层出土的同类器物都有较大差别，但H1第3层出土的另一件尖底盏却又与H1⑤：9尖底盏几乎一致。此外，发掘者曾注意到第1～6层出土的一件陶瓮上下恰好连为一体。由此看来，该单位的各层堆积应的确如发掘者所言，大体属于同一时期。

由于这批遗存中主要的一些器类，如高直领罐、盆、尖底盏、器座、纺轮、器盖、细柄豆、圈足罐等在十二桥文化的遗址中也常有出土，因此可与十二桥文化中的同类器物进行比较而大体推定其时代[3]。比如，四方园遗址中的H1⑤：5尖底盏（图一，2）口部微敛、圆唇、圆肩的特点与十二桥遗址的ⅠT6：36尖底盏（图一，

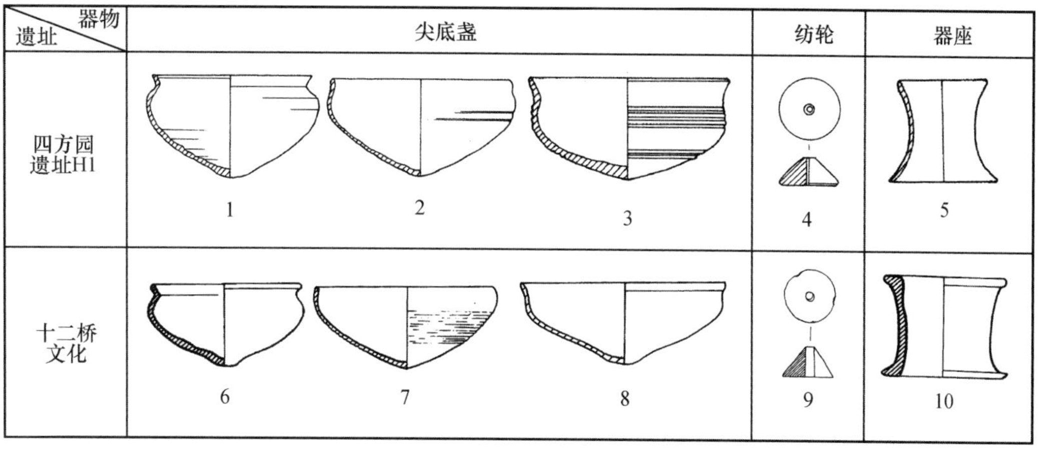

图一　四方园遗址H1与十二桥文化器物的比较

1. H1③：7　2. H1⑤：5　3. H1③：6　4. H1③：11　5. H1③：8　6. H158：10　7. ⅠT6：36　8. ⅠT1⑫：21　9. ⅠT12⑫：6　10. Ⅰ采：65

（1～5出自四方园遗址，6出自金沙遗址三合花园地点，7～10出自十二桥遗址）

7）比较接近[4]，H1③：6尖底盏（图一，3）侈口、弧肩的特点与十二桥遗址中的ⅠT1⑫：21尖底盏（图一，8）相一致，H1③：7尖底盏（图一，1）折沿、侈口、方唇、鼓肩等特点与金沙遗址三合花园地点H305：19、H158：10尖底盏（图一，6）也近似[5]；四方园遗址中的H1③：11纺轮（图一，4）与十二桥遗址中的ⅠT12⑫：6纺轮（图一，9）以及三星堆遗址82GST②：1纺轮[6]形态接近，B型纺轮与三星堆遗址82GST2①：16纺轮也比较接近；四方园遗址中的H1③：8器座（图一，5）与十二桥遗址Ⅰ采：65器座（图一，10）亦大体一致。由此看来，四方园H1的年代范围总体上应当与十二桥文化相当。考虑到前者基本没有见到十二桥文化早期遗存中常出的小平底罐、鸟头形把勺、花边口沿罐、瓶、盉等相当于三星堆文化时期的器物，总体面貌更接近于十二桥遗址的第11、10层或江章华先生所分金沙遗址第二、三期的遗存[7]，因此可将它的年代大体推定在商末或西周早期。

尽管四方园遗址H1的多数器物都能够在十二桥文化中找到同类者，但两者同时也存在一定的差别。比如，四方园遗址H1中所出饰方格纹的C型釜、凹折沿的B型釜等就为十二桥文化所未见。而要看那些在十二桥文化中比较流行却又不见于四方园遗址H1中的器类，数量就更多了。除前面提到的可能相当于三星堆文化时期的那些器物之外，还有如尊形器、尖底盂、敛口罐、尖底杯（罐）等都不见于四方园遗址H1中。因此，由于目前发表的资料过少，关于四方园遗址遗存性质的讨论仍需要更多材料的支撑。

二、来源线路分析

湘西地区[8]目前已发现的年代与四方园遗址的这批遗存相接近的遗址还比较少，其中经过报道的大体还有辰溪炮台、潭湾[9]、沅陵高坪[10]、泸溪浦市[11]、桑植朱家台[12]、永顺不二门[13]、龙山苗市坝嘴[14]、靖州斗篷坡[15]等遗址。柴焕波先生曾将永顺不二门遗址、桑植朱家台遗址和龙山苗市坝嘴遗址中以夹砂褐色陶圜底罐为代表的一类遗存称为“朱家台文化”，年代在商时期，并指出其与清江流域的香炉石文化同属于一个大的文化系统，族属可能为濮人[16]。贺刚先生则不同意朱家台文化的命名，他认为应当将朱家台等遗址的遗存看做是香炉石文化的一种地方类型，年代应大体在商末周初至两周之际[17]。贺刚先生还对其他地点的遗存进行了分析。他认为辰溪炮台发现的竹节柄豆、盉等具有二里头文化的特征；沅陵高坪发现有鬲、簋、大口缸等，属于二里岗文化的遗存；靖州斗篷坡的遗存则可单独命名为斗篷坡文化[18]。笔者同意贺刚先生将不二门等遗址归入香炉石文化、斗篷坡遗址的遗存命名为斗篷坡文化的意见。因为，从文化面貌上看，永顺不二门、桑植朱家台、龙山苗市坝嘴的主要陶器，如卷沿釜、小口广肩或溜肩罐、鼓腹尖底杯、花边口深腹罐等的确在三峡地区的长阳香炉石[19]、宜昌路家河[20]、三斗坪[21]等遗址中大量可见，学术界一般认为这类遗存同属一种考古学文化，只是命名有所差别，或称为香炉石文化[22]，或叫做路家河文化[23]。靖州斗篷坡遗址中流行宽沿釜、卷沿圜底釜、支脚等与湘西地区其他同时期遗存也有明显区别，或与资水上游甚至湘江上游地区的遗存联系更为紧密。但关于他对辰溪炮台、沅陵高坪等遗址遗存的认识，笔者认为还有可商之处。尽管像这批遗存中的竹节柄豆、盉、簋（圈足盘）、鬲等器物的来源可能仍然与二里头文化、二里岗文化相关，但器物的形态实际上已多表现出地方性的特点。实际上，这类器物最近在常德鼎城区的贵家港遗址[24]中也有较多的发现，而与它们共出的还有大量的高领罐、花边圈足底、凹沿釜、凸肩小平底罐等具有地方特点的器物。从地理位置上看，贵家港遗址位于沅水下游，炮台、高坪等遗址地处沅水中游，两地之间的路径交通十分便利。因此，将炮台、高坪等遗址的遗存归入贵家港遗址的这类遗存中似乎更为合理。至于泸溪浦市遗址，由于曾在该地发现过尖底盏等器物，考虑到目前湘西地区除四方园遗址之外已发掘的其他遗址都暂未发现这类器物，因此它的文化面貌可能与四方园遗址相接近。此外，与酉水上游的龙山县仅一河之隔的湖北来凤县牛摆尾遗址[25]中曾出土凸肩小平底罐、竹节柄豆、灯形器、鸟头形把勺，其文化面貌与鄂西地区的朝天嘴文化相接近[26]，因此在酉水上游地区应当还存在与鄂西朝天嘴文化面貌一致的遗存。

由此看来，湘西地区商至西周时期的遗存大体上可分这样几类：第一类目前主要见于辰溪炮台、沅陵高坪等遗址，出土器物有竹节柄豆、盉、簋（圈足盘）、红陶大口缸、鬲等，应还包括高领罐、花边圈足底、凹沿釜等器类，文化面貌与贵家港遗址的遗存相一致；第二类见于来凤牛摆尾遗址中，主要器类应包括凸肩小平底罐、竹节柄豆、灯形器、鸟头形把勺等，文化面貌与鄂西地区的朝天嘴文化相一致；第三类目前主要见于永顺不二门、桑植朱家台以及龙山苗市坝嘴等遗址，主要器类有卷沿釜、小口广肩或溜肩罐、鼓腹尖底杯、花边口深腹罐等，文化面貌与清江流域或三峡地区的香炉石文化相一致；第四类目前主要见于芷江四方园、泸溪浦市等遗址，主要器类包括尖底盏、尖底罐、高领罐、圈足罐、器座、器盖等，文化面貌与渝东地区的十二桥文化或石地坝文化相一致；第五类，目前仅见于靖州斗篷坡遗址，以宽沿釜、卷沿圜底釜、圈足罐等器物为代表，其文化面貌与湘西其他商周遗址差别较大，或可以单独称之为斗篷坡文化。从时代上看，第一、二、五类遗存的年代要相对较早，其中第一、二类都共见竹节柄豆、凸肩小平底罐、釜等器物，故应当是同一时期的遗存。一般认为朝天嘴文化的时代与三星堆文化比较接近，大体应在二里头文化晚期至二里岗文化时期。第五类遗存的年代目前还缺乏比较可靠的参照体系，且具体材料和测年数据都没有发表，因此断代还比较困难。何介钧先生曾分析过斗篷坡遗址已公布线图的器物，指出其绝大部分应相当于商代，但不能断言究竟是属商代早期还是可延续至商代晚期[27]。第三、四类遗存的年代相对较晚，大体均相当于殷墟文化晚期至西周早期。

由上述分类可知，湘西地区在商代晚期至西周早期阶段主要存在两类遗存，一类是集中分布在酉水水系、主要来源于鄂西地区香炉石文化的遗存；一类是主要分在沅水中上游、主要来源于渝东地区十二桥文化或石地坝文化的遗存。这两类遗存鲜见共存器物，文化面貌上判然有别，这不但表明它们所接受的文化传播主体固然存在差异，而且也很可能暗示它们所来源的路线并不相同。因为从地理位置上看，前一类遗存分布的区域与鄂西地区以酉水水系连通，因此它显然是通过酉水水系由鄂西传入。而后一类遗存，发掘简报曾推测它也通过酉水传播而来，假设如此，则很难理解年代大体相当的第一类遗存中为何基本不见尖底盏、尖底杯、圈足罐等属于十二桥文化或石地坝文化的典型器物。如此看来，要弄清四方园遗址这类遗存的来源线路，我们还应当从更大的地理和文化背景中去考察。

尽管在湘西地区与四方园遗址文化面貌相接近的遗址点几乎不见，但是在与它相邻近的乌江流域却有较多的发现，比如酉阳清源[28]、邹家坝[29]以及贵州沿河遗址群[30]。我们将四方园遗址H1与酉阳清源遗址商周时期的遗存进行了比较（图二），

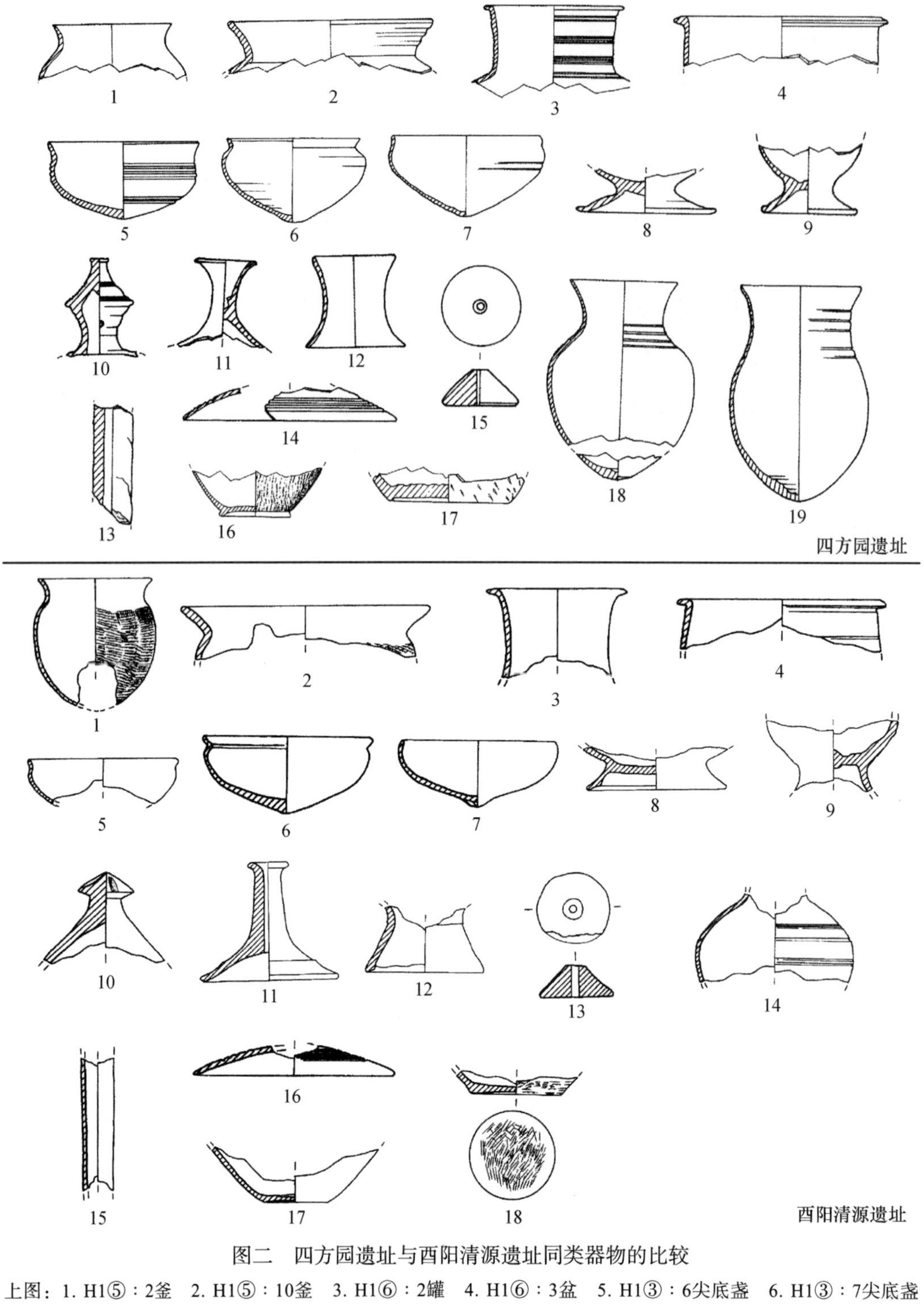

图二　四方园遗址与酉阳清源遗址同类器物的比较

上图：1. H1⑤：2釜　2. H1⑤：10釜　3. H1⑥：2罐　4. H1⑥：3盆　5. H1③：6尖底盏　6. H1③：7尖底盏　7. H1⑤：5尖底盏　8. H1②：5圈足　9. H1⑤：15圈足罐　10. H1③：11器纽　11. H1②：9器盖　12. H1③：8器座　13. H1⑥：9细柄豆　14. H1⑤：12器盖　15. H1③：11纺轮　16. H1⑥：3矮圈足器　17. H1⑤：16矮圈足器　18. H1③：15罐　19. H1⑥：8罐

下图：1. H72：4釜　2. T14④：92釜　3. F8：140高领罐　4. T34③：1盆　5. F5：2尖底盏　6. T14③：13尖底盏　7. F8：21尖底盏　8. F8：95圈足　9. T14⑤：1圈足罐　10. T18③：16器纽　11. T27④：2器盖　12. F9：16器座　13. T14④：5纺轮　14. H55：21罐　15. T30③：12细柄豆　16. T24⑥：21器盖　17. T14③：131器底　18. T24⑥：17器底

发现前者的绝大多数都见于后者，甚至是如C型釜这类不见于十二桥文化中的器物，在酉阳清源遗址中也比较多见。有学者曾对清源遗址的遗存与十二桥文化进行了比较详细的比较，指出了两者之间在文化面貌上的诸多差异，并认为前者的性质应当属于石地坝文化而非十二桥文化[31]。尽管如此，就遗存的总体面貌而言，四方园遗址H1与酉阳清源、邹家坝等乌江流域商周遗址几乎都是一致的，且它们与十二桥文化之间都存在明显的相似性。此外，在辰水上游的锦江流域，目前发掘的商周遗址大体有方田坝、磨刀湾、笔架冲三处[32]，据发掘者介绍，其中方田坝遗址的文化面貌与沿河遗址群以及酉阳邹家坝、清源等遗址是一致的，但位置相对靠东的磨刀湾、笔架冲遗址又与它们有所差异。由于这些遗址的发掘材料暂未完全公布，真实情况是否如此还有待于进一步的研究。

与乌江流域商周遗存的文化面貌几乎一致的遗址，目前在位置更西的渝东或三峡地区也还有很多。比如单在乌江与长江相交处的涪陵、丰都一带，经过发掘的就有石地坝[33]、玉溪[34]、镇安[35]、蔺市[36]、石沱[37]等。关于这类遗存，有学者认为属于十二桥文化[38]，也有部分学者认为应当单独命名为石地坝文化[39]。不论名称如何，这类遗存主要来源于成都地区的十二桥文化则应该是学术界比较一致的认识。

明确了四方园遗址H1的年代及其与十二桥文化以及渝东和乌江、锦江流域商周时期遗存之间的关系，这就为我们理解这类遗存的来源及其路线问题提供了重要的线索。从目前的材料来推测，这一传播线路很可能是由涪陵沿乌江而下进入酉阳后继续沿乌江南下，再经沿河、德江等地以及乌江与锦江之间的陆地通道进入锦江，然后沿锦江东进至湘西地区的辰水，最后由辰水扩散到沅水中上游地区（图三）。

三、倒塘湾遗址出土铜鸟形器的年代与来源

距离四方园遗址约1.5千米的倒塘湾遗址曾因农民耕田翻土还出土过一件铜鸟形器[40]。由于此前发表的资料比较简单，而且照片也不够清晰，我们重新对这件铜器进行了拍照（图四、图五）、拓片（图六），并补绘了线图（图七）。考虑到这件器物可能与四方园遗址的遗存相关，故在这里一并论述如下。

这件铜鸟的头部上仰，圆目外凸，鸟口向上张开，口前有弧形的尖长喙，鸟冠呈长钩状置于头部与鸟喙相对的一侧，鸟颈直立，中间有一圈较粗的凸棱，鸟腹较鼓，鸟翅贴于腹壁并上卷，鸟尾上翘，鸟身之下附长方形圈足，圈足的中部微向内收束。这件器物出土时重约3.25千克，通长29厘米，通高35厘米，头颈高约14厘米，腹尾长约24厘米，最宽约11厘米，高约15厘米，圈足长约10厘米，宽约8厘米，高约10厘米。

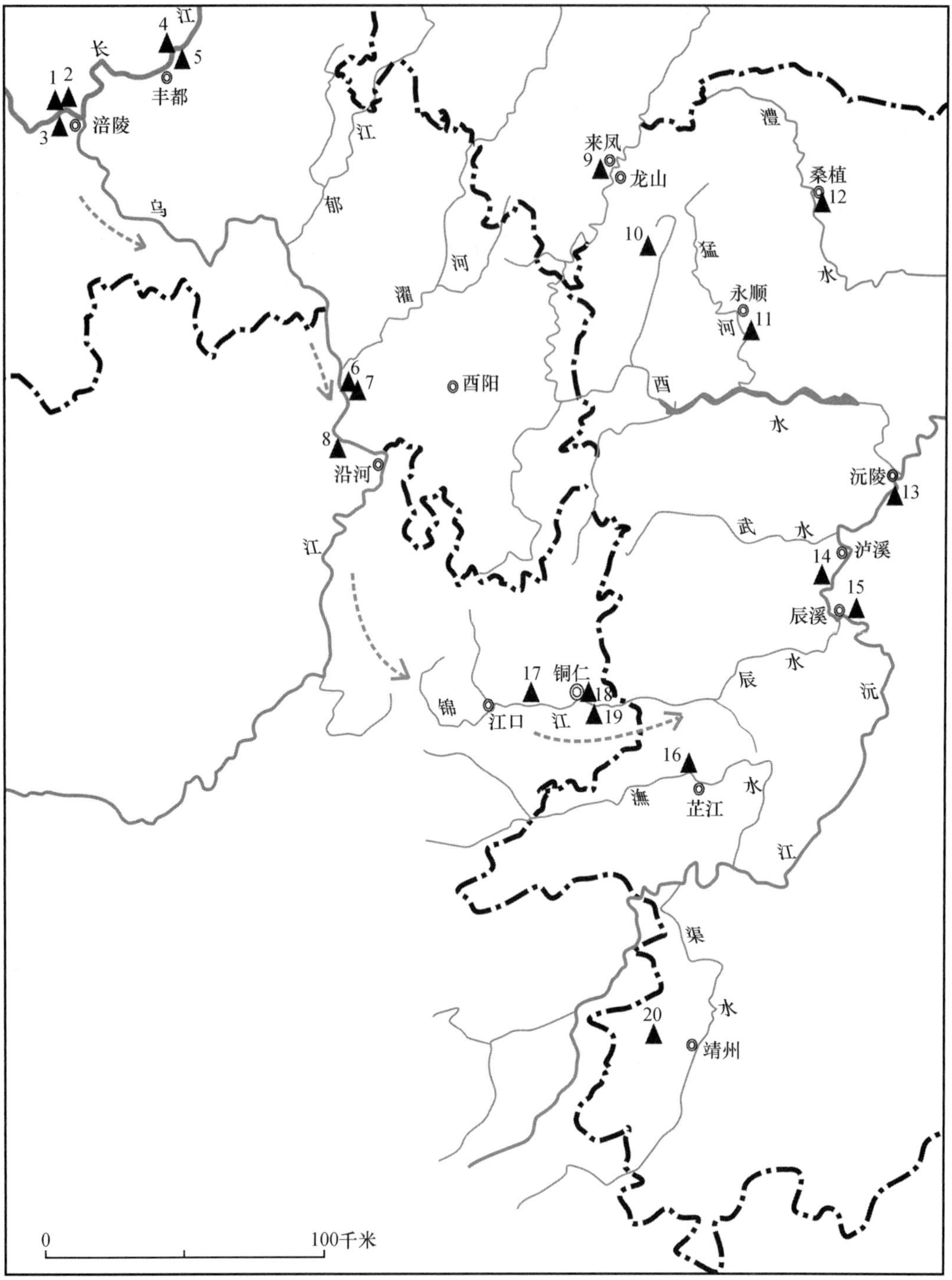

图三　湘西及周边地区商周时期遗址的分布及四方园遗址十二桥文化因素的来源线路示意图

1. 石沱　2. 镇安　3. 蔺市　4. 石地坝　5. 玉溪　6. 邹家坝　7. 清源　8. 沿河遗址群　9. 牛摆尾　10. 苗市坝嘴　11. 不二门　12. 朱家台　13. 高坪　14. 浦市　15. 炮台　16. 四方园　17. 方田坝　18. 磨刀湾　19. 笔架冲　20. 斗篷坡

（说明：图中带箭头的线条表示四方园遗址十二桥文化因素的来源线路）

图四　倒塘湾出土的铜鸟形器

图五　倒塘湾出土的铜鸟形器（俯视）

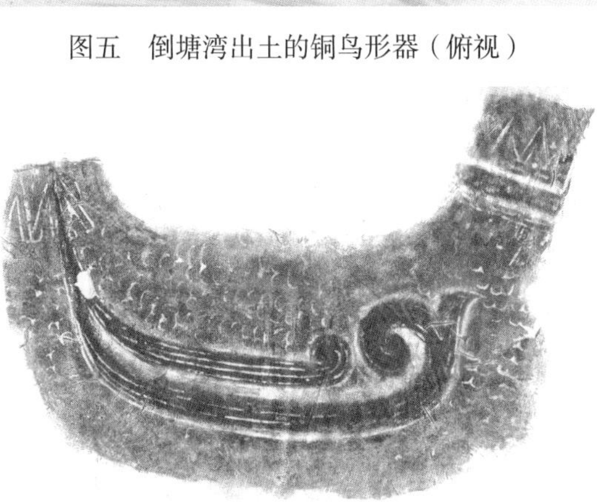

图六　倒塘湾出土的铜鸟形器腹部拓片

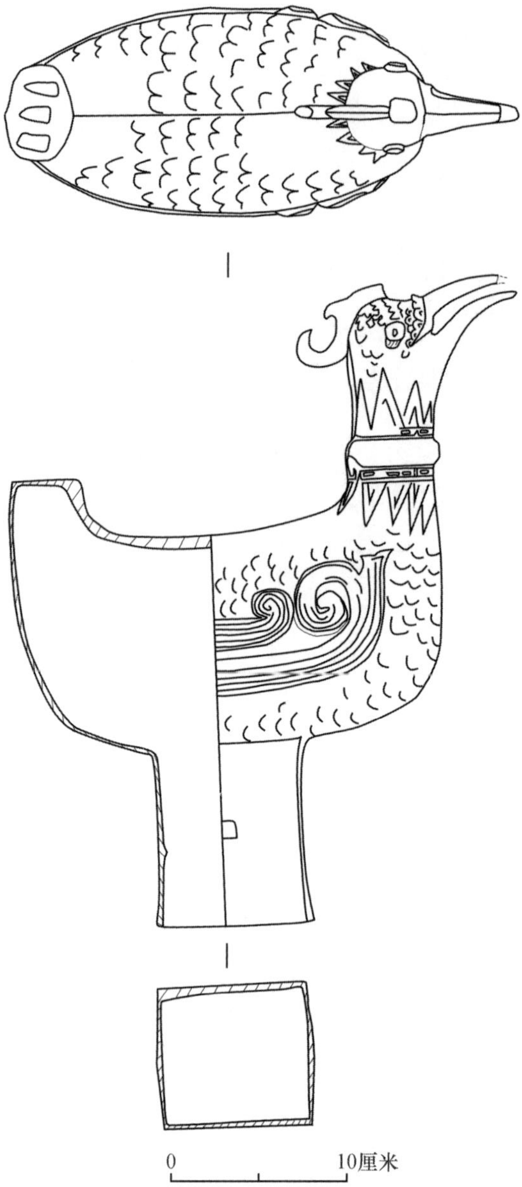

图七　倒塘湾出土的铜鸟形器线图

此器器表多处饰有纹饰。其中头部、腹部饰鳞纹，颈部、尾部主要饰三角形刻划纹，颈部凸棱的两侧饰有凹弦纹，鸟翅上饰长卷云纹。鸟头的顶部还有一个方形镂孔，边长约1.3厘米，鸟尾的顶部也有三个大致等大的长方形镂孔，长约2厘米，宽约1厘米。从铸造的工艺上看，由于鸟体及圈足为连为一体的空心，中间见有一条对齐的范缝，因此它可能是用两块对半分的陶范合铸而成。这件铜鸟的圈足是敞开而非封闭的，圈足及鸟头、鸟尾都设有镂孔，因此它肯定不是鸟尊一类的容器，而可能是作为一种构件套合在其他器物上。

这件器物为采集品，且没有发现其他共存器物，因此要判断它的年代，只能从器物自身的形制及纹饰特点来分析。从器形上看，这件铜鸟的整体形态以及鸟翅等各个部分的表现方式与陕西宝鸡茹家庄M1乙：25鸟尊[41]（图八，1）、长安花园村M17：40铜盉上的鸟盖[42]（图八，2）、晋侯墓地M114：210鸟尊[43]等西周早中期的铜鸟都比较接近。从纹饰来看，其颈部、尾部所饰三角形的刻划纹目前主要见于商代晚期至西周早期的青铜器上。头部和腹部所饰鳞纹虽然在商代晚期至春秋中期的铜器上均可见到，但它们自西周晚期开始便很少饰于动物形的铜器上，且形态一般为垂鳞状，与这件铜鸟的鳞纹有较大差异。与这种鳞纹比较接近的，目前仍然是多见于一些商代晚期至西周早期的铜器上，如株洲九华船形山豕尊[44]（图九，1）、三星堆遗址二号祭祀坑的铜鸟[45]（图九，3）、岐山贺家村M1铜斝[46]（图九，2）等。综合这件铜鸟形器的形制及纹饰的特点，我认为将它的年代推定在商末或西周早期应大致不谬。

1

2

图八 中原地区西周早期的铜鸟形器

1. 陕西宝鸡茹家庄M1乙：25鸟尊 2. 长安花园村M17：40铜盉

目前与这件铜器类似的器物尚未发现，因此要讨论它的来源或性质可能还为时尚早。在这件铜器出土地点以西的三星堆遗址中，铜鸟的数量发现较多，其形制和纹饰与这件铜鸟有较大的一致性。比如，K2③：301-3铜鸟（图一〇，1）下附圈足，圈足上也有多个镂孔，这种构型与倒塘湾的铜鸟有相似之处。又如，K2③：193-4铜鸟（图一〇，2），其钩状的长冠、腹部的鳞纹，以及鸟翅的形态也与它大体一致。当然，从年代上看，三星堆祭祀坑内出土的铜鸟形器应当比倒塘湾的这件铜鸟形器要早，因此

图九　商代晚期至西周早期铜器上的鳞纹

1. 株洲九华船形山豕尊　2. 岐山贺家村M1铜斝　3. 三星堆遗址K2③：23铜鸟

图一〇　三星堆遗址出土的铜鸟形器[48]

1. K2③：301-3　2. K2③：193-4

前者不会直接影响到后者。但值得注意的是，三星堆遗址中鸟形铜器的风格实际上也为后来的十二桥文化所继承，比如成都金沙遗址中即出土有这类器物[47]。那么，联系到附近的四方园遗址受到来自十二桥文化的影响，这件铜鸟形器表现出接近三星堆铜鸟形器的特点似乎就不足为奇。虽然如此，由于倒塘湾遗址还未进行发掘，其文化面貌尚不清楚，而临近的四方园遗址目前所见资料也还比较有限，因此关于这件铜鸟形器的来源问题，仍然有待于今后进一步的工作。

四、结　语

本文主要从陶器的角度对四方园遗址的遗存进行了初步的分析，在推定其年代的基础上将它纳入到湘、渝、黔交界地区商周时期总体的文化格局下进行考察，并由此推测这类遗存大体应当是通过乌江至锦江、辰水线路传播而来。本文还对四方园遗址附近的倒塘湾铜鸟形器也做了介绍和分析，并注意到它与三星堆遗址出土的铜鸟形器之间诸多的一致性。受材料所限，本文的讨论尚显得粗浅和不全面，但是通过这种讨论为我们看待十二桥文化对外传播的情况以及湘西、渝东和黔东北地区的文化交流、交通等问题仍然提供了新的信息。

附记：倒塘湾遗址铜鸟形器的照片由芷江侗族自治县文物管理所提供，线图由朱明先生绘制，拓片由向树青先生制作，在此一并致谢。

注　释

［1］张涛：《湖南省芷江四方园遗址试掘报告》，《湖南省博物馆馆刊》第五辑，岳麓书社，2009年。

［2］贺刚：《湘西史前遗存与中国古史传说》，岳麓书社，2013年，第25～27页。

［3］目前关于十二桥遗址和十二桥文化的年代问题在学术界还有较大分歧，可参看施劲松：《十二桥遗址与十二桥文化》，《考古》2015年第2期。本文采用江章华先生看法，见江章华、王毅、张擎：《成都平原先秦文化初论》，《考古学报》2002年第1期。

［4］四川省文物考古研究院、成都市文物考古研究所：《成都十二桥》，文物出版社，2009年。本文所引该遗址的材料，均见于此报告，下不另注。

［5］成都文物考古研究所：《成都市黄忠村遗址1999年度发掘的主要收获》，《成都考古发现1999》，科学出版社，2001年。

［6］四川省文物考古研究院、三星堆博物馆、三星堆研究院：《三星堆出土文物全记录》，天地出版社，2009年，第489页。本文所引该遗址的材料，均见于此报告。

［7］江章华：《金沙遗址的初步分析》，《文物》2010年第2期。

［8］本文所指湘西地区大体包括今怀化市和湘西土家族苗族自治州两个地级行政区所辖范围，参见贺刚：《湘西史前遗存与中国古史传说》，岳麓书社，2013年，第1～6页。

［9］湖南省博物馆：《湖南沅江中下游古文化遗址调查》，《考古》1980年第1期。

［10］ 郭伟民：《沅陵高坪商时期遗址》，《中国考古学年鉴1996》，文物出版社，1998年，第205页。

［11］ A. 湖南省博物馆：《湖南沅江中下游古文化遗址调查》，《考古》1980年第1期。
B. 何介钧：《湖南商周时期古文化的分区探索》，《湖南考古辑刊》第2集，岳麓书社，1984年。

［12］ 湖南省文物考古研究所、桑植县文物管理所：《桑植县朱家台商代遗址的调查与发掘》，《江汉考古》1989年第2期。

［13］ 湖南省文物考古研究所、湘西自治州文物管理处：《湘西永顺不二门发掘报告》，《湖南考古2002》，岳麓书社，2004年。

［14］ 柴焕波：《湘西古文化钩沉》，岳麓书社，2007年，第63～66页。

［15］ 贺刚：《南岭南北地区新时期时代中晚期文化的关系》，《中国考古学会第九次年会论文集》，文物出版社，1993年。

［16］ 柴焕波：《湘西古文化钩沉》，岳麓书社，2007年，第55～66页。

［17］ 贺刚：《湘西史前遗存与中国古史传说》，岳麓书社，2013年，第44～50页。

［18］ 贺刚：《湘西史前遗存与中国古史传说》，岳麓书社，2013年，第22～63页。

［19］ 湖北省清江隔河岩考古队：《湖北清江香炉石遗址的发掘》，《文物》1995年第9期。

［20］ 长江水利委员会：《宜昌路家河》，科学出版社，2002年。

［21］ 湖北省文物考古研究所：《1985-1986三峡坝区三斗坪遗址发掘简报》，《江汉考古》1999年第2期。

［22］ 王善才：《香炉石文化的命名》，《中国文物报》1994年12月18日。

［23］ 林春：《长江西陵峡远古文化初探》，《葛洲坝工程文物考古成果汇编》，武汉大学出版社，1990年。

［24］ 常德市文物局2014年考古发掘资料。

［25］ 柴焕波：《湘西古文化钩沉》，岳麓书社，2007年，第34、35页。

［26］ 于孟洲：《鄂西峡江地区朝天嘴文化研究》，《考古》2010年第3期。

［27］ 何介钧：《湖南商时期古文化研究》，《湖南先秦考古学研究》，岳麓书社，1996年，第135～157页。

［28］ 重庆市文物考古所、重庆文化遗产保护中心、四川大学历史文化学院考古学系：《酉阳清源》，科学出版社，2009年。本文所引该遗址的材料均见于此报告，下不另注。

［29］ 重庆市文物考古所、重庆文化遗产保护中心：《酉阳邹家坝》，科学出版社，2011年。本文所引该遗址的材料均见于此报告，下不另注。

［30］ 张合荣、吴小华、张兴龙等：《贵州沿河抢救发掘新石器晚期至商周遗址群》，《中国文

物报》2007年4月20日。

[31] 李映福、陈芳：《从清源遗址看乌江流域商周时期的考古学文化》，《考古》2010年第5期。

[32] 张改课、马金磊、李飞：《贵州铜仁锦江流域先秦时期遗址发掘的主要收获与初步认识》，《西部考古》第七辑，三秦出版社，2014年。

[33] A. 四川省文物考古研究所：《丰都县三峡工程淹没区调查报告》，《四川考古报告集》，文物出版社，1998年。

B. 重庆市文物考古所、丰都县文物管理所：《丰都石地坝遗址商周时期遗存发掘报告》，《重庆库区考古报告集·1999卷》，科学出版社，2006年。

C. 白九江、李大地：《试论石地坝文化》，《三峡考古与多学科研究》，重庆出版社，2007年。

[34] 重庆市文物考古所：《丰都玉溪遗址发掘简报》，《重庆库区考古报告集·1999卷》，科学出版社，2006年。

[35] 北京市文物研究所三峡考古队、重庆市涪陵区博物馆：《涪陵镇安遗址发掘报告》，《重庆库区考古报告集·1999卷》，科学出版社，2006年。

[36] 重庆市文物考古所、重庆市涪陵区博物馆：《涪陵蔺市遗址发掘简报》，《重庆库区考古报告集·1999卷》，科学出版社，2006年。

[37] 北京市文物研究所三峡考古队、涪陵区博物馆：《涪陵石沱遗址发掘报告》，《重庆库区考古报告集·1997卷》，科学出版社，2001年。

[38] 江章华：《渝东地区商周时期考古学文化研究》，《考古学报》2007年第4期。

[39] A. 白九江、李大地：《试论石地坝文化》，《三峡考古与多学科研究》，重庆出版社，2007年。

B. 李映福、陈芳：《从清源遗址看乌江流域商周时期的考古学文化》，《考古》2010年第5期。

[40] 江柏永：《芷江发现青铜凤形器》，《湖南考古辑刊》第4集，岳麓书社，1987年。

[41] A. 宝鸡茹家庄西周墓发掘队：《陕西省宝鸡市茹家庄西周墓发掘简报》，《文物》1976年第4期。

B. 中国青铜器全集编辑委员会：《中国青铜器全集·6》图170，文物出版社，1998年。

[42] A. 陕西省文物管理委员会：《西周镐京附近部分墓葬发掘简报》，《文物》1986年第1期。

B. 中国青铜器全集编辑委员会：《中国青铜器全集·5》图109，文物出版社，1998年。

[43] 北京大学考古文博院、山西省考古研究所：《天马—曲村遗址北赵晋侯墓地第六次发掘》，《文物》2001年第8期。

[44] 中国青铜器全集编辑委员会：《中国青铜器全集·4》图135，文物出版社，1998年。

[45] 四川省文物考古研究院、三星堆博物馆、三星堆研究院：《三星堆出土文物全记录》，天地出版

社，2009年，第157～159页。

［46］ 中国青铜器全集编辑委员会：《中国青铜器全集 · 4》图060，文物出版社，1998年。

［47］ 成都市文物考古研究所、北京大学考古文博院：《金沙淘珍——成都市金沙村遗址出土文物》，文物出版社，2002年，第48页。

［48］ 四川省文物考古研究院、三星堆博物馆、三星堆研究院：《三星堆出土文物全记录》，天地出版社，2009年，第156、162页。

Preliminary Analysis on the Sifangyuan Site and A Bird-Shaped Bronze Found in the Daotangwan Site

Sheng Wei

(Hunan Prorincial Institute of Cultural Relics and Archaeology)

Abstract: The paper mainly discuss some questions about the Sifangyuan site based on some archaeological materials which have been published, such as the possible age of those remains and their relationship with the Shierqiao culture or Shidiba culture. Based on those discussions, this paper speculates further about the route of its cultural source. Besides, the paper also has a few discussions about the age of a bird-shaped bronze found in the Daotangwan site and its relationship with the Sanxingdui culture .

Keywords: Sifangyuan Site; Age; Route of Cultural Source; Bird-shaped Bronze

对湘鄂赣边区楚国古城址的初步认识

文国勋

（株洲市博物馆）

［摘　要］　随着楚文化的南渐，楚国在控制湘鄂赣边区后，利用幕阜山、九岭山、罗霄山脉之间天然形成的崇通通道、平修通道、醴萍通道、茶莲通道四处通道，修筑了五塘坳古城、安定古城、田中古城、晓塘古城四座古城址。所守通道亦是楚国势力可由湘江流域进入长江南岸和江西赣江流域的新路线，四座古城则为楚国开拓湘江流域新政区的东线地理之襟要，也是湘江沿岸所设楚国县邑的东线屏障，用以加强对土著越人的地方控制。

［关键词］　湘鄂赣边区；楚国；五塘坳古城；安定古城；田中古城；晓塘古城

湘鄂赣边区地处南中国腹地，该区域由众多山脉构成，包括幕阜山、九岭山、罗霄山脉，这些山脉实际横跨鄂、湘、赣、粤四省边界，鄂、粤为该地区山脉南北两端所在，山脉两侧还有湘江、赣江两大长江支流和富庶多产的众多盆地，历来为兵家所重。楚国在东周时期渐渐控制着湘鄂赣边区，并筑造城址加强控制。本文结合该地区近年来新的考古发现就楚国对该地区控制的情况谈谈初步认识，并求教于众家。

一、湘鄂赣边区古地理状况

湘鄂赣边区由三条山脉组成，北端为幕阜山，中间为九岭山，南端为罗霄山脉（一般系指袁水和渌水谷地以南[1]），这些山脉属江南丘陵，早在燕山运动时基本奠定，三叠纪初期普遍受到海侵，到上三叠纪时全部上升成陆地并发生褶皱运动，中生代大规模岩浆活动，在周边大小盆地中，从白垩纪到古近纪，沉积了巨厚的红色岩系。第四纪的构造运动主要表现为差异隆起，湖南、江西形成凹形斜面。湖南凹形斜面向北倾斜，以衡阳以下的湘江为中轴，以洞庭湖为低洼中心，江西凹斜面也向北倾斜，以吉安以下的赣江为轴带，以鄱阳湖区为低洼中心。在凹形大斜面周围就形成平行排列的湘鄂赣边区山脉[2]。

山脉两侧红岩盆地广布，红层地貌典型。这些盆地大小不等，形状各异，但其长轴基本与本区的多数山岭保持一致，规模较大的有湘中的湘潭盆地、衡阳—攸县盆地、赣中的吉（安）泰（和）盆地。至楚国控制之时，洞庭湖平原主要由湘江带来的泥沙冲击而成（约占86%），据湖区钻孔资料分析，全新世以来至先秦时期，洞庭湖地区是河湖切割的平原景观，仅形成局部性小湖泊，但其切割度比较大，起伏相当明显[3]。鄱阳湖平原亦主要是由赣江冲淤而成，形成的是河网纵横的平原地貌。

山脉走向则呈东北—西南向，海拔一般在1000米左右，由于受“多”字形构造控制，表现为岭谷相间，镶嵌斜列，由此构成多条湘鄂赣通道将两侧的湘江、长江南岸和赣江流域的平原、盆地相联通，且谷间河流纵横，大都为湘江和赣江的支流。目前山脉中较大的天然通道（从北到南）主要有四条：①崇通通道，即今湖北咸宁通城、崇阳、通山至湖北黄石阳新一线，联通隽水流域和富水流域，通道两侧为洞庭湖东部平原和长江中游南岸；②平修通道，即今湖南岳阳平江至江西九江修水、武宁一线，联通汨罗江流域和修水流域，通道两侧可通往湘潭盆地和鄱阳湖平原；③醴萍通道，为山脉中最大的一条通道，即今湖南株洲醴陵全江西萍乡、宜春、新余一线，联通渌水流域和袁水、锦江流域，通道两侧可通往衡阳—攸县盆地、湘潭盆地和吉泰盆地；④茶莲通道，即今湖南株洲茶陵至江西萍乡莲花和吉安安福、永新一线，联通洣江流域和禾水流域，通道两侧可通往郴道盆地和吉泰盆地。

二、山脉通道中楚城的发现

四条通道早在新石器时代业已存在，如在醴萍通道中发掘的醴陵下黄土坝、湘乡岱子坪等遗址出土陶器与江西樊城堆文化出土陶器器形、纹饰相近。至东周时，楚国更是加强对湘鄂赣边区的军事控制，楚国的主要控制形式则是在自然形成的湘鄂赣通道上筑城守备，目前已在湘鄂赣边区山脉中这四处主要通道上均发现楚国古城（图一）。

（一）崇阳五塘坳古城

城址位于湖北省咸宁市崇阳县肖岭乡五塘村西北80米，面积15万平方米，平面呈长方形，西、南、北三面残存夯土城墙，西墙长500米，南墙长300米，北墙长100米。墙底宽17～20米，顶宽4米左右，残高4米。城外有护城河遗迹，城内文化层厚0.3米，采集有夹砂红陶鼎足、泥质灰陶绳纹瓦片等[4]。

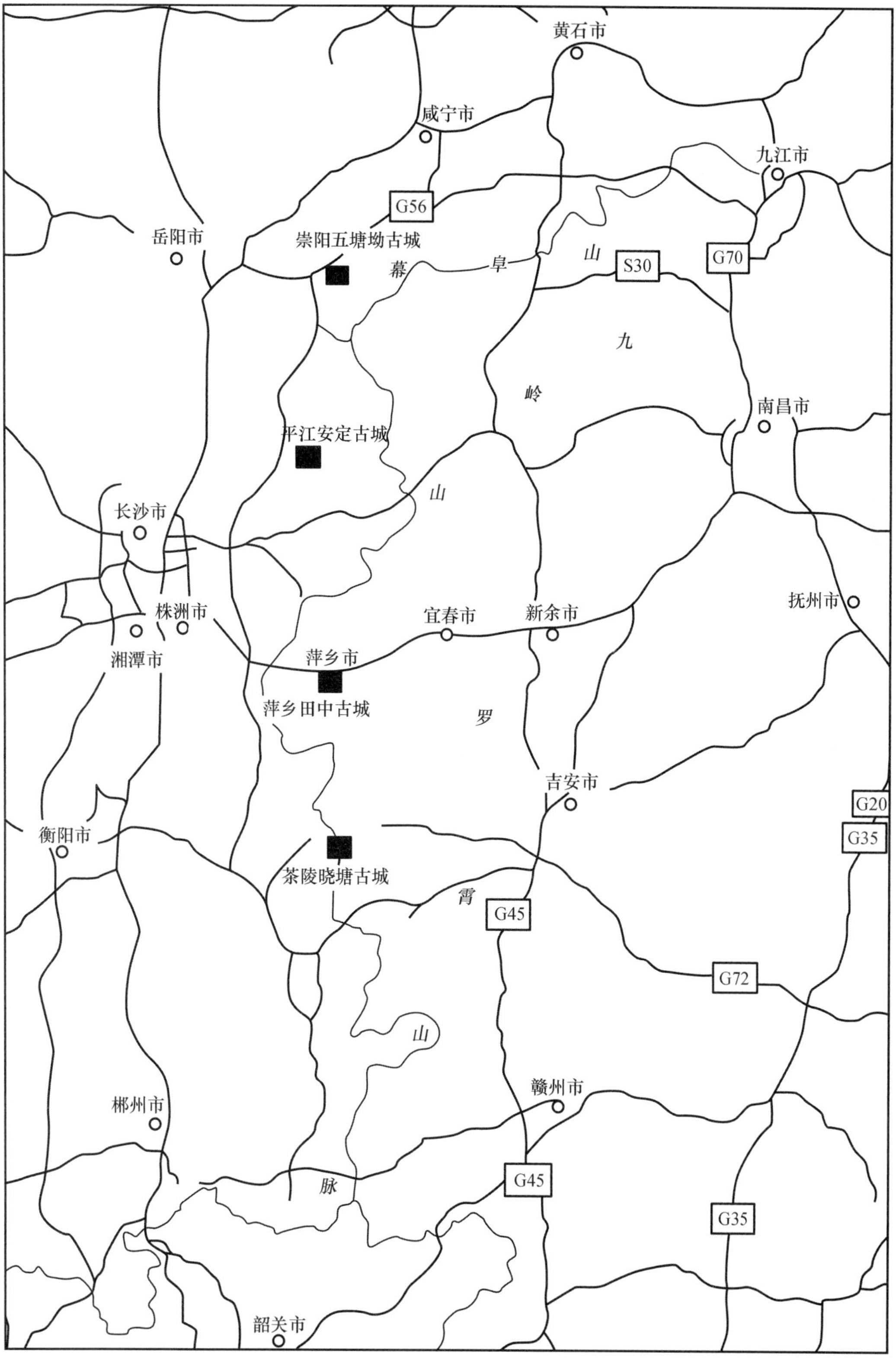

图一 四座古城地理位置示意图

（二）平江安定古城

城址位于湖南省岳阳市平江县县城东南17千米安定区盆地中心部位，旁依汨罗江支流芦溪河（图二）。城垣周长约1000米，其中北垣255米，东垣207米，南垣稍微弯曲，240米，西垣298米。城垣残高约3.3米，最宽处约10米。城垣夯筑，经探掘，城垣分上下两层，土质和夯筑方法各不相同。上层城垣属西汉时期，下层城垣属东周时期。城址内有一高出地表约0.5米的台地，面积约300平方米，有较多的绳纹瓦片，推测可能是一处建筑基址。城外还发现护城河遗迹。城内出土大量绳纹板瓦、筒瓦、陶鬲、陶盆等[5]（图三）。

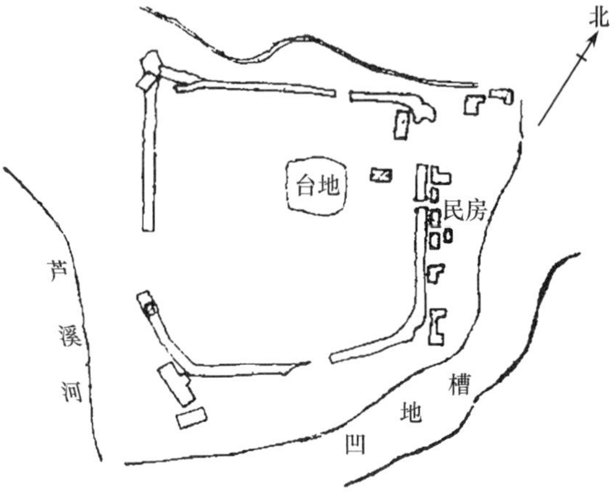

图二　平江安定古城平面图

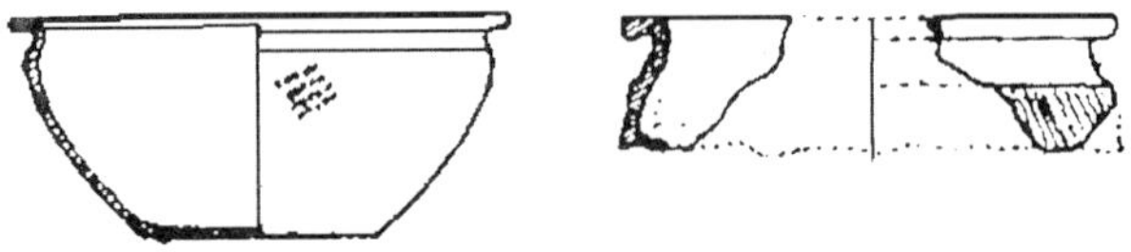

图三　安定古城内出土陶器

1. 陶盆　2. 陶鬲口沿

（三）萍乡田中古城

城址位于江西省萍乡市区北约4千米（图四）。城北依山坡，东邻萍水。城址平面略呈梯形，东墙长约160米，南墙长约240米，西墙长约154米，北墙长约223米，城垣残高约4.6米，最宽处约13.5米。城垣周长约777米，面积约4万平方米。城内外出土过大量青铜器、陶器、石器等，其中城垣内发现陶器大部分为印纹硬陶，还有夹砂灰陶、夹砂红陶、泥质灰陶，器类有鬲、鼎、釜、罐等（图五）。纹饰主要有方卷云雷

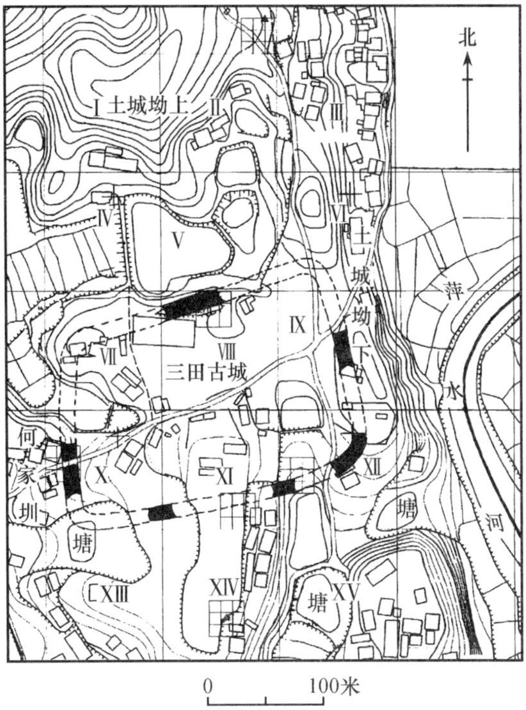

图四　萍乡田中古城平面图

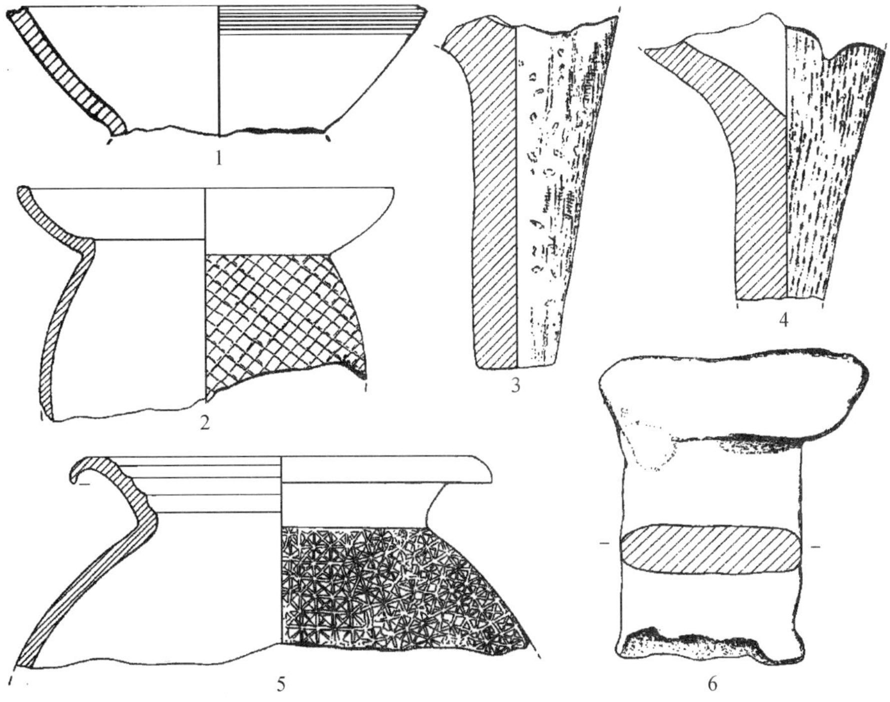

图五　田中古城内出土陶器

1. 硬陶尊　2. 陶釜　3、4. 陶鬲足　5. 陶罐　6. 陶鼎足纹、绳纹、方格纹、米字纹、叶脉纹、菱形凸块纹、回字对角填线纹、波折纹等。青铜器有矛、镞、铲[6]。

（四）茶陵晓塘古城

城址位于湖南省株洲市茶陵县县城东北49千米秩堂镇谷地中心。城址平面略呈长方形，城垣周长约1000米，长约300米，宽约200米，面积约6万平方米。城垣截面呈梯形，中间为墙体，两侧为内外护坡，墙体宽约10米，残高6米。城址内东北处有高台地。城墙外有护城河。城内出土过大量楚式剑、箭镞，陶器有软陶和印纹硬陶，软陶主要是筒瓦、豆、钵等，硬陶有罐等，纹饰有米字纹、小方格纹、绳纹、回字对角填线纹等。在城址外西面和南面山坡上还发现大量的楚墓[7]。

目前，在崇阳五塘坳古城北边赤壁还发现土城[8]，该战国古城与鄂王城[9]、草王嘴城[10]、大冶铜绿山遗址呈一半环线处在幕阜山最北端，位于大别山与幕阜山之间的一个缺口——鄂皖通道南侧，城址功能上应与楚国对长江南岸平原地区控制和镇守古矿脉密切相关[11]，因此本文不予讨论。

三、古城址的特点和性质

四座古城大致从北到南依次排列，其共同特点是：城址规模较小，面积都没有超过0.2平方千米；古城形状多似长方形；城内筑有高地且城外有护城河；城的外围有墓葬区，目前在安定古城和晓塘古城外围山地上就发现同时期楚墓；最重要的为各自扼守着交通要道：五塘坳古城扼守崇通通道，处于幕阜山之中；安定古城扼守平修通道，处于幕阜山和九岭山之间；田中古城扼守醴萍通道，处于九岭山与罗霄山脉之间；晓塘古城扼守茶莲通道，处于罗霄山脉之中。此四地都为湘鄂赣边区交通要道，襟山带江，既是地处边鄙要塞构筑的防御工事，又是大国对外扩张的据点。《史记·越王勾践世家》记载齐威王使人劝越王伐楚说："复雠、庞（今衡阳）、长沙，楚之粟也。"在东周时期，今湖南已是楚国南方最重要的粮食基地；江西地区在东周时也富产铜矿、竹木、谷物[12]，如瑞昌铜岭矿冶遗址[13]，土沃民萃也不由引起楚国所窥伺。因此，楚国在此"筑城设堡以守"加强控制亦属大国战略所需。同时，古城重要的地理位置也决定了古城址的性质都是属于军事城堡[14]，即单纯的军事目的而修筑的堡垒。

军事堡垒的防御对象又为谁？目前四座古城址中仅田中古城已做较为细致的调查和研究，唐际根先生通过田中古城出土的印纹陶器（片）研究认为田中古城从考古学文化属性的角度来说，原是一座百越古城，宋乐史在《太平寰宇记》中引《萍乡县志》说“楚昭王渡江获萍实于此，今县北有萍实里，楚王台也，因此名县”，其后楚获田中古城，直至楚国灭亡，该醴萍通道都由楚国控制[15]。而安定古城和晓塘古城也出土了相近纹饰的印纹硬陶，但目前还不能肯定也为百越开发通道所建古城。通过出土的考古资料我们可以确定在成为楚城之前，这四座古城所在的湘鄂赣边区都为越人之地。在五塘坳古城所在的鄂东地区还有明显土著越人墓葬，以熊家岭M19为代表，墓底带腰坑，内置一犬[16]；安定古城不远的南江乡红门村曾发现过越人墓葬[17]。何介钧先生也认为在湘江下游土著文化与鄂东南、赣西北的古越族文化接近[18]。平江瓮江遗址还清理出一圆形灰坑，直径2米，深约1米，出土遗物中有楚式陶豆、绳纹罐、铜戈、铜剑等，也包含越式米字纹硬陶片、虎纹铜钲[19]。湘中攸县网岭越人墓所葬铜青蛙与赣中樟树观上春秋晚期墓所葬玉蛙习俗相同[20]。炎陵朱下坪遗址也采集到陶鬲足和大量饰有米格纹、方格纹、叶脉纹等的印纹硬陶片[21]（图六）。由此可见，正如《吕氏春秋·恃君览》载：“扬汉之南，百越之际，敝凯诸夫风馀靡之地。”四座军事堡垒的建立显然是在楚国对南方开发的大背景下，为加强地方区域对土著越人的控制而筑立的。从地域上看，晓塘古城随着楚文化南渐时间靠后，其城楚国控制的起始时间可能稍晚于田中古城。

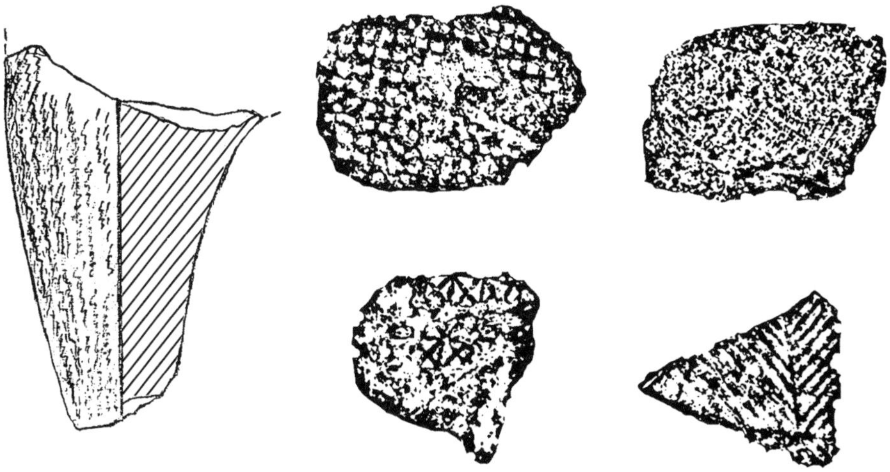

图六　炎陵朱下坪遗址采集陶鬲足和陶片

四、四座楚城与湘江沿岸楚国县邑的关系

春秋时期楚人大举南进，大致春秋早中期进入湘江下游地区[22]，在岳阳筻口凤形嘴山就发现春秋中期楚墓，楚文王时将其灭国罗子迁徙至湖南汨罗，建古罗城，楚灭麇国后也将其迁徙至岳阳，建麇子国城，以及岳阳县大马城址[23]。整个战国早期以

前湖南楚墓都较少，且主要集中在澧水流域和湘江下游地区。至战国中晚期，楚文化势力基本覆盖整个湖南地区，在湘中（湘潭、长沙、株洲）和湘南（衡山、衡南、耒阳、资兴、郴州、永州）都有大量该时期楚国墓葬的发现。江西赣江流域目前发现的春秋晚期至战国时期墓葬较多，上高塔下村、清江樟树农校、清江田家村、武宁毕家圩、萍乡敖家坪等均有出土，从随葬品观察，青铜器大多属于越式[24]。东周遗址多属几何印纹陶类型遗存，仅在武宁、清江、新建等地发现楚墓[25]。总而言之，湘江流域所受楚文化的影响远甚于赣江流域。

另外，四座古城址的地理位置上更靠近湘江流域，都处在必经之道上，是楚国所控制湘江流域盆地的东线门户。由此我们可以推断，在楚国进入湘江下游地区后开始筑城加强地方控制，到战国时期，湘鄂赣边区山脉间豁口的四座古城是楚国在湘江流域两岸河谷盆地中的古城址或县邑（包括罗县、益阳、长沙邑[26]、郴县等[27]）的东线屏障，这种相互依存关系直至楚被秦所灭，即秦始皇二十五年，王翦“定荆江南地”后才被瓦解。两线古城之间不仅发现数以千计的楚国大中小型墓葬，还遍布夹杂包含越文化因素的遗址和器物。

楚国对湘鄂赣边区的控制也使我们对楚入赣的线路提供了新的认识，以前学者认为春秋战国时期，楚人由今湖北进入江西各地，以天然的江（长江）、赣（赣江）水系为主的水路入赣，或从鄂东南地区与江西接壤的幕阜山天然谷口进入赣西北，并提出了陆路四条道路，其中第三、四条道路需翻越幕阜山才能进入赣西北[28]。但从前文研究来看，楚人除沿长江和赣江而上进入江西腹地外，还可以从所控制的湖南境内经至少这四个通道进入江西境内，特别是通过茶莲通道可进入赣江上游地区，进入赣西北也可沿崇通通道和平修通道而无需翻越幕阜山进入鄱阳湖平原地区。

五、结　　语

伴随楚文化的南渐，楚国的南侵，四座古城址应是在楚人进入和控制湘江流域后再在湘鄂赣边区天然通道中所修筑。五塘坳古城和安定古城目前尚不知楚国占城之年代上限，但至迟在战国中晚期，楚国已实际控制湘鄂赣边区并在山脉襟要上修筑军事城堡。这些城址既是楚国加强对湘鄂赣边区土著越人控制的前沿阵地，又是楚国在湖南的统治中心地带——湘江流域的东线屏障，有利于维护楚国南侵后对“荆新地”整体的军事统治和行政管理。目前在边界地区虽只发现四座古城址，但有可能在该范围内其他较小通道中也存在楚国古城址，或者一个通道内有几座城址也未可知，这都需要经后更多的考古工作加以论证。

附记：本文为湖南省哲学社会科学基金项目“楚文化在湘鄂赣边区的发展和融合研究”（编号：15YBA416）的阶段性研究成果。论文撰写过程中得到了高成林研究员和席道合研究员的悉心指导，在此一并致谢！

注 释

[1] 中国大百科全书总编辑委员会：《中国大百科全书·地理学》，中国大百科全书出版社，1992年。

[2] 左鹏：《楚国历史地理研究》，湖北教育出版社，2012年，第8页。

[3] 何业恒：《洞庭湖地区环境演变的初步研究》，《湖南师院学报》（自然科学版）1982年第2期。

[4] 国家文物局：《中国文物地图集·湖北分册》（下），西安地图出版社，2002年，第506页。

[5] 李科威：《平江县安定区古城址调查》，《湖南考古辑刊》第4集，岳麓书社，1987年。

[6] 萍乡市博物馆：《江西萍乡市田中古城遗址调查简报》，《考古》2011年第2期。

[7] 曹敬庄：《株洲文物名胜志》，中国文史出版社，1991年，第176页。

[8] 湖北省文物考古研究所、咸宁市博物馆、赤壁市博物馆：《赤壁土城——战国西汉城址墓地调查勘探发掘报告》，科学出版社，2004年。

[9] 大冶县博物馆：《鄂王城遗址调查简报》，《江汉考古》1983年第3期。

[10] 大冶县博物馆：《大冶县发现草王嘴古城遗址》，《江汉考古》1984年第4期。

[11] 陈振裕：《东周楚城的类型初析》，《江汉考古》1992年第4期。

[12] 《史记·货殖列传》。

[13] 江西省文物考古研究所、瑞昌博物馆：《铜岭古铜矿遗址发现与研究》，江西科技出版社，1997年。

[14] 陈振裕：《东周楚城的类型初析》，《江汉考古》1992年第4期。

[15] 钟立飞：《试析江西楚文化》，《江汉考古》1994年第6期。

[16] 朱继平：《东周时期楚人开发鄂东地区的历史进程研究》，《楚文化研究论集》第八集，大象出版社，2009年，第60页。

［17］ 岳阳市文管处：《平江红门遗址发掘简报》，《湖南考古辑刊》第6集，《求索》杂志社，1994年。

［18］ 何介钧：《湖南商周时期古文化的分区探索》，《湖南考古辑刊》第2集，岳麓书社，1984年。

［19］ 湖南省文物管理委员会：《湖南省首次发现战国时代文化遗存》，《文物参考资料》1958年第1期。

［20］ A. 黄阳秋、陈韶辉：《攸县鹅公岭出土的一批东周时期青铜器》，《湖南省博物馆馆刊》第八辑，岳麓书社，2012年。

B. 黄水根：《江西樟树观上春秋墓》，《南方文物》1997年第2期。

［21］ 株洲市博物馆2013年考古调查资料。

［22］ 高至喜：《楚文化的南渐》，湖北教育出版社，1996年，第30页。

［23］ 郭胜斌、黎定、翁熊胜：《岳阳楚文化考古简说》，《楚文化研究论集》第九集，上海古籍出版社，2011年。

［24］ 何纪生、何介钧：《古代越族的青铜文化》，《湖南考古辑刊》第3集，岳麓书社，1986年。

［25］ 李科友：《东周时期江西地区的楚文化及其有关问题》，《中国考古学会第二次年会论文集》，文物出版社，1980年。

［26］ 赵炳清：《略论“洞庭”与楚洞庭郡》，《历史地理》第21辑，上海人民出版社，2006年。

［27］ 后晓荣：《战国政区地理》，文物出版社，2013年，第183页。

［28］ 左鹏：《楚国历史地理研究》，湖北教育出版社，2012年，第110页。

Preliminary Study on the Ancient City Sites of Chu State in the Border Area of Hunan, Hubei and Jiangxi Provinces

Wen Guoxun

(Zhuzhou Municipal Museum)

Abstract: In pace with the southward expansion of *Chu* culture, especially after controlling the border area of Hunan, Hubei and Jiangxi province, the *chu* built four ancient city sites of Wutang'ao, Anding, Tianzhong and Xiaotang by utilizing the chongtong(chongyang to tongshan) channel, pingxiu(pingjiang to xiushui) channel, liping(liling to pingxiang) channel, and chalian(chaling to lianhua) channel, which naturally formed between the mountains of Mufu, Jiuling and Luoxiao. These channels are also the new routes through what the *Chu* force entered to the south Yangtze river and Gan river basin of Jiangxi province. The four ancient cities are the essential for *Chu* State to control the indigenous *Yue* people.

Keywords: The border area of Hunan, Hubei and Jixiang Provinces; *Chu* State; Wutang'ao Ancient City; Anding Ancient City; Tianzhong Ancient City; Xiaotang Ancient City

科技考古

城头山2号遗址区护坡遗迹的套箱提取

张 涛 陈 磊

（湖南省文物考古研究所）

［摘 要］ 2号遗址区护坡遗迹是由竖立的木桩、竹席组成的篱笆状护坡结构，考古发掘出露部分长5m、宽2.5m、高1.2m，根据保护方案要求，需对这一部分遗迹进行套箱提取，运往室内实施保护。经过科学计算和设计，套箱平安起运至文物保护工作站，实施下一步的室内科技保护。

［关键词］ 城头山；2号馆；遗迹；套箱；提取

2号遗址区位于城头山遗址城垣南门（图一），南北24m、东西20m、深5m，总面积约480m^2。护坡遗迹位于城头山遗址2号遗址区内，是大溪文化中期的壕沟外侧护坡，是由竖立的木桩、竹席组成的篱笆状护坡结构，1993年考古发掘发现，时称大溪文化壕沟遗迹，同时还发现有木浆、木梢、一批具榫卯结构的木构件，以及20余种动物骨骸和170余种植物籽实。

护坡遗迹直接叠压在静水沉积上，因发掘了北侧的静水沉积后倾斜。静水沉积为褐色土，土质极细腻，层与层之间有黄白色的细砂分隔，细砂层厚仅几厘米，不含陶片，但出土大量木材、木器、木构件、织物、植物籽实和动物骨骼。木桩直接插入至护坡土中，护坡土不含任何文化遗物，黄褐色黏土，内夹大量白膏泥，护坡上的维护设施保存甚好，紧贴沟壁为用芦苇破篾编织的芦席，从环壕开口直至沟底，用一端削尖、直径15～18厘米的长木桩打入沟底，用以固定芦席。木桩间距1.2～1.5m。在木桩之外用扁圆横断面带韧性的长木条，或用一劈为二的韧性木条，横栏三道，称为横扎。竖立的木桩和横扎相交处用芦苇破成的篾片扎紧，在探方内（T4451、T4401）保

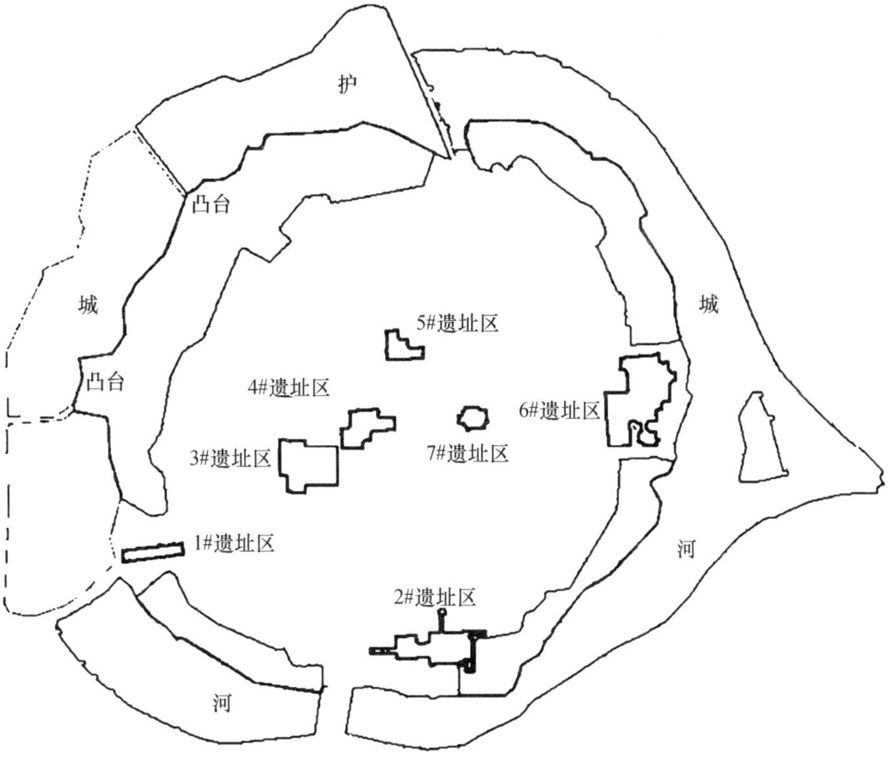

图一　2号遗址区位置示意图

存了长达6~7m完整的一段[1]。因遗迹巨大，当时难以起取，故采取了以砂、保护膜等覆盖的方式进行保护，并以木构材料搭设了保护棚。

2015年8月，湖南省文物考古研究所启动了对护坡遗迹的保护工作，由于遗迹紧贴静水沉积的淤泥，在中国文化遗产研究院编制的文物保护方案基础上，经过反复研究，将对芦席、木桩、淤泥整体套箱提取，并吊装后运送至工作站，在室内实施科技保护。

在工程设计中，经进一步观察，发现原发掘报告中所提到的芦席有误，应为竹席，为此，在后面的文字中，将“芦席”改为“竹席”一词。本文的主要内容是在整体套箱提取中，通过科学的计算，测算出套箱组合时各项材料的安全系数和指标。

一、现　　状

考古发掘发现后，至今已22年，长期以来，由于考古坑底面低于护城河水位，且南侧距离护城河很近，渗水明显，探坑内四壁均有地下水渗入。北面发育有3处管涌，南面发育有2处渗水带和1处管涌，东面发育有一宽约30m的线状渗水带和1处管涌，地下水的渗透造成坑内积水，遗迹多被淹没（彩版二九，1），当地文物管理部门因展示所需，主要依靠定时抽水降低坑内积水水位，使遗迹外露，东侧和南侧受水害影响最为严重。目前遗迹最大长度5m、最大宽度为2.5m、高1.2m，遗迹本体西侧因保护膜与砂层脱落而外露，北侧约5m^2面积仍保存尚好（彩版三〇，1）。

积水水位的变化，导致护坡遗迹经常处于干-湿-干-湿的状态，坑壁在积水的浸泡下使得坑壁脚部掏蚀破坏，致使坑壁崩塌，考古发掘出的城壕外侧的竹席护坡已从城壕边坡坍塌并落入发掘坑中。探坑立壁面共发育有4处崩塌体，同时伴生有5处危岩体[2]。竹席木桩护坡长期浸泡在积水中，受到坑内水、微生物、盐类等的侵蚀，特别是含有一定酸性的水侵蚀以及土壤微生物纤维素分解菌的作用，其化学成分和显微结构发生很大的变化，加剧了竹席、木桩的腐朽和损坏，目前，暴露在外的西侧部分竹席多已溶蚀，仅存遗痕，个别竹篾即使存在，也已断裂变黑。

根据现状，中国文化遗产研究院编制了《湖南省澧县城头山遗址（1～6号遗址点）本体保护工程详细设计方案》，并报请根据国家文物局批准通过。

考虑到竹木结构的护坡在原位展示存在技术上的难度，同时过多的地下防渗会对遗址造成一定的损伤，因此决定将护坡结构原件实施保护措施后（彩版三〇，2），运往遗址博物馆内保存展示（彩版三一），竹席木桩护坡搬迁，采用套箱整体提取法。原位进行复制标示，并拆除现有保护棚。

二、套箱起取

本次拟提取遗迹的最大长度5m、最大宽度2.5m、高1.2m，遗迹本体包裹在静水沉积的软弱淤泥中，下层支撑土层土质为白膏泥。

通过实地测绘（彩版二九，2），计算机模拟绘图，测算得到遗迹体积约为7.5m^3。施工提取的遗迹土体以淤泥为主，计算时土壤的容重取淤泥容重。

（一）套箱材料构成及特性

1. 木材的截面特性及材料性能

拟采用普通杉木纵纹木材，木材长2500mm、宽55mm、厚100mm，材料的弹性模量$E_2=1*10^7KN/m^2$，其截面形式（图二）采用（b）宽*（h）高=55mm*100mm，其对水平方向Z轴惯性矩$I_Z=b*h^3/12=55*100^3/12=4.58*10^6mm^4$。

2. 钢材的截面特性及材料性能

纵向起吊钢梁拟采用12a工字钢，长6000mm，其截面形式如图三，其中t=5mm，工字钢的弹性模量$E_1=2.06*10^8 KN/m^2$，由截面形式易求得其截面惯性矩（对水平向Z轴）$I_Z=3.42*10^6 mm^4$。

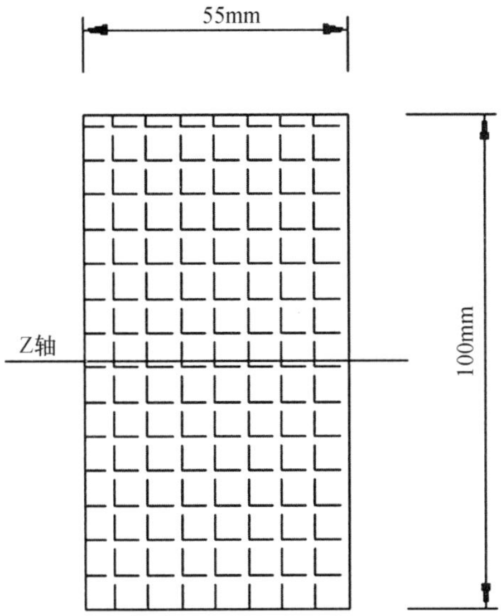

图二　木材截面尺寸图

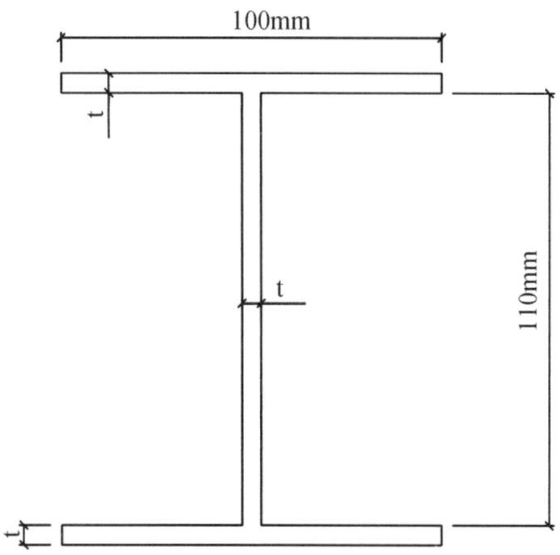

图三　钢材截面尺寸图

（二）承重结构构造

1. 底部承重结构的构造

设定遗迹荷载均匀作用在木质横梁上，纵向钢梁通过支撑作用承受木质横梁传递的力，起吊时纵向工字钢下横穿四道钢丝绳。注意调节各钢丝绳长度，保证起吊时各钢丝绳均正常受力（图四）。为保证底部钢梁骨架整体的协调性，在钢梁两端设置两道横向10a工字钢。

2. 顶部抗收缩变形结构的构造

遗迹在起吊过程中，钢丝绳有收缩的趋势，为消除钢丝绳收缩时对遗迹可能造成的不利影响，需在套箱顶部设置抗收缩骨架。抗收缩骨架由两根纵向12a工字钢和三根横向10a工字钢构成（附属的螺纹钢仅起到加强结构的作用，为简化计算及提高结构的稳定性，计算时不予考虑）。由于套箱局部高度矮于遗迹高度，抗收缩骨架横向工字钢布置受到了不利影响，顶部抗收缩骨架结构如图五。

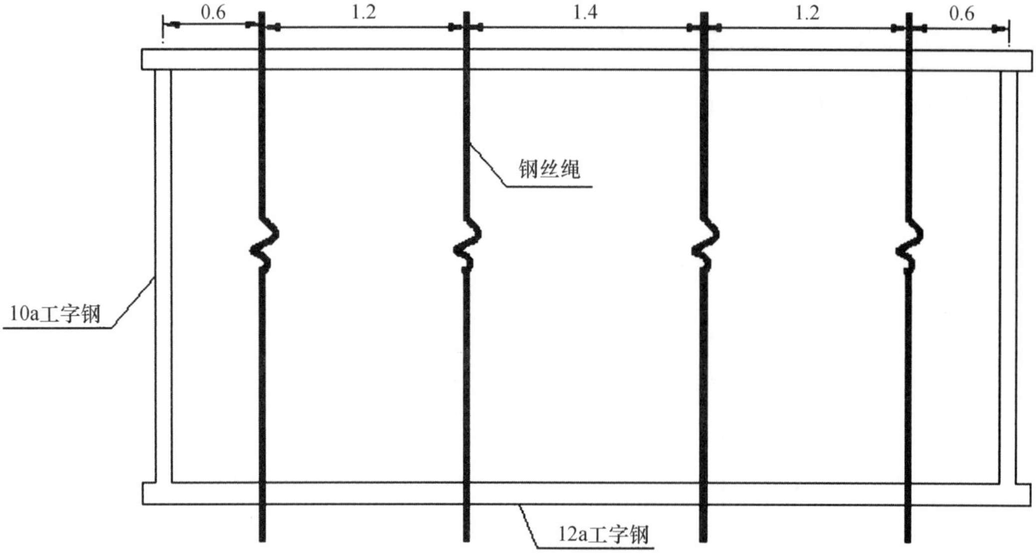

图四　底部工字钢骨架及钢丝绳位置图

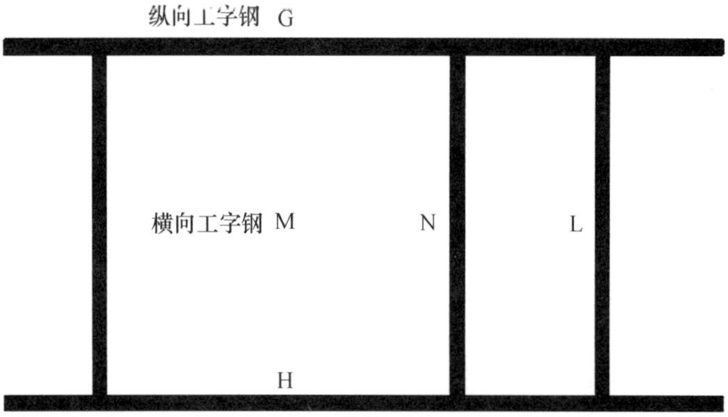

图五　抗收缩骨架布设图

3. 整体受力骨架结构构造

整体骨架除局部采用螺纹钢加强结构外，主要受力结构如图六所示。

（三）结构安全稳定性验算

1. 木横梁结构验算

设定护坡遗迹土体荷载均匀地作用在木板平面上，则木横梁整体承受的遗迹荷载大小为$F_{木}=V_{土}*\gamma_1=18*7.5=135KN$。考虑到遗迹提取和运输的安全稳定性，在提取之前于遗迹和套箱壁之间填充细砂，细砂体积$V_{土}$约$0.77m^3$，细砂容重$\gamma_2=13KN/m^3$，

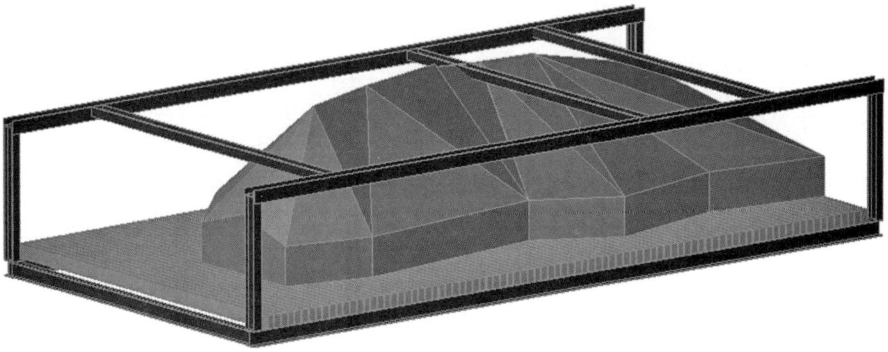

图六　套箱骨架示意图

则木横梁整体承受的细砂荷载大小为$F_{砂}=V_{砂}*\gamma_2=0.77*13=10.0KN$。考虑遗迹荷载与细砂荷载均匀地作用在每一块木板上，则每一块木横梁承受的荷载$F_1=（F_{木}+F_{砂}）*0.055/5=1.60KN$。由于实际土体成不规则分布，需对计算荷载乘以一个不均匀受力系数，取不均匀系数为1.2。则计算分布荷载$F_2=1.2*F_1=1.92KN$（单块木横梁的质量约为5.5Kg，计算时忽略不计）。

单独隔离一块木板，验证能否在施工过程中正常工作，其受力简图如图七。

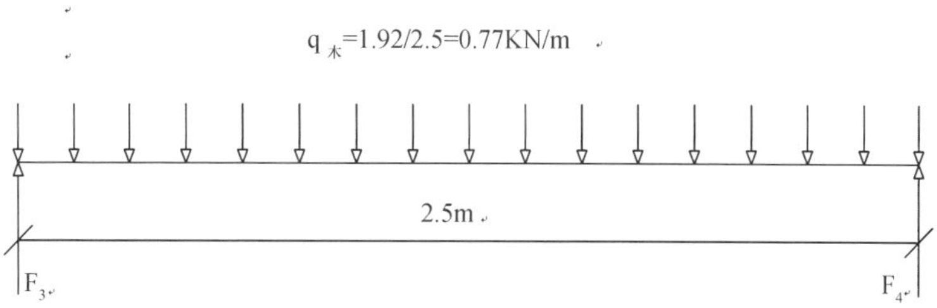

图七　木板结构受力图（mm）

由静力学平衡方程易得$F_3=F_4=0.96KN$，支撑两端为最大剪力作用位置剪力$Q_{MAX}=F_3=F_4=0.96KN$，最大弯矩作用在跨中位置，其值：$M_{MAX}=ql^2/8=0.77*6.25/8=0.61KN*m$。

矩形板的最大切应力发生在支撑两端附近的中性轴位置：

最大切应力τ_{max}：

$$\tau_{max}=Q_{MAX}S_Z/（b*I_Z）$$

其中S_Z为中性轴一侧半个矩形截面面积对中心轴的静距：

b为矩形板的宽度：

易求得：

$$\tau_{max}=0.27Mpa<[=1.2Mpa<[\tau]（杉木的容许抗剪强度）=1.2Mpa$$

材料能满足抗剪性能要求。

最大弯矩作用在板的中间位置，最大弯矩产生的最大拉（压）应力σ_{max}，最大拉（压）应力计算公式：

$$\sigma_{max}=M_{MAX}*h/(2*I_Z)$$

由于木材的抗压强度一般大于抗拉强度，因此计算时只考虑木材的抗拉强度是否符合要求。

易有：

σ_{max}=6.66Mpa<[σ]（杉木的容许抗拉强度）=9.5Mpa

为此，材料能满足抗拉要求。

木板最大变形发生在木板纵向的中心位置，采用虚功原理计算木板中心处的位移，在木板纵向中心施加一个单位力$F_{单位力}$=1KN，以左侧支撑点为原点，木材纵向为X轴建立直角坐标系。单位力产生的弯矩为：

$$M_1=\begin{cases}0.5x\ (0<x<1.25)\\1.25-0.5x\ (1.25<x<2.5)\end{cases}$$

实际荷载作用下的弯矩M_2：

$$M_2=0.96x-0.385x^2\ (0<x<2.5)$$

$$\Delta S*1=\Delta S=\int_0^{2.5}\frac{M1*M2}{EI}dx=0.0085\mathrm{m}=8.5\mathrm{mm}$$

在匀速起吊过程中木横梁跨中最大竖向位移为8.5mm，遗迹仅产生极为细小的变形影响，能满足安全性要求。

2. 纵向刚梁结构验算

纵向钢梁直接承受木板两段作用的压应力，套箱结构中钢材重5KN，木材重5KN。纵向钢梁底端起吊时受四根钢丝绳的作用，其匀速起吊过程中受力结构及支撑反力如图八。

由于结构为二次超静定结构，为提高计算速度与准确性，在Midas中建立梁结构的受力模型，其反力计算得到：

F_1=19.2KN　　F_4=19.6KN　　F_2=19.6KN　　F_3=19.2KN

应力值分布图如图九。

钢梁的最大应力值发生在4号钢丝绳作用的位置附近，最大值：

σ_{max}=43335KN/m^2≈43.4Mpa<[σ_{ftd}]=195Mpa

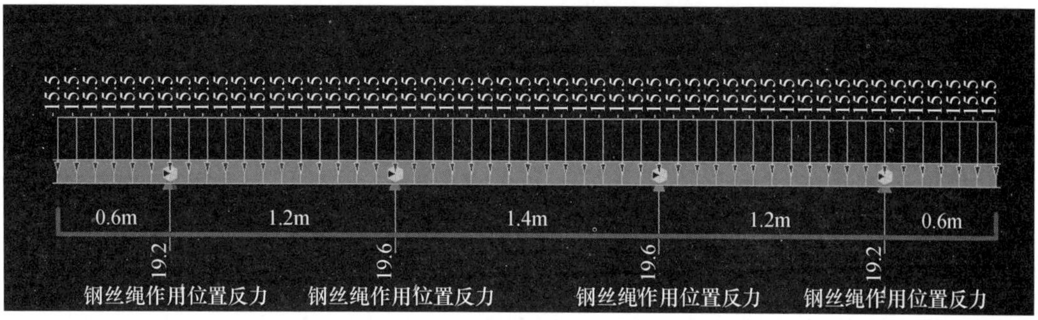

图八　纵向钢梁受力图（KN）

最大应力值小于材料的容许应力值，满足施工要求。

由于套箱在提取过程中，不能发生较大的变形，以保证遗迹的整体性和安全性，需对钢梁的最大变形进行验算，钢梁起吊过程中的位移图如图一〇。

纵向钢梁在起吊过程中最大位移变形量约为0.0007m，遗迹几乎不会发生变形，能较好地保证文物的安全性。

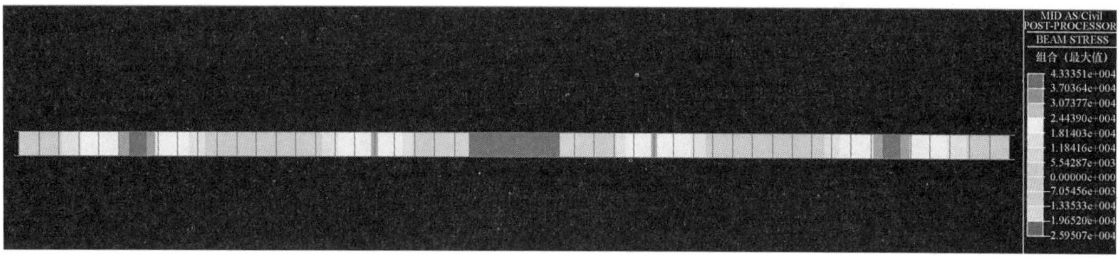

图九　钢梁应力值分布图（KN/m^2）

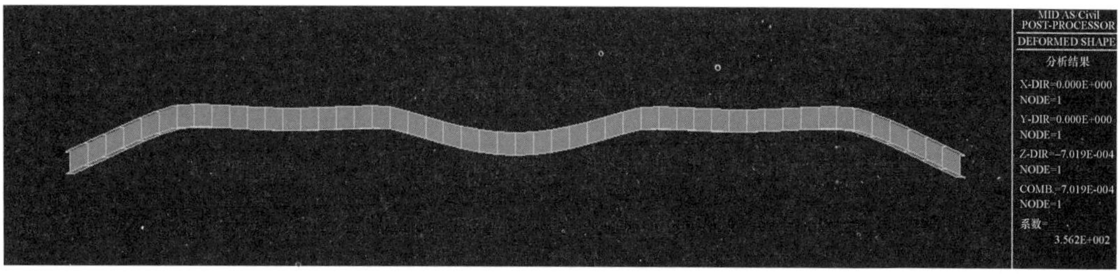

图一〇　钢梁位移变形图（m）

3. 顶部抗收缩强度及变形验算

套箱顶部钢架承受着钢丝绳水平的推力，由于底部遗迹段横穿工字钢难度较大，故采用上层骨架抵抗水平推力。起吊时，为了减小水平推力，规定钢丝绳起吊长度不小于12m。根据底部钢丝绳起吊的位置及钢丝绳的长度，容易求得，四道钢丝绳作用在顶层纵向钢梁上的水平推力大小分别为：

F_1=6.6KN　　F_2=6.8KN　　F_3=6.8KN　　F_4=6.6KN

在水平推力和横向工字钢的支撑下，顶部骨架的应力图如图一一和位移图如图一二。

$$\sigma_{max}=411295KN/m^2 \approx 41.2Mpa<[\sigma_{ftd}]=195Mpa$$

钢梁最大位移量发生在端部，最大值为1.5mm。

顶部骨架在起吊过程中仅发生微小的变形，能满足施工要求。

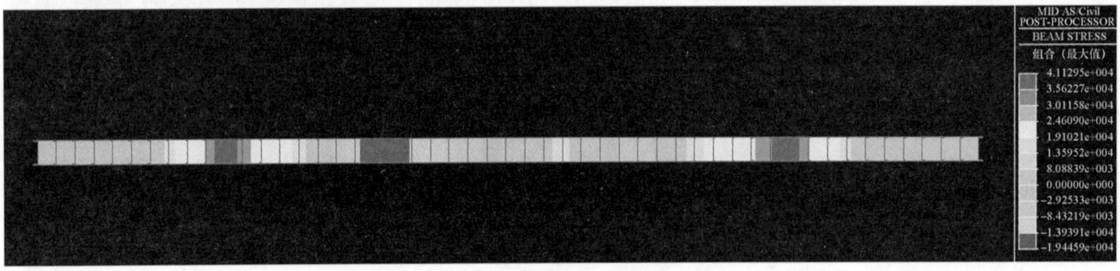

图一一　顶部钢梁应力值图（m）

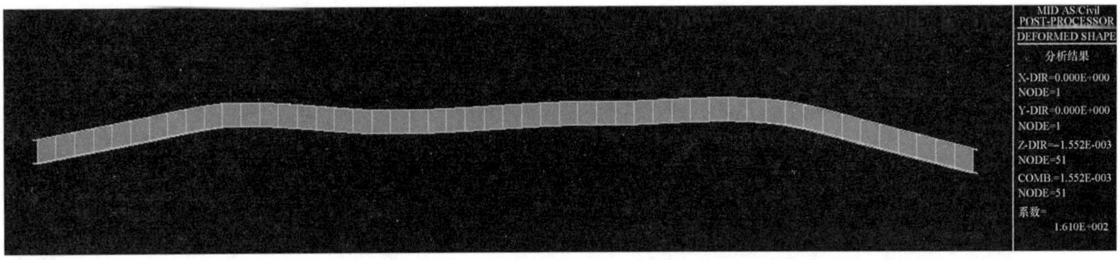

图一二　顶部钢梁位移图（m）

三、小　　结

通过上述工程材料求值与验算，得到套箱材料的具体数据。套箱长6m、宽2.5m、高1.2m，底部采用厚10cm、宽6cm的木枋挖槽平行横铺，形成15m^{2}的平整面。在木枋下端两侧，以6m长的12a工字钢做承重梁，钢梁两端设置两道横向10a工字钢，形成一个承重面，木枋置于其上。

以1m长的10a工字钢在承重梁四周焊接成柱，柱顶部设置两根纵向12a工字钢和三根横向10a工字钢，构成套箱抗收缩骨架，形成完整的套箱骨架。

骨架形成后，将遗迹四周以木板加以组装、固定，成为完整的套箱，套箱起运后，以纤维膜将箱体遮盖，便于运输。

经计算，套箱整体重量为15.5t。吊车吊装时，其车载承重表测得套箱重量为15t，与计算值基本相符。

相关工作于7月21日正式开始，经过套箱设计、重量测量、箱体结构评估、遗迹现场保护、开挖沟槽、箱体组合、搭建遗迹临时性保护棚、整体拆除2号馆原保护棚、拆除遗迹临时性保护棚、吊装起运等一系列措施，套箱平安起运至文物保护工作站，实施下一步的室内科技保护。

注　释

[1] 湖南省文物考古研究所：《澧县城头山——新石器时代遗址发掘报告》（上），文物出版社，2007年。

[2] 方云、李宏松：《湖南省澧县城头山古文化遗址工程地质勘测报告》，中国地质大学、中国文物研究所，1999年。

A Discussion on the lifting of jacket box for the remains of slope protection in the Hall No.2 of Chengtoushan site

Zhang Tao　Chen Lei

(Hunan Provincal Institute of Cultural Relics and Archaeology)

Abstract: The remains of slope protection in hall No.2 site area of Chengtoushan site is composed by the erected wooden piles and a fence-like structure made of bamboo mats. The exposed part by archaeological excavation is 5 meters long, 2.5 meters wide and 1.2 meters high. According to the protection scheme, it should use the jacket box to carry it to the laboratory. After scientific calculation and design, the jacket box was safely lifted and transported to the conservation workstation for further scientific and technological conservation measures.

Keywords: Chengtoushan Site; Hall No.2; Archaeological Remains; Jacket Box; Lifting

岳阳茆山宋墓出土瓷器产地探讨

肖　亚　杨宁波

（湖南省文物考古研究所）

［摘　要］　本文结合传统考古学方法，并利用便携式X荧光光谱仪（XRF）分析了岳阳茆山宋墓出土的青瓷、青白瓷，并与耀州窑、临汝窑和湖田窑的分析结果进行了多元统计分析比较。结果表明岳阳茆山宋墓出土的青瓷产自耀州窑，而非临汝窑，青白瓷极有可能产自景德镇地区。

［关键字］　岳阳；茆山宋墓；便携式XRF；青瓷；青白瓷；产地

2014年12月，湖南省文物考古研究所与岳阳市文物考古研究所在岳阳市康王乡茆山村抢救性发掘一座北宋中晚期仿木结构夫妻合葬墓[1]。墓葬虽已被盗掘，但仍出土随葬器物48件，其中瓷器便有37件。根据其胎质、釉色可区分为酱釉瓷、青瓷和青白瓷三类。酱釉瓷质粗，胎釉结合不紧密，釉层多有脱落，从陶瓷经济学及我们对周边窑址的调查情况看，这类瓷器当为湖南本地所产（图一，1）。青瓷多有刻花或印花纹样，从构图纹样等来看属于耀州窑系产品（图一，2）。青白瓷胎质轻薄，莹润有光泽，质量颇高，当是景德镇青白瓷窑系产品（图一，3）。

宋代是商品经济非常活跃的时代，名窑辈出，与此同时也出现了许多模仿名窑的现象。这些模仿的目的或是出于外销的需要，或是为了适应社会风尚，而这种模仿的

1　　2　　3

图一　岳阳茆山宋墓出土典型瓷器

1. 酱釉瓷（M1：18）　2. 青瓷（M1填土：2）　3. 青白瓷（M1：4）

层次也有所不同，技术引进和简单仿制是瓷业技术交流的两种手段。前者多因工匠的面对面交流或窑工迁移所导致，能够较为完整地引入窑业技术，其产品就与模仿对象非常接近，甚至达到难分伯仲的程度。后者是出于单方面的模仿，仅仅是从器物形态方面尽可能与当时的名窑产品更接近。然不管多大程度的模仿，窑场都是选址于瓷土资源丰富的区域，就近取料，那么不同区域的瓷器产品即便是形态特征非常接近，其胎釉成分也会有所不同。茆山宋墓所出的青白瓷和青瓷，从胎釉等方面看，都属于当时的精品，是否为名窑的产品，或是模仿名窑的其他窑口所产，通过对同时期相关窑口产品成分的检测及分析能为解决这一问题提供科学依据。

能量色散型X荧光光谱分析法因其具有简便、快速、非破坏性和多元素同时分析等特点，已成为许多科技考古工作者用于古陶瓷[2]成分测定及其特征分析的有效手段[3]。本文将利用便携式的能量色散X荧光光谱仪对岳阳茆山宋墓出土的青白瓷和青瓷进行釉层的原位无损分析，以辅助判断这批出土瓷器的产地。

一、实验仪器及分析方法

采用牛津手持式能量色散型X射线荧光光谱仪对瓷器本体进行了化学成分分析，仪器型号为X-MET7500，测试窗口9mm，阳极靶材为铑（Rh）。基于釉层的硅酸盐属性，分析模式采用土壤模式soil_fp，分析时间为60s。测试前将样品表面清理干净，每个样品选取两个不同的区域进行测试，测试区域尽量选择平整面，最终结果为两次测试结果的平均值。

二、分析结果

实验共分析了岳阳茆山宋墓出土的28件瓷器，其中青白瓷20件，青瓷8件。此外，为了解这批青瓷及青白瓷的产地，从湖南省文物考古研究所标本库房中分别挑拣了耀州窑（图二，1）、临汝窑（图二，2）、湖田窑瓷片[4]（图二，3）标本各10件进行了对比分析。分析所用仪器设备及分析条件和方法与出土瓷器相同。所有样品的XRF分析结果见附表所示。

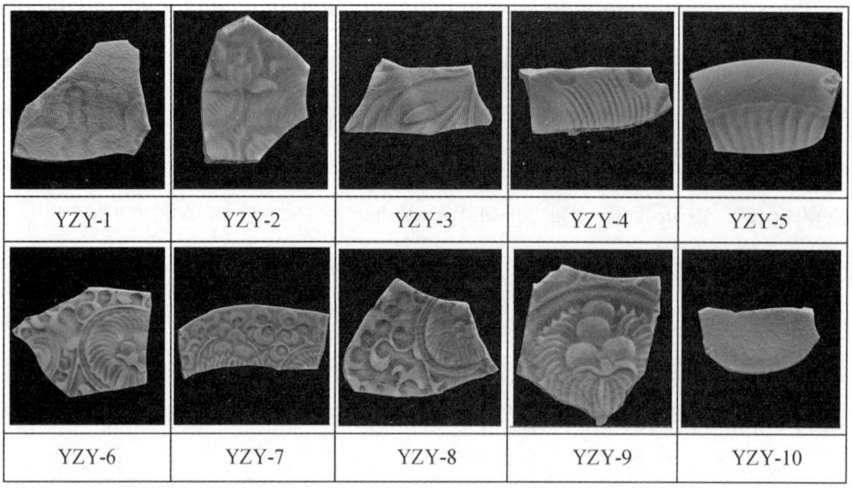

1

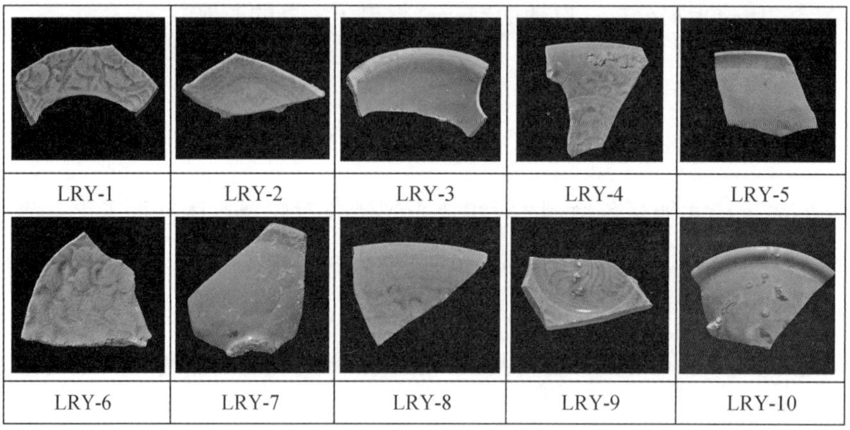

2

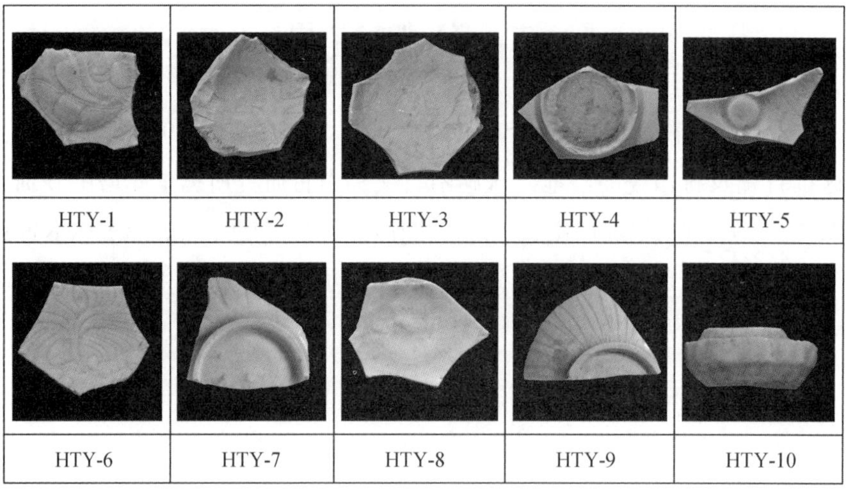

3

图二　窑口对比标本照片

1. 耀州窑　2. 临汝窑　3. 湖田窑

三、结果讨论

使用社会学统计软件SPSS 18.0对所有出土青白瓷和青瓷样品的XRF分析结果进行了多元统计分析，并绘制了散点图，其结果见图三所示。已有研究结果表明，主次量元素和微量元素在产源判别上几乎是等效的，但两者各有优缺点，对于主要由烧造工艺引起的成分差异，使用主次量元素分析结果更为有效，而对于主要由产地引起的成分差别来说，使用微量元素进行分类更为有效[5]。因此，我们在进行统计分析时，根据元素组成情况，分为主次量元素和微量元素分别进行，主次量元素为K、Ca、Ti、Mn、Fe五种含量较高的元素，微量元素为Ni、Cu、Zn、Rb、Sr、Zr、Cd、Sn、Sb、Ba、Ta和Pb。

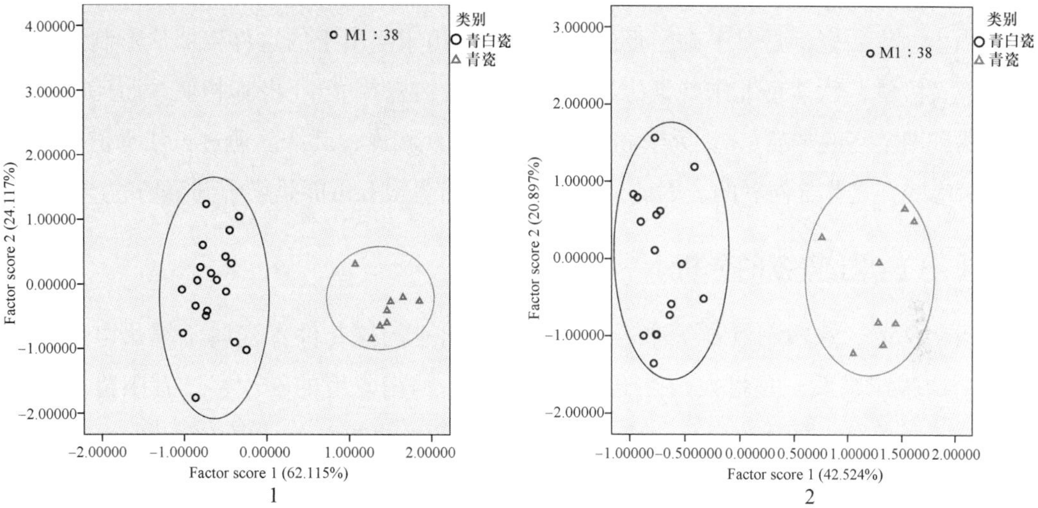

图三　出土青白瓷及青瓷主成分分析图

1. 主次量元素　2. 微量元素

由图三可知，岳阳茆山宋墓出土青白瓷及青瓷主次量元素和微量元素的差别十分显著，其统计分析结果的第一主成分均可将两类瓷器明显区分开来，表明青白瓷和青瓷在烧造工艺和产地方面均存在明显的区别。此外，图上编号为M1：38的瓷器较为特殊，落在了青白瓷和青瓷的范围之外，与两者的成分均呈现出显著的

图四　青白瓷执壶（M1：38）

差别。从附表的结果中可以看出，该瓷器的主次量元素中，K、Ca、Ti的含量与青瓷相似，Fe含量明显低于青瓷，接近于青白瓷，而Mn含量值则异常偏高。从瓷器的外观来看，编号为M1∶38的瓷器与其他瓷器亦不同，该瓷器釉色偏黄，胎色灰白，胎体厚重，胎质较其他瓷器更为粗疏，且器物表面施加了一层化妆土（图四）。由此推测，编号为M1∶38的瓷器可能在制作工艺和产地上与其他瓷器均不同。与岳阳距离最近的湖北武汉梁子湖[6]及安徽繁昌在北宋时期均有生产青白瓷的窑场。湖北地区的许多宋墓中出土的青白瓷都是梁子湖窑场的产品，而茆山宋墓出土的这件瓷器从形制上看，与湖北黄陂铁门坎遗址北宋晚期宋墓M1出土的青白瓷执壶[7]极其相似，而后者被认为是梁子湖窑场的产品[8]。梁子湖通过樊川与长江相连，其产品通过长江水道销往长江中游沿线，是非常便利的。因此，这件青白瓷执壶很有可能是梁子湖窑场的产品。

（一）出土青瓷的分析

前文已述，从构图纹样等来看，茆山宋墓出土的这几件青瓷属于耀州窑系的产品。所谓耀州窑系，是指大致在五代末至宋初，河南省境的临汝窑、宜阳窑、宝丰窑、新安城关窑、禹县钧台窑，广州西村窑和广西的永福窑等，模仿耀州窑产品所形成的不同地域产品风格极其相似的窑业格局。其中河南省境的诸窑与耀州窑所处的地理环境相似，均为北方马蹄形窑的技术体系，尤其是临汝窑所烧的仿耀州窑产品从外观上与耀州窑非常接近。具体而言，从纹样上看，临汝窑的折枝牡丹纹、缠枝菊花纹、水波纹等刻花或印花纹样与耀州窑的同类纹饰非常接近，器形主要模仿耀州窑的碗、盘、粉盒等。所不同的是，临汝窑的碗、盘胎略厚，轮旋修坯较耀州窑草率，施釉稍厚，气泡较多，釉色青中闪绿较多见，而耀州窑多青中偏黄[9]。

湖南本地虽有青瓷传统，且两宋时期受到了耀州窑技术的影响，但同时期的青瓷多为印花，且以泥钉间隔，内底多有非常明显的支钉痕，其釉色也与这批青瓷有所区别，显然这批青瓷并非湖南本地所产。

为辅助判断岳阳茆山宋墓出土青瓷的产地，将其与耀州窑和临汝窑瓷片标本的XRF分析结果进行了多元统计分析，并绘制主成分散点图，如图五所示。从分析结果可以看出，出土青瓷与耀州窑标本在主次量元素和微量元素的主成分分析结果图上的分布区域基本重合，与临汝窑则明显分布在不同的两个区域。表明出土青瓷器在成分上与耀州窑极为相似，其制作工艺和制瓷原料与耀州窑相近。

进一步采用SPSS多元统计软件对岳阳茆山宋墓出土青瓷及耀州窑、临汝窑瓷片标本的XRF检测结果进行了分析，分析方法为系统聚类法，聚类方法为Ward法，其微量元素聚类分析结果如图六所示。从图中可以看出，当阈值λ=15时，样品可分为两大

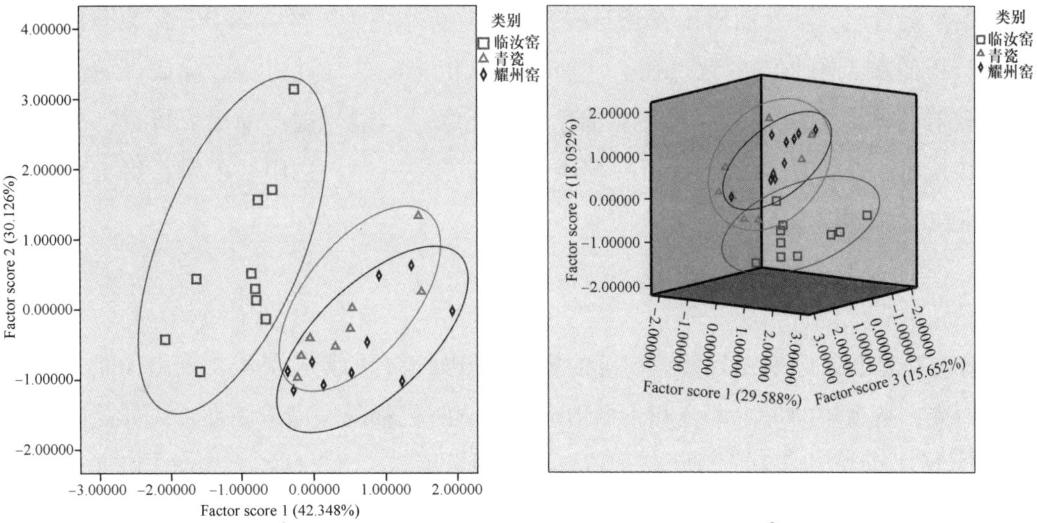

1　　2

图五　出土青瓷及窑口标本主成分分析图

1. 主次量元素　2. 微量元素

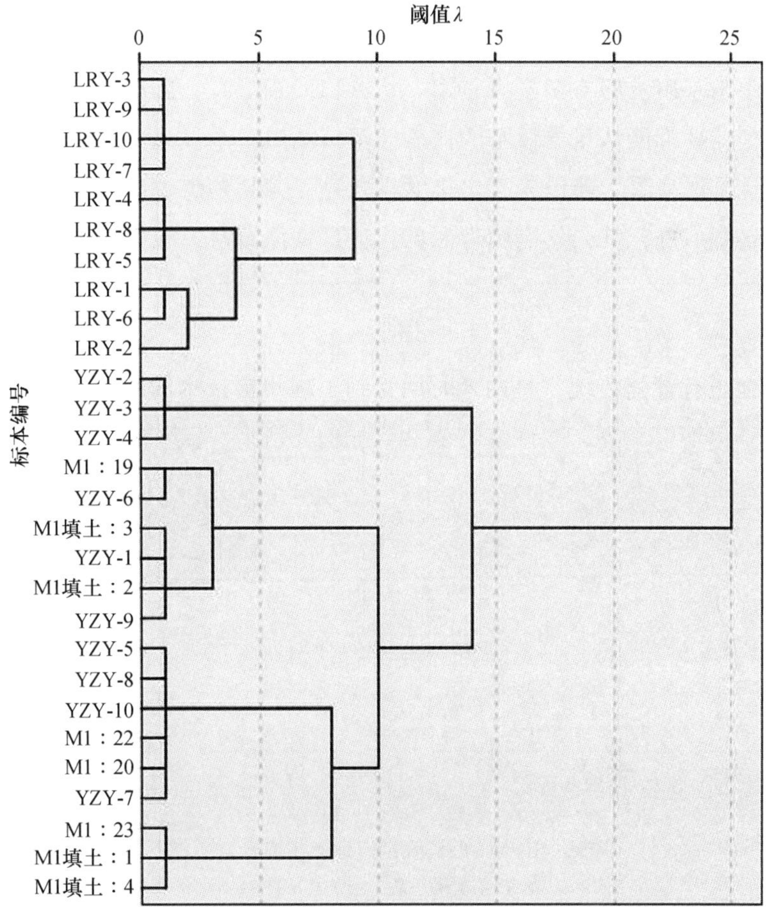

图六　出土青瓷及窑口标本微量元素聚类分析树状图

类，临汝窑自成一类，而出土青瓷与耀州窑瓷片标本混为一类。其分析结果与图五中因子分析的散点图非常一致。而且，茆山宋墓出土的这几件青瓷，除底部胎体略厚外，整器胎体薄，修胎非常规整，釉色青中泛绿，与耀州窑产品更为接近。因此，综合传统考古学方法及因子分析和聚类分析的结果可知，岳阳茆山宋墓出土青瓷极有可能出自耀州窑。

（二）出土青白瓷的分析

青白瓷是北宋以来在景德镇窑等的影响下开始流行的瓷器品类。湖南何时开始烧制青白瓷，从近年的考古调查和发掘情况来看，时代都晚至南宋晚期，比如益阳羊舞岭窑[10]和株洲醴陵窑都发现了南宋咸淳年间的纪年器，出土器物多为南宋晚期至元代的芒口青白瓷和涩圈青瓷，不见北宋时期的高圈足青白瓷。因此，茆山宋墓出土的青白瓷首先可以确定非湖南所产。

从器物的形态、胎釉、装烧方法方面来说，岳阳茆山宋墓出土青白瓷胎体轻薄，胎质细腻，釉层薄而均匀，釉面莹润，显示出极高的工艺水平。湖北、广西等地北宋时期虽也在景德镇窑的影响下生产青白瓷，但工艺及质量均不及景德镇窑，产品胎釉特征也与茆山宋墓出土的青白瓷有差距。从器物形态上看，四出葵口碟、十二出葵口碟、撇口碗等器物都能从景德镇窑的代表性窑口湖田窑中找到几乎完全相同或相似的器物。从装烧方法来看，茆山宋墓出土的青白瓷，尤其是碟、碗等外底刮釉，仅有底部保留圆形垫烧痕迹，其余均满施青白釉，正是景德镇窑以漏斗形匣钵和圆形垫饼装

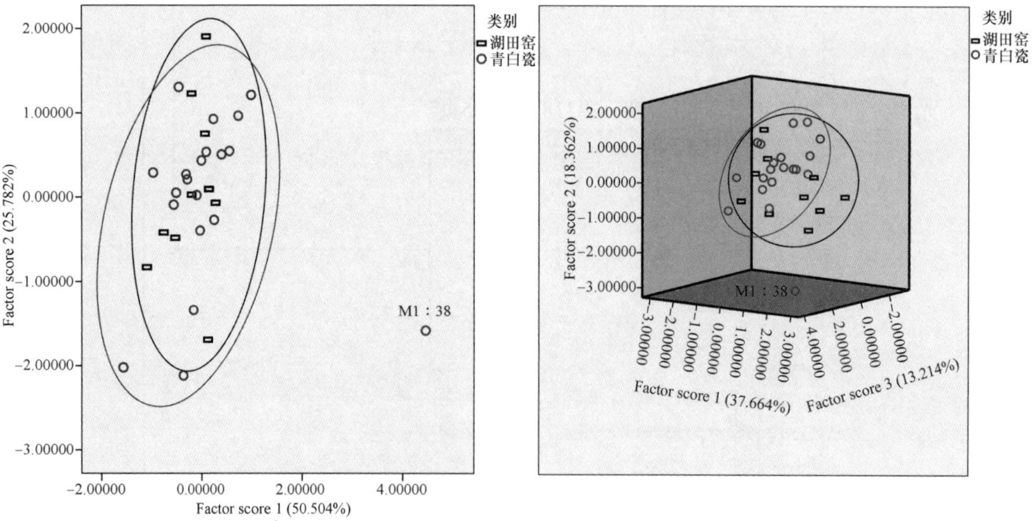

1　　2

图七　出土青白瓷及窑口标本主成分分析图

1. 主次量元素　2. 微量元素

烧的直接反映。因此，茆山宋墓的这批青白瓷可能为景德镇窑的产品。

为印证这一看法，我们将这批青白瓷与湖田窑拣选标本XRF分析结果进行多元统计分析和比较，并绘制主成分散点图，如图七所示。已有研究结果表明，同一地区烧制的青白瓷，其微量元素含量具有较为明确的相似性[11]。根据主成分分析结果可知，茆山宋墓出土的青白瓷与湖田窑的主次量元素和微量元素的主成分分析结果均基本重合，同样表明这批青白瓷极有可能产自景德镇地区。

四、结　　论

便携式XRF能够为我们提供古代瓷器的化学成分信息，合理利用多元统计分析方法处理这些信息，可以为我们判断古陶瓷产地提供科学依据。因子分析和聚类分析的结果表明，岳阳茆山宋墓出土的青瓷，其成分明显区别于临汝窑，与耀州窑落在同一区域，表明这批青瓷极有可能产自耀州窑。出土青白瓷与景德镇地区的湖田窑化学成分相似，且结合这批青白瓷的外观、呈色等，可推测该批青白瓷产自景德镇地区。

注　　释

[1] 湖南省文物考古研究所、岳阳市文物考古研究所：《湖南岳阳茆山宋墓发掘简报》，《文物》2016年第5期。

[2] 崔剑锋：《使用便携式XRF研究陕西蓝田吕氏家族墓地出土青釉瓷的产地》，《陶瓷考古通讯》2013年第2期。

[3] 周少华、付略、梁宝鎏：《EDXRF微量元素分析在文物断源断代中的研究》，《光谱学与光谱分析》2008年第28卷第5期，第1181～1185页。

[4] 耀州窑和临汝窑的瓷片标本均为北宋时期，湖田窑的瓷片标本中1～5为北宋时期，6～10为南宋时期。

[5] 崔剑锋：《成分分析在古陶瓷产源研究中的应用及实例》，《陶瓷考古通讯》2013年第1期，第23～28页。

[6] 湖北省文物考古研究所：《武昌青山瓷窑遗址发掘简报》，《江汉考古》1991年第4期。

[7] 武汉大学历史系考古专业、武汉市文物工作队、黄陂县文化馆：《湖北黄陂县铁门坎遗址宋墓》，《考古》1995年第11期。

[8] 叶喆民：《中国陶瓷史》（增订版），生活·读书·新知三联书店，2011年，第323页。书中所录的湖泗窑出土的宋青白瓷执壶与茆山宋墓M1：38极其相似，湖泗窑即梁子湖窑。

[9] 中国硅酸盐学会：《中国陶瓷史》，文物出版社，1982年。

[10] 湖南省文物考古研究所、益阳市文物管理处：《湖南益阳羊舞岭瓦渣仑窑址Ⅱ区发掘简报》，《湖南考古辑刊》第11集，科学出版社，2015年。

[11] 朱铁权、王昌燧、李艳等：《不同窑口青白瓷瓷胎化学元素特征研究》，《岩矿测试》2006年第25卷第2期，第114～118页。

A Discussion on the Producing Area of the Porcelain Unearthed from a Song Dynasty Tomb at Maoshan in Yueyang City

Xiao Ya　Yang Ningbo

(Hunan Provincial Institute of Cultural Relics and Archaeology)

Abstract: Combined with traditional archaeological methods, this paper analyzes the celadon and greenish white porcelain of a Song dynasty tomb at Maoshan in Yueyang city by means of portable X-ray fluorescence spectrometer(XRF), and deploys the multivariate statistical analysis and comparison with the analysis results of porcelain slice samples from Yaozhou Kiln, Linru Kiln and Hutian kiln. Results show that the celadon of the Song tomb at Maoshan were produced from Yaozhou Kiln, not from Linru kiln, and the greenish white porcelain was very likely the productions of Jingdezhen Kiln.

Keywords: Yueyang; The song dynasty tomb at Maoshan; Portable XRF; Celadon; Greenish White Porcelain; Producing Area

附表 XRF分析结果

编号	类别	元素组成及含量（wt./PPM）																
		K	Ca	Ti	Mn	Fe	Ni	Cu	Zn	Rb	Sr	Zr	Cd	Sn	Sb	Ba	Ta	Pb
M1：22	青瓷	24218	61372	1389	407	12679	24	39	9	111	250	176	11	15	n.d.	170	23	n.d.
M1：20	青瓷	24172	50825	1176	417	12315	43	18	n.d.	122	250	197	n.d.	16	n.d.	187	30	n.d.
M1：19	青瓷	21169	86877	1331	820	13817	18	33	8	78	278	313	31	41	n.d.	275	33	14
M1：23	青瓷	20842	42656	1314	525	12962	25	17	n.d.	74	191	251	n.d.	36	n.d.	271	28	4
M1填土：1	青瓷	20009	36129	1117	459	11670	22	5	n.d.	66	168	241	n.d.	18	n.d.	244	29	10
M1填土：4	青瓷	21695	38747	1211	479	11370	14	n.d.	n.d.	74	163	200	22	38	37	304	33	10
M1填土：3	青瓷	20838	65821	1382	634	18255	51	39	16	115	319	302	32	18	n.d.	205	38	9
M1填土：2	青瓷	24435	49177	1284	532	16466	45	25	10	124	321	250	28	n.d.	n.d.	191	38	3
M1：10	青白瓷	10411	64605	n.d.	136	2740	n.d.	n.d.	13	158	67	14	n.d.	n.d.	n.d.	63	25	n.d.
M1：28	青白瓷	14377	102138	187	602	5749	n.d.	n.d.	89	273	178	33	25	n.d.	18	114	34	22
M1：9	青白瓷	15240	127708	n.d.	600	5818	n.d.	n.d.	35	328	145	36	38	21	19	120	51	17
M1：5	青白瓷	16804	80191	69	1248	6538	13	n.d.	66	288	99	37	14	n.d.	n.d.	48	40	13
M1：3	青白瓷	12135	82398	n.d.	873	6417	14	n.d.	49	270	130	33	14	n.d.	n.d.	n.d.	41	22
M1：35	青白瓷	13325	95226	n.d.	1117	6134	n.d.	n.d.	49	263	135	37	13	n.d.	n.d.	159	34	17
M1：27	青白瓷	14921	84687	n.d.	1126	6646	13	n.d.	63	261	107	39	26	20	n.d.	173	39	13
M1：30	青白瓷	17291	101820	196	1415	8074	11	5	66	349	159	45	32	44	44	183	49	12
M1：7	青白瓷	16386	96196	172	1203	7274	7	n.d.	60	283	133	40	15	n.d.	47	218	45	12
M1：29	青白瓷	11785	92838	81	909	5863	n.d.	n.d.	46	258	158	37	17	23	20	98	49	12
M1：11	青白瓷	16321	102873	96	1783	6454	12	11	66	267	229	36	13	41	21	221	55	17
M1：4	青白瓷	9470	93935	n.d.	715	6133	n.d.	5	43	189	159	31	11	17	19	145	31	13
M1：39	青白瓷	18536	102578	199	1505	8771	18	n.d.	43	374	166	51	40	n.d.	n.d.	204	49	17

续表

编号	类别	元素组成及含量（wt./PPM）																
		K	Ca	Ti	Mn	Fe	Ni	Cu	Zn	Rb	Sr	Zr	Cd	Sn	Sb	Ba	Ta	Pb
M1：36釉	青白瓷	11646	65602	452	687	5596	n.d.	n.d.	63	242	86	29	n.d.	n.d.	19	145	33	8
M1：8釉	青白瓷	14159	75667	118	1097	6616	13	n.d.	68	276	136	42	12	n.d.	18	138	31	10
M1：12	青白瓷	14869	109556	147	1310	6898	n.d.	n.d.	68	345	176	39	30	n.d.	41	201	42	4
M1：38	青白瓷	27679	69608	1262	3345	6968	13	67	81	255	461	235	27	41	22	372	33	17
M1：34	青白瓷	14290	110489	261	1055	5919	n.d.	n.d.	72	287	208	49	35	n.d.	19	203	39	30
M1：31	青白瓷	13793	92635	89	1193	7111	n.d.	7	60	276	150	43	30	n.d.	17	240	41	21
M1：33	青白瓷	15904	53797	175	475	4299	n.d.	n.d.	31	238	73	31	9	n.d.	n.d.	100	27	37
YZY-1	耀州窑	19063	67505	910	483	16519	49	29	13	113	313	271	29	39	n.d.	192	39	8
YZY-2	耀州窑	25606	32706	1247	362	16394	44	20	13	162	366	204	24	32	17	267	40	22
YZY-3	耀州窑	24109	36322	1067	355	13959	81	25	23	134	343	165	30	17	17	309	40	24
YZY-4	耀州窑	25700	49393	1233	616	21068	68	23	13	168	377	212	16	43	n.d.	358	41	12
YZY-5	耀州窑	20766	44051	1043	352	11425	22	24	10	103	279	195	28	15	n.d.	188	28	5
YZY-6	耀州窑	18916	80937	1330	552	19075	25	23	19	134	250	327	32	23	21	256	31	10
YZY-7	耀州窑	22458	44461	1239	366	17292	61	26	15	129	263	199	23	32	n.d.	205	31	n.d.
YZY-8	耀州窑	16377	71588	967	401	18128	32	13	14	95	257	225	15	15	n.d.	185	32	9
YZY-9	耀州窑	24908	68988	1321	594	19775	34	33	11	144	310	282	15	22	n.d.	245	35	8
YZY-10	耀州窑	17514	65794	891	375	10850	19	36	n.d.	93	264	195	12	34	n.d.	221	26	n.d.
LRY-1	临汝窑	24309	51054	658	551	11740	27	30	19	166	196	173	24	38	19	248	34	9
LRY-2	临汝窑	28544	45130	1134	873	10179	65	46	27	175	196	174	n.d.	47	n.d.	349	58	9
LRY-3	临汝窑	23863	49732	911	501	9782	32	53	13	143	151	190	11	30	n.d.	175	37	10
LRY-4	临汝窑	26082	55122	705	523	11369	47	81	14	171	188	222	22	n.d.	n.d.	202	47	8

续表

编号	类别	元素组成及含量（wt./PPM）																
		K	Ca	Ti	Mn	Fe	Ni	Cu	Zn	Rb	Sr	Zr	Cd	Sn	Sb	Ba	Ta	Pb
LRY-5	临汝窑	31941	64068	1021	1068	12112	41	67	38	226	196	277	15	19	n.d.	228	55	25
LRY-6	临汝窑	32025	58549	842	664	12406	61	74	6	212	203	198	n.d.	36	35	264	50	3
LRY-7	临汝窑	30207	38228	776	508	8632	54	29	13	169	118	168	12	14	n.d.	145	46	9
LRY-8	临汝窑	25317	65401	522	559	10620	42	95	32	167	200	236	14	17	17	227	45	14
LRY-9	临汝窑	23452	35188	710	375	6898	5	57	5	147	137	192	0	33	0	175	28	12
LRY-10	临汝窑	27121	28807	712	412	5618	n.d.	20	15	147	113	179	21	14	13	170	27	13
HTY-1	湖田窑	11630	102923	232	858	10431	14	15	47	254	244	54	32	22	69	250	41	22
HTY-2	湖田窑	9053	76108	n.d.	797	4784	n.d.	n.d.	34	226	93	29	n.d.	n.d.	n.d.	136	24	19
HTY-3	湖田窑	14524	93516	214	587	6216	n.d.	13	43	264	207	30	37	53	44	209	29	n.d.
HTY-4	湖田窑	11745	97284	220	589	9099	14	12	22	190	160	32	n.d.	n.d.	40	251	34	4
HTY-5	湖田窑	13659	84377	212	714	9203	5	13	36	220	172	39	17	35	56	239	35	18
HTY-6	湖田窑	14729	74711	323	489	8660	7	n.d.	18	269	123	33	14	16	n.d.	112	32	57
HTY-7	湖田窑	11436	75660	149	302	6527	17	n.d.	41	178	144	23	12	14	21	154	26	17
HTY-8	湖田窑	16471	39445	86	1011	6828	16	n.d.	53	336	80	42	20	15	n.d.	47	37	18
HTY-9	湖田窑	12135	81294	235	443	5966	n.d.	n.d.	27	236	105	29	21	n.d.	n.d.	70	28	17
HTY-10	湖田窑	16861	89772	191	1018	6388	5	n.d.	22	315	303	46	33	n.d.	44	175	42	9

注：“n.d.”表明仪器未检测到该元素。

湖南娄底明代壁画墓三合土及壁画彩绘颜料分析

肖　亚[1]　刘　科[2]　刘绍军[2]

（1. 湖南省文物考古研究所　2. 中南大学粉末冶金研究院）

［摘　要］　本文采用X射线荧光光谱仪、X射线衍射仪、傅立叶变换红外光谱仪、综合热分析仪及激光拉曼光谱仪，对湖南娄底明代壁画墓的三合土灰浆及墓葬内壁壁画彩绘颜料进行了分析研究。结果表明，娄底明代壁画墓三合土灰浆胶凝材料的主要矿物组成为方解石和石英，所用壁画彩绘颜料包括朱砂和炭黑。分析结果能为该壁画墓后期的保护修复处理提供可靠的科学依据。

［关键词］　壁画墓；三合土；彩绘颜料；成分分析

湖南娄底明代壁画墓位于湖南省娄底市娄星区万宝镇群益村凤形山上，是湖南省发现的第一座明代壁画墓。其发现时虽遭到了一定程度的破坏，但其墓葬墙体、壁画彩绘等在破坏前均保存完好。墓葬主体由三合土筑成，施白色打底层，上绘彩色图案，其色彩以红、黑为主。为了解湖南娄底明代壁画墓的制作材料和制作工艺，为后期的保护修复提供科学依据，采用无损原位分析及采集微量样品实验室分析相结合的方法，对该壁画墓灰浆及壁画彩绘颜料进行了相关的分析检测。

一、分析方法及仪器

（1）X射线荧光光谱（XRF）分析

牛津X-MET 7500手持式X射线荧光光谱仪，测试方法为Mining_LE_FP，测试时间为60s。

（2）X射线衍射（XRD）分析

日本理学Rigaku Ultima-IV X射线多晶粉末衍射仪，测试电压为40kv，电流40mA，步长0.02，狭缝10mm，测试速度为5°/min。

（3）傅立叶变换红外光谱（FT-IR）分析

美国Nicolet iS10 傅立叶变换红外光谱仪，KBr压片法。

（4）热重-差示扫描（TG-DSC）分析

德国耐驰STA 449C TG-DSC同步热分析仪，测试气氛为Ar，加热温度为室温至1000℃。

（5）激光拉曼光谱（Raman）分析

法国JY 公司LabRAM Aramis型显微共聚焦激光拉曼光谱仪，所选激光器波长为532nm，曝光时间10s，Hole（小孔）100μm，光栅刻度1800gr/mm，功率10mw（Filter D0.3）。

二、墓葬三合土灰浆成分分析

娄底明代壁画墓墓葬主体为三合土结构，呈灰白色，内含大量砂砾。三合土是我国古代建筑常用的一种性能优良的建筑材料[1]，以石灰与黄土或其他火山灰质材料作为胶凝材料，以细砂、碎石、炉渣等作为骨料，具有强度高、韧性好、防渗性能强等优点[2]。这也是该墓葬发现之初，墓葬内部干燥，保存状况较好的主要原因。为了解三合土灰浆的主要物相组成，采集小块三合土样品，将样品砸碎，剔掉砂砾，将胶凝材料研磨成粉，进行相关的分析。XRD分析结果见图一所示，三合土灰浆胶凝材料的

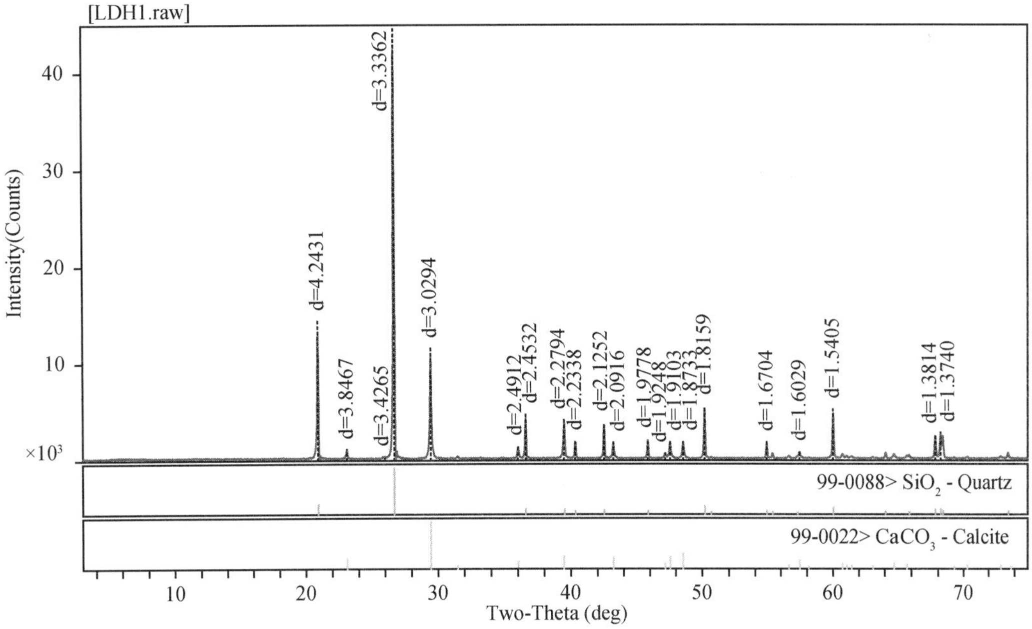

图一 三合土灰浆XRD分析结果

主要成分为方解石和石英，可见其原料应为砂砾、石灰和土三组分组成。

我国古代三合土中多添加糯米浆、桐油、杨桃藤汁、蛋清和动物血等多种有机物以进一步提高三合土的性能，尤其常见的是糯米浆[3]。添加糯米浆的三合土灰浆在明代时被大量应用于墓葬、城墙、炮台等建筑中。为快速检验娄底明代壁画墓所用的三合土灰浆中是否含有糯米汁，采用碘-淀粉显色实验（彩版三二，1）。碘与淀粉的显色反应非常灵敏，直链淀粉遇碘形成蓝色的络合物，支链淀粉遇碘则呈紫红色，糯米的主要成分即为支链淀粉[4]。实验显示，该灰浆未见明显的显色反应，表明灰浆中未添加糯米汁等淀粉类有机物。

为进一步了解三合土灰浆中有机物的添加情况，采用FT-IR和TG-DSC相结合的方法，对三合土灰浆中的组分进行了分析，结果如图二、图三所示。图二为三合土灰浆的红外吸收光谱图。结合XRD分析结果可知，3423cm^{-1}处的宽峰为分子间O-H的伸缩振动吸收峰，2985、2867、2511、1796、1433、876、713cm^{-1}处为方解石的红外吸收峰[5]，1165、1084、1032、798、778、694、466cm^{-1}处为石英的红外吸收峰[6]。图三为三合土灰浆的热分析结果，其中，710～765℃之间明显的吸热峰，并伴随较大的

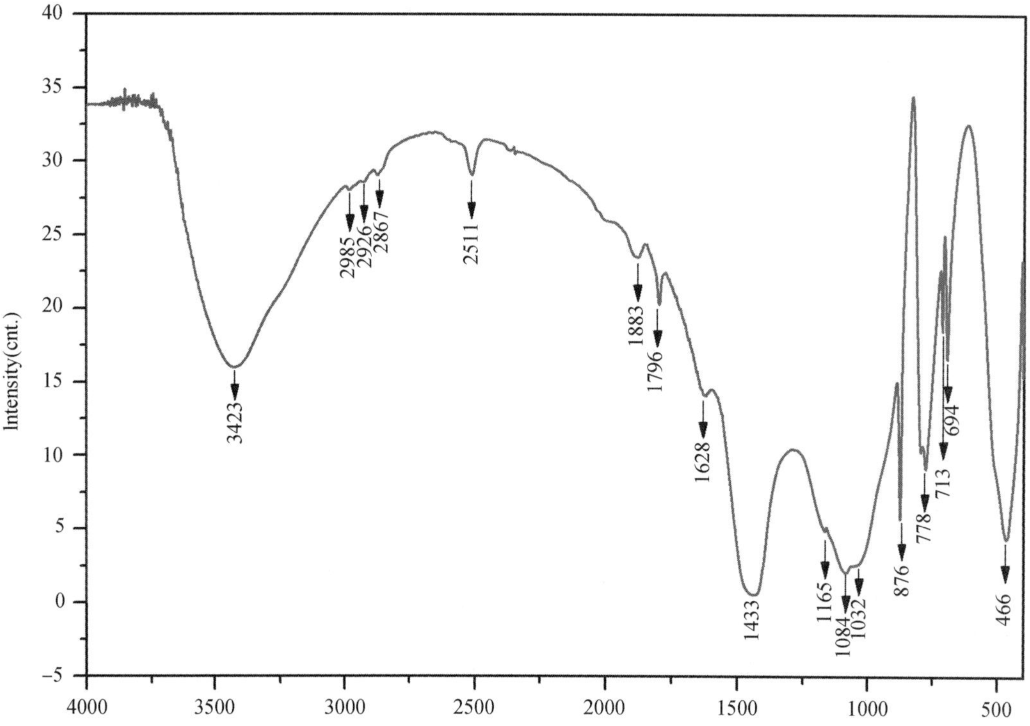

图二　三合土灰浆FT-IR分析结果

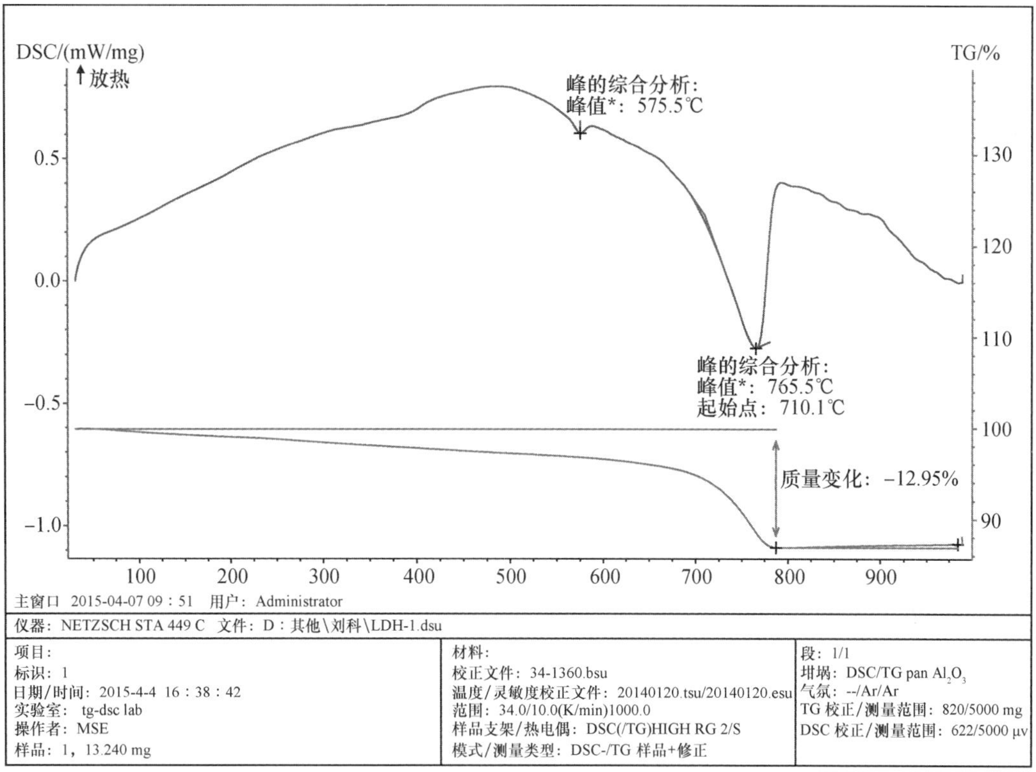

图三 三合土灰浆TG-DSC分析结果

质量损失，为碳酸钙分解（$CaCO_3 \rightarrow CaO + CO_2\uparrow$）所形成的。575℃左右微弱的吸热峰，且无明显失重，为灰浆中少量氢氧化钙分解（$Ca(OH)_2 \rightarrow CaO + H_2O\uparrow$）所形成的。根据TG-DSC分析结果，灰浆在低温区无有机物加热分解所形成的放热峰和失重现象，进一步证明灰浆中未添加明显的有机物。

三、壁画彩绘颜料成分分析

壁画彩绘施于三合土表面白灰层上，这层白灰层通涂于壁画墓三合土的地仗层上，既可认为是壁画的载体也可被当做白色颜料[7]。彩绘颜色鲜艳，以红、黑为主，部分区域呈现橘红。由于后期的破坏作用，导致壁画表面黏附较多泥土，使得壁画画面颜色偏黄，图案模糊。采用手持式荧光仪对壁画颜料进行原位分析（彩版三二，2），其分析结果见表一。

表一 壁画颜料XRF原位分析结果

样品名称	颜色	元素组成及质量百分比（wt.%）											
		Al	Si	P	S	Ca	Ti	Fe	Zn	As	Sr	Hg	Pb
LDMW	白色	4.54	9.50	0.06	0.31	46.32	0.18	0.73	—	—	0.04	—	—
LDMR	红色	4.60	8.55	0.21	5.31	38.95	0.21	0.98	0.03	0.05	0.08	5.32	0.94
LDMY	橘色	4.77	7.54	0.17	1.17	42.67	0.13	0.77	—	0.08	0.07	0.12	0.86
LDMD	黑色	5.42	9.17	0.11	0.39	45.58	0.17	0.67	—	—	0.05	0.03	—

根据XRF分析结果可知，四种不同颜色颜料均以Ca为主，并有一定量的Si和Al。Ca元素来源于白灰层，Si和Al来源于壁画彩绘表面的泥土污染。其中，红色颜料中存在较为明显的Hg和S，橘色颜料中除含少量的S外，同黑色颜料，组成中无明显的显色元素。

为进一步确认壁画颜料的显色物质，采集微量样品，在实验室利用显微共聚焦拉曼光谱的方法进行了分析，其结果见图四～图六。

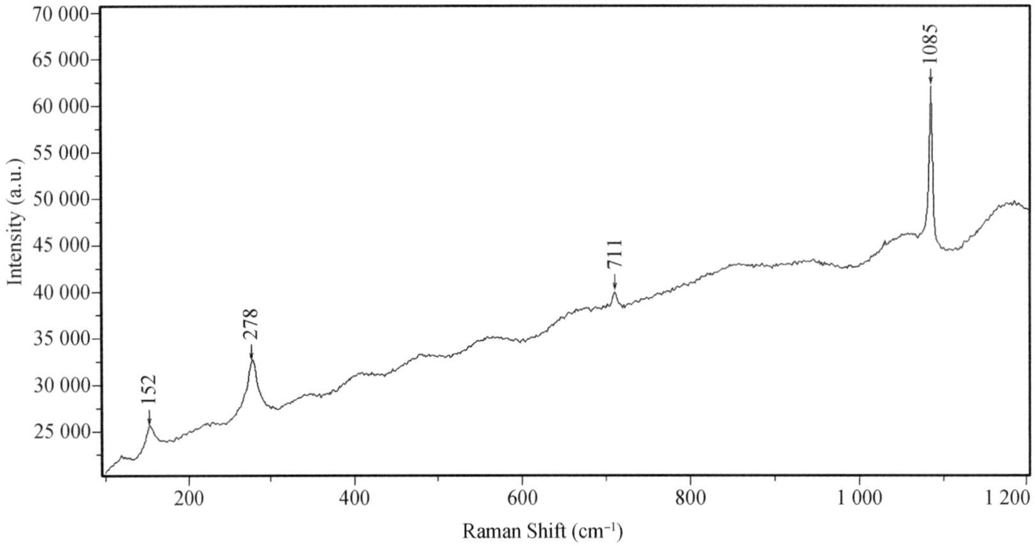

图四 白色颜料拉曼光谱分析结果

白色颜料的拉曼谱图在152、278、711、1085cm^{-1}处有拉曼频移峰，与方解石的特征拉曼频移峰[8]相对应，可见，白色颜料为方解石。方解石为石灰炭化后形成的，该白灰层应为涂刷的石灰层。红色颜料在152、250、278、340、710、1084cm^{-1}处存在拉曼频移峰，其中152、278、710、1084cm^{-1}处为方解石的拉曼频移峰，250、340cm^{-1}处与朱砂的特征拉曼频移峰相对应，红色颜料主要显色物质为朱砂[9]。朱砂，古时称作

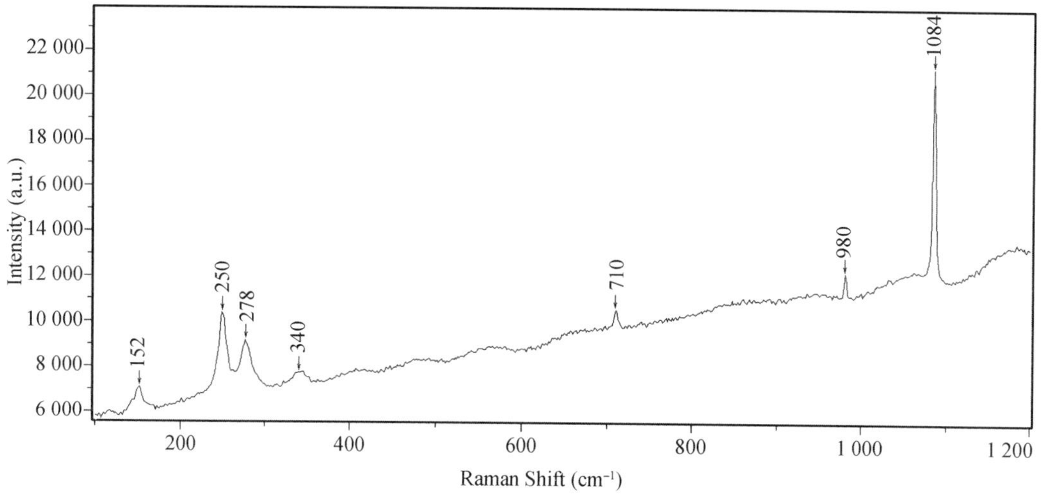

图五 红色颜料拉曼光谱分析结果

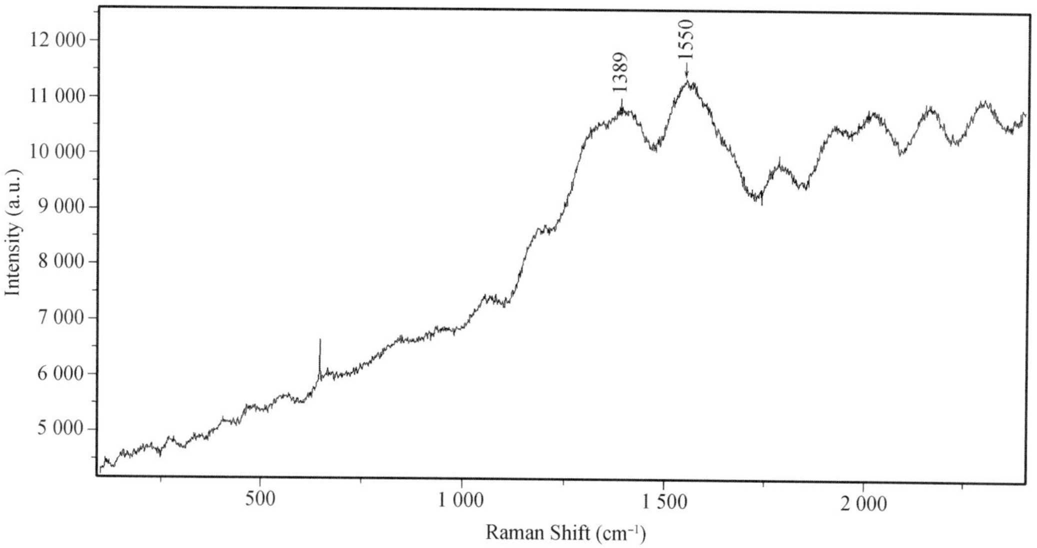

图六 黑色颜料拉曼光谱分析结果

“丹”，其主要化学成分是硫化汞（HgS），在我国湖南、贵州、四川等地都有产出。朱砂为古代常见的红色矿物颜料，其具有极强的显色能力，颜色鲜艳且不易退色，因而被广泛应用于古代的壁画、彩绘陶、贵重丝织品[10]、漆木器等。而橘色颜料在拉曼光谱分析时，除方解石的拉曼频移峰外，未得到其他显色物质的频移峰，其XRF所得结果中也未检测到明显的显色元素，推测可能为极少量的红色颜料朱砂和白色颜料方解石混合而得。黑色颜料的拉曼谱图在1389、1550 cm^{-1}处存在两个较宽的拉曼频移峰，分别对应于无定型碳的特征峰D峰和G峰，可知，该黑色颜料为无定型碳（C），即传统绘画所用的墨[11]。

四、结　　论

湖南娄底明代壁画墓的三合土灰浆由砂砾、石灰和土组成，灰浆胶凝材料的主要矿物组成为方解石和石英。三合土灰浆中无明显的有机物添加。三合土上涂刷一层均匀的石灰层作为打底层，上施彩绘。壁画彩绘颜料中，红色颜料为朱砂，黑色颜料为炭黑，橘色可能为朱砂和方解石调制所得。

注　　释

[1] 刘叙杰：《中国古代建筑史》第二卷，中国建筑工业出版社，2005年，第33～38页。
[2] 李泓铭：《传统灰浆材料之特性与配比最佳化之探讨》，台湾“国立”成功大学博士学位论文，2005年。
[3] 杨富巍、张秉坚、潘昌初等：《以糯米灰浆为代表的传统灰浆——中国古代的重大发明之·》，《中国科学》E辑2009年第39卷第1期。
[4] 杨富巍、张秉坚、曾余瑶等：《传统糯米灰浆科学原理及其现代应用的探索性研究》，《故宫博物院院刊》2008年第5期。
[5] 魏国锋、孙升、王成兴等：《皖南牌坊传统灰浆的科技研究》，《光谱学与光谱分析》2013年第33卷第7期。
[6] http://rruff.info/chem=Si,O/display=default/R040031.
[7] 胡薇：《唐墓壁画载体的特殊性及传统工艺》，《文博》2011年第3期。
[8] 杜广鹏、范建良：《方解石族矿物的拉曼光谱特征》，《矿物岩石》2010年第4期。
[9] 王继英、魏凌、刘照军：《中国古代艺术品常用矿物颜料的拉曼光谱》，《光散射学报》2012年第24卷第1期。
[10] 陈国安：《马王堆汉墓出土印花敷彩织物的加固试验与保护处理》，《文物》1990年第11期。
[11] 刘照军、韩运侠、杨蕊等：《明代古墓葬壁画颜料的显微拉曼光谱分析》，《中国激光》2013年第40卷第6期。

Analysis of the Triple-combined Soil and Pigments on the Mural Paintings from the Ming Dynasty Tomb in Loudi of Hunan

Xiao Ya[1] Liu Ke[2] Liu Shaojun[2]

(1. Hunan Provincial Institute of Cultural Relics and Archaeology 2. Powder Metallurgy Research Institute of Central South University)

Abstract: X-ray fluorescence(XRF), X-ray diffractometer(XRD), FT-IR Spectrometer, thermal analyzer and laser Raman spectrometer were applied to analyze and research the samples of triple-combined soil and pigments on the mural paintings from the Ming Dynasty tomb in Loudi of Hunan province. It was found that, the binding material of the triple-combined soil from the tomb was mainly composed of calcite and quartz, and the pigments which used in the mural paintings were identified as cinnabar and carbon black. These results can provide us with reliable scientific basis for the conservation and restoration of the mural painting tomb in the near future.

Keywords: Mural Painting Tomb; Triple-combined Soil; Painting Pigment; Composition Analysis

文物杂谈

湖南津市市博物馆藏清代铠甲

彭　芳

（津市市文物局）

［提　要］　20世纪80年代，津市市文物管理所征集到一套清代铠甲。这是一套清代的职官甲，面料为以丝绸和金线织缕的锁子纹厚锦缎，蓝布衬里，以金线绣蟒，各部件满布鎏金铜钉，黑色绒布镶边。其形制与南京市云锦研究所复制的丁汝昌飞鱼纹织金战袍相同，这件铠甲最初的主人约当二品武官。

［关键词］　清代铠甲；武官；蟒纹；云锦

20世纪80年代中期，津市市房地产管理处的退休工人程大海带着一套古代铠甲到津市市文物管理所（现津市市文物局）请求鉴定，如属文物他愿无偿捐献出来，我所接受了程大海的捐赠，并对他的无私精神给予了一定奖励。据程大海讲述，此铠甲系他后妻从江西老家带来，是她祖父收废旧收来的，因看铠甲完整，就保存下来。后来她父亲便作为嫁妆传给她，改嫁程大海后又将铠甲带到程家。她去世后，程大海便将后妻这件遗物捐献给了文物部门。该文物于1993年12月21日，经湖南省文物鉴定小组专家鉴定为三级文物。1994年11月28日，又经国家文物鉴定小组杨伯达等专家鉴定为国家一级文物。1998年至2013年在常德市博物馆展出，现藏津市市博物馆。由于保管条件欠佳，长期外借陈列展出。目前已损坏严重，黑色绒边已有部分脱落，袖口等部分出现破损。

这套铠甲共有两大件八小件，两大件为身甲和行裳各1件；另有肩甲、腋片各2件，胸片和蔽膝各1件，与身甲和行裳合为八小件。面料为以丝绸和金线织缕的锁子纹（或称龟背纹）厚锦缎，蓝布衬里。以金线绣蟒，各部件满布鎏金铜钉，黑色绒布镶边。

身甲为圆领，对襟，马蹄袖，铜扣布襻。前胸及后背各绣双圈，圈内以五彩丝线及金线绣花纹，内圈绣莲花纹，外圈绣左右相对的云纹和两条四爪升蟒纹。肩甲略呈梯形，垂于两肩。中部为绵甲，两端缀20片鎏金铜甲片。铜甲片上均压铸有蟒纹，绵甲中心也绣一云蟒纹。两腋为一扇形绵甲片，以布襻扣于腋下。前胸下方垂一方形绵甲片。身甲长71、袖通长210厘米（图一；彩版三三）。

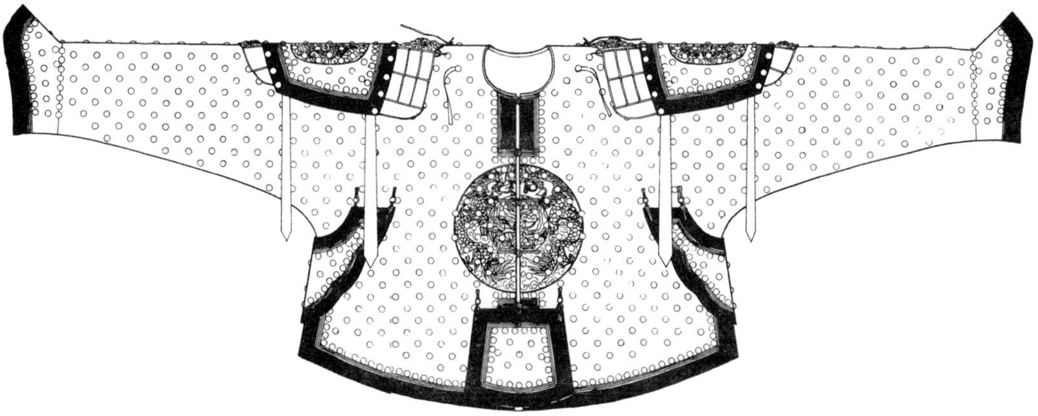

图一 身甲

行裳又称战裙、裙甲，整体呈盾形，左右两幅，上有宽带系于腰间。两幅各于圆形蓝底云纹上以金线绣正蟒图案。在两幅行裳的正中接缝处，扣覆着一块蔽膝。蔽膝上方用捻金线绣着正面狮头，中间绣蓝色寿字，寿字两侧各绣一蜥蜴，下方为摩羯图案。长105、通宽120厘米（图二；彩版三四）。

这是一套清代的职官甲，身甲和裙甲基本完整，但胄已失[1]。铠甲的形制与湖南省博物馆所藏曾国藩“一品当朝”双眼花翎铠甲[2]及南京市云锦研究所复制的丁汝昌飞鱼纹织金战袍相同[3]。对比之下，我馆所藏铠甲还缺护心镜、护项等小件。

铠甲上共绣蟒八条，鎏金铜甲片上蟒纹20条。关于蟒与龙的区别，其实概念较模糊。《万历野获编·补遗》：“阁臣赐蟒之始”云：“蟒衣为象龙之服，与至尊所御袍相肖，但减一爪耳。”[4]《万历野获编》“蟒衣”云：“诸韵书皆云蟒者大蛇，非龙类。蟒无足无角，龙则角、足皆具。今蟒衣皆龙形。”[5]《清史稿·舆服二》：“两肩前后正蟒各一，襞积行蟒四，皆四爪。曾赐五爪蟒缎者，亦得用之。”[6]又“康熙二十三年，定凡大典礼祭坛庙，冠用大珍珠、东珠镶顶，礼服用黄色、秋香色、蓝色五爪、三爪龙缎。”[7]由以上文献反映，蟒本来是自然界中一种实际存在的“无足无角”的“大蛇”，而龙则是人们杜撰出来的一种神灵之物。皇帝以龙自居，其所用之器具皆可饰龙，皇帝以外者不得饰龙。其实龙又是中华民族的图腾，因而龙

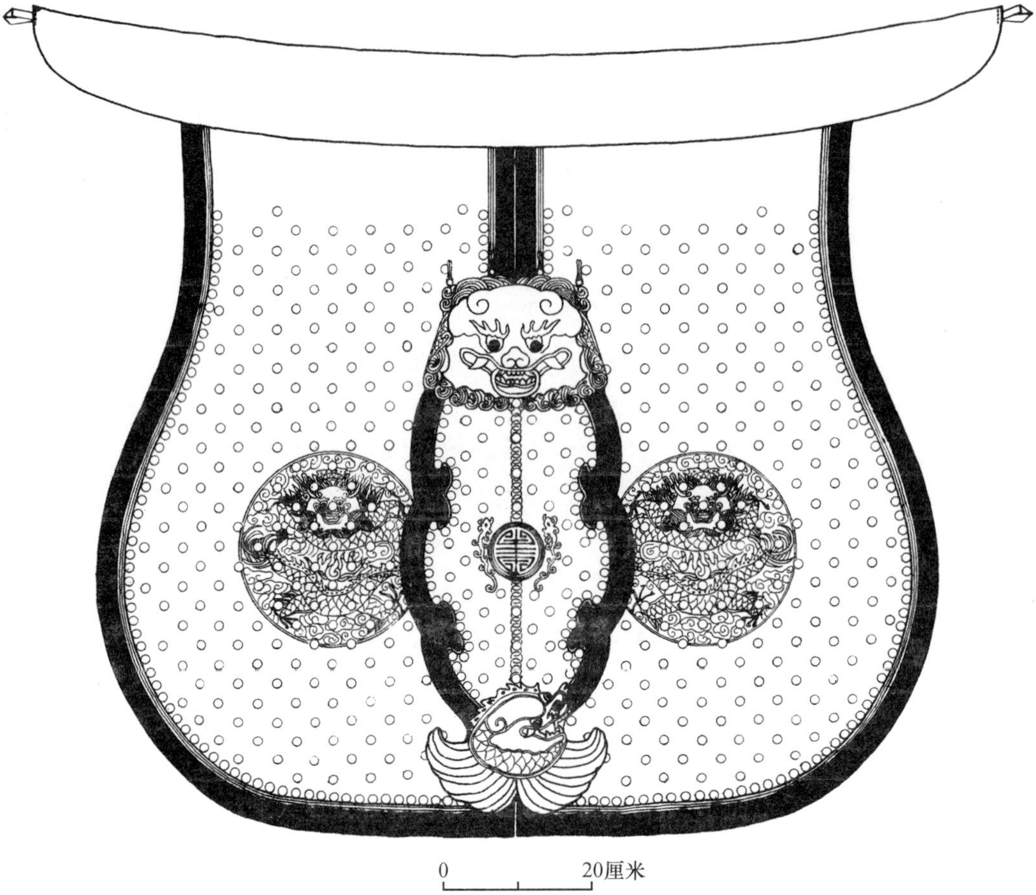

图二 行裳

又无处不在，在服饰上也是常见的形象。为了以示与皇帝之龙区分，便借蟒以名之，其差异在于龙为五爪，蟒为四爪，而其形象“皆龙形”，“但减一爪耳”。然而又有“三爪龙缎”和“五爪蟒缎”，孰龙孰蟒，恐怕只有靠心理认同了。我馆所藏铠甲上的龙纹均为四爪，因而可以认为是“蟒”。

清朝对文武官员的补服上所绣动物图案有较严格的规定，规定文官绣禽，武官绣兽，而依据品级的高低其所绣物类又有区别。就武官而言，“一品麒麟，二品狮，三品豹，四品虎，五品熊，六品彪，七、八品犀牛，九品海马。”[8]这里说的是“补服”，铠甲是否也援例有所体现呢？铠甲的品级主要体现在胄的翎子上，所谓“顶戴花翎”，曾国藩官至两江总督，位居一品，享佩双眼花翎，且铜纽扣上铸有“一品当朝”字样。丁汝昌为北洋水师提督，品级低于曾国藩，约为从一品或二品，我馆所藏这件铠甲与丁汝昌铠甲的共同点更多，则这件铠甲最初的主人约当二品武官。

整套铠甲采用的是金线织龟背纹云锦工艺，“云锦”是出产于南京的一种提花丝织锦缎，是继成都的蜀锦、“纳石失”金锦以及苏州的宋锦以后兴起的一种独具特色的织锦。云锦主要是为皇室和朝廷命官制作服饰，用料考究，做工精细，花团锦簇，灿若云霞，是为“云锦”[9]。我馆珍藏的这套铠甲便是云锦工艺的上乘之作。

附记：本文承谭远辉老师指导并绘图，在此致谢！

注　释

[1] 刘旭：《中国古代兵器图册》，书目文献出版社，1986年，第199页。

[2] 湖南省博物馆官网（Hunan Provincial Museum），藏品数据库。

[3] 朱同芳：《中华瑰宝——南京云锦》，南京出版社，2003年，第80页。

[4] （明）沈德符：《万历野获编·补遗》卷二，中华书局，1997年，第830页。

[5] （明）沈德符：《万历野获编》卷一，中华书局，1997年，第21页。

[6] 赵尔巽等撰：《清史稿·舆服二》，中华书局，1977年，第3048页。

[7] 赵尔巽等撰：《清史稿·舆服二》，中华书局，1977年，第3038页。

[8] 《钦定大清会典》卷三十，《摛藻堂四库全书荟要》第98册，（台湾）世界书局，1988年，第250页。

[9] 徐仲杰：《南京云锦史》，江苏科学技术出版社，1985年，第1～19页。

The Treasure Collection of Military Armor of Qing Dynasty

Peng Fang

(Jinshi Municipal Cultural Relics Bureau)

Abstract: In the 1980s, Jinshi municipal administration of cultural relics collected a suit of armor of Qing dynasty. This is an official armor, whose fabric is thick brocade with lock pattern weaved with silk and gold thread, and blue cloth is inside. It embroiders python with gold thread, braid the edge with lint, and every part was full covered by gilt bronze nail. Its shape is the same with the Ding Ruchang’s wearing gold fabric coat armor with flying fish pattern, which is copied by Nanjing municipal brocade research institute. Judging from this, the original owner of Jinshi’s armor is equal to be the second highest rank military official.

Keywords: Qing Dynasty Armor; Military Official; Python Pattern; Brocade

金石锥指

竞畏矛补论及其相关问题

黄锦前

（河南大学历史文化学院）

［摘　要］　本文对竞畏矛器主名的“畏”字进行了补释；对矛之时代作了补充讨论，认为从铭文字体及文例来看，当定在战国早期。指出其对楚王熊璋戈铭文的读序、铭末文字的拟补以及戈之年代的确定，都有重要的参考意义；对过去出土的同类器物的定名、厘清字书训释以及古书注解的疑义，也有重要的帮助；对正确理解以往战国兵器铭文中常见的“卒”或“萃”的训释，也有重要参考价值，因而有着重要的学术价值。

［关键词］　竞畏矛；时代；楚王熊璋戈；卒；萃

2006年6月，湖南省张家界市永定区且住岗野猫沟战国墓出土一件竞畏矛，陈松长曾撰文予以介绍，对铭文文字及器主身世作了较好的考释（以下简称“陈文”）[1]。本文拟在陈文的基础上，对该矛铭文进行补释，并考证其时代，同时就相关问题进行讨论，不当之处，尚请方家指正。

一

为了讨论的方便，先按我们的理解，将铭文隶写如下：

竞（景）㱿（畏）自乍（作）鋅矛，用𨸋（扬）吝（文）（德）武剌（烈）。

铭文第2字，陈文未识，云当为人名。该字原篆作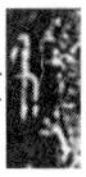，从畏从攴，其写法与下列诸字可以比较：

王子午鼎[2] 王孙诰钟[3] 王孙遗者钟[4] 沇儿镈[5] 梁伯戈[6]

该字右部写作，从畏自然没有问题；左部作，与一般的攴写法有异，但对照上引王子午鼎铭的“敳”字所从之攴写作，人手所持之棍棒上也有一歧出之笔，自然也就不难理解了。因此，该字当释作“敳”，即“畏”字。竞畏为器主之名。

二

矛之时代，陈文未予说明，下面略作讨论。

矛铭文字的写法，可与相关出土文字资料比较。如“作”、“𨍭”分别与楚王熊章镈[7]的“作”字、楚王熊璋戈[8]、曾侯乙79号简的“𨍭”字写法近同；“德”字与寿县蔡侯墓所出蔡侯纽钟[9]的“德”字形体近似[10]（表一）。

表一　竞畏矛与相关出土文字资料字形对照表

字形＼器名	竞畏矛	楚王熊章镈	曾侯乙简	楚王熊璋戈	蔡侯纽钟
作					
𨍭			[11]		
德					、、

楚王熊章镈的时代为楚惠王五十六年（公元前433年）[12]，即战国早期前段；曾侯乙墓竹简的时代同为战国早期；蔡侯纽钟李学勤认为器主可能即蔡平侯庐[13]，时在春秋晚期前段。

矛铭的辞例，可与楚王熊璋戈相比较（表二）。

表二　竞畏矛与楚王熊璋戈辞例对照表

竞畏矛	自作𨍭矛	用扬文德武剌
楚王熊璋戈	用作𨍭戈	以卲扬文武之〔剌〕[14]

楚王熊璋戈的楚王熊璋，一般认为即上述楚王熊章镈之楚王熊章，亦在战国早期前段[15]。

1928～1931年洛阳故城遗址出土的驫羌钟，其铭末曰："武文咸剌"[16]，其义与竞畏矛之"文德武剌"、楚王熊璋戈之"文武之剌"近似，其时代一般认为是在战国早期（韩景侯六年，公元前404年）[17]。

综合以上对铭文字体及文例的讨论来看，该矛的时代，当定在战国早期。

三

上述楚王熊璋戈铭文的读序，过去学界分歧较大[18]。竞畏矛铭文的文例，证明李家浩的读法是正确的[19]。

熊璋戈因胡部下端残损，铭末"之"字之后应有缺字，我们曾采纳李家浩的意见拟补一"德"字[20]，今见陈文亦如是处理，现在看来恐不妥。从竞畏矛铭作"用扬文德武剌"、驫羌钟铭为"武文咸剌"来看[21]，应补作"剌"字[22]。

关于楚王酓璋戈的年代，学界争议亦较大。李家浩主要从文字和文献出发，将戈铭的"酓璋"读作"酓商"，即楚威王熊商，认为铭文记述威王灭越之事，戈之年代可定"在公元前333年前后"[23]。但该戈长援有脊，长方内，其上有一长穿，其时代明显偏早。此戈与上海博物馆所藏的蔡公子加戈[24]、2005年春湖北襄樊古邓城东北团山墓地M42出土的蔡公子加戈[25]及2009年南阳市八一路名门华府住宅小区建设工地M45出土的楚王戈[26]近似（图一），两件蔡公子加戈的时代皆在春秋晚期[27]，楚王戈的时代为战国早期前段。前述楚王熊璋戈与竞畏矛的有关文字如"韗"字构形相同（参见表一），辞例亦多类同，这为学界一般认为楚王熊璋即楚王熊章镈铭的楚王熊章的观点提供了较有说服力的证据。

2000年9月湖北省荆门市五里铺镇左冢楚墓出土的楚王孙渔矛，其铭文的"之"、"用"二字与楚王熊璋戈铭的"之"、"用"两字写法亦近同（表三）。

表三　楚王熊璋戈与楚王孙渔矛相关字形对照表

器名＼字形	之	用
楚王熊璋戈		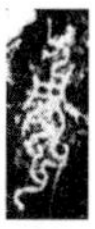
楚王孙渔矛[28]		

1

2

3

4

图一 戈形制图

1. 楚王熊璋戈 2. 楚王戈（南阳市八一路名门华府住宅小区建设工地M45出土）
3. 蔡公子加戈（上海博物馆藏） 4. 蔡公子加戈（襄樊团山墓地M42出土）

楚王孙渔矛作于楚平王时期（公元前528～前516年在位），即春秋晚期前段，因此，楚王熊璋戈的时代亦当与之接近。

总之，从器物形制、文字形体及铭文辞例等所透露的信息来看，楚王熊璋戈的时代应该不会晚到楚威王时期，而应与楚王熊章钟[29]、镈及楚王熊章剑[30]等器物时代相当，当以定在战国早期前段为妥。

四

竞畏矛的形制较为罕见，而略似于1955年湖南长沙市左家公山M21出土的战国时期的宜章矛[31]（图二）。该矛身后有格，銎口两侧无纽，有对穿钉孔，与竞畏矛形制稍有不同。据竞畏矛的自名，亦应称作矛。过去有学者因其身部似剑或铍（铍形似短剑，有锋、刃及格），故将其称作“剑”，这是不准确的。长沙楚墓发掘者曰：“此矛特长（引案：通长39.3、身长27.7厘米），故又可名‘铩’。”[32]古书对铩的注解有两种说法，一说长刃刀矛之属。《史记·秦始皇本纪》：“鉏櫌棘矜，非錟于句戟长铩也。”裴骃《集解》引如淳曰：“长刃矛也。”一说铍有镡。《说文》：“铩，铍有镡也。”[33]《汉书·陈胜项藉传》：“不敌于钩戟长铩。”颜师古注：“铩，

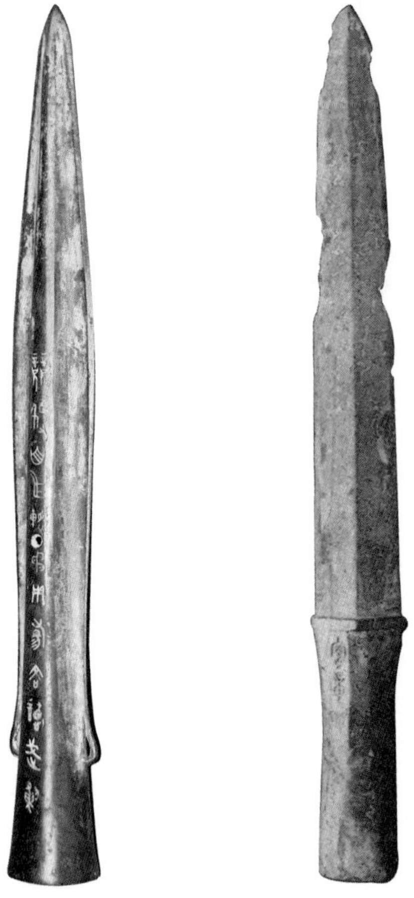

1　　　　2

图二　矛形制图

1. 竞畏矛　2. 宜章矛

铍也。”《文选·陆机〈辨亡论上〉》：“长棘劲铩，望飙而奋。”李善注：“《说文》曰：‘铩，铍有镡也。’亦曰长刃矛刀之类也。”则兼录两说，但可看出，他是倾向于“铍有镡”的说法的。从竞畏矛铭文自名为矛来看，应以前说为优。

五

楚王熊璋戈铭的“𨏥戈”之“𨏥”，李家浩将其读为“倅车”之“倅”，文献或作“萃”，训作“副”，认为戈铭的“𨏥”从车，当是“倅车”的专字，“𨏥戈”即副车上用的戈[34]。陈文认为燕系兵器铭文中相关的“萃”及竞畏矛的“𨏥矛”之“𨏥”均应读为“粹”，训作“纯美”。对此，我们有一点不同看法，下面试作进一步讨论。

“卒”或“萃”在战国尤其是燕系兵器铭文中经常出现，现将有关文例罗列如下：

楚王酓璋戈　楚王酓璋严犯南越，用作𨏥（辑）戈　战国早期　集成17.11381

昭王之信戈　卲（昭）王之信睪（择）亓（其）吉金乍（作）寺（持）𨏥（䡄）戈　战国早期　《襄阳陈坡》彩版二九[35]

竞畏矛　竞畏自作𨏥（䡄）矛　战国早期　《文物》2011年第9期封三：2

我铍　我自铸少卒[36]之用铍　战国早期　《文物》2011年第9期封三：1

燕侯载戈　燕侯载作侧[37]萃鍨　战国早期　集成17.11219

燕侯载戈　燕侯载作萃锯　战国早期　集成17.11186

燕侯载戈　燕侯载作[38]萃锯 战国早期　《考古》1993年第3期第238页图三：4

燕侯腏戈　燕侯腏作〔侧〕萃鍨鍨　战国中期　集成17.11184

燕侯腏戈　燕侯腏作侧萃鍨鍨　战国中期　集成17.11272

燕侯职戈　燕侯〔职〕作攸（徒）[39]萃锯　战国晚期　集成17.11217

燕王职戈　燕王职作〔攸（徒）〕萃锯　战国晚期　集成17.11110

燕侯职戈　燕侯职作? 萃锯　战国晚期　集成17.11221

燕侯职戈　燕侯职作侧萃锯　战国晚期　集成17.11222

燕侯职戈　燕侯职作侧萃锯　战国晚期　集成17.11223

燕王职戈　燕王职作侧萃锯　战国晚期　集成17.11225

燕王职戈　燕王职作王萃　战国晚期　集成17.11187

燕王职戈　燕王职作王萃　战国晚期　集成17.11190

燕王职戈　燕王职作王萃　战国晚期　集成17.11191

燕王职戈　燕王职作厅萃锯　战国晚期　集成17.11226

燕王职戈　燕王职作云[40]萃锯　战国晚期　集成17.11224

燕王职戈　燕王职作云萃锯　战国晚期　集成17.11227

燕王职戈　燕王职作云萃锯　战国晚期　集成17.11228

燕王职戈　燕王职作云萃锯　战国晚期　集成17.11229

燕王职戈　燕王职作云萃锯　战国晚期　集成17.11304

燕王职戈　燕王职作广卒鍨　战国晚期　《故宫文物月刊》1996年总第154期第124页图2

燕王职戈　燕王职作广卒锯　战国晚期　《文物春秋》1993年第3期第89页

燕王职矛　燕王职作广卒釱　战国晚期　集成18.11517

燕王职矛　燕王职作广卒釱　战国晚期　集成18.11518

燕王戎人戈　燕王戎人作萃锯[41]　战国晚期　集成17.11192

燕王戎人戈　燕王戎人作云萃锯　战国晚期　集成17.11273

燕王戎人戈　燕王戎人作云萃锯　战国晚期　集成17.11274

燕王戎人戈　燕王戎人作云萃锯　战国晚期　集成17.11275

燕王戎人矛　燕王戎人作王萃釱　战国晚期　集成18.11538

燕王詈矛　燕王詈作广萃釱[42]　战国晚期　集成18.11530

廿七年安阳令戈　冶扶□右广萃戟　战国晚期　《考古》1988年第7期第617页图3

新城徒卒戈　敬緽新城徒𦾔（萃—卒）　战国晚期　《文物》2004年第10期第85页图2

公孳里敓戈　公孳里脽之？大夫敓之卒　战国晚期　集成17.11402

中阳矛　中阳卒殳[43]　战国晚期　集成18.11494

上揭燕系诸兵器铭文中的“卒”或“萃”，一般依旧注读作“倅”，训作副，又或以为车名[44]。新城徒卒戈的“徒萃”，黄锡全认为当读为“徒卒”，即步兵[45]。

我们认为，上列诸兵器铭文中的“卒”或“萃”，都应读作“徒卒”之“卒”。

如将上述诸兵器铭文的有关辞例加以分类，大致可以分为两组：

第一组：

卒

萃锯

卒殳
䡮戈
䡮矛

第二组：
王萃
王萃鈦

侧萃锯
侧萃鍨
侧萃鍨鍨

厅萃锯

云萃锯

？萃锯

徒萃
徒萃锯

广卒鍨
广卒锯
广卒鈦
右广萃戟

少卒（之用）铍

其中第一组的格式为“卒（或萃）+器名”，其后或省略器名，表示这些都是步兵所使用的武器，类似于齐系兵器铭文中常见的表示步兵所使用的“徒戈”、“徒戟”等辞例。与之对应的是，战国兵器铭文中还常见表示车战所使用的“车戈”、“车戟”、“车矛”等。

第二组的格式为“×卒（或萃）＋器名”，或省去器名。其中“王”、“侧”、“厅”、“云”等为卒之所属。“徒”谓步兵。《诗·鲁颂·閟宫》：“公徒三万，贝胄朱綅。”朱熹《集传》：“徒，步卒也。”因此“徒卒”即步兵。《左传》襄公二十五年：“赋车兵、徒卒、甲楯之数。”“徒卒”，杜预注：“步卒。”《左传》哀公十一年：“冉有以武城人三百为己徒卒。”“徒卒”，杜预注：“步卒，精兵。”“广”谓兵车。《左传》襄公二十三年：“贰广，上之登御邢公，卢蒲癸为右。”杜预注：“贰广，公副车。”亦指三十乘兵车。《左传》宣公十二年：“其君之戎分为二广，广有一卒；卒，偏之两。”江永《群经补义·春秋》：“楚广及巫臣之偏皆十五乘者也，一偏十五乘，两偏三十乘。”因此，“广卒”即车兵。“少”可训副，《书·周官》：“立太师、太傅、太保，兹惟三公……少师、少傅、少保，曰三孤。”《汉书·贾谊传》：“于是为置三少，皆上大夫也。曰少保、少傅、少师。”颜师古注：“副三公者。”是“少卒”即副卒。

以上我们对竞畏矛铭文文字及时代做了一些补充讨论。竞畏矛铭文的发现，对楚王熊璋戈铭文的读序、铭末文字的拟补以及戈之年代的确定，都有重要的参考意义；对过去出土的同类器物的定名、厘清字书训释以及古书注解的疑义，也有重要的帮助，因而有着重要的学术价值。

附记：本文写作过程中，蒙陈松长先生提供竞畏矛的清晰照片，谨致谢忱！

注　　释

［1］　陈松长：《湖南张家界新出战国铜矛铭文考略》，《文物》2011年第9期，第76～78页。

［2］　《殷周金文集成》（中国社会科学院考古研究所：《殷周金文集成》，中华书局，1988～1994年；《殷周金文集成》（修订增补本），中华书局，2007年。以下简称“集成”）5.2811。

［3］　河南省文物研究所、河南省丹江库区考古发掘队、淅川县博物馆：《淅川下寺春秋楚墓》，文物出版社，1991年，第143页，图118。

［4］　集成1.261。

［5］　集成1.203。

［6］　集成17.11346。

［7］　集成1.85。

［8］　A. 集成17.11381。

B. 马承源：《商周青铜器铭文选》（二），文物出版社，1987年，第657号。

[9] 集成1.210、211、217。

[10] 陈文云蔡侯申钟（案：应为蔡侯纽钟，李学勤认为器主可能即蔡平侯卢，详下文注）的“德”字与矛铭之“德”字完全相同，非是。

[11] 李守奎：《楚文字编》，华东师范大学出版社，2003年，第821页。

[12] A. 李学勤：《曾国之谜》，辑入氏著《新出青铜器研究》，文物出版社，1990年，第146～150页。

B. 裘锡圭：《谈谈随县曾侯乙墓的文字资料》，《文物》1979年第7期，第25～32页。

[13] 李学勤：《论汉淮间的春秋青铜器》，《文物》1980年第1期，第54～58页；又《由蔡侯墓青铜器看“初吉”和“吉日”》，《中国社会科学院研究生院学报》1998年第5期，第85～88页。

[14] 拟补依据详下文。

[15] 邹芙都：《楚系铭文综合研究》，巴蜀书社，2007年，第131页。

[16] 集成1.157、158、159、160、161。

[17] 张艳辉：《洛阳金村古墓出土器铭集释》，吉林大学硕士学位论文，2011年，第32～46页。

[18] 如容庚将其由援部自左往右，然后转向胡部，自右往左，读为：“楚王酓璋严龏寅，作軙戈，以邵扬文武之戈用”（参见容庚：《鸟书考》，《中山大学学报》1964年第1期，第75～91页），至今仍有学者从之，如刘彬徽、刘长武：《楚系金文汇编》，湖北教育出版社，2009年，第202页；吴镇烽：《商周金文资料通鉴》1.2版，第16791号。

[19] 他将释读顺序改为援部左右行文字分别与胡部左右行文字连读，作：“楚王酓（熊）璋严犯南戉（越），用乍（作）䡨戈，台（以）邵（昭）膓（扬）文武之。”参见李家浩：《楚王酓璋戈与楚灭越的年代》，《文史》第24辑，中华书局，1985年，第15～21页。

[20] A. 李家浩：《楚王酓璋戈与楚灭越的年代》，《文史》第24辑，中华书局，1985年，第15～21页。

B. 黄锦前：《楚系铜器铭文研究》，安徽大学博士学位论文，2009年，第11页。

[21] 另外，史墙盘（集成16.10175）铭曰“文武长剌”，亦可作为参考。

[22] 其胡部左行“用”下可能亦残缺一字，从楚公逆编钟“楚公逆用自作龢鎛谐钖钟百蝕釾”（山西省考古研究所、北京大学考古学系：《天马—曲村遗址北赵晋侯墓地第四次发掘》，《文物》1994年第8期，第4～21页）、曾仲大父蝨簋“曾仲大父……用自作宝簋”（集成8.4203、4204）、曾伯陭壶“唯曾伯陭乃用吉金鐈鋚用自作醴壶”（集成15.9712）等辞例来看，可能系“自”字。

[23] 李家浩：《楚王酓璋戈与楚灭越的年代》，《文史》第24辑，中华书局，1985年，第15～21页。

［24］ A. 上海博物馆：《上海博物馆藏青铜器》，上海人民美术出版社，1964年，第87号。
B. 陈佩芬：《夏商周青铜器研究》（东周篇），上海古籍出版社，2004年，第272、273页，第546号。

［25］ 黄锡全、刘江声：《襄樊团山墓地出土一件蔡公子加戈》，《华学》第九、十辑，上海古籍出版社，2008年，第146～150页。

［26］ 资料现存南阳市文物考古研究所。

［27］ A. 上海博物馆：《上海博物馆藏青铜器》，上海人民美术出版社，1964年，第87号。
B. 陈佩芬：《夏商周青铜器研究》（东周篇），上海古籍出版社，2004年，第272、273页，第546号。
C. 黄锡全、刘江声：《襄樊团山墓地出土一件蔡公子加戈》，《华学》第九、十辑，上海古籍出版社，2008年，第146～150页。

［28］ 湖北省文物考古研究所、荆门市博物馆、荆襄高速公路考古队：《荆门左冢楚墓》，文物出版社，2006年，第171页。

［29］ 集成1.83、84。

［30］ 集成18.11659。

［31］ 湖南省博物馆、湖南省文物考古研究所、长沙市博物馆等：《长沙楚墓》下册，文物出版社，2000年，图版六七：4。

［32］ 湖南省博物馆、湖南省文物考古研究所、长沙市博物馆等：《长沙楚墓》上册，文物出版社，2000年，第213页。

［33］ 大徐本“镡”作“铎”，此据小徐本。镡是剑柄末端的突起部分，状如蕈类，中空，上有孔，吹而有声。也称剑首、剑珥、剑鼻。《庄子·说剑》：“天子之剑，以燕溪石城为锋，齐岱为锷，晋魏为脊，周宋为镡，韩魏为夹。”

［34］ 李家浩：《楚王酓璋戈与楚灭越的年代》，《文史》第24辑，中华书局，1985年，第15～21页。

［35］ 湖北省文物考古研究所、襄阳市文物考古研究所、襄阳市襄州区文物管理处：《襄阳陈坡》，科学出版社，2013年，第201页，第203页图一八五，彩版二九，图版五六。

［36］ “卒”字的释读及该器时代的判定详参黄锦前：《我铍铭文补释及相关问题》，《出土文献语言研究》第二辑，暨南大学出版社，2015年。

［37］ 董珊：《战国题铭与工官制度》，第二章“燕国题铭”之第一节“郾侯库时代的题铭”，北京大学博士学位论文，2002年。

［38］ 旧多释“之”。

［39］ 董珊：《中山国题铭考释拾遗（三则）》，《北京大学古文献研究中心集刊》第四辑，北京

大学出版社，2004年，第345～354页。

［40］ 董珊：《战国题铭与工官制度》，第二章“燕国题铭”之第二节“燕昭王时代的题铭研究”，北京大学博士学位论文，2002年。

［41］ 董珊释作“鍨”，参见氏著：《战国题铭与工官制度》，第二章“燕国题铭”之第二节“燕昭王时代的题铭研究”北京大学博士学位论文，2002年。

［42］ 末字旧释“玫”。其原篆作，笔画残损，其残划与燕系兵器铭文中的鈦字如燕王职矛（集成18.11517、11518）作、、燕王戎人矛（集成18.11538）作相似，故改释。

［43］ 末字旧多释作“人”，其原篆作，不似“人”字，与曾侯邶殳之“殳”字作（集成18.11567）、十九年大良造鞅殳镦（商鞅殳镦）之“殳”字作（咸阳市文物考古研究所：《塔儿坡秦墓》，三秦出版社，1998年，第134页，图102，《考古与文物》1996年第5期，第5页，图5）形写法近似，故疑为“殳”字。

［44］ 有关说法请参见苏建洲：《战国燕系文字研究》，“国立”台湾师范大学国文研究所硕士学位论文，2001年，第388页；黄锡全、冯务建：《湖北鄂州新出一件有铭铜戈》，《文物》2004年第10期，第86页。

［45］ 黄锡全、冯务建：《湖北鄂州新出一件有铭铜戈》，《文物》2004年第10期，第86页。

An Additional study on the Jingwei spear and related issues

Huang Jinqian

(The School of the History and Culture of Henan University)

Abstract: This paper identifies the character “*wei*(畏)” of the inscription on the Jingwei spear(竞畏矛). According to the inscriptions, we can confirm that the spear was made about the early period of the Warring States. Owing to the spear, we can intensively study other weapons such as Chuwang Xiongzhang dagger-axe(楚王熊璋戈) about the inscription, dynasty and so on. It also benefits to rename the weapons unearthed before, correct and make clear the annotation of the ancient historical documents, and accurately comprehend the interpretation of the inscriptions of *Zu*(卒) and *Cui*(萃) on the weapons of the Warring States period. From the above, the Jingwei spear has important academic value.

Keywords: Jingwei spear; Dynasty; Chuwang Xiongzhang dagger-axe; *Zu*; *Cui*

《湖南考古辑刊》第13集征稿启事

为了弘扬湖湘文化精神，推介湖南考古新发现，展示湖南省文物考古事业方面的研究成果与水平，湖南省文物考古研究所秉承甘为人梯的一贯宗旨，决定2017年继续主办《湖南考古辑刊》第13集。现面向省内外的业内专家、学者、同仁及文物爱好者征集稿件，细则如下：

（1）本刊现已设立考古新发现、探索与研究、科技考古、文物杂谈、家园凝眸、金石锥指、史海钩沉、公众考古等栏目，主要以考古发掘简报、专业论文为主，兼顾文物发现资讯。

（2）稿件采用A4纸，宋体，5号字，字数一般应控制在5000字以内，简报、报告等不超过10000字。要求内容规范、准确，语言流畅、精炼，表述清楚，逻辑关系明确。避免啰唆、口语化、带个人感情色彩语句出现。发掘简报、报告要求地层关系明确、遗迹描述准确，器物的分型、分式要有依据，文、图、表等务必对应。稿件要能首尾呼应。来稿请提供200字左右中英文摘要及3～5个关键词。摘要以第三人称写法独立成文，应精当完整地体现包括目的、方法、结果、结论四要素在内的文章主要信息，关键词要求是与论文主题内容密切相关的词汇。报告、论文撰写格式请参阅《考古》、《文物》杂志所发精品文章以及本辑刊第10、11、12集报告格式。

（3）文章中的器物图、照片、图表等务必清晰，器物图和照片请一律附纸版原件（硫酸纸或者照片原件），也可以是数码照片或扫描图片，要求扫描仪分辨率设置在600DPI以上。

（4）请规范使用当前通用的计量单位、特定字符或代码，比如类型学研究的型（大写英文字母）、式（大写罗马数字）表达便各有成规，切不可交错混用。图、表均应具备不看正文就可读懂的“自明性”，确保序号、题名、注解等基本要素的完备及标注位置的正确，插图的图例、比例尺缺一不可。

（5）注释请一律采取尾注方式，参考引文应避免引用过期素材或过时的观点，并请注意“征引”与“转引”的区别，文末注释应确保著录序次与正文标注序次的一致，以及著录诸要素（作者、文题篇名、出处、版次或期号、出版或刊发的时间等）的完整性。待刊的论文，未公开发表的论文、资料，网络资料等一律不可作为注释引用。参考文献的开列格式可参照GB/7714-87《文后参考文献著录规则》执行。

（6）随稿请附作者简历，包括性别、出生年月、学历学位、职务及职称、当前研究课题及主攻方向等关键信息；论文并请说明创新或发明的要点所在。

（7）来稿请注明第一作者或联系人的姓名、详细通讯地址、邮政编码、电话、传真、QQ及E-mail地址。切勿一稿两投。编辑部将在收到来稿后的30个工作日内完成决定性应答，包括对拟用稿件提出补充或修改意见；确定稿件合格并汇集专家审稿意见之后的90天内向作者做出进一步的处理说明。请务必在收到编辑部函件后的1个月内返回修改稿，否则将视为自动放弃。编辑部有权对采用的稿件做必要的删改。稿件一经发表，当致稿酬并赠送当期刊物。对不采用的稿件一般不退，请作者自留底稿。

（8）欢迎通过E-mail或QQ投稿，E-mail：hnkgjk@163.com，QQ：364038309，通讯地址："410008，长沙市东风路东风二村巷18号，《湖南考古辑刊》编辑部"；邮寄请附包括稿件全部内容的电子文件光盘。

《湖南考古辑刊》编辑部

1. Aa型Ⅲ式陶鬲（H10：1）

2. Aa型Ⅳ式陶鬲（H8：5）

3. Ab型Ⅱ式陶鬲（H8：1）

4. Bb型Ⅱ式陶鬲（H10：11）

5. A型Ⅰ式陶鼎（H3：1）

6. B型Ⅲ式陶鼎（H10：16）

大畈遗址出土器物

1. Aa型Ⅱ式陶罐（T3⑥：1）

2. Ab型Ⅰ式陶罐（H10：18）

3. Aa型陶盆（G1①：4）

4. A型Ⅰ式陶盂（G1②：8）

5. A型Ⅱ式陶盂（G1②：1）

6. A型Ⅲ式陶盂（T2⑥：2）

大畈遗址出土器物

1. A型Ⅰ式陶豆（G1②：11）

2. A型Ⅳ式陶豆（H8：4）

3. A型Ⅴ式陶豆（T1④：1）

4. B型Ⅱ式陶豆（H8：3）

5. Ⅰ式陶拍（T1⑥：1）

6. Ⅱ式陶拍（T1④：3）

大畈遗址出土器物

1. 青山崖墓（全景）

2. 青山崖墓（部分）

青山崖墓

1. M66（由内向外）

2. M66（由外向内）

3. 人形图案（M18 墓室后壁）

青山崖墓

彩版六

1. 人面像（M84 墓室后壁）

2. T2 南壁剖面

1. 陶鼎（M1：10）

2. 陶敦（M1：7）

3. 陶壶（M1：2）

4. 陶豆（M1：3）

竹子园墓地出土器物

1. 陶鼎（M2：17）

2. 陶敦（M2：12）

3. 陶壶（M2：16）

4. 陶纺轮形器（M2：20）

竹子园墓地出土器物

1. 铜戈（M6：2）

2. 铜矛（M6：3）

3. 滑石碟（M11：17）

4. 滑石耳杯（M11：11）

5. 漆耳杯（M11：5）

6. 陶罐（M3：1）

竹子园墓地出土器物

1. 陶鼎（M8：11）

2. 陶罐（M8：6）

3. 陶罐（M8：9）

4. 陶罐（M8：10）

竹子园墓地出土器物

1. 陶壶（M8：23）

2. 陶盒（M8：24）

3. 陶钫（M8：22）

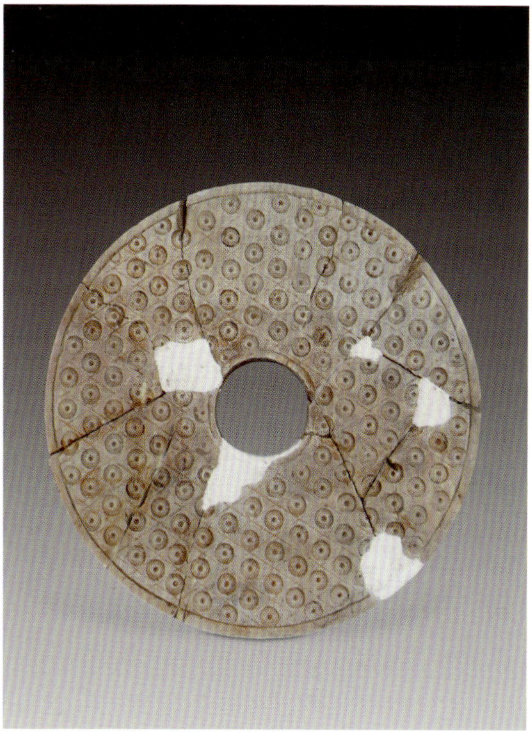

4. 滑石璧（M8：29）

竹子园墓地出土器物

彩版一二

1. J9第4层出土空心砖、铁釜等遗物

2. A型陶罐（J9⑧：11）

3. Ba型陶罐（J9⑧：12）

兔子山遗址九号井及出土器物

1. C型陶罐（J9④：4）

2. 陶瓮（J9⑤：5）

3. 陶缸（J9③：12）

4. A型陶釜（J9⑤：4）

5. B型陶釜（J9⑥：13）

6. A型陶盆（J9⑥：14）

兔子山遗址九号井出土器物

1. 空心砖（J9④：7）

2. 空心砖（J9④：7顶端）

3. Ac型瓦当（J9③：11）

4. Ac型瓦当（J9③：11正）

5. Ad型瓦当（J9⑧：13）

兔子山遗址九号井出土器物

1. M1全景

2. 右室后部

3. 右室前部

彩版一六

1. 青白釉葵口碗（M1：7）

2. 青白釉葵口碗俯视（M1：7）

3. 青白釉葵口碗底足（M1：7）

4. 青白釉葵口碟（M1：4）

5. 青白釉葵口碟俯视（M1：4）

6. 青白釉葵口碟底足（M1：4）

文桥汽车站宋墓M1出土器物

1. 青白釉斗笠盏（M1：5）

2. 青白釉斗笠盏俯视（M1：5）

3. 青白釉斗笠盏底足（M1：5）

4. 青釉葵口碗（M1：6）

5. 青釉葵口碗底足（M1：6）

6. 酱釉三足炉（M1：2）

文桥汽车站宋墓M1出土器物

1. 酱釉斗笠盏（M1：1）

2. 酱釉斗笠盏底足（M1：1）

3. 酱釉斗笠盏（M1：3）

4. 酱釉斗笠盏底足（M1：3）

5. 酱釉深腹罐（M1：8）

文桥汽车站宋墓M1出土器物

1. 临摹壁画

2. 残墓清理后现状

娄底明代壁画墓

1. 壁画搬迁前的表面封护加固

2. 封门砖

3. 石门及底座

1. 左侧（东）壁前段壁画

2. 左侧（东）壁后段壁画

1. 右侧（西）壁前段壁画

2. 右侧（西）壁后段壁画

1. 后挡（北）壁壁画

2. 墓顶壁画

娄底明代壁画墓

1. 铜罐（J1：1）

2. 青瓷狮子（J1：6、J1：7）

澧县元代瓷器窖藏

澧县元代瓷器窖藏出土带座青花梅纹双耳瓷净瓶（J1：3、J1：4）

1. J1：3

2. J1：3

3. 肩部月影梅纹（J1：4）

4. 底座俯视（J1：3）

澧县元代瓷器窖藏出土带座青花梅纹双耳瓷净瓶（J1：3、J1：4）

澧县元代瓷器窖藏出土青花缠枝纹狮纽三足瓷炉（J1：5）

彩版二八

1. 炉身缠枝菊花纹

2. 狮纽

澧县元代瓷器窖藏出土青花缠枝纹狮纽三足瓷炉（J1：5）

1. 被水淹没的护坡遗迹

2. 套箱前的测量

城头山2号遗址区护坡遗迹套箱提取

1. 护坡遗迹现状

2. 套箱时的遗迹加固

城头山2号遗址区护坡遗迹套箱提取

1. 套箱起吊

2. 套箱吊装

城头山2号遗址区护坡遗迹套箱提取

1. 灰浆碘-淀粉显色实验

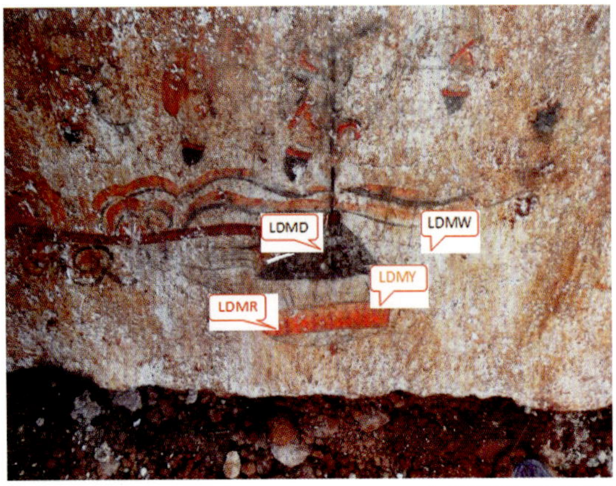

2. 颜料取样位置及XRF分析现场照片

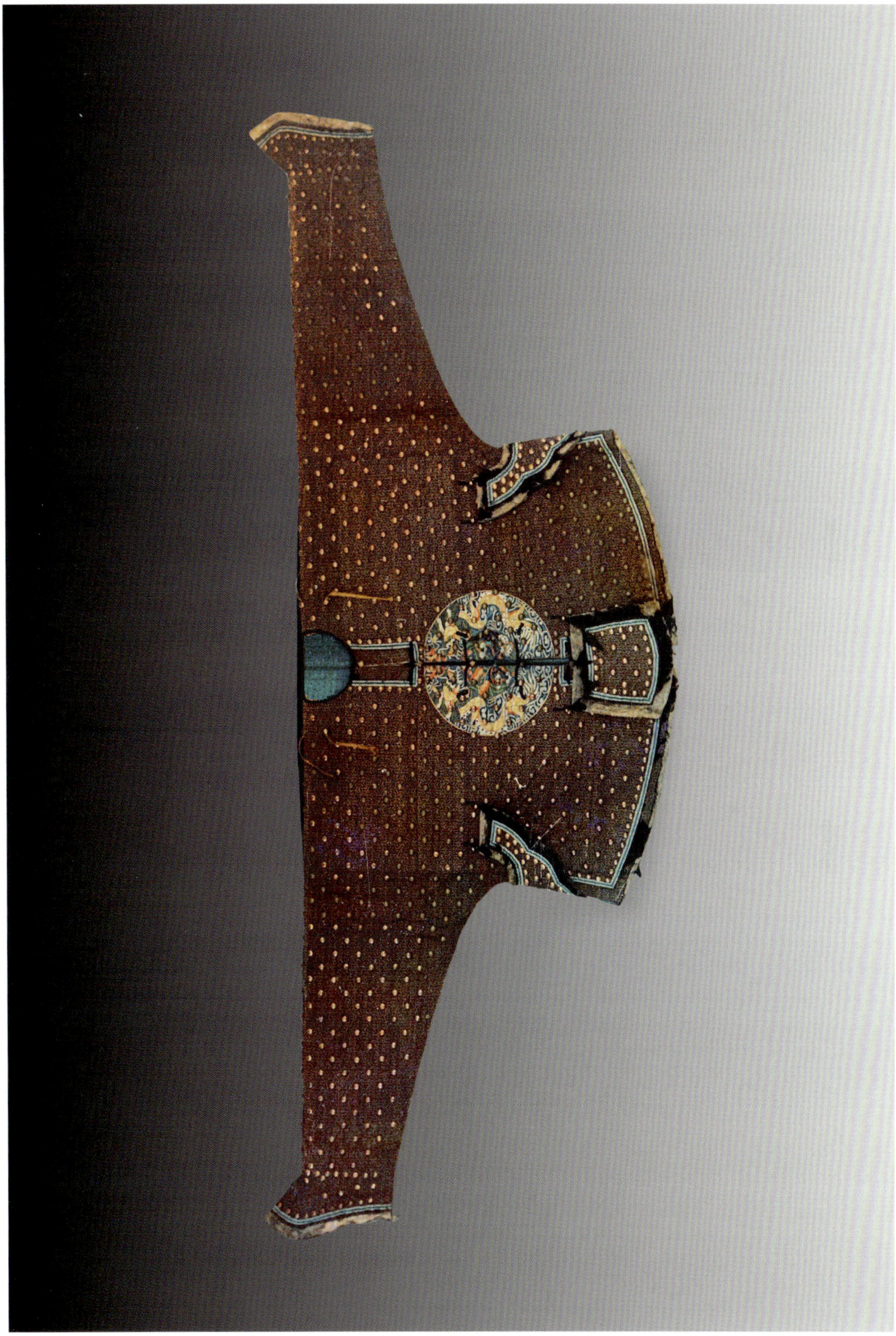

津市市博物馆藏清代铠甲身甲

彩版三四

津市市博物馆藏清代铠甲行裳

图版一

三·二下

三·二上

三·一背

三·一正

三·一. J9③：1正背　三·二. J9③：2上下

兔子山遗址九号井出土简牍

图版二

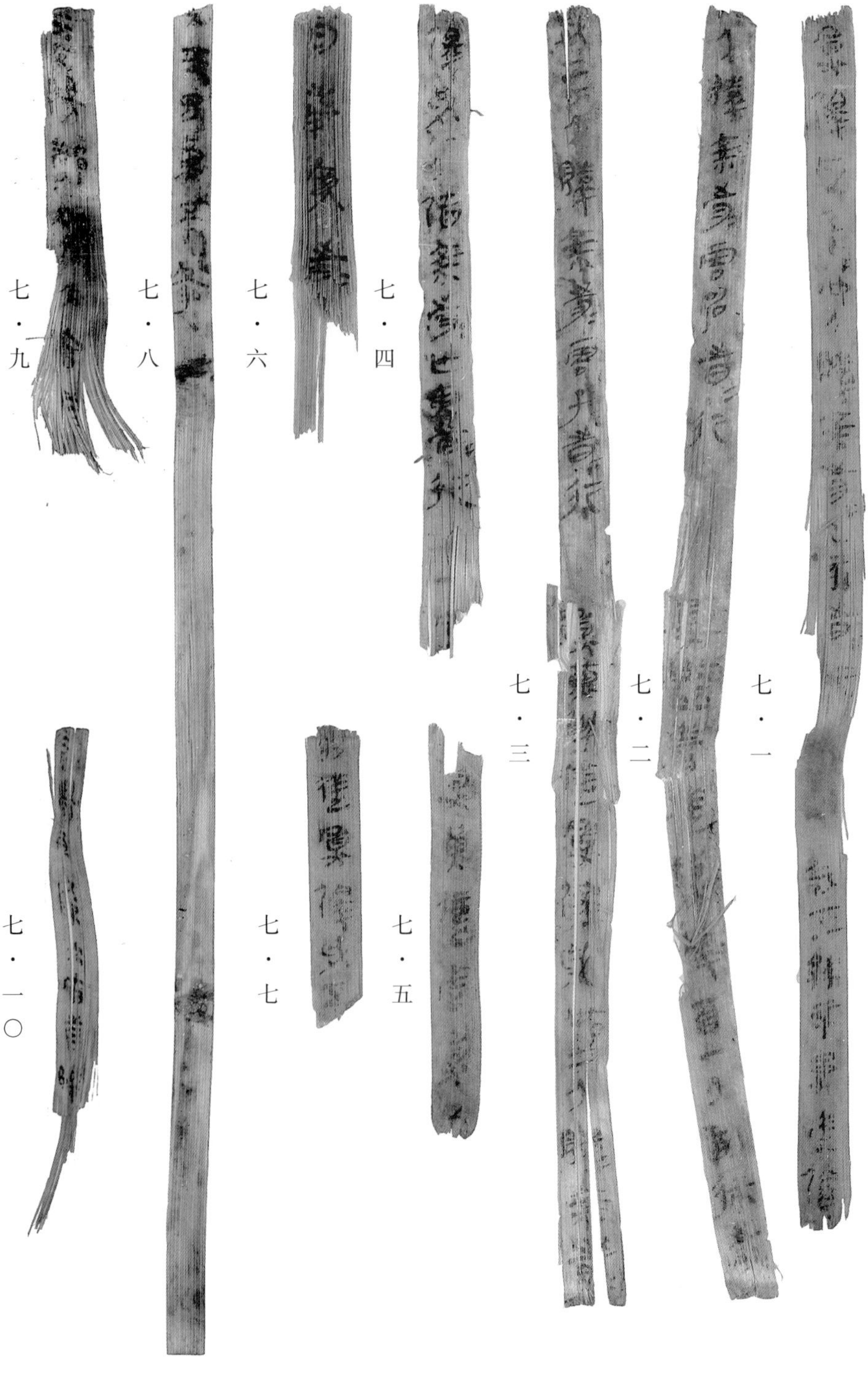

七·一. J9⑦：1　七·二. J9⑦壹：10　七·三. J9⑦壹：16　七·四. J9⑦壹：85　七·五. J9⑦：16
七·六. J9⑦：21　七·七. J9⑦：25　七·八. J9⑦贰：77　七·九. J9⑦壹：101　七·一〇. J9⑦壹：115

兔子山遗址九号井出土简牍

七·一一. J9⑦：8　七·一二. J9⑦：10　七·一三. J9⑦：11　七·一四. J9⑦：13
七·一五. J9⑦：14　七·一六. J9⑦：17　七·一七. J9⑦：19　七·一八. J9⑦：22
七·一九. J9⑦：23正背　七·二〇. J9⑦：24　七·二一. J9⑦壹：1
七·二二. J9⑦壹：3　七·二三. J9⑦壹：13　七·二四. J9⑦：28　七·二五. J9⑦壹：39

兔子山遗址九号井出土简牍

图版四

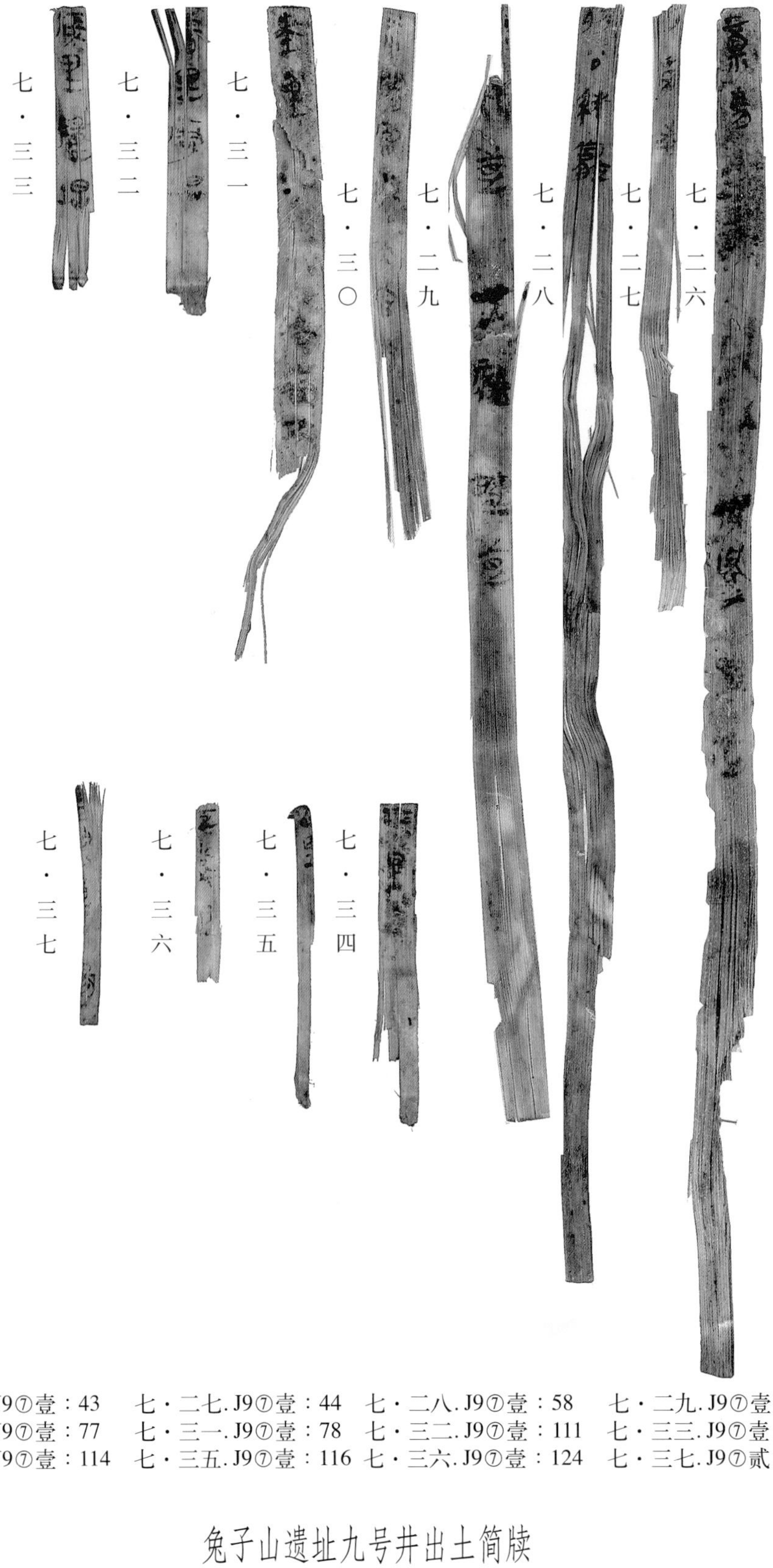

七·二六. J9⑦壹：43　七·二七. J9⑦壹：44　七·二八. J9⑦壹：58　七·二九. J9⑦壹：61
七·三〇. J9⑦壹：77　七·三一. J9⑦壹：78　七·三二. J9⑦壹：111　七·三三. J9⑦壹：112
七·三四. J9⑦壹：114　七·三五. J9⑦壹：116　七·三六. J9⑦壹：124　七·三七. J9⑦贰：152

兔子山遗址九号井出土简牍

七·三八. J9⑦贰：4　七·三九. J9⑦贰：6　七·四〇. J9⑦贰：8　七·四一. J9⑦贰：9
七·四二. J9⑦贰：13　七·四三. J9⑦贰：18　七·四四. J9⑦贰：25　七·四五. J9⑦贰：26

兔子山遗址九号井出土简牍

图版六

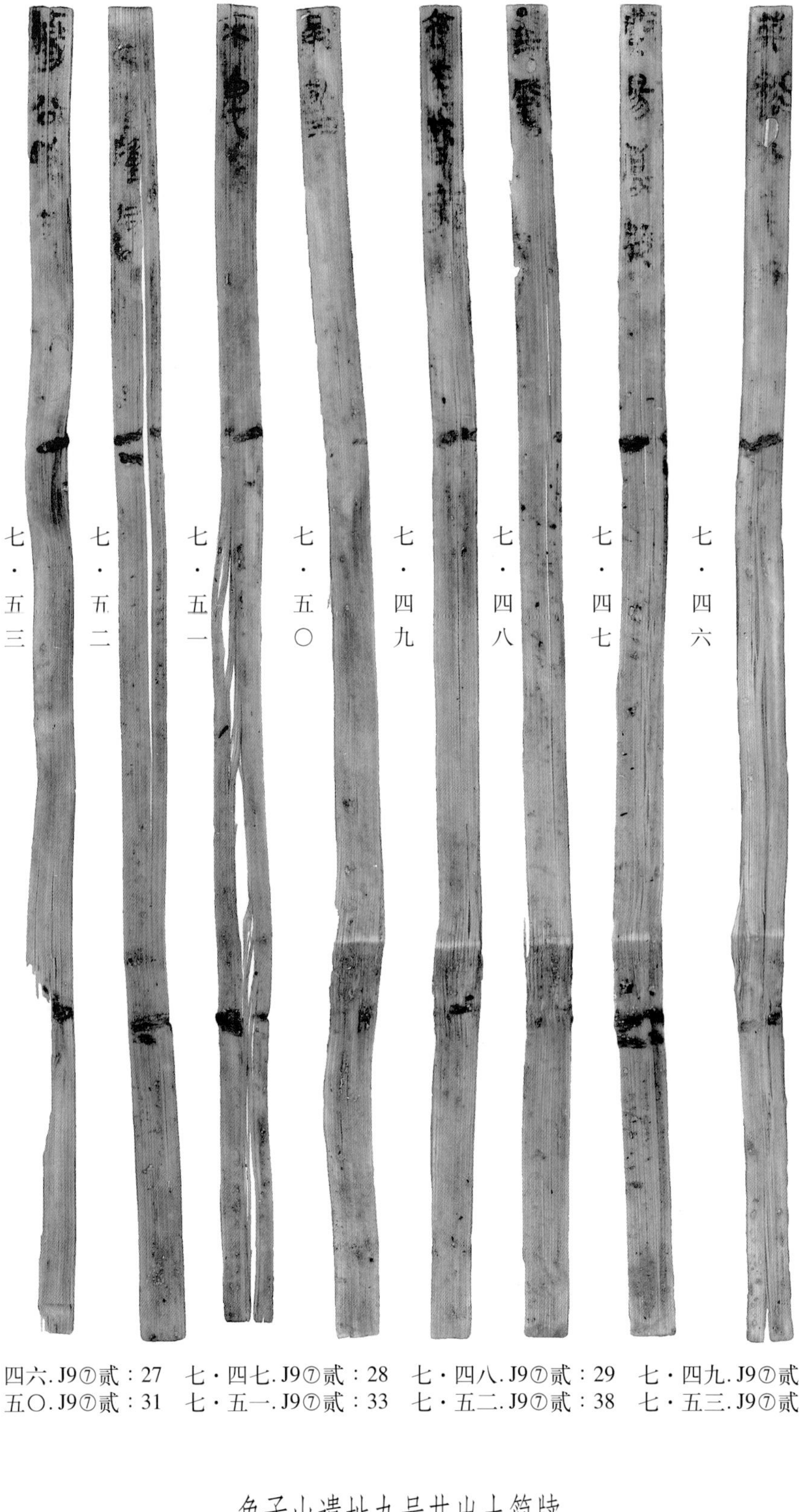

七·四六. J9⑦贰：27　七·四七. J9⑦贰：28　七·四八. J9⑦贰：29　七·四九. J9⑦贰：30
七·五〇. J9⑦贰：31　七·五一. J9⑦贰：33　七·五二. J9⑦贰：38　七·五三. J9⑦贰：42

兔子山遗址九号井出土简牍

七・五四. J9⑦贰：46　七・五五. J9⑦贰：57　七・五六. J9⑦贰：58
七・五七. J9⑦贰：59　七・五八. J9⑦贰：60　七・五九. J9⑦贰：61
七・六〇. J9⑦贰：63　七・六一. J9⑦贰：64

兔子山遗址九号井出土简牍

图版八

七·六二. J9⑦贰：68　七·六三. J9⑦贰：69　七·六四. J9⑦贰：78
七·六五. J9⑦贰：79　七·六六. J9⑦贰：82　七·六七. J9⑦贰：84
七·六八. J9⑦贰：99　七·六九. J9⑦贰：100

兔子山遗址九号井出土简牍

图版九

七·七〇. J9⑦贰：103　七·七一. J9⑦贰：104　七·七二. J9⑦贰：111
七·七三. J9⑦贰：122　七·七四. J9⑦贰：124　七·七五. J9⑦贰：128
七·七六. J9⑦贰：129　七·七七. J9⑦贰：131

兔子山遗址九号井出土简牍

图版一〇

七·七八. J9⑦贰：149正背　七·七九. J9⑦贰：150正背　七·八〇. J9⑦叁：32
七·八一. J9⑦叁：33　七·八二. J9⑦叁：2　七·八三. J9⑦叁：21
七·八四. J9⑦叁：30　七·八五. J9⑦叁：5

兔子山遗址九号井出土简牍

七·八六. J9⑦叁：34　七·八七. J9⑦叁：35　七·八八. J9⑦叁：36　七·八九. J9⑦叁：42
七·九〇. J9⑦叁：43　七·九一. J9⑦叁：45　七·九二. J9⑦叁：46

兔子山遗址九号井出土简牍

图版一二

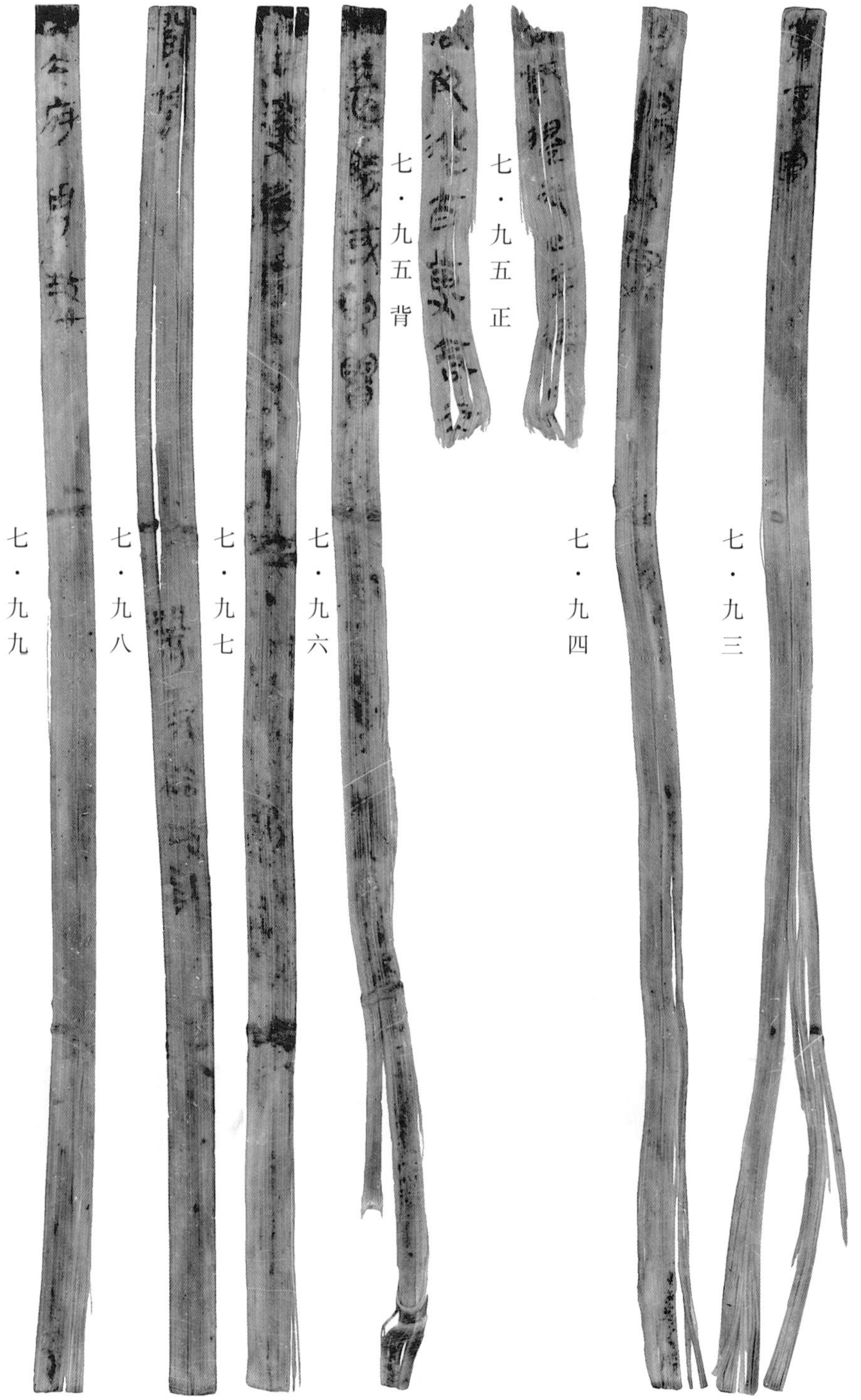

七·九三. J9⑦叁：49　七·九四. J9⑦叁：50　七·九五. J9⑦叁：53正背　七·九六. J9⑦叁：56
七·九七. J9⑦叁：58　七·九八. J9⑦叁：59　七·九九. J9⑦叁：61

兔子山遗址九号井出土简牍

七・一〇〇. J9⑦叁：62　七・一〇一. J9⑦叁：67　七・一〇二. J9⑦叁：68
七・一〇三. J9⑦叁：70　七・一〇四. J9⑦叁：79　七・一〇五. J9⑦叁：81
七・一〇六. J9⑦叁：82　七・一〇七. J9⑦叁：83

兔子山遗址九号井出土简牍

七·一〇八. J9⑦叁：88　七·一〇九. J9⑦叁：93　七·一一〇. J9⑦叁：105
七·一一一. J9⑦叁：114　七·一一二. J9⑦肆：2　七·一一三. J9⑦肆：3
七·一一四. J9⑦肆：9　七·一一五. J9⑦肆：11　七·一一六. J9⑦肆：13
七·一一七. J9⑦肆：31

兔子山遗址九号井出土简牍

七·一一八. J9⑦肆：34　七·一一九. J9⑦肆：41　七·一二〇. J9⑦肆：42
七·一二一. J9⑦肆：44　七·一二二. J9⑦肆：48　七·一二三. J9⑦肆：50
七·一二四. J9⑦肆：51　七·一二五. J9⑦肆：52

兔子山遗址九号井出土简牍

图版一六

七·一二六. J9⑦肆：53　七·一二七. J9⑦肆：54　七·一二八. J9⑦肆：55
七·一二九. J9⑦肆：56　七·一三〇. J9⑦肆：61　七·一三一. J9⑦肆：62
七·一三二. J9⑦肆：64　七·一三三. J9⑦肆：65

兔子山遗址九号井出土简牍

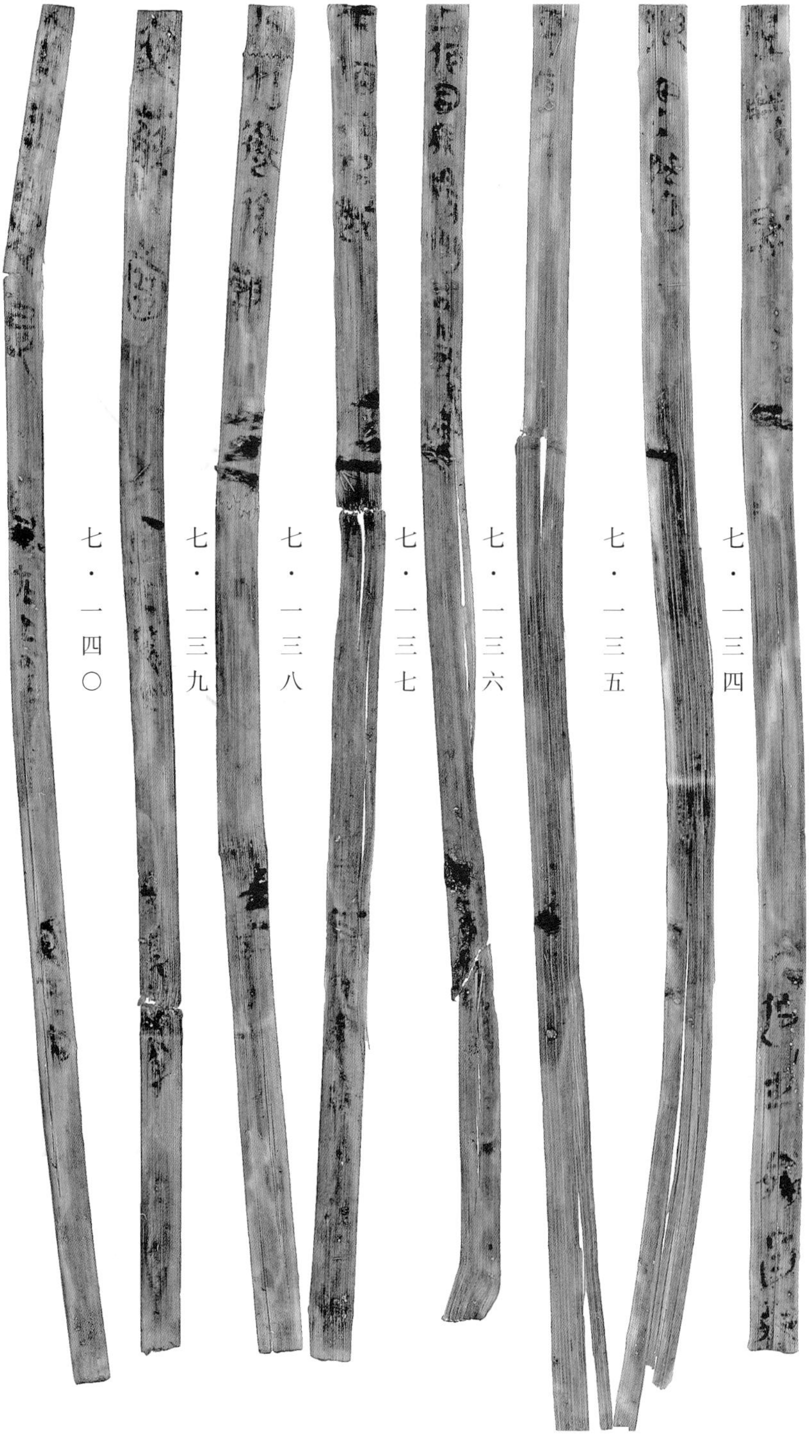

七·一三四. J9⑦肆：77　七·一三五. J9⑦肆：78　七·一三六. J9⑦肆：88
七·一三七. J9⑦肆：91　七·一三八. J9⑦肆：94　七·一三九. J9⑦肆：97
七·一四〇. J9⑦肆：98　七·一四一. J9⑦肆：109

兔子山遗址九号井出土简牍

图版一八

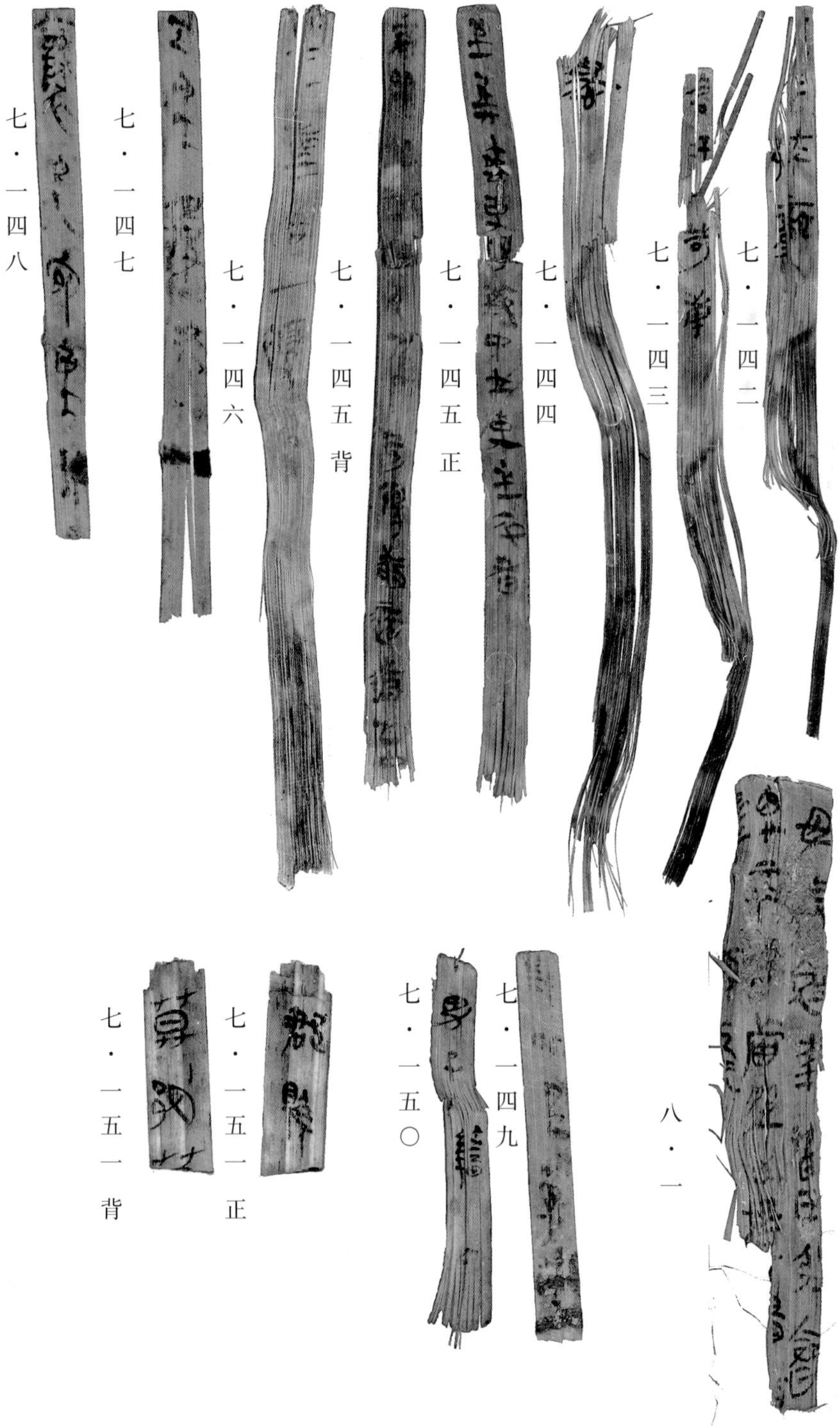

七·一四二. J9⑦肆：120a　七·一四三. J9⑦肆：120b　七·一四四. J9⑦肆：121
七·一四五. J9⑦肆：119正背　七·一四六. J9⑦：2　七·一四七. J9⑦：4
七·一四八. J9⑦：9　七·一四九. J9⑦：12　七·一五〇. J9⑦叁：104
七·一五一. J9⑦壹：29 正背　八·一. J9⑧：1

兔子山遗址九号井出土简牍